Excel大百科全书

Excel
人力资源管理
与数据分析
（案例·视频）

韩小良　张若曦 ◎ 著

中国水利水电出版社
www.waterpub.com.cn
·北京·

内 容 提 要

《Excel人力资源管理与数据分析》共8章，重点介绍Excel的基本规则、日常数据处理技能技巧、函数公式使用技能技巧和实际案例、数据透视表汇总分析技能技巧、HR常用表单设计与实际案例、数据采集与加工技能技巧、员工信息统计分析模板、工资和人工成本统计分析模板，以及考勤数据整理加工与统计分析模板，旨在培养读者对HR数据进行科学管理和价值分析的能力。本书的案例均来自作者培训咨询实践第一线，通过对这些案例的学习、理解和练习，读者可以快速提升自己的Excel数据管理能力和数据分析能力。

本书适合具有Excel基础知识的各类人员阅读，也可以作为人力资源类本科生、研究生和MBA学员的教材或参考书。

图书在版编目（CIP）数据

Excel人力资源管理与数据分析 / 韩小良，张若曦著 . —北京：中国水利水电出版社，2022.12

ISBN 978-7-5226-0871-6

Ⅰ. ①E… Ⅱ. ①韩… ②张… Ⅲ. ①表处理软件—应用—人力资源管理 Ⅳ. ① F243-39

中国版本图书馆CIP数据核字(2022)第133880号

书　　名	Excel人力资源管理与数据分析 Excel RENLI ZIYUAN GUANLI YU SHUJU FENXI
作　　者	韩小良　张若曦　著
出版发行	中国水利水电出版社 （北京市海淀区玉渊潭南路1号D座 100038） 网址：www.waterpub.com.cn E-mail：zhiboshangshu@163.com 电话：（010）62572966-2205/2266/2201（营销中心）
经　　售	北京科水图书销售有限公司 电话：（010）68545874、63202643 全国各地新华书店和相关出版物销售网点
排　　版	北京智博尚书文化传媒有限公司
印　　刷	涿州汇美亿浓印刷有限公司
规　　格	180mm×210mm　24开本　15印张　486千字　1插页
版　　次	2022年12月第1版　2022年12月第1次印刷
印　　数	0001—3000册
定　　价	89.80元

凡购买我社图书，如有缺页、倒页、脱页的，本社营销中心负责调换

版权所有·侵权必究

Preface 前言

经过多年的培训和咨询，我接触了各式各样的 HR 表格，也帮助很多企业设计了各种 HR 数据分析模板。感触最深的是，为什么一个简单的员工信息表，被设计成了惨不忍睹的表格？为什么很简单的各月工资表，汇总起来就非常困难？为什么一个很简单的 Excel 技能，却不能得到很好应用，而仍旧是停留在手动操作层面？Excel 数据分析功能已经变得越来越强大，但是，HR 数据分析为什么还是那样费时费力，不能高效地完成？

在处理分析数据时，使用最频繁的就是 Excel 了。可以这么说，Excel 已经成为职场人士必须掌握的一项基本技能，不懂得怎么使用 Excel，后果就是不断低效率地重复劳动。因为很多人对 Excel 的认知和使用，仅仅停留在把 Excel 当成一个高级计算器，只会加、减、乘、除，把自己当作一个在表格之间辛勤劳作的数据搬运工，对于制作高效自动化、有说服力的数据分析报表所必须掌握的 Excel 正确理念和核心技能，并没有真正地去用心理解、掌握和应用，或者只会生搬硬套。

本书共 8 章，重点介绍 Excel 的基本规则、日常数据处理技能技巧、函数公式使用技能技巧和实际案例、数据透视表汇总分析技能技巧、HR 常用表单设计与实际案例、数据采集与加工技能技巧、员工信息统计分析模板、工资和人工成本统计分析模板，以及考勤数据整理加工与统计分析模板，旨在培养读者对 HR 数据进行科学管理和价值分析的能力。本书的案例均来自作者培训咨询实践第一线，通过对这些案例的学习、理解和练习，读者可以快速提升自己的 Excel 数据管理能力和数据分析能力。

本书的所有案例都在 Excel 2016 以上的版本中测试完成。

本书对重点案例录制了视频讲解文件，读者可以使用手机微信"扫一扫"功能扫描案例旁边的二维码，观看视频讲解。

读者还可以使用手机微信"扫一扫"功能扫描下面的读者交流圈二维码，加入本书的读者交流圈，与广大读者进行在线交流学习，或者下载本书的相关资源文件。

读者交流圈

  本书适合具有 Excel 基础知识的各类人员阅读，也可以作为人力资源类本科生、研究生和 MBA 学员的教材或参考书。

  由于知识有限，作者虽尽职尽力，以期本书能够满足更多人的需求，但难免有疏漏之处，敬请读者批评、指正。

韩小良

2022 年 10 月

Contents 目 录

第 1 章　处理人力资源数据的实用技能与技巧　　1

1.1 高效输入常规数据 2
- 1.1.1 在当前工作表选定的单元格区域输入相同的数据 2
- 1.1.2 在选定的几个工作表单元格区域输入相同的数据 2
- 1.1.3 快速输入当前日期 2
- 1.1.4 快速输入当前时间 2
- 1.1.5 快速输入当前日期和当前时间 2
- 1.1.6 快速输入工作日日期序列 2
- 1.1.7 快速输入连续的特殊序号 3
- 1.1.8 快速输入相同的数据 4

1.2 限制规范输入数据 4
- 1.2.1 只能输入规定格式的日期 4
- 1.2.2 只能输入不含空格的中文姓名 6
- 1.2.3 只能输入规定位数的数据 8
- 1.2.4 不能输入重复数据 8
- 1.2.5 只能输入不重复的 18 位身份证号码 9
- 1.2.6 设计一级下拉列表，快速选择输入数据 10
- 1.2.7 设计二级下拉列表，准确输入各部门的员工姓名 11

1.3 不规范表格数据的快速整理与加工 15
- 1.3.1 数据整理：修改非法日期 15
- 1.3.2 数据整理：修改非法时间 18
- 1.3.3 数据整理：将无法计算的文本型数据转换为数值型数据 18
- 1.3.4 数据整理：快速删除看不见的字符 21

1.3.5　数据整理：处理刷卡考勤数据中的换行符 22

  1.3.6　数据整理：将一列数据分成几列（数据分列） 23

第 2 章　人力资源常用函数及其实际应用案例　29

2.1　逻辑判断函数及其应用 30

2.1.1　IF 函数及其基本应用 30

2.1.2　IF 函数及其嵌套应用 31

2.1.3　AND 函数及其基本应用 34

2.1.4　OR 函数及其基本应用 35

2.1.5　IFERROR 函数及其基本应用 36

2.2　日期函数及其应用 36

2.2.1　TODAY 函数及其应用 37

2.2.2　EDATE 函数及其应用 38

2.2.3　EOMONTH 函数及其应用 39

2.2.4　DATEDIF 函数及其应用 40

2.2.5　YEARFRAC 函数及其应用 41

2.2.6　WEEKDAY 函数及其应用 41

2.2.7　WEEKNUM 函数及其应用 42

2.2.8　NETWORKDAYS 函数及其应用 42

2.2.9　DATE 函数及其应用 43

2.2.10　YEAR 函数、MONTH 函数和 DAY 函数及其应用 43

2.3　文本函数及其应用 44

2.3.1　LEN 函数及其应用 44

2.3.2　LEFT 函数及其应用 45

2.3.3　RIGHT 函数及其应用 45

2.3.4　MID 函数及其应用 45

2.3.5　FIND 函数及其应用 45

2.3.6　SUBSTITUTE 函数及其应用 46

2.3.7　TEXT 函数及其应用 46

2.3.8　文本函数综合应用案例：从身份证号码中提取性别、出生日期和年龄 47

2.3.9　文本函数综合应用案例：从不规范表格中统计人数 47

2.3.10 文本函数综合应用案例：分列姓名和电话 48
2.4 统计汇总函数及其应用 49
2.4.1 COUNTIF 函数及其应用 49
2.4.2 COUNTIFS 函数及其应用 51
2.4.3 SUMIF 函数及其应用 51
2.4.4 SUMIFS 函数及其应用 52
2.5 查找与引用函数及其应用 53
2.5.1 VLOOKUP 函数及其应用 53
2.5.2 HLOOKUP 函数及其应用 55
2.5.3 MATCH 函数及其应用 56
2.5.4 INDEX 函数及其应用 58
2.5.5 联合使用 VLOOKUP 函数与 MATCH 函数 59
2.5.6 联合使用 HLOOKUP 函数与 MATCH 函数 59

第 3 章 数据透视表的应用技能与技巧　　60

3.1 创建、布局和美化数据透视表 61
3.1.1 以当前工作簿数据为例制作数据透视表 61
3.1.2 以其他工作簿数据为例制作数据透视表 64
3.1.3 美化数据透视表 66
3.2 利用数据透视表分析人力资源数据 73
3.2.1 制作销售额前 10 名的业务员报表 73
3.2.2 制作最低工资、最高工资、人均工资报表 75
3.2.3 制作年龄分组、工龄分组的员工信息分析报表 77
3.2.4 制作结构分析报表 80
3.2.5 使用切片器快速筛选报表 81
3.3 数据透视表在人力资源管理中的其他应用 83
3.3.1 快速核对数据 83
3.3.2 快速汇总 12 个月的工资表 88
3.3.3 快速汇总每个人的工资和奖金 88
3.3.4 快速批量制作明细表 92
3.3.5 快速制作指定项目的明细表 94

第 4 章　常用的表单设计技能与实用模板　　96

4.1　案例剖析 97
4.1.1　案例剖析：一把抓的大而全表格 97
4.1.2　案例剖析：以打印类型的表格为例管理数据 98
4.1.3　挥泪斩马谡：从今天开始远离这样的错误 99
4.2　HR 基础表单设计的基本逻辑 100
4.2.1　表格架构 100
4.2.2　数据维护 101
4.2.3　统计分析 102
4.3　HR 常用表单设计实战练习：员工基本信息表 102
4.3.1　员工信息数据管理的逻辑结构 102
4.3.2　表格结构搭建 104
4.3.3　表格字段详细描述 104
4.3.4　只允许输入不重复的 4 位工号 104
4.3.5　规范姓名输入，不允许在姓名中输入空格 105
4.3.6　设计下拉列表，选择输入所属部门名称 106
4.3.7　设计下拉列表，选择输入学历名称 107
4.3.8　设计下拉列表，选择输入婚姻状况 107
4.3.9　只能输入不重复的 18 位身份证号码 108
4.3.10　从身份证号码中自动提取并输入性别 108
4.3.11　从身份证号码中自动提取并输入出生日期 109
4.3.12　自动计算并输入年龄 109
4.3.13　规范输入正确的入职时间 109
4.3.14　根据入职时间自动计算并输入本公司工龄 110
4.3.15　保证员工基本信息的完整性 110
4.3.16　规范输入正确的离职时间 111
4.3.17　设计下拉列表，选择输入离职原因 111
4.3.18　设置条件格式，自动美化表格 112
4.3.19　保护重要公式 113
4.3.20　数据输入与数据维护 114
4.4　员工基本信息管理模板的改进：使用 VBA 设计管理系统 115

- 4.4.1 设计数据录入界面 115
- 4.4.2 初始化窗体，做准备工作 117
- 4.4.3 准备输入新数据 119
- 4.4.4 获取性别、出生日期并计算年龄 119
- 4.4.5 计算本公司工龄 120
- 4.4.6 准备保存新数据 120
- 4.4.7 关闭窗体 122
- 4.4.8 启动窗体 122
- 4.4.9 模板使用效果 123

4.5 动态考勤表 124
- 4.5.1 动态考勤表模板样式 124
- 4.5.2 设计节假日列表和调休上班列表 125
- 4.5.3 设计动态考勤表的表头 125
- 4.5.4 自动标识节假日 127
- 4.5.5 自动标识双休日 128
- 4.5.6 设置考勤表标题 130
- 4.5.7 考勤的记录规则 131
- 4.5.8 计算本月应出勤天数和实际出勤天数 131
- 4.5.9 汇总计算本月休假天数、病假天数和事假天数 132
- 4.5.10 考勤表的使用 132

4.6 年休假管理表 132
- 4.6.1 建立员工基本信息表 133
- 4.6.2 设计节假日列表 133
- 4.6.3 建立员工请假记录表 134
- 4.6.4 统计每个人的休假情况 134
- 4.6.5 标识假期已用完的员工 135
- 4.6.6 模板完善 136

第 5 章 采集与汇总人力资源数据 137

5.1 从 Excel 工作表导入数据 138
- 5.1.1 使用 Microsoft Query 工具 138

- 5.1.2 使用 Power Query 工具 …… 144
- 5.1.3 使用"现有连接"工具 …… 148

5.2 从文本文件导入员工信息数据 …… 150
- 5.2.1 使用普通的导入方法 …… 151
- 5.2.2 使用 Power Query 工具 …… 153

5.3 合并汇总全年工资表：现有连接+SQL 语句 …… 158
- 5.3.1 一个工作簿中有 12 个月的工资表：汇总全部数据 …… 158
- 5.3.2 一个工作簿中有 12 个月的工资表：汇总部分数据 …… 162

5.4 合并汇总全年工资表：Power Query 工具 …… 164
- 5.4.1 汇总一个工作簿中的 12 个月的工资表 …… 164
- 5.4.2 汇总 12 个工作簿（每个工作簿中有一个月的工资表）…… 169
- 5.4.3 汇总 n 个工作簿（每个工作簿中有 12 个月的工资表）…… 177

5.5 对比几个表格，获取满足条件的数据 …… 182
- 5.5.1 制作社保对不上的差异表：使用多重合并透视表法 …… 182
- 5.5.2 制作社保对不上的差异表：使用 Power Query 工具 …… 188
- 5.5.3 提取新入职员工名单和离职员工名单 …… 199

第 6 章 分析员工信息数据 — 208

6.1 员工属性分析报告 …… 209
- 6.1.1 设计员工属性分析报表 …… 209
- 6.1.2 分析指定部门中各类别的人数分布 …… 212
- 6.1.3 分析指定类别指定项目下各部门的人数分布 …… 214
- 6.1.4 完整的员工属性分析报告——有表、有图、有真相 …… 217
- 6.1.5 利用数据透视表建立动态分析报告 …… 218

6.2 员工流动性分析报告 …… 221
- 6.2.1 各部门各月新进人数和离职人数统计报表 …… 222
- 6.2.2 分析指定部门中各月的入职和离职情况 …… 222
- 6.2.3 分析指定月份下各部门的入职和离职情况 …… 229
- 6.2.4 各部门年初和年末人数变化分析 …… 230
- 6.2.5 离职原因分析 …… 232

6.3 制作人力资源月报 …… 236

  6.3.1 人力资源月报的结构 236
  6.3.2 创建计算公式 236
6.4 制作动态明细表 239
  6.4.1 制作任意指定部门的在职员工明细表 239
  6.4.2 制作任意指定字段下指定项目的在职员工明细表 242

第 7 章　分析工资与人工成本　　246

7.1 工资和人工成本的深度灵活分析 247
  7.1.1 工资的基本汇总分析 247
  7.1.2 工资的浮动分析 248
  7.1.3 工资的四分位数分析 253
  7.1.4 工资的点状分布分析 255
  7.1.5 工资区间人数统计分析 261
7.2 全年工资的汇总与统计分析 262
  7.2.1 制作每个员工的年度工资表 262
  7.2.2 制作各个部门实发工资的年度汇总表 262
  7.2.3 制作各个分公司的工资汇总表 263
7.3 两年人工成本同比分析 264
  7.3.1 制作分析底稿 265
  7.3.2 人工成本同比分析报表：按部门 274
  7.3.3 人工成本同比分析报表：按项目 276
  7.3.4 人工成本同比增减因素分析：按部门 277
  7.3.5 人工成本同比增减因素分析：按项目 277
7.4 各月人工成本滚动跟踪分析仪表盘 278
  7.4.1 建立人工成本滚动汇总表 279
  7.4.2 指定部门各月人工成本跟踪分析 280
  7.4.3 分析某月人工成本异常的原因 281
  7.4.4 跟踪异常项目在各月的变化情况 282
7.5 建立人工成本预实跟踪分析仪表盘 283
  7.5.1 预实分析报告：预实统计报表 283
  7.5.2 预实分析报告：执行率监控仪表盘 285

7.5.3 预实分析报告：各月预算执行情况跟踪 294

第 8 章 处理与统计考勤数据　　298

8.1 处理考勤数据必备的技能 299
8.1.1 正确认识日期和时间 299
8.1.2 正确区分单元格和数据 300
8.1.3 考勤机导出的数据基本上是文本型数据 301
8.1.4 考勤机导出的日期和时间在一个单元格 301
8.1.5 考勤机导出的每个人的打卡数据是分成几行保存的 302
8.1.6 处理考勤数据的实用工具与案例：使用"分列"工具和函数 302
8.1.7 处理考勤数据的实用工具与案例：使用 Power Query 工具 307
8.1.8 培养自己的表格阅读能力和逻辑思维能力 313
8.1.9 了解和制定考勤处理判断规则 315

8.2 不同考勤数据的快速整理与实际案例 315
8.2.1 打卡日期和时间保存在一行的一个单元格中 315
8.2.2 打卡日期和时间保存在同一列的不同行中，有多条打卡记录 315
8.2.3 分几行保存的有签到和签退标记的打卡数据 320
8.2.4 12 小时制的打卡数据 329
8.2.5 每天早中晚四次打卡制度，存在重复打卡的情况 332

8.3 考勤数据的统计分析 335
8.3.1 判断迟到和早退 335
8.3.2 计算工作时长 340
8.3.3 计算加班时间 344
8.3.4 计算存在跨夜的加班时间 345
8.3.5 计算考虑工作日和双休日的加班时间 345
8.3.6 按不同规则计算加班时间 346

第 1 章
处理人力资源数据的实用技能与技巧

人力资源人员在日常工作中,每天都会使用 Excel 表格,如输入数据、处理数据、计算数据,而在应用 Excel 表格时,有一些需要掌握的 Excel 实用技能与技巧。合理地使用这些技能与技巧,会大大提升数据的处理效率。

1.1 高效输入常规数据

输入数据是一项基本的技能，你是否能够快速且准确地输入需要的数据？本节将介绍几个输入数据的技能与技巧。

1.1.1 在当前工作表选定的单元格区域输入相同的数据

当需要在选定的单元格区域输入相同的数据时，如在单元格区域 B2:B10 输入部门名称"人力资源部"，就先选择单元格区域 B2:B10，输入"人力资源部"，然后按 Ctrl+Enter 快捷键。

1.1.2 在选定的几个工作表单元格区域输入相同的数据

在选定的几个工作表单元格区域输入相同的数据，可以先选择这些工作表，再选择要输入数据的单元格区域，然后按 Ctrl+Enter 快捷键。

1.1.3 快速输入当前日期

输入当前日期的最快方法是按 Ctrl+;（分号）快捷键，以这种方式输入的日期就是计算机时钟的当前日期。例如，假如当前日期是 2022-3-5，那么按 Ctrl+; 快捷键，就自动输入了这个日期。

1.1.4 快速输入当前时间

输入当前时间的最快方法是按 Ctrl+Shift+; 快捷键，以这种方式输入的时间就是计算机时钟的当前时间。例如，假如当前时间是 9:23:46，那么按 Ctrl+Shift+; 快捷键，就自动输入了这个时间。

1.1.5 快速输入当前日期和当前时间

联合使用 Ctrl+; 快捷键和 Ctrl+Shift+; 快捷键，就可以输入当前日期和当前时间。也就是说，先按 Ctrl+; 快捷键输入当前日期，按空格键空一格，再按 Ctrl+Shift+; 快捷键输入当前时间。

1.1.6 快速输入工作日日期序列

利用填充选项，可以快速输入特殊的日期序列。

例如，输入工作日（除星期六、星期日外的日期，也就是从星期一至星期五的日期）。具体方法是，在指定单元格输入某个开始的工作日日期,选中该单元格后向下或向右拖动,在填充选项中选择"填充工作日"选项,如图1-1和图1-2所示。

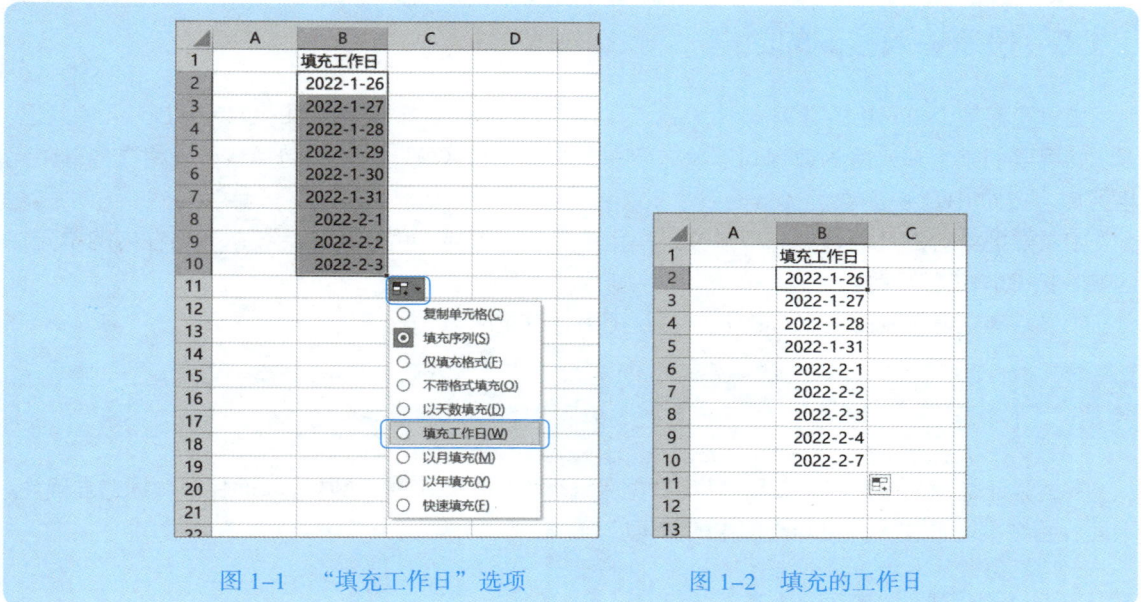

图1-1 "填充工作日"选项　　图1-2 填充的工作日

1.1.7 快速输入连续的特殊序号

利用字符连接符"&"和TEXT函数,可以输入连续的特殊序号。

例如,要从A列的A2单元格开始,输入连续的工号GH001、GH002等,可以使用如下公式(见图1-3):

```
="GH"&TEXT(ROW()-1,"000")
```

图1-3 输入连续的工号

使用这个公式，即使删除了某行或某几行，Excel 仍然可以保持序号的连续。其核心原理就是先利用 ROW 函数获取当前单元格的行号，再利用 TEXT 函数进行转换。

1.1.8　快速输入相同的数据

如果要把某个单元格的数据向下填充，可以使用 Ctrl+D 快捷键，这里的 D 就是 Down 的意思。

如果要把某个单元格的数据向下填充到指定的单元格区域，就选择包括该单元格在内的单元格区域，按 Ctrl+D 快捷键。

如果要把某行的几列数据向下填充到指定的单元格区域，就选择包括该单元格在内的单元格区域，按 Ctrl+D 快捷键。

如果要向右填充数据，按 Ctrl+R 快捷键即可，这里的 R 就是 Right 的意思。

1.2　限制规范输入数据

数据验证是一个很有用的工具，使用数据验证可以限制规范输入数据，从而保证数据的准确性。下面介绍数据验证在人力资源管理中的常见应用。

1.2.1　只能输入规定格式的日期

大部分表单都是需要输入日期的，但是很多人输入的并不是合法的日期。例如，输入"2022.3.5"这样的日期就是非法的。

为了避免输入非法的日期，可以使用数据验证来做规范限制。

例如，要在 C 列单元格输入入职日期，并且入职日期只能是 2020 年 1 月 1 日以后的日期，设置步骤如下：

步骤 01　选择 C 列数据区域（从 C2 单元格向下选择到需要的行）。

步骤 02　执行"数据"→"数据验证"命令，如图 1-4 所示。

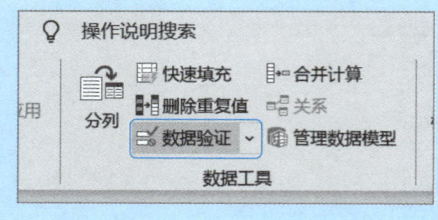

图 1-4　"数据验证"命令

步骤 03 打开"数据验证"对话框,在当前的"设置"选项卡中,进行如下设置(见图1-5):
(1)在"允许"下拉框中选择"日期"。
(2)在"数据"下拉框中选择"大于或等于"。
(3)在"开始日期"输入框中输入"2020-1-1"。

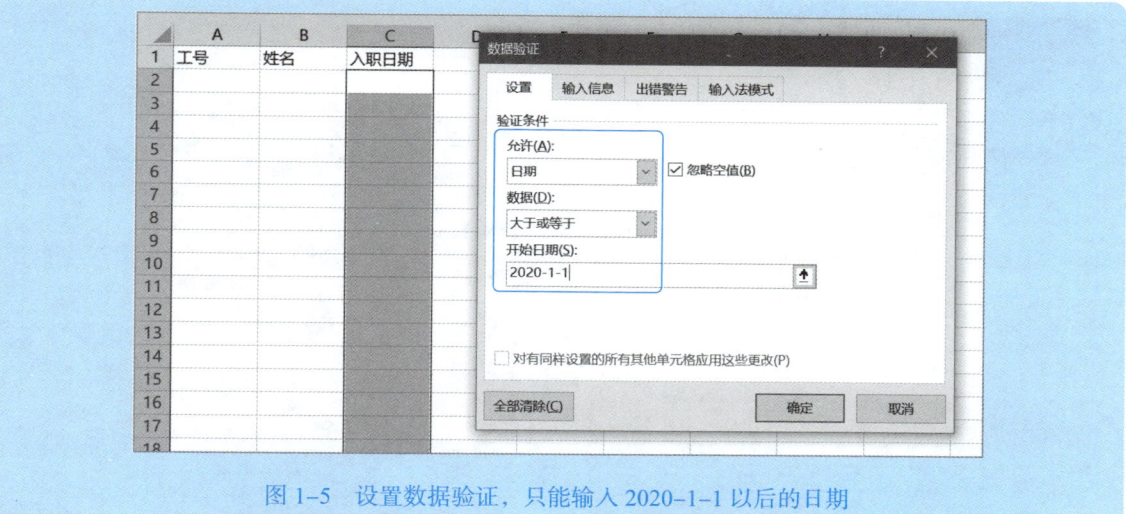

图1-5 设置数据验证,只能输入2020-1-1以后的日期

步骤 04 为了明确提示用户需要输入什么样的日期信息,可以切换到"输入信息"选项卡,输入图1-6所示的提示信息。

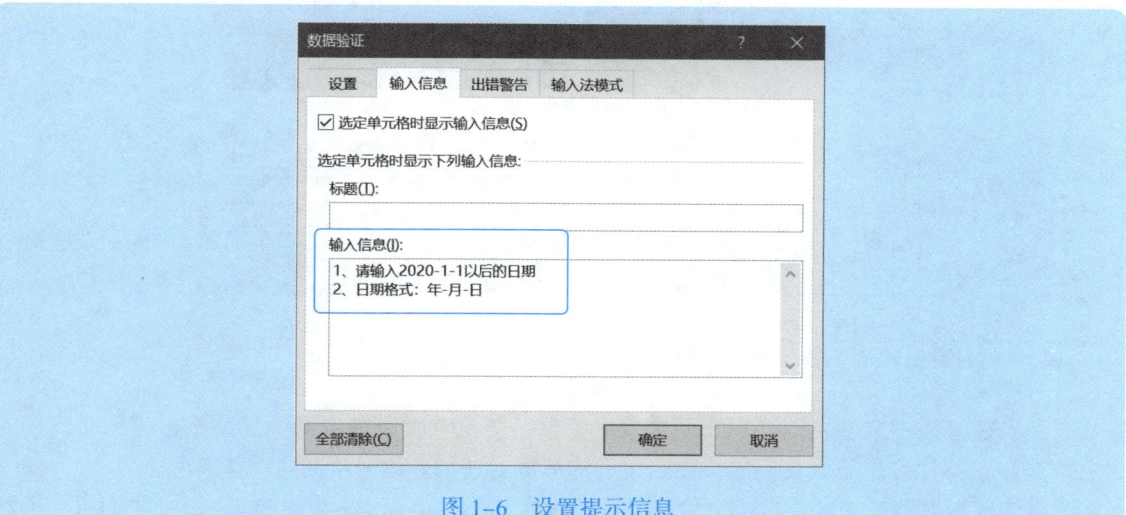

图1-6 设置提示信息

步骤 05 如果输入了错误的日期（格式错误，或者不是2020-1-1以后的日期），可以再次提示，弹出一个出错警告框，因此需要切换到"出错警告"选项卡，输入图1-7所示的出错警告信息。

步骤 06 单击"确定"按钮，关闭"数据验证"对话框，完成数据验证的设置。

这样，只要单击 C 列的单元格，就会出现一个输入提示信息，如图1-8所示。

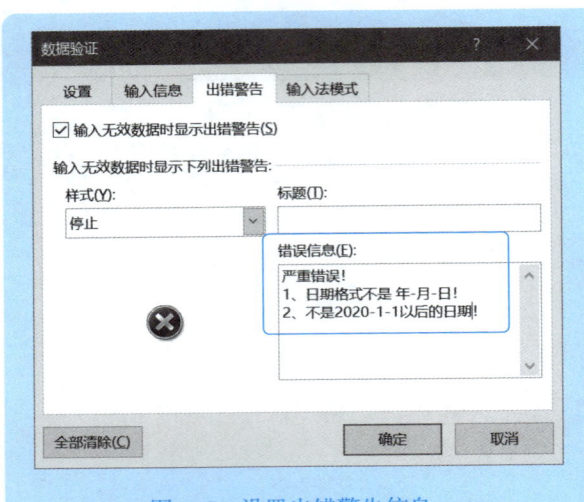

图1-7　设置出错警告信息　　　　　　图1-8　出现的输入提示信息

如果输入了错误的日期，就会弹出出错警告框，如图1-9所示。

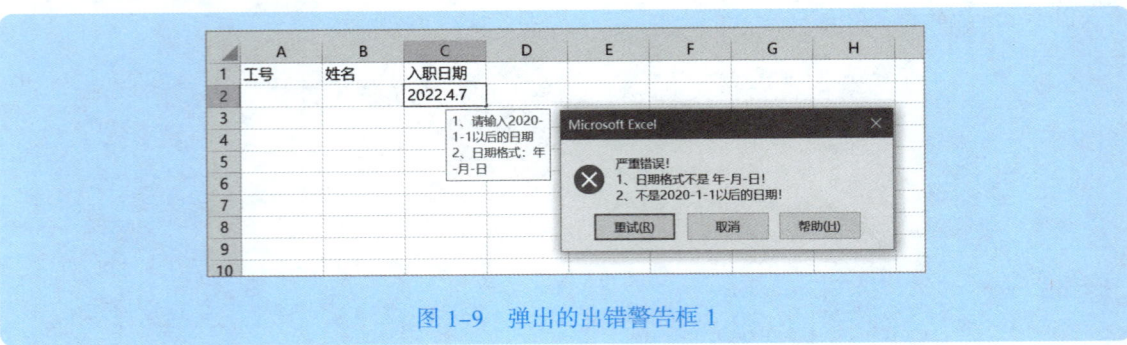

图1-9　弹出的出错警告框1

1.2.2　只能输入不含空格的中文姓名

很多人在输入中文姓名时，对于两个汉字的姓名，喜欢强制在中间添加空格，与三个汉字的姓名对齐，这样操作是不太合适的，会给以后的数据管理和处理分析造成一些麻烦。

可以使用数据验证来禁止在中文姓名中间添加空格，基本思路是：先使用 SUBSTITUTE 函数替换空格，然后使用 LENB 函数和 LEN 函数替换前后的字节数和字符数。如果字节数是 2 倍的字符数，表示没有空格；否则表示有空格。

例如，要在 B 列输入中文姓名，不允许在中文姓名中间添加空格，设置步骤如下：

步骤 01 选择从 B2 开始的 B 列数据区域。

步骤 02 执行"数据验证"命令，打开"数据验证"对话框。

步骤 03 在"允许"下拉框中选择"自定义"，然后在"公式"输入框中输入如下公式（见图 1-10）：

=LENB(SUBSTITUTE(B2," ",""))=2*LEN(B2)

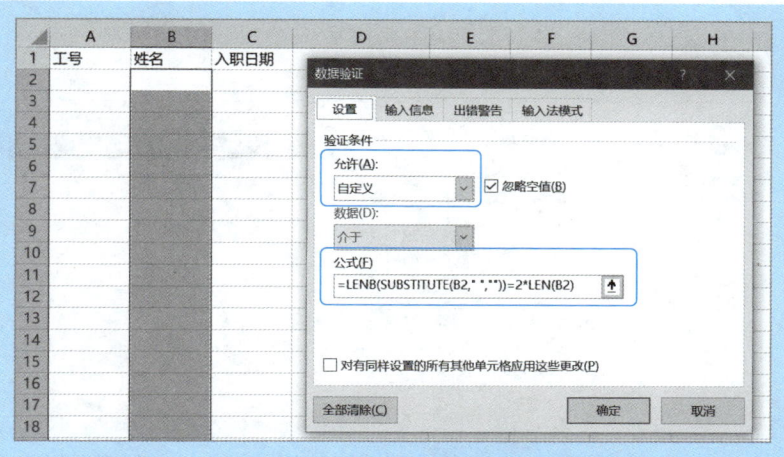

图 1-10 设置自定义数据验证，不允许在中文姓名中间添加空格

步骤 04 单击"确定"按钮，关闭"数据验证"对话框，完成数据验证的设置。

这样，如果在输入中文姓名时，违反了这个规定，就会弹出出错警告框，禁止输入这样的姓名，如图 1-11 所示。

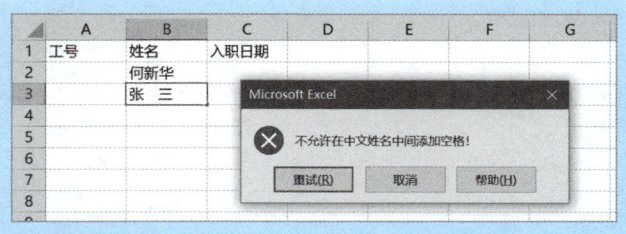

图 1-11 弹出的出错警告框 2

1.2.3 只能输入规定位数的数据

在人力资源数据管理中，很多数据是有位数要求的，如工号、身份证号码等。可以使用数据验证来限制只能输入规定位数的数据，其核心是使用 LEN 函数进行判断。

例如，在 D 列只能输入 18 位数字的身份证号码，设置步骤如下：

步骤 01 选择从 D2 开始的 D 列数字区域，设置单元格格式为"文本"，这个设置是为了能够正确保存 18 位数字的身份证号码。

步骤 02 执行"数据验证"命令，打开"数据验证"对话框。

步骤 03 在"允许"下拉框中选择"自定义"，然后在"公式"输入框中输入如下公式（见图 1-12）：

=LEN(D2)=18

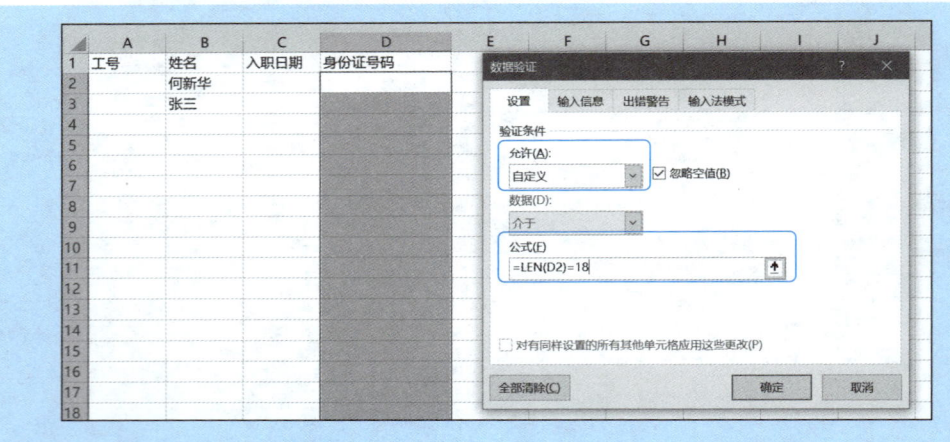

图 1-12 设置数据验证，只能输入 18 位数字的身份证号码

步骤 04 单击"确定"按钮，关闭"数据验证"对话框，完成数据验证的设置。

1.2.4 不能输入重复数据

如何限制不能输入重复数据？其实很简单，使用 COUNTIF 函数进行计算并判断即可。不过需要注意的是，在引用统计单元格区域时，绝对引用和相对引用的合理设置为：单元格区域的起点固定为开始单元格，但是终点单元格不固定。

例如，在 A 列不能输入重复的工号，设置步骤如下（见图 1-13）：

步骤 01 在"允许"下拉框中选择"自定义"。

步骤 02 在"公式"输入框中输入如下公式：

```
=COUNTIF($A$2:A2,A2)=1
```

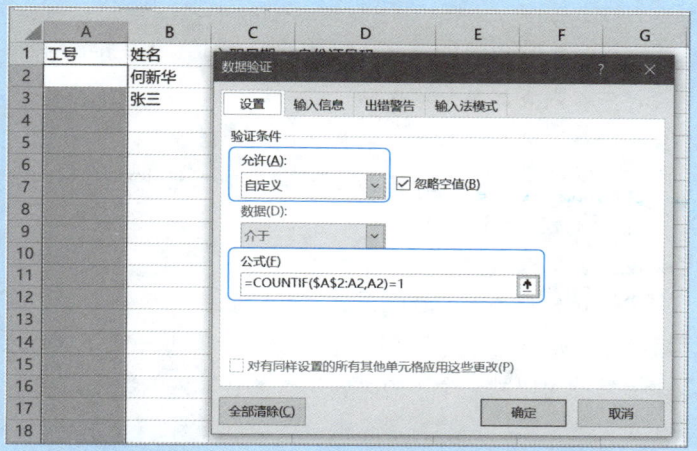

图 1-13　设置数据验证，不能输入重复数据

1.2.5　只能输入不重复的 18 位身份证号码

此设置实际上是将规定位数和不重复条件合二为一。

例如，在 D 列只能输入不重复的 18 位身份证号码，公式如下（见图 1-14）：

```
=AND(LEN(D2)=18,COUNTIF($D$2:D2,D2)=1)
```

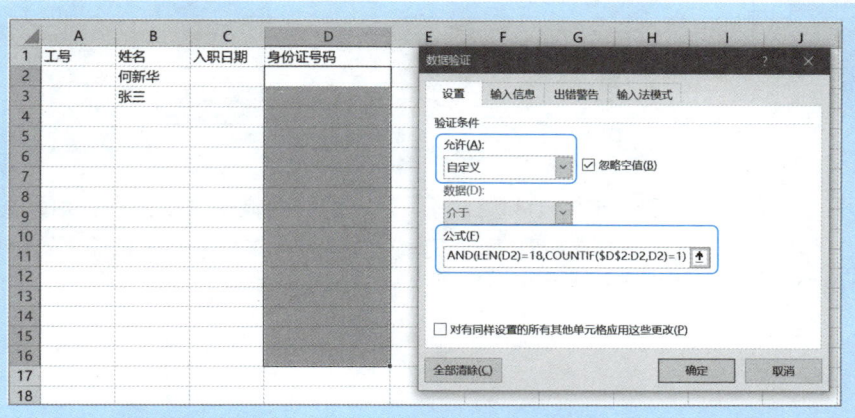

图 1-14　数据验证，只能输入不重复的 18 位身份证号码

Excel 人力资源管理与数据分析

1.2.6 设计一级下拉列表，快速选择输入数据

可以在单元格中设计下拉列表，当单击单元格右侧的下拉箭头时，就会展开一个项目列表，从中可以选择输入某个项目，这就是数据验证的"序列"设置，具体步骤如下：

步骤 01 选取要设计下拉列表的单元格区域。

步骤 02 执行"数据验证"命令，打开"数据验证"对话框。

步骤 03 在"允许"下拉框中选择"序列"，在"来源"输入框中输入序列数据，如图 1-15 所示。

注意：序列数据项之间必须用英文逗号隔开。

步骤 04 根据需要设置其他选项。

步骤 05 单击"确定"按钮，关闭"数据验证"对话框。

单击该单元格区域的某个单元格，在该单元格右侧就会出现一个下拉箭头，单击此箭头，就会出现一个下拉列表，接着便可以从这个下拉列表中选择要输入的数据，如图 1-16 所示。

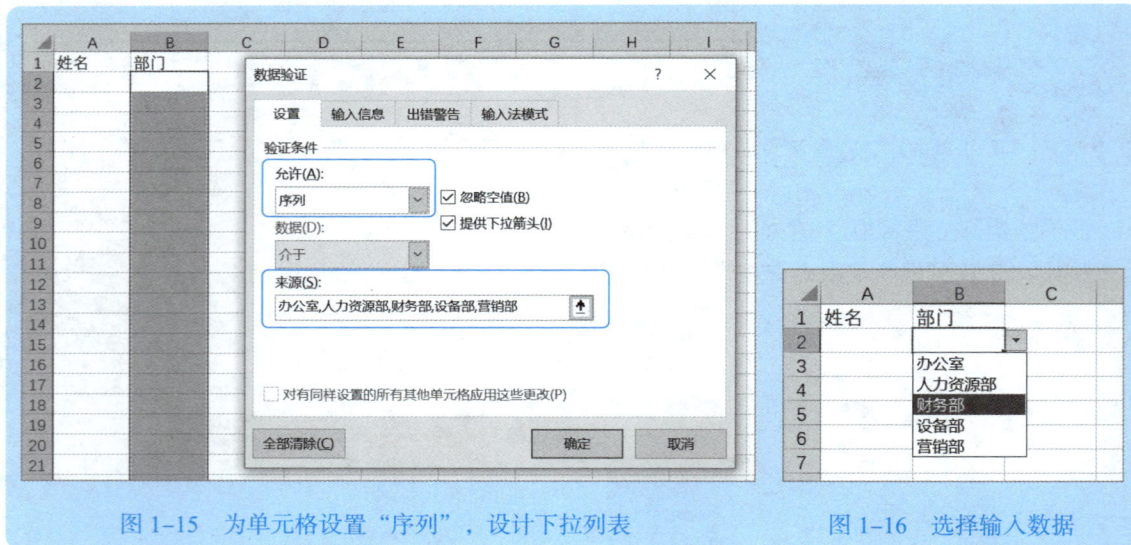

图 1-15 为单元格设置"序列"，设计下拉列表　　　图 1-16 选择输入数据

如果序列项数目较多，名称也很长，手工将其输入到对话框中很不方便，可以先将这些序列项输入到工作表中（最好是另外一个工作表，不建议在当前工作表另起一列输入这些序列项），这样就可以直接将这些序列项区域引用到对话框中，如图 1-17 所示。

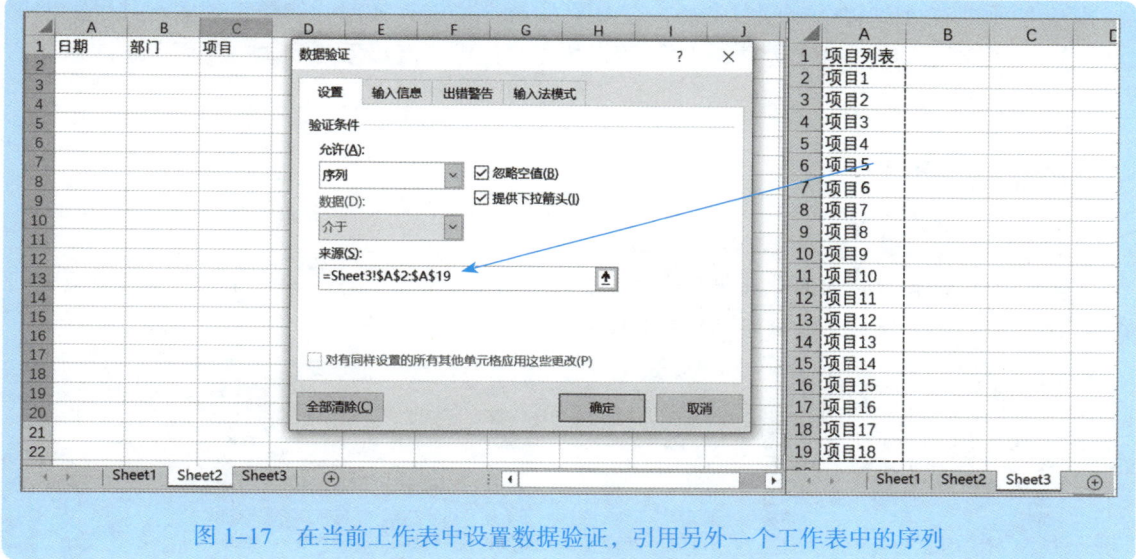

图 1-17 在当前工作表中设置数据验证，引用另外一个工作表中的序列

1.2.7 设计二级下拉列表，准确输入各部门的员工姓名

在设计诸如员工信息管理表格时，经常会碰到这样的问题：想要输入各部门的名称及该部门的员工姓名，如果将所有的员工姓名放在一个列表中，并利用此列表数据设置数据验证，那么很难判断某个员工是属于哪个部门的，容易出现张冠李戴的错误，如图 1-18 所示。

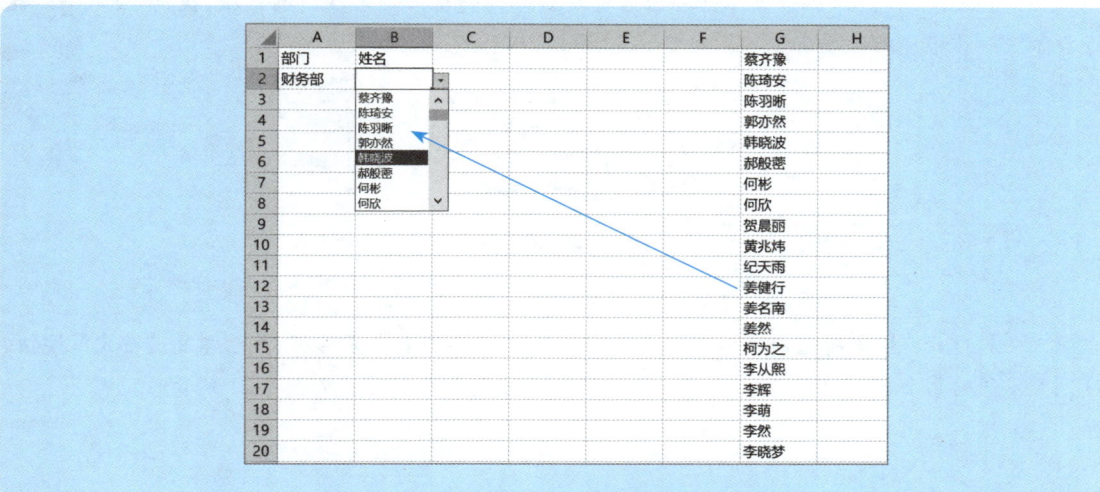

图 1-18 无法确定某个员工是哪个部门的

那么能不能在 A 列输入部门名称后，在 B 列只能选择输入该部门的员工姓名，并且其他部门的员工姓名不会出现在序列列表中呢？使用数据验证制作二级下拉列表，就可以解决这样的问题。

案例1-1

下面介绍制作二级下拉列表的具体方法和步骤。

步骤 01 首先设计部门名称及该部门的员工姓名列表，如图1-19所示。其中，第1行是部门名称，每个部门名称下面保存该部门的员工姓名。

	A	B	C	D	E	F	G	H	I	J
1	部门名称→	办公室	行政部	财务部	技术部	生产部	销售部	信息部	后勤部	
2	员工姓名→	刘晓晨	马一晨	蔡齐豫	何欣	刘冀北	郝殷蘩	陈羽晰	陈琦安	
3		祁正人	毛利民	李萌	黄兆炜	刘颂峙	贺晨丽	纪天雨	郭亦然	
4	..	张丽莉	孟欣然	马梓	李然	刘一伯	姜健行	李雅苓	姜然	
5			王浩忌	秦玉邦	刘心宇	王浩忌	姜名南	杨若梦	李羽雯	
6				王玉成	彭然君	吴雨平	柯为之	张梦瑶	袁涵	
7				张慈淼	任若思	张华宇	李从熙			
8					舒思雨	张一帆	李辉			
9					王亚萍		李晓梦			
10					王雨燕		李宇超			
11							孙顺			
12							赵端的			

图1-19 设计部门名称及该部门的员工姓名列表

步骤 02 选择B列至I列含第1行部门名称及该部门的员工姓名在内的区域，执行"公式"→"定义的名称"→"根据所选内容创建"命令，如图1-20所示。

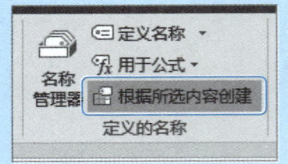

图1-20 批量创建名称的命令

步骤 03 打开"根据所选内容创建名称"对话框，勾选"首行"复选框，然后单击"确定"按钮，将B列至I列的第2行开始往下的各列员工姓名区域分别定义名称，如图1-21所示。

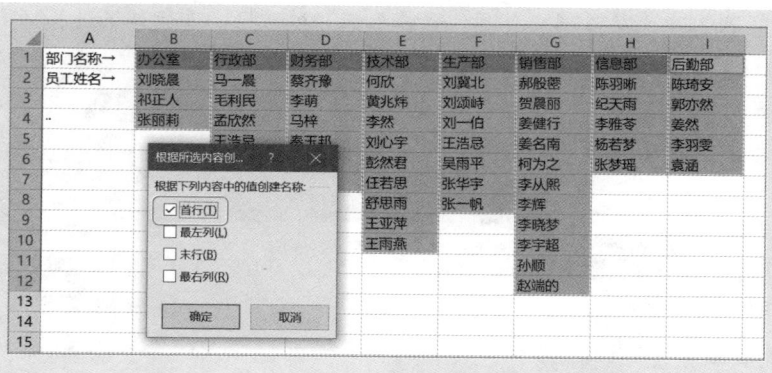

图 1-21 先选择区域，再批量定义名称

步骤 04 选择单元格区域 B1:I1，单击名称框，输入名称"部门"，然后按 Enter 键，将这个区域定义为"部门"，如图 1-22 所示。

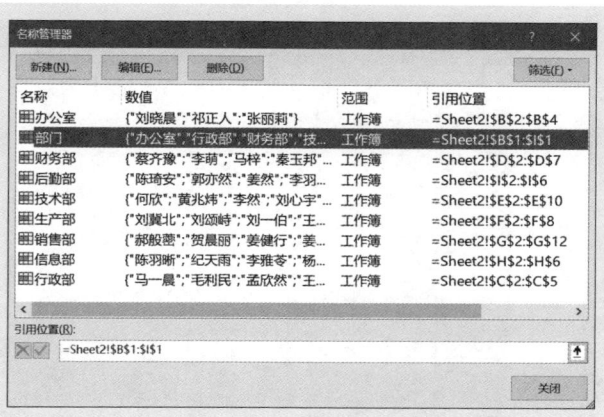

图 1-22 把第 1 行各部门名称区域定义为"部门"

这样,就定义了有关单元格区域的名称。执行"公式"→"定义的名称"→"名称管理器"命令，打开"名称管理器"对话框，就可以看到刚刚定义的名称，如图 1-23 所示。

图 1-23 定义的名称

步骤 05 选择 A 列单元格区域，打开"数据验证"对话框，进行如下设置（见图1-24）：

(1) 在"允许"下拉框中选择"序列"。

(2) 在"来源"输入框中输入公式"=部门"。

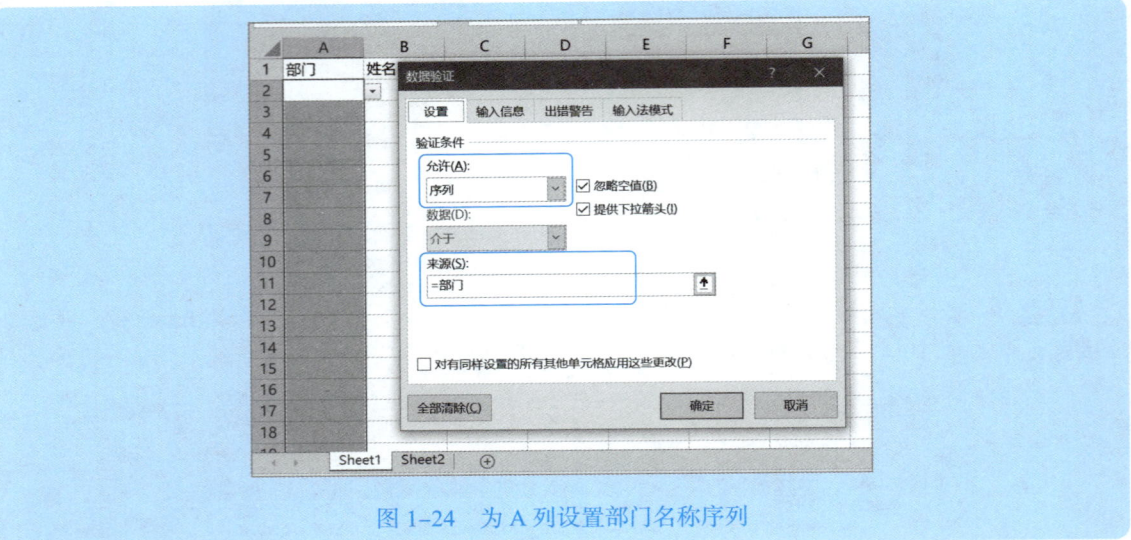

图 1-24 为 A 列设置部门名称序列

步骤 06 选择单元格区域 B2:B1000（或者到需要的行数），打开"数据验证"对话框，进行如下设置（见图1-25）：

(1) 在"允许"下拉框中选择"序列"。

(2) 在"来源"输入框中输入公式"=INDIRECT(A2)"。

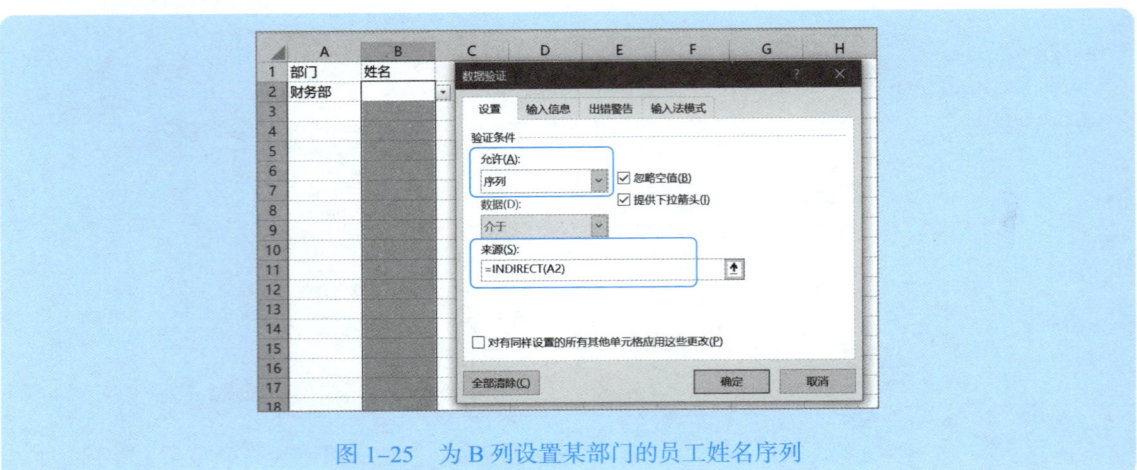

图 1-25 为 B 列设置某部门的员工姓名序列

这样，在 A 列的某个单元格选择输入部门名称，那么就在 B 列的该行单元格内只能选择输入该部门的员工姓名，如图 1-26 和图 1-27 所示。这就避免了张冠李戴——把其他部门的员工姓名写入自己的部门下。

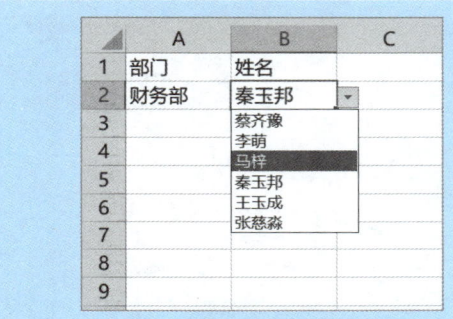

图 1-26 选择输入"财务部"的员工姓名　　图 1-27 选择输入"技术部"的员工姓名

1.3 不规范表格数据的快速整理与加工

很多人每天都在处理各种表格和数据，希望学习一些技能与技巧，来提升数据处理效率。本节将介绍一些整理和加工不规范表格数据时的实用技能与技巧。

1.3.1 数据整理：修改非法日期

在 Excel 人力资源培训课上，经常会见到这样的表格——里面的日期居然是如图 1-28 所示的情形（用句点间隔年、月、日）！

像这样输入日期的人不在少数，而且已经习以为常，因为在 Word 中就是这样输入日期的，并且领导比较喜欢看 Word 报告。但是，能用这样的日期计算工龄吗？不能。

如果表格中包含这样的日期，不管是从系统导出的，还是手工设计的，首要的任务是把日期改过来，因为这样的日期是无法进行计算的。

修改非法日期最简单的方法是利用"分列"工具，它位于"数据验证"工具的左侧，如图 1-29 所示。

图1-28 用句点间隔年、月、日

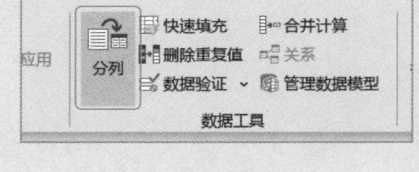

图1-29 "分列"工具

案例1-2

以图1-28所示的非法日期为例，修改过程如下：

步骤01 选择非法日期所在的列（如果有多列非法日期，就需要一列一列地修改）。

步骤02 执行"数据"→"分列"命令，打开"文本分列向导-第1步，共3步"对话框，保持默认设置，如图1-30所示。

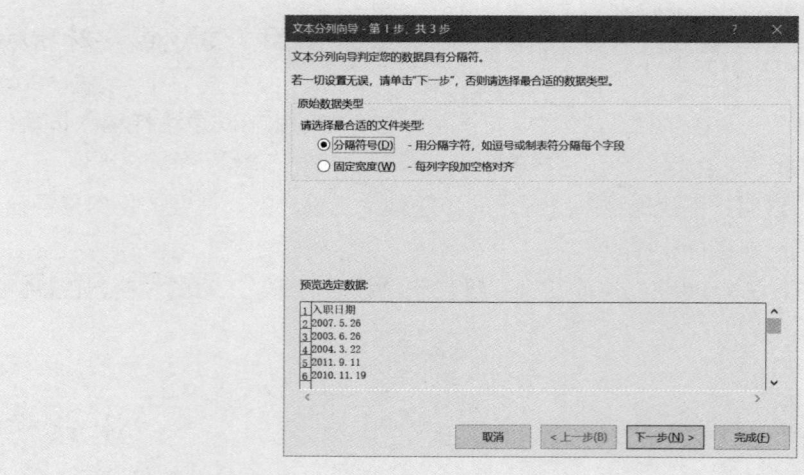

图1-30 文本分列向导－第1步，共3步（保持默认设置）

步骤 03 单击"下一步"按钮,在第2步中保持默认设置,再单击"下一步"按钮,到第3步时,选中"日期"单选按钮,如图1-31所示。

步骤 04 单击"完成"按钮,即可把非法日期修改为合法日期,如图1-32所示,工龄也就能够计算出来了。

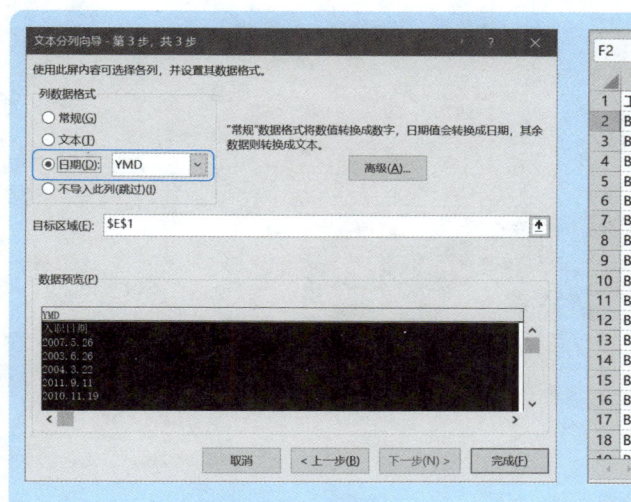

图1-31 文本分列向导-第3步,共3步（选中"日期"单选按钮）

图1-32 非法日期已被修改为合法日期

如果表格中的非法日期是如图1-33所示的格式,这种情况多出现在从系统导出的数据中。

	A	B	C	D	E	F
1	姓名	部门	考勤号码	日期	签到时间	签退时间
2	A001	人力资源部	29	03-01-2022	09:43:34	19:25:45
3	A001	人力资源部	29	03-02-2022	09:28:15	19:52:01
4	A001	人力资源部	29	03-03-2022	07:22:07	19:13:35
5	A001	人力资源部	29	03-04-2022	08:25:42	19:29:49
6	A001	人力资源部	29	03-05-2022	09:34:03	18:37:16
7	A001	人力资源部	29	03-06-2022	07:47:33	19:59:13
8	A001	人力资源部	29	03-07-2022	09:27:40	17:27:33
9	A001	人力资源部	29	03-08-2022	07:15:09	18:34:49
10	A001	人力资源部	29	03-09-2022	09:54:34	17:21:40
11	A001	人力资源部	29	03-10-2022	09:16:59	19:08:26

图1-33 非法日期为"月-日-年"的文本格式

如果要修改此类非法数据,那么在"文本分列向导-第3步,共3步"对话框中,选中"日期"单选按钮后,还需要在"日期"右侧的下拉框中选择MDY,如图1-34所示。因为通过观察,这个日期是文本格式,并且年、月、日三个数字的次序是"月-日-年"。

图 1-34　选择 MDY 格式

如果通过"分列"工具无法修改非法日期,那么有两个原因:一是单元格中日期的年、月、日三个数字与文本分列向导中的日期的年、月、日三个数字的格式不匹配;二是日期根本不存在,如输入了"2022.2.29",但 2022 年 2 月并没有 29 日。

1.3.2　数据整理:修改非法时间

从刷卡机导出的考勤数据,日期和时间基本上都是文本格式,如图 1-33 所示的格式。既然是文本,就不会有大小之分,那该如何判断是否迟到和早退呢?需要先将文本格式的日期和时间转换为真正的日期和时间。

文本格式的时间的转换,同样也可以使用"分列"工具快速进行,步骤很简单:选择某列时间,执行"数据"→"分列"命令,打开"文本分列向导 – 第 1 步,共 3 步"对话框,直接单击"完成"按钮。

1.3.3　数据整理:将无法计算的文本型数据转换为数值型数据

一般来说,手工输入数据不会出现错误,除非把 100 输成了 200。但是,从系统导出的表格,里面的数据可能会出现错误。

案例1-3

图1-35所示是从某系统导出的工资数据，但每列数据都无法用SUM函数求和。

	A	B	C	D	E	F	G	H	I	J	K	L	M	N	O	P
1	人员编号	姓名	应发合计	扣款合计	实发合计	岗位工资	职务岗位津贴	基础津贴	薪级工资	绩效工资	职工考核工资	所得税扣款	公积金扣款	养老金扣款	失业金扣款	医疗保险
2	007	AA1	3,680.00	590.29	3,089.71	680.00	315.00	35.00	841.00	149.00	1,660.00	4.72	278.00	230.08	25.83	51.66
3	008	AA2	3,666.00	521.09	3,144.91	680.00	315.00	35.00	506.00	120.00	2010.00	7.63	244.00	203.28	22.06	44.12
4	009	AA3	5,000.00	549.04	4,450.96						5,000.00	133.84	200.00	164.00	17.20	34.40
5	010	AA4	3,603.00	429.11	3,173.89	590.00	220.00	35.00	302.00	97.00	2,359.00	9.15	202.00	165.76	17.40	34.80
6	011	AA5	3,433.00	498.01	2,934.99	680.00	295.00	35.00	450.00	115.00	1,858.00		237.00	197.20	21.27	42.54
7	012	AA6	3,718.00	440.15	3,277.85	590.00	220.00	35.00	324.00	102.00	2,447.00	14.62	205.00	167.52	17.67	35.34
8	013	AA7	2,908.00	403.94	2,504.06	590.00	200.00	35.00	240.00	93.00	1,750.00		195.00	159.20	16.58	33.16
9	014	AA8	3,856.00	529.07	3,326.93	680.00	295.00	35.00	506.00	120.00	2,220.00	17.21	244.00	201.68	22.06	44.12
10	015	AA9	4,000.00	504.43	3,495.57						4,000.00	27.29	260.00	157.92	19.74	39.48
11	016	AA10	3,154.00	494.12	2,659.88	615.00	275.00	35.00	563.00	116.00	1,550.00		236.00	194.64	21.16	42.32
12	017	AA11	3,000.00	449.97	2,550.03						3,000.00		216.00	177.12	18.95	37.90
13	018	AA12	3,084.00	412.48	2,671.52	590.00	220.00	35.00	240.00	93.00	1,906.00		197.00	160.80	16.78	37.90
14	019	AA13	3,251.00	556.66	2,694.34	590.00	250.00	35.00	506.00	120.00	1,750.00		303.00	184.48	23.06	46.12
15	020	AA14	2,810.00	480.12	2,329.88	590.00	220.00	35.00	222.00	83.00	1,660.00		261.00	159.36	19.92	39.84
16			0	0	0	0	0	0	0	0	0		0	0	0	0

图1-35 无法用SUM函数对数据进行求和

SUM函数有一个规定，它只对数值型数据求和，会忽略掉文本型数据和逻辑型数据。也就是说，在本案例中，SUM函数得到的结果是0，那就只有一个原因，单元格里的数据并不是数值型数据，而是文本型数据。

对于这样的文本型数据，要将其转换为数值型数据，常用的方法有三种：利用智能标记、利用选择性粘贴、利用"分列"工具。

1. 利用智能标记

利用智能标记将文本型数据转换为数值型数据这一方法是非常简单的，首先选择要进行数据转换的单元格或单元格区域，单击单元格旁边的智能标记，在展开的下拉列表中选择"转换为数字"即可，如图1-36所示。

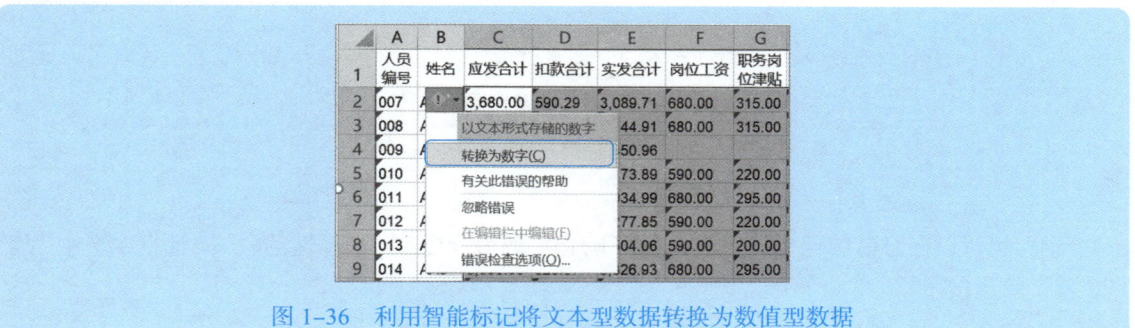

图1-36 利用智能标记将文本型数据转换为数值型数据

尽管利用智能标记的方法非常简单，但也只能用在有智能标记的场合。在某些情况下，并没有智能标记，这时就需要采用别的方法。

另外，这种智能标记转换的本质是循环选定区域内的每一个单元格并进行转换，比较耗时间，如果有 20 列 10 万行数据要转换，这种方法就可能会导致计算机死机，此时，可以利用选择性粘贴的方法。

2. 利用选择性粘贴

这种方法也比较简单，适用性更广。具体操作步骤如下：

步骤 01　在某个空白单元格输入数字 1。

步骤 02　复制这个含有数字 1 的单元格。

步骤 03　选择要进行数据转换的单元格或单元格区域。

步骤 04　打开"选择性粘贴"对话框，选中"数值"单选按钮，并选中"乘"或"除"单选按钮，如图 1-37 所示。

步骤 05　单击"确定"按钮。

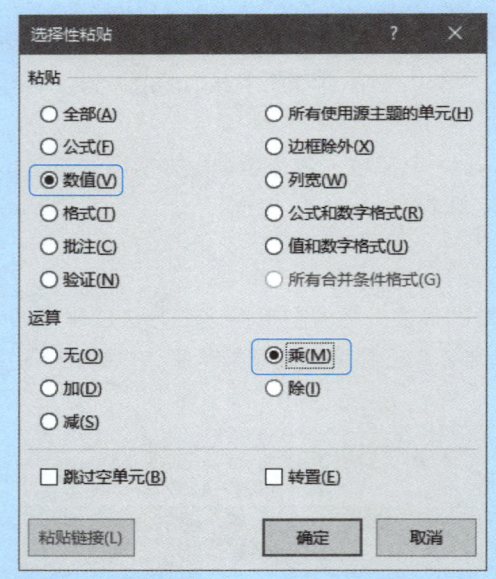

图 1-37　利用选择性粘贴将文本型数据转换为数值型数据

当然，也可以在空白单元格输入一个数字 0，但此时就需要在"选择性粘贴"对话框中选中"加"或"减"单选按钮。

3. 利用"分列"工具

一般情况下,从系统导出的文本型数据都可以使用"分列"工具快速进行转换,具体操作步骤是:选择某列,执行"数据"→"分列"命令,打开"文本分列向导 - 第 1 步,共 3 步"对话框,直接单击"完成"按钮。

利用这种方法,每次只能选择一列来进行转换(因为"分列"工具的本意就是把一列分成几列,所以操作时只能选择一列)。如果有几十列文本型数据需要进行转换,就需要执行几十次相同的操作,此时则需要利用选择性粘贴。

1.3.4 数据整理:快速删除看不见的字符

数据中的特殊字符也是一个难题。明明看着是数字,就是无法求和;明明看着是"张三",就是匹配不出来"张三"。这些数据中都带有一些特殊字符。

案例1-4

这种看不见的字符是一种特殊字符。所谓特殊字符,就是无法在键盘上直接输入的字符。图 1-38 所示就是一种这样的情况,明明看着是数字,用 SUM 函数求和时却是 0。

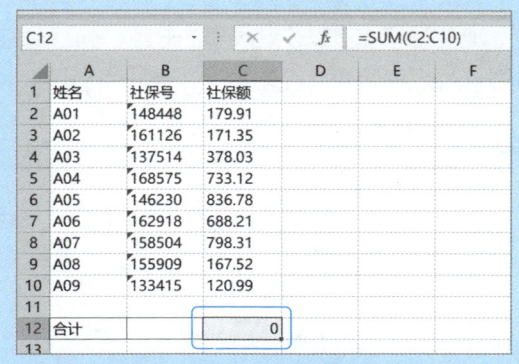

图 1-38 无法用 SUM 函数求和,也不是文本型数据

处理这种特殊字符的方法很简单,清除掉就可以了。

如图 1-39 所示,先选择数据区域,将单元格字体设置为 Symbol,就可以看到每个数值的右边显示出了奇怪的"□",但是在公式编辑栏里却看不到任何符号。此时,可以从单元格里复制一个这样的符号,粘贴到"查找和替换"对话框里,然后将其全部替换掉,最后再把单元格字体恢复为原来的字体。

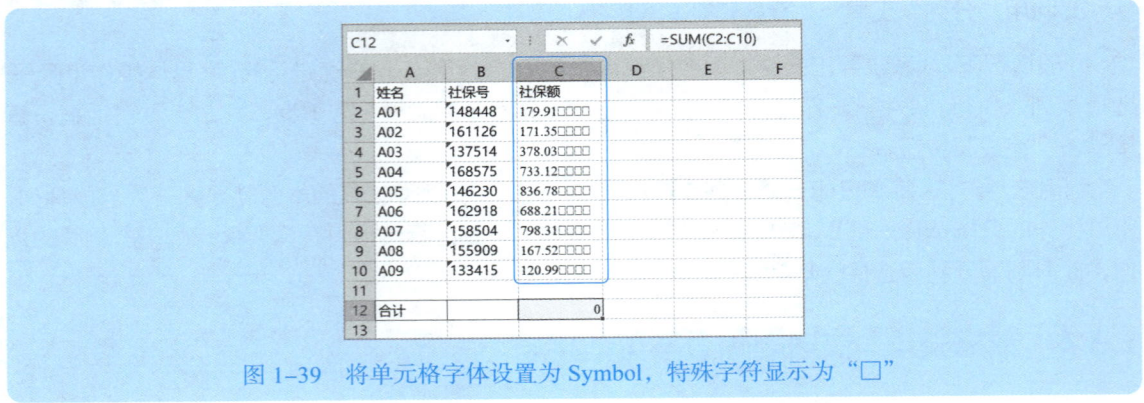

图1-39 将单元格字体设置为Symbol，特殊字符显示为"□"

1.3.5 数据整理：处理刷卡考勤数据中的换行符

有时从刷卡机导出的考勤数据中存在刷卡时间是分行保存在一个单元格中的情况，这样就没有办法进行考勤统计了。

案例1-5

图1-40中的E列就是这样的一个示例，如果同时有签到时间和签退时间，签到时间和签退时间就被分两行保存在一个单元格中。其实，"指纹号/卡号"列里也存在换行符。

可以使用查找和替换的方法处理换行符：首先打开"查找和替换"对话框；然后在"查找内容"中按Ctrl+J快捷键输入换行符；最后直接清除，处理后的结果如图1-41所示。

图1-40 签到时间和签退时间被分成两行保存在一个单元格中

图1-41 利用查找和替换清除换行符

1.3.6 数据整理：将一列数据分成几列（数据分列）

数据分列，就是把一列数据分成几列保存，这种问题多发生在刷卡考勤数据中。如果不进行整理，就没有办法继续进行计算和统计分析。

数据分列的常见方法是使用"分列"工具，有时候也需要使用函数。下面介绍几个数据分列的实际应用场景和案例。

1. 使用"分列"工具，根据"分隔符号"分列

案例1-6

图 1-42 所示是从刷卡机导出的指纹刷卡数据，刷卡日期和两次刷卡时间都在一个单元格中，现在需要把日期和时间分成 3 列保存。

仔细观察数据特征，日期和时间之间是用空格进行分隔的，这样就可以使用"分列"工具快速处理，主要步骤如下：

步骤 01 选择 D 列。

步骤 02 执行"数据"→"分列"命令，打开"文本分列向导 - 第 1 步，共 3 步"对话框。

步骤 03 在文本分列向导的第 1 步中，选中"分隔符号"单选按钮，如图1-43所示。

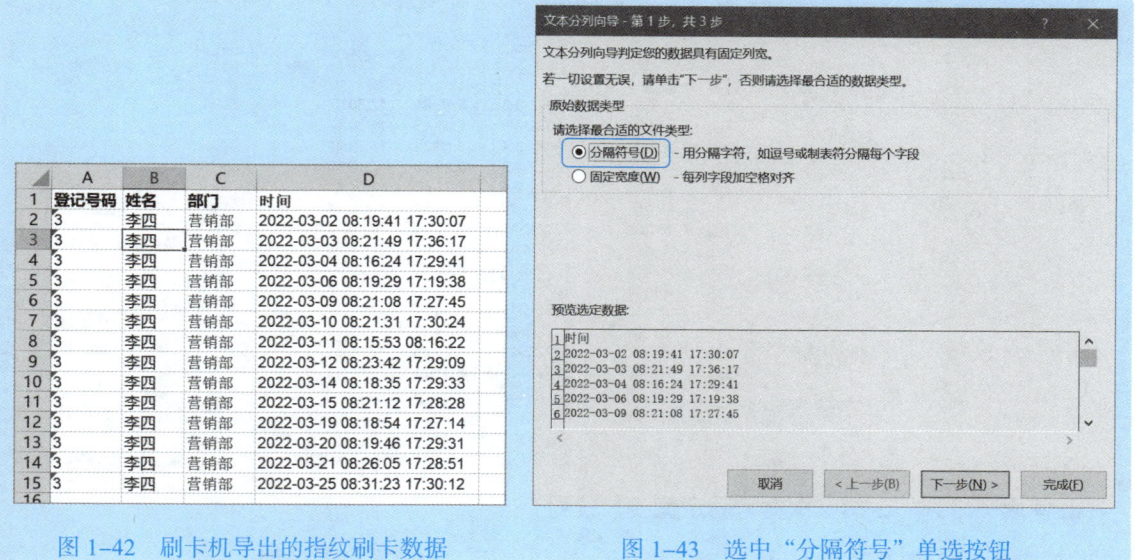

图 1-42　刷卡机导出的指纹刷卡数据　　　图 1-43　选中"分隔符号"单选按钮

步骤 04 单击"下一步"按钮,进入文本分列向导的第 2 步,勾选"空格"复选框,如图 1-44 所示。

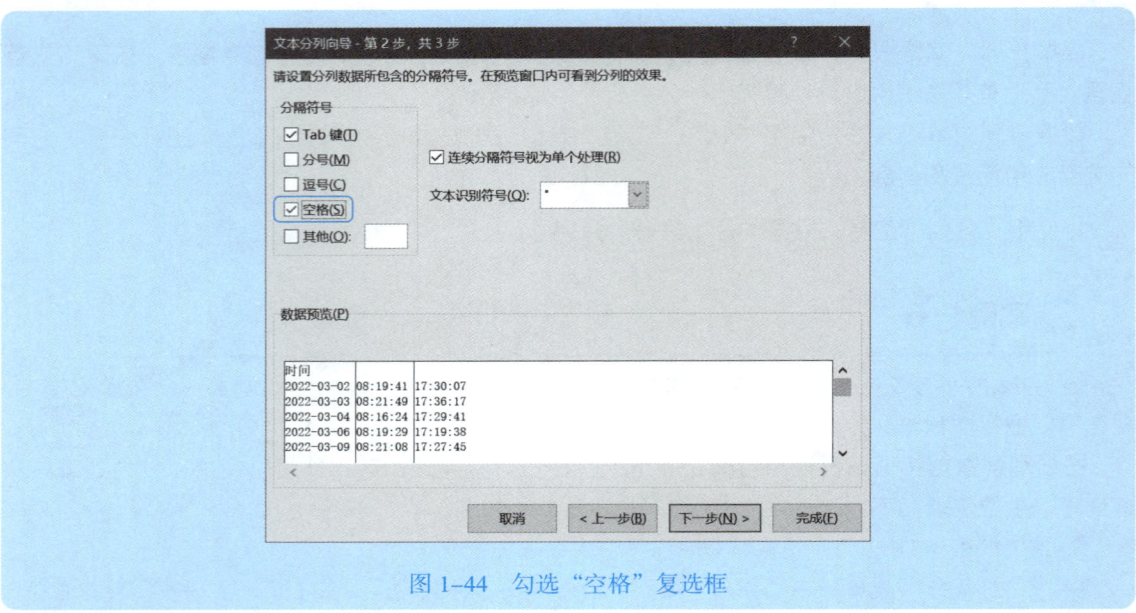

图 1-44 勾选"空格"复选框

步骤 05 单击"下一步"按钮,在文本分列向导的第 3 步中,酌情处理数据格式。

步骤 06 单击"完成"按钮完成分列,最后修改一下标题即可,如图 1-45 所示。

	A	B	C	D	E	F
1	登记号码	姓名	部门	日期	时间1	时间2
2	3	李四	营销部	2022-3-2	8:19:41	17:30:07
3	3	李四	营销部	2022-3-3	8:21:49	17:36:17
4	3	李四	营销部	2022-3-4	8:16:24	17:29:41
5	3	李四	营销部	2022-3-6	8:19:29	17:19:38
6	3	李四	营销部	2022-3-9	8:21:08	17:27:45
7	3	李四	营销部	2022-3-10	8:21:31	17:30:24
8	3	李四	营销部	2022-3-11	8:15:53	8:16:22
9	3	李四	营销部	2022-3-12	8:23:42	17:29:09
10	3	李四	营销部	2022-3-14	8:18:35	17:29:33
11	3	李四	营销部	2022-3-15	8:21:12	17:28:28
12	3	李四	营销部	2022-3-19	8:18:54	17:27:14
13	3	李四	营销部	2022-3-20	8:19:46	17:29:31
14	3	李四	营销部	2022-3-21	8:26:05	17:28:51
15	3	李四	营销部	2022-3-25	8:31:23	17:30:12
16						

图 1-45 分列后的日期和时间

2. 使用"分列"工具,根据"固定宽度"分列

如果数据顺序很规范,并且占位是固定的,可以使用"固定宽度"分列。

案例1-7

图 1-46 所示是地址编码数据，要求将 A 列中的邮编和地址分成两列。

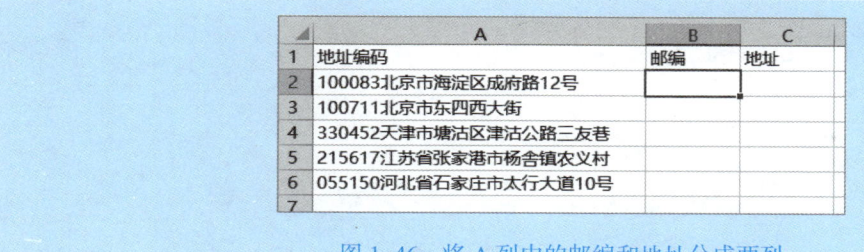

	A	B	C
1	地址编码	邮编	地址
2	100083北京市海淀区成府路12号		
3	100711北京市东西大街		
4	330452天津市塘沽区津沽公路三友巷		
5	215617江苏省张家港市杨舍镇农义村		
6	055150河北省石家庄市太行大道10号		
7			

图 1-46　将 A 列中的邮编和地址分成两列

仔细观察数据特征，邮编是固定的 6 位数（**注意：分列后必须处理为文本型数据，否则第一位的 0 就会丢失**），因此可以使用"固定宽度"分列。主要步骤如下：

步骤 01 使用"分列"工具，在文本分列向导的第 1 步中，选中"固定宽度"单选按钮，如图 1-47 所示。

步骤 02 在文本分列向导的第 2 步中，用鼠标设置分列线（仔细阅读对话框中的说明），如图 1-48 所示。

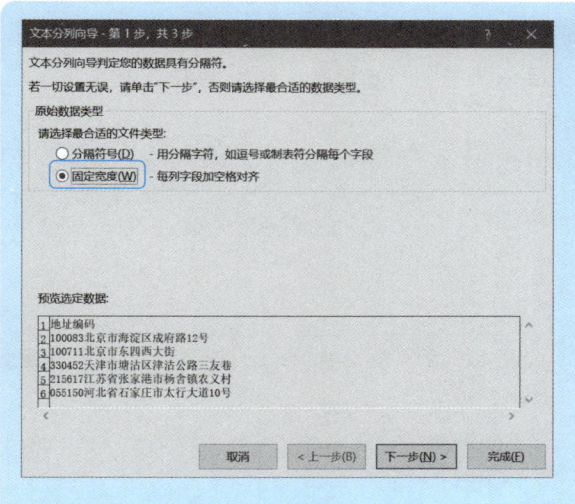

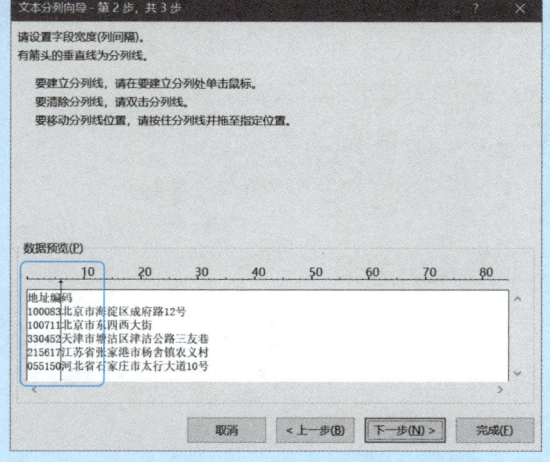

图 1-47　选中"固定宽度"单选按钮　　　图 1-48　设置分列线

步骤 03 在文本分列向导的第 3 步中，选择第 1 列的邮编，将其数据格式设置为"文本"，如图 1-49 所示。

步骤 04 完成后,将标题重命名,得到需要的表格,如图 1-50 所示。

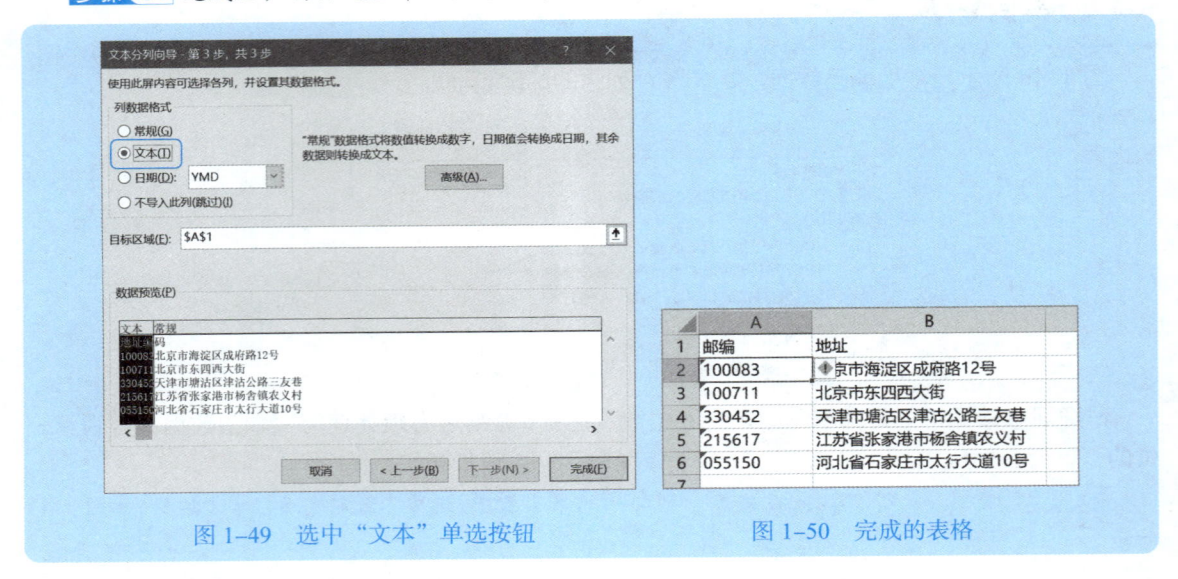

图 1-49 选中"文本"单选按钮

图 1-50 完成的表格

3. 使用函数

也有一些其他场合的分列问题,既可以使用"分列"工具,也可以使用函数。

例如,对于案例 1-7,可以直接使用函数从 A 列数据中提取邮编和地址,分别保存在 B 列和 C 列,因为邮编是固定的 6 位数,可以使用 LEFT 函数直接取出左侧的 6 位数,再用 MID 函数从第 7 位开始把右侧的取出来,公式如下:

单元格 B2,邮编:=LEFT(A2,6)
单元格 C2,地址:=MID(A2,7,100)

案例 1-8

图 1-51 所示是一个中文姓名和英文姓名连在一起的例子,要分列的是中文姓名和英文姓名,此时可以依据中文字符和英文字符的区别来分列。

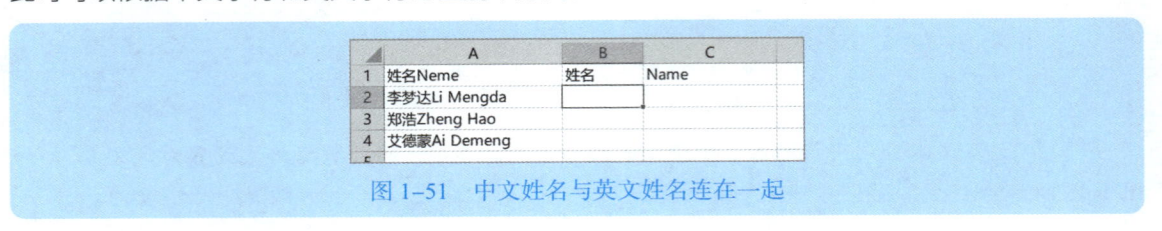

图 1-51 中文姓名与英文姓名连在一起

要做这样的分列处理，需要了解以下基础知识：

（1）中文字符是全角字符，英文字符（包括空格）是半角字符，全角字符和半角字符的区别就是字符数和字节数的区别。

（2）1 个全角字符是 2 个字节，1 个半角字符是 1 个字节。

（3）字符数用 LEN 函数计算，字节数用 LENB 函数计算。

（4）汉字个数 =LENB–LEN，字母个数 =2*LEN–LENB。

分列公式如下：

单元格 B2：=LEFT(A2,LENB(A2)–LEN(A2))
单元格 C2：=RIGHT(A2,2*LEN(A2)–LENB(A2))

4. 使用快速填充工具（Ctrl+E 快捷键）

如果使用的是 Excel 2016 以上的版本，那么这样的分列是非常便捷的，因为可以使用"快速填充"工具来完成，这个工具的按钮就在"分列"工具的右侧，如图 1–52 所示。

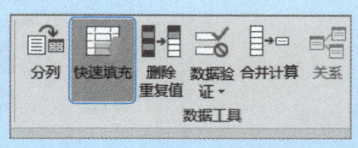

图 1–52　"快速填充"工具按钮

以案例 1–7 为例，基本步骤如下：

步骤 01　将保存邮编的单元格区域设置为文本格式。

步骤 02　在第 1 个单元格手工输入该邮编，然后选择包括第 1 个单元格的所有要保存邮编的区域，如图 1-53 所示。

步骤 03　执行"数据"→"快速填充"命令，或者按 Ctrl+E 快捷键，快速分列出邮编，如图 1-54 所示。

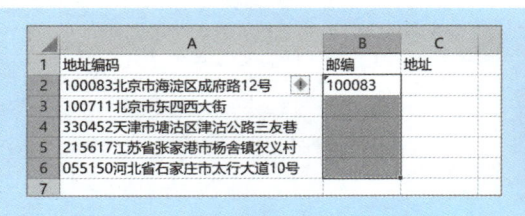

图 1–53　输入第 1 个单元格的邮编，选择包括该单元格在内的所有要保存邮编的区域

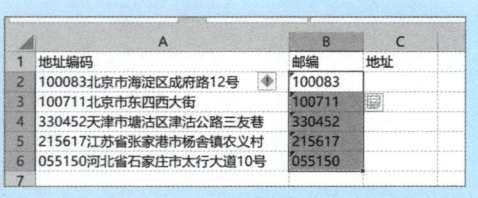

图 1–54　快速分列出邮编

步骤 04 使用相同的方法,快速分列出地址,如图 1-55 和图 1-56 所示。

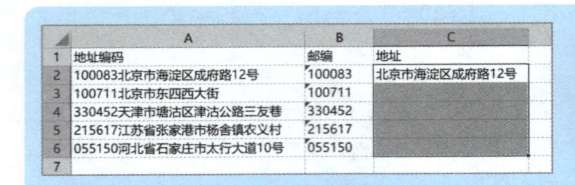

图 1-55 输入第 1 个单元格的地址,选择包括该单元格在内的所有要保存地址的区域

图 1-56 快速分列出地址

"快速填充"工具适用于有规律的数据,Excel 会自动根据所输入的第 1 个数据,从原始数据中进行判断和处理。

例如,对于案例 1-8,也可以使用"快速填充"工具快速填充,如图 1-57 ~ 图 1-60 所示。

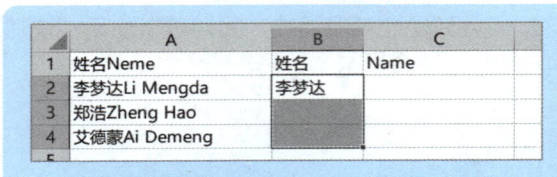

图 1-57 准备提取填充中文姓名

图 1-58 提取填充完成的中文姓名

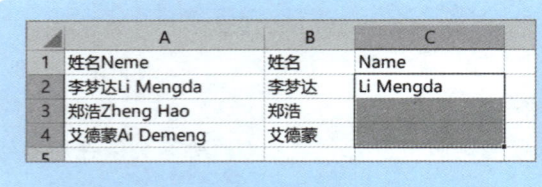

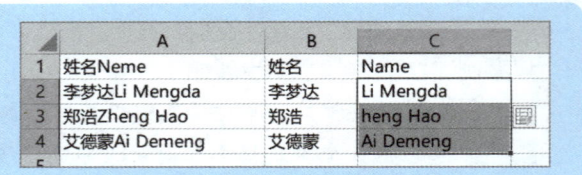

图 1-59 准备提取填充英文姓名

图 1-60 提取填充完成的英文姓名

第2章 人力资源常用函数及其实际应用案例

在人力资源管理中,无论是设计基础表单,还是制作统计分析报告,以及日常数据处理,都离不开 Excel 函数。本章将介绍人力资源数据管理和处理分析中常用的 Excel 函数及其实际应用案例,关于这些函数的综合运用,将在后面的内容中进行介绍。

2.1 逻辑判断函数及其应用

在 Excel 的众多函数中,逻辑判断是非常重要的一类函数,数据的处理及分析都离不开逻辑判断。

逻辑判断函数主要有:
- IF 函数(IFS 函数)。
- AND 函数。
- OR 函数。
- IFERROR 函数。

2.1.1 IF 函数及其基本应用

IF 函数的基本功能是,根据指定的条件进行判断。如果条件满足,就处理为结果 A;如果条件不满足,就处理为结果 B,公式如下:

=IF(条件 , 结果 A, 结果 B)

案例2-1

图 2-1 所示是一个判断业务员是否达标的简单例子,完成率为 95% 及以上为达标,完成率为 95% 以下为未达标。单元格 E2 的判断公式如下:

=IF(D2>=95%," 达标 "," 未达标 ")

	A	B	C	D	E
1	业务员	业绩目标	业绩完成	完成率	完成状况
2	马瑞	4939	1324	26.8%	未达标
3	刘红	2045	2302	112.6%	达标
4	王五	7057	6730	95.4%	达标
5	张欣华	5299	6455	121.8%	达标
6	孟晓强	4959	4057	81.8%	未达标
7	王霞	5433	6090	112.1%	达标
8	周姗	2608	1913	73.4%	未达标
9	赵三	7035	2130	30.3%	未达标

图 2-1 IF 函数的基本应用

2.1.2 IF 函数及其嵌套应用

在很多情况下，需要进行多级判断，分别就每种情况进行处理，此时需要嵌套使用 IF 函数。

案例2-2

例如，对于图 2-1 所示的数据，现在要进行如下的判断处理：
- 完成率为 60% 以下，不合格。
- 完成率为 60%（含）到 80%，基本合格。
- 完成率为 80%（含）到 100%，基本完成。
- 完成率为 100%（含）以上，超额完成。

这种处理，需要使用 3 个 IF 函数进行嵌套，因为是 4 个结果，一个 IF 函数处理得到 2 个结果。单元格 E2 的公式如下（见图 2-2）：

=IF(D2<60%," 不合格 ",IF(D2<80%," 基本合格 ",IF(D2<100%," 基本完成 "," 超额完成 ")))

	A	B	C	D	E
1	业务员	业绩目标	业绩完成	完成率	完成状况
2	马瑞	4939	1324	26.8%	不合格
3	刘红	2045	2302	112.6%	超额完成
4	王五	7057	6730	95.4%	基本完成
5	张欣华	5299	6455	121.8%	超额完成
6	孟晓强	4959	4057	81.8%	基本完成
7	王霞	5433	6090	112.1%	超额完成
8	周姗	2608	1913	73.4%	基本合格
9	赵三	7035	2130	30.3%	不合格
10	刘宝胜	2610	4010	153.6%	超额完成
11	杜三辉	6656	5172	77.7%	基本合格

图 2-2 IF 函数的嵌套应用

公式看起来很复杂，但是如果能够梳理出其中的逻辑关系，再按照科学的方法输入函数，就能够很快设计出公式。

对本案例而言，IF 函数嵌套应用的逻辑关系如图 2-3 所示。

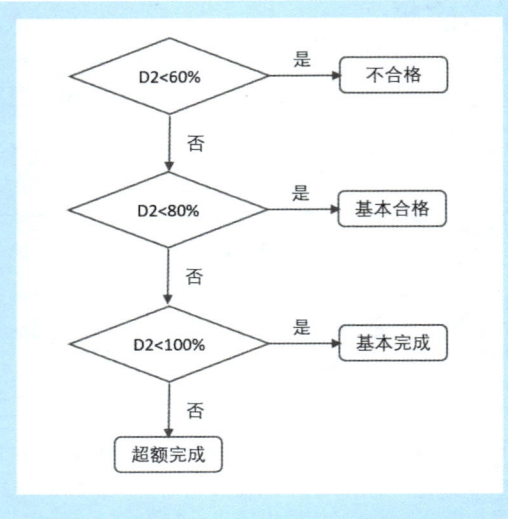

图 2-3 IF 函数的嵌套应用的逻辑关系

嵌套 IF 函数的输入方法需要技巧，联合使用"函数参数"对话框和名称框是最好的方法。具体操作步骤如下：

步骤 01 单击"插入函数"按钮 f_x，打开第 1 个 IF 函数的"函数参数"对话框，输入条件表达式和条件成立的结果，如图 2-4 所示。

图 2-4 输入第 1 个 IF 函数的参数

步骤 02 将光标移到 IF 函数的第 3 个参数输入框中，单击名称框里的 IF 函数，如图 2-5 所示。如果没有出现，就单击名称框右侧的下拉箭头展开函数列表，找出 IF 函数。

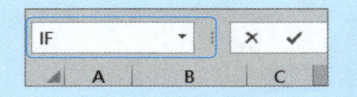

图 2-5 公式编辑栏左侧的名称框出现了 IF 函数

步骤 03 单击名称框里的 IF 函数，打开第 2 个 IF 函数的"函数参数"对话框，输入该函数的条件表达式和条件成立的结果，如图 2-6 所示。

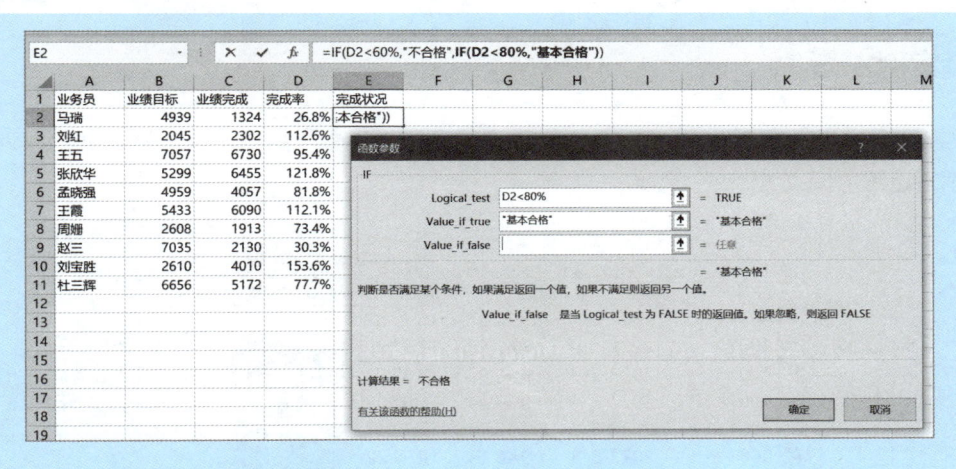

图 2-6 输入第 2 个 IF 函数的参数

步骤 04 将光标移到 IF 函数的第 3 个参数输入框中，单击名称框里的 IF 函数，打开第 3 个 IF 函数的"函数参数"对话框，输入该函数的条件表达式和条件成立以及不成立的结果，如图 2-7 所示。

图 2-7 输入第 3 个 IF 函数的参数

步骤 05 单击"确定"按钮，完成公式输入。

2.1.3 AND 函数及其基本应用

AND 函数用于将几个与条件组合起来，也就是说，这几个条件必须全部满足，公式如下：

=AND(条件 1, 条件 2, 条件 3,…)

案例2-3

图 2-8 所示为考勤数据，现在需要判断员工是否正常出勤。所谓正常出勤，就是不迟到也不早退，规定上班时间为 8:30—17:30。

	A	B	C	D	E	F
1	姓名	日期	签到时间	签退时间	是否正常出勤	
2	A001	2022-3-1	9:18:57	16:21:32		
3	A001	2022-3-2	7:43:40	17:57:38		
4	A001	2022-3-3	9:52:57	18:59:01		
5	A001	2022-3-4	9:34:44	18:07:08		
6	A001	2022-3-7	8:18:08	17:38:41		
7	A001	2022-3-8	9:45:13	19:57:22		
8	A001	2022-3-9	7:05:07	18:26:14		
9	A001	2022-3-10	7:14:13	16:31:02		
10	A001	2022-3-11	7:41:50	19:15:23		
11	A001	2022-3-14	9:40:15	17:13:33		
12	A001	2022-3-15	7:21:03	17:14:21		
13	A001	2022-3-16	7:22:51	18:12:05		
14	A001	2022-3-17	9:56:59	18:58:12		
15	A001	2022-3-18	9:26:46	18:57:24		
16	A001	2022-3-21	9:04:16	18:17:54		
17	A001	2022-3-22	9:23:13	17:57:00		
18	A001	2022-3-23	7:53:31	19:05:14		
19						

图 2-8 考勤数据

在单元格 E2 中输入如下的公式（结果见图 2-9）：

=IF(AND(C2<=8.5/24,D2>=17.5/24)," 正常出勤 ","")

	A	B	C	D	E
1	姓名	日期	签到时间	签退时间	是否正常出勤
2	A001	2022-3-1	9:18:57	16:21:32	
3	A001	2022-3-2	7:43:40	17:57:38	正常出勤
4	A001	2022-3-3	9:52:57	18:59:01	
5	A001	2022-3-4	9:34:44	18:07:08	
6	A001	2022-3-7	8:18:08	17:38:41	正常出勤
7	A001	2022-3-8	9:45:13	19:57:22	
8	A001	2022-3-9	7:05:07	18:26:14	正常出勤
9	A001	2022-3-10	7:14:13	16:31:02	
10	A001	2022-3-11	7:41:50	19:15:23	正常出勤
11	A001	2022-3-14	9:40:15	17:13:33	
12	A001	2022-3-15	7:21:03	17:14:21	
13	A001	2022-3-16	7:22:51	18:12:05	正常出勤
14	A001	2022-3-17	9:56:59	18:58:12	
15	A001	2022-3-18	9:26:46	18:57:24	
16	A001	2022-3-21	9:04:16	18:17:54	
17	A001	2022-3-22	9:23:13	17:57:00	
18	A001	2022-3-23	7:53:31	19:05:14	正常出勤

E2 单元格公式：`=IF(AND(C2<=8.5/24,D2>=17.5/24),"正常出勤","")`

图 2-9　是否正常出勤的判断结果

2.1.4　OR 函数及其基本应用

OR 函数用于将几个或条件组合起来，也就是说，在这几个条件中，满足一个即可，公式如下：

=OR(条件 1, 条件 2, 条件 3,…)

案例2-4

以图 2-8 中的数据为例，需要判断否异常出勤。所谓异常出勤，就是迟到或早退，或者两者都有。

单元格 E2 中的公式如下（结果见图 2-10）：

=IF(OR(C2>8.5/24,D2<17.5/24)," 异常出勤 ","")

	A	B	C	D	E
1	姓名	日期	签到时间	签退时间	是否异常出勤
2	A001	2022-3-1	9:18:57	16:21:32	异常出勤
3	A001	2022-3-2	7:43:40	17:57:38	
4	A001	2022-3-3	9:52:57	18:59:01	异常出勤
5	A001	2022-3-4	9:34:44	18:07:08	异常出勤
6	A001	2022-3-7	8:18:08	17:38:41	
7	A001	2022-3-8	9:45:13	19:57:22	异常出勤
8	A001	2022-3-9	7:05:07	18:26:14	
9	A001	2022-3-10	7:14:13	16:31:02	异常出勤
10	A001	2022-3-11	7:41:50	19:15:23	
11	A001	2022-3-14	9:40:15	17:13:33	异常出勤
12	A001	2022-3-15	7:21:03	17:14:21	异常出勤
13	A001	2022-3-16	7:22:51	18:12:05	
14	A001	2022-3-17	9:56:59	18:58:12	异常出勤
15	A001	2022-3-18	9:26:46	18:57:24	异常出勤
16	A001	2022-3-21	9:04:16	18:17:54	异常出勤
17	A001	2022-3-22	9:23:13	17:57:00	异常出勤
18	A001	2022-3-23	7:53:31	19:05:14	

图 2-10　是否异常出勤的判断结果

也许有人会问：8.5/24 是什么意思？ 17.5/24 又是什么意思？关于这个，将在后面介绍日期时间函数时进行详细讲解。

2.1.5　IFERROR 函数及其基本应用

IFERROR 函数用于处理错误值，也就是说，如果是错误值，要将错误值处理为什么结果，公式如下：

`=IFERROR（表达值或值，错误值的处理结果）`

IFERROR 函数更多地被用于设计自动化数据分析模板的场合，将在后面的相关章节中将介绍 IFERROR 函数的具体应用。

2.2　日期函数及其应用

很多人会在 Excel 表单中输入诸如"2022.3.5""3.5""22.3.5"这样的日期，这样做就大错特错了，因为他们并没有弄明白 Excel 处理日期的重要规则。

Excel 把日期处理为正整数，0 代表 1900-1-0、1 代表 1900-1-1、2 代表 1900-1-2，以此类推，日期 2022-3-5 就是 44625。

输入日期的正确格式是"年 – 月 – 日"或者"年 / 月 / 日",而上面的输入格式是不对的,因为这样的结果是文本,而不是数字。

Excel 处理日期和时间的基本单位是天,1 代表 1 天,1 天有 24 个小时,因此时间是按照 1 天的一部分来处理的,也就是说,1 小时代表 1/24 天,1 小时就是 0.0416666666666667(分数 1/24)。例如,8:30 就是 8.5/24,8:50 就是 (8+50/60)/24。因此时间就是小数。

在 Excel 中,输入时间的格式一般为"时 : 分 : 秒"。

例如,要输入时间"14 时 20 分 30 秒",可以输入"14:20:30"或"2:20:30 PM"。**注意:在 2:20:30 和 PM 之间必须有一个空格。**

但是,如果要输入没有小时而只有分钟和秒的时间,如输入 5 分 45 秒这样的时间,不能输入"5:45",这样会把该时间识别为 5 时 45 分,必须在小时部分输入一个 0,以表示小时数为 0,即输入"0:5:45"。

如果要在一个日期上加减一个时间,必须先把时间转换为天。例如,要在单元格 B2 中的日期时间的基础上加 2.5 小时,那么公式是"=B2+2.5/24"。

Excel 允许输入超过 24 小时的时间,不过 Excel 会将这个时间进行自动处理。例如,输入时间"26:45:55",那么它会被解释为 1900 年 1 月 1 日的 2:45:55。同样,如果输入时间"76:45:55",那么它会被解释为 1900 年 1 月 3 日的 4:45:55。也就是说,Excel 将自动把超过 24 小时的部分进位成 1 天。

在处理日期和时间时,常用的函数有:

◎ TODAY 函数。
◎ EDATE 函数。
◎ EOMONTH 函数。
◎ DATEDIF 函数。
◎ YEARFRAC 函数。
◎ WEEKDAY 函数。
◎ WEEKNUM 函数。
◎ NETWORKDAYS 函数。
◎ DATE 函数。

2.2.1　TODAY 函数及其应用

TODAY 函数返回当前日期,该函数没有参数,因此使用时不要漏掉一对括号,公式如下:

```
=TODAY()
```

将一个日期与 TODAY 函数相减，就得到该日期与当天的间隔天数，这个在计算合同到期天数时是非常有用的，如图 2-11 所示。单元格 C5 的计算公式如下：

```
=B5-TODAY()
```

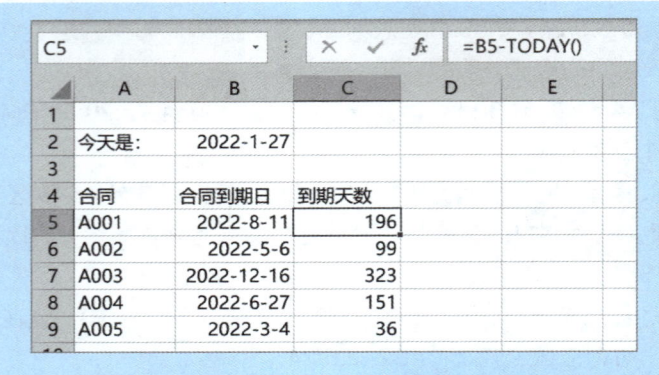

图 2-11　TODAY 函数计算合同到期天数

需要注意的是，尽管通常认为两个日期相减应该是天数，但是在默认情况下，单元格格式会自动设置为日期格式，因此需要将单元格格式设置为"常规"，以显示正确的天数。

2.2.2　EDATE 函数及其应用

给定一个基准日期，如果要计算指定期限后的日期，可以根据具体情况，使用不同的方法。

如果要计算多少天后的日期，就直接在基准日期上加上天数即可。例如，要计算从今天开始，10 天后的日期，公式如下：

```
=TODAY()+10
```

如果要计算多少个月后（前）或多少年后（前）的日期，就需要使用 EDATE 函数，公式如下：

```
=EDATE（基准日期，月数表示的期限）
```

需要特别注意，这个函数的第二个参数必须是月数表示的期限，如果是年，要乘以 12 变成总月数。

例如，给定了签订日期和期限，要计算合同到期日，如图 2-12 所示，计算公式如下：

```
=EDATE(B2,C2*12)-1
```

	A	B	C	D
1	合同	签订日期	期限（年）	到期日
2	A001	2020-8-11	2	2022-8-10
3	A002	2021-5-6	3	2024-5-5
4	A003	2021-12-16	3	2024-12-15
5	A004	2020-6-27	2	2022-6-26
6	A005	2020-3-4	2	2022-3-3

图 2-12　EDATE 函数计算合同到期日

2.2.3　EOMONTH 函数及其应用

EDATE 函数计算的是一个具体日期，如果要计算指定期限后的那个月的月底日期，就需要使用 EOMONTH 函数，公式如下：

=EOMONTH（基准日期，月数表示的期限）

以图 2-12 所示的数据为例，不论是哪天签的合同，到期日都是指定期限后的那个月的月底日期，公式如下（结果如图 2-13 所示）：

=EOMONTH(B2,C2*12)

	A	B	C	D
1	合同	签订日期	期限（年）	到期日
2	A001	2020-8-11	2	2022-8-31
3	A002	2021-5-6	3	2024-5-31
4	A003	2021-12-16	3	2024-12-31
5	A004	2020-6-27	2	2022-6-30
6	A005	2020-3-4	2	2022-3-31

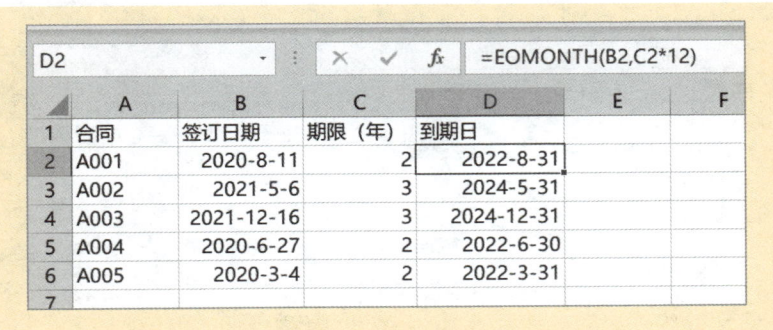

图 2-13　EOMONTH 函数计算合同到期日（月底日期）

2.2.4 DATEDIF 函数及其应用

在人力资源数据管理和处理分析中，DATEDIF 函数的功能更加强大，它用于计算两个日期之间的期限，如计算年龄、工龄等。

DATEDIF 函数的基本用法如下：

```
=DATEDIF( 开始日期 , 截止日期 , 计算结果代码 )
```

其中，第三个参数用于确定计算结果的年、月、日等，具体如下：

◎ y：计算实际总年数，不够一年的不算。

◎ m：计算实际总月数，不够一个月的不算。

◎ d：计算实际总天数，相当于两个日期直接相减。

◎ ym：计算不够一年所多出来的月数。

◎ md：计算不够一个月所多出来的天数。

图 2-14 所示是一个 DATEDIF 函数计算的简单例子，各单元格中的公式如下（请比较 DATEDIF 函数第三个参数及其计算结果的区别）：

```
单元格 C5：=DATEDIF(B5,TODAY(),"y")
单元格 D5：=DATEDIF(B5,TODAY(),"m")
单元格 E5：=DATEDIF(B5,TODAY(),"ym")
单元格 F5：=DATEDIF(B5,TODAY(),"md")
```

例如，某人于 2009 年 6 月 12 日入职，截止到 2022 年 1 月 27 日，他在公司工作了 12 年 7 个月 15 天。

C5 =DATEDIF(B5,TODAY(),"y")

	A	B	C	D	E	F
1						
2	今天是:	2022-1-27				
3	姓名	入职日期	工龄			
4			总年数	总月数	多余的月数	多余的天数
5	A001	2009-6-12	12	151	7	15
6	A002	2018-7-14	3	42	6	13
7	A003	1999-8-24	22	269	5	3
8	A004	2001-10-21	20	243	3	6
9	A005	1995-11-4	26	314	2	23
10						

图 2-14 DATEDIF 函数计算工龄

注意：DATEDIF 函数是隐藏函数，在函数列表中是找不到这个函数的，因此无法调出"函数参数"对话框，必须手工在单元格中输入。

2.2.5 YEARFRAC 函数及其应用

在计算期限时，DATEDIF 函数得到的结果是整数年，如果要计算带小数点的年数则需要使用 YEARFRAC 函数，公式如下：

`=YEARFRAC( 开始日期，截止日期 ,1)`

例如，某人 2009 年 6 月 12 日入职，截止到 2022 年 1 月 27 日，他在公司工作了 12.628 年，公式如下：

`=YEARFRAC("2009-6-12",TODAY(),1)`

图 2-15 所示是 YEARFRAC 函数与 DATEDIF 函数计算结果的比较。

	A	B	C	D	E	F	G
1							
2	今天是：	2022-1-27					
3	姓名	入职日期	工龄				YEARFRAC函数结果
4			总年数	总月数	多余的月数	多余的天数	
5	A001	2009-6-12	12	151	7	15	12.62820262
6	A002	2018-7-14	3	42	6	13	3.540525739
7	A003	1999-8-24	22	269	5	3	22.42847365
8	A004	2001-10-21	20	243	3	6	20.26957063
9	A005	1995-11-4	26	314	2	23	26.23134839
10							

图 2-15　YEARFRAC 函数与 DATEDIF 函数计算结果的比较

2.2.6 WEEKDAY 函数及其应用

在计算加班费时，常常要判断是工作日加班，还是双休日加班，此时可以使用 WEEKDAY 函数，公式如下：

`=WEEKDAY( 日期，星期制标准 )`

WEEKDAY 函数的计算结果是 1～7 的整数，1 表示是星期几取决于函数第 2 个参数所指定的星期制标准。

如果忽略了第 2 个参数，就按照国际星期制标准计算（每周的第 1 天是星期日），这样，1 表示星期日、2 表示星期一、3 表示星期二、4 表示星期三、5 表示星期四、6 表示星期五、7 表示星期六。

如果要规定每周的第 1 天是星期一、第 2 天是星期二……第 7 天是星期日，这样就必须将函数的第 2 个参数设置为 2。

例如，日期为 2022-4-27，请比较下面两个计算公式：

公式 1：=WEEKDAY("2022-4-27")
公式 2：=WEEKDAY("2022-4-27",2)

WEEKDAY 函数联合条件格式，在设计考勤表时是非常有用的，这个应用将在后面的有关章节中进行详细介绍。

2.2.7　WEEKNUM 函数及其应用

WEEKNUM 函数用于计算某个日期是当年的第几周，其用法和注意事项与 WEEKDAY 函数相同。
例如，2022-4-27 是 2022 年的第 18 周，计算公式如下：

=WEEKNUM("2022-4-27",2)

2.2.8　NETWORKDAYS 函数及其应用

当需要考虑双休日、节假日等情况，并计算指定两个日期之间的工作日（星期一至星期五，不考虑调休）时，需要使用 NETWORKDAYS 函数，公式如下：

=NETWORKDAYS(开始日期，截止日期，节假日列表)

这里，节假日列表可以单独在工作表中列出来后引用，也可以用数组表示。
图 2-16 所示是 NETWORKDAYS 函数的一个简单应用，计算公式如下：

=NETWORKDAYS(D3,D4,G4:G6)

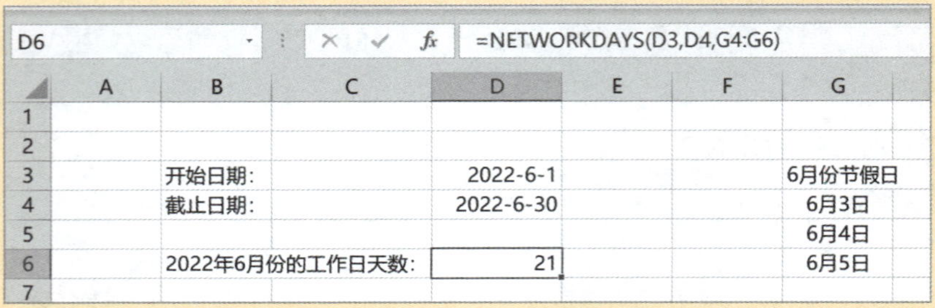

图 2-16　计算工作日天数

2.2.9 DATE 函数及其应用

DATE 函数就是把年、月、日三个数字组合成真正的日期，公式如下：

`=DATE( 年数字 , 月数字 , 日数字 )`

例如，下面公式的结果是 2022-5-26：

`=DATE(2022,5,26)`

如果 A 列、B 列和 C 列分别保存年、月、日三个数字，那么组合日期的公式如下：

`=DATE(A2,B2,C2)`

假设单元格 B2 中为某个日期，计算该日期 3 年 8 个月 15 天后的日期的公式如下：

`=DATE(YEAR(B2)+3,MONTH(B2)+8,DAY(B2)+15)`

以上公式比较复杂，可以简化为如下公式：

`=EDATE(B2,3*12+8)+15`

DATE 函数在确定某些特殊日期方面是非常有用的，下面是 DATE 函数的一些特殊应用方法。
（1）如果将 DATE 函数的参数 day 设置为 0，就会返回指定月份上一个月的最后一天。
例如，公式"=DATE(2022,7,0)"的结果就是 2022-6-30。
（2）如果 DATE 函数的参数 day 大于 31，就会将超过部分的天数算到下一个月。
例如，公式"=DATE(2022,5,42)"的结果就是 2022-6-11。
（3）如果 DATE 函数的参数 day 小于 0，就会往前推算日期。
例如，公式"=DATE(2022,1,-15)"的结果就是 2021-12-16。
（4）如果将 DATE 函数的参数 month 设置为 0，就会返回指定年份上一年的最后一个月。
例如，公式"=DATE(2022,0,22)"的结果就是 2021-12-22。
（5）如果 DATE 函数的参数 month 大于 12，就会将超过部分的月数算到下一年。
例如，公式"=DATE(2022,15,21)"的结果就是 2023-3-21。
（6）如果 DATE 函数的参数 month 小于 0，就会往前推算月份和年份。
例如，公式"=DATE(2022,-3,21)"的结果就是 2021-9-21。

2.2.10 YEAR 函数、MONTH 函数和 DAY 函数及其应用

YEAR 函数、MONTH 函数和 DAY 函数分别用于从日期中提取年、月、日三个数字，公式如下：

```
=YEAR( 日期 )
=MONTH( 日期 )
=DAY( 日期 )
```

例如，从日期 2022-5-23 中提取年、月、日三个数字的公式如下：

```
=YEAR("2022-5-23")
=MONTH("2022-5-23")
=DAY("2022-5-23")
```

2.3 文本函数及其应用

文本函数主要用于处理文本数据，如从文本字符中截取某段字符、将数字转换为文本、替换字符、连接字符串、清理空格等。

在人力资源数据管理和处理分析中，常用的文本函数有：

- LEN 函数。
- LEFT 函数。
- RIGHT 函数。
- MID 函数。
- FIND 函数。
- SUBSTITUTE 函数。
- TEXT 函数。

2.3.1 LEN 函数及其应用

LEN 函数用于计算字符串位数（长度），其用法很简单，公式如下：

```
=LEN( 字符串 )
```

例如，下面公式的结果是 16，因为有 16 个字符（4 个数字和 12 个汉字）：

```
=LEN("2022 年上半年人力资源管理总结 ")
```

在介绍数据验证时，曾使用 LEN 函数来设计只能输入 18 位不重复的身份证号码。

2.3.2　LEFT 函数及其应用

当需要从字符串的左侧截取一段字符时，可以使用 LEFT 函数，公式如下：

=LEFT(字符串，从左侧截取的字符个数)

例如，下面公式的结果是字符串"2022 年"：

=LEFT("2022 年上半年人力资源管理总结 ",5)

2.3.3　RIGHT 函数及其应用

当需要从字符串的右侧截取一段字符时，可以使用 RIGHT 函数，公式如下：

=RIGHT(字符串，从右侧截取的字符个数)

例如，下面公式的结果是字符串"总结"：

=RIGHT("2022 年上半年人力资源管理总结 ",2)

2.3.4　MID 函数及其应用

当需要从字符串的指定位置开始截取一段字符时，可以使用 MID 函数，公式如下：

=MID(字符串，开始截取的位置，字符个数)

例如，下面公式的结果是字符串"人力资源管理"：

= MID("2022 年上半年人力资源管理总结 ",9,6)

2.3.5　FIND 函数及其应用

当需要从字符串中查找指定字符的位置时，可以使用 FIND 函数，公式如下：

=FIND(要查找的字符，字符串，从第几个开始查找)

例如，下面公式的结果是 9，因为从第 9 个字符开始是"人力资源"：

= FIND(" 人力资源 ","2022 年上半年人力资源管理总结 ",1)

比较一下下面两个公式的结果有什么不同：

公式 1：=FIND(" 年 ","2022 年上半年人力资源管理总结 ",1)
公式 2：=FIND(" 年 ","2022 年上半年人力资源管理总结 ",6)

注意：FIND 函数是区分大小写的，因此在英文字符串中进行定位时，最好使用 SEARCH 函数，它与 FIND 函数的用法完全一样。

2.3.6　SUBSTITUTE 函数及其应用

当需要把字符串中的某些字符替换为指定字符时，可以使用 SUBSTITUTE 函数，公式如下：

=SUBSTITUTE(字符串，要替换的旧字符，要替换成的新字符)

例如，下面公式的结果是新字符串"2023 年上半年人力资源管理总结"：

=SUBSTITUTE("2022 年上半年人力资源管理总结 ","2022","2023")

2.3.7　TEXT 函数及其应用

TEXT 函数的功能是把一个数字（日期和时间也是数字）转换为指定格式的文字。函数的用法如下：

=TEXT(数字，格式代码)

这里的格式代码需要自行指定。转换为不同格式的文字，其代码是不同的，需要在工作中多总结、多记忆。

在使用 TEXT 函数时，请牢记以下两点：
（1）转换的对象必须是数字（文字是无效的）。
（2）转换的结果是文字（已经不是数字了）。

例如，将日期 2022-6-4 转换为英文星期，下面公式的结果是 Saturday：

=TEXT("2022-6-4","dddd")

下面公式的结果是"星期六"：

=TEXT("2022-6-4","aaaa")

2.3.8 文本函数综合应用案例：从身份证号码中提取性别、出生日期和年龄

本案例的主要目的是帮助大家复习与巩固文本函数在处理身份证信息时的应用。

案例2-5

图 2-17 所示是一个简单的例子，单元格中的公式如下：
（1）单元格 C2，性别：

=IF(ISEVEN(MID(B2,17,1))," 女 "," 男 ")

（2）单元格 D2，出生日期：

=1*TEXT(MID(B2,7,8),"0000-00-00")

（3）单元格 E2，年龄：

=DATEDIF(D2,TODAY(),"y")

	A	B	C	D	E
1	姓名	身份证号码	性别	出生日期	年龄
2	AAA	110108198612233391	男	1986-12-23	35
3	BBB	110108198201092220	女	1982-1-9	40
4	CCC	11010819760510123X	男	1976-5-10	45

图 2-17 从身份证号码中提取性别、出生日期和年龄

这里使用了 ISEVEN 函数，它用于判断一个数字是不是偶数。

2.3.9 文本函数综合应用案例：从不规范表格中统计人数

在设计表格时，会把几个人的姓名保存到一个单元格中，此时应如何统计有几个人呢？

案例2-6

如图 2-18 所示，要求统计每个机台的操作工人数。
其实这个问题并不难，因为每个单元格中的各个姓名都是用逗号隔开的，所以如果先计算原始的长度，再计算删除逗号后的字符长度，两个字符长度相减，得出的就是人数。
单元格 D2，公式如下：

```
=LEN(C2)-LEN(SUBSTITUTE(C2,", ",""))+1
```

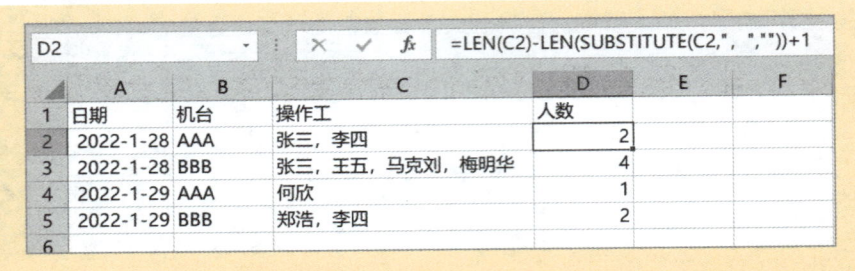

	A	B	C	D
1	日期	机台	操作工	人数
2	2022-1-28	AAA	张三，李四	2
3	2022-1-28	BBB	张三，王五，马克刘，梅明华	4
4	2022-1-29	AAA	何欣	1
5	2022-1-29	BBB	郑浩，李四	2

图 2-18　从一个单元格中计算人数

2.3.10　文本函数综合应用案例：分列姓名和电话

假如有一张表格把姓名和电话写在了一起，如何将它们分成两列保存（这里假定姓名都是中文的）？

案例2-7

图 2-19 所示就是这样的一个例子，单元格中的公式如下：

（1）单元格 B2，姓名：

```
=LEFT(A2,LENB(A2)-LEN(A2))
```

（2）单元格 C2，电话：

```
=RIGHT(A2,2*LEN(A2)-LENB(A2))
```

	A	B	C
1	姓名电话	姓名	电话
2	张三010-28496940		
3	梅明华13521122238		
4	王五0311-40593828		
5	欧阳玉山13810092218/010-48594772		

图 2-19　分列姓名和电话

LENB 函数用于计算字符串的字节数，其用法与 LEN 函数一样。

2.4 统计汇总函数及其应用

在人力资源数据处理分析中，经常会进行汇总计算，如计算人数、计算加班时间、计算迟到时间等，这些都是统计汇总函数的应用范围。

在人力资源数据处理分析中，常用的统计汇总函数有：
- COUNTIF 函数。
- COUNTIFS 函数。
- SUMIF 函数。
- SUMIFS 函数。

2.4.1 COUNTIF 函数及其应用

COUNTIF 函数用于单条件计数，也就是在指定的区域内，将满足条件的单元格个数统计出来，公式如下：

```
=COUNTIF(统计区域,指定条件)
```

这里的指定条件可以是精确条件，也可以是模糊条件，后者包括数值比较条件（如年龄在 31～35 岁）和关键词条件（可以使用通配符，如经理岗位）。

案例2-8

图 2-20 所示是员工花名册，现在要分别统计合同工和劳务工的人数。计算公式如下：

（1）单元格 L3，合同工人数：

```
=COUNTIF(C:C,K3)
```

（2）单元格 L4，劳务工人数：

```
=COUNTIF(C:C,K4)
```

	A	B	C	D	E	F	G	H	I	J	K	L
1	姓名	部门	合同类型	性别	基本工资	个人所得税	社保金	公积金	实发工资		统计报告	
2	B001	销售部	劳务工	女	5480.00	134.20	312.00	260.00	6685.80		合同类型	人数
3	B002	技术研发部	劳务工	女	7549.00	241.80	240.00	406.00	7580.20		合同工	
4	B003	办公室	劳务工	男	10161.00	674.40	466.00	499.00	9507.60		劳务工	
5	B004	生产部	合同工	男	9567.00	575.00	89.00	489.00	9497.00			
6	B005	生产部	劳务工	男	9699.00	838.20	210.00	307.00	10610.80			
7	B006	财务部	劳务工	女	6905.00	208.00	112.00	92.00	7718.00			
8	B007	办公室	合同工	女	8252.00	359.80	150.00	380.00	8684.20			
9	B008	生产部	劳务工	女	10977.00	915.20	404.00	463.00	10568.80			
10	B009	生产部	合同工	男	11205.00	874.20	15.00	181.00	11075.80			
11	B010	技术研发部	劳务工	男	3759.00	12.24	246.00	57.00	5092.76			
12	B011	生产部	劳务工	女	6641.00	202.40	437.00	39.00	7395.60			
13	B012	人力资源部	劳务工	男	10853.00	955.40	420.00	101.00	11075.60			
14	B013	财务部	劳务工	女	5376.00	78.60	172.00	176.00	6409.40			
15	B014	技术研发部	合同工	女	10356.00	796.40	191.00	500.00	10269.60			
16	B015	财务部	劳务工	女	3903.00	35.91	196.00	398.00	5567.09			
17	B016	财务部	合同工	男	4106.00	27.75	418.00	29.00	5450.25			
18	B017	生产部	劳务工	男	4711.00	26.79	351.00	48.00	5467.21			

图 2-20 统计合同工和劳务工的人数

案例2-9

以图 2-20 中的数据为例,要求统计基本工资在 8000 元(含)以上和以下的人数,如图 2-21 所示。计算公式如下:

单元格 L3:=COUNTIF(E:E,"<8000")
单元格 L4:=COUNTIF(E:E,">=8000")

	A	B	C	D	E	F	G	H	I	J	K	L
1	姓名	部门	合同类型	性别	基本工资	个人所得税	社保金	公积金	实发工资		统计报告	
2	B001	销售部	劳务工	女	5480.00	134.20	312.00	260.00	6685.80		基本工资	人数
3	B002	技术研发部	劳务工	女	7549.00	241.80	240.00	406.00	7580.20		8000以下	
4	B003	办公室	劳务工	男	10161.00	674.40	466.00	499.00	9507.60		8000(含)以上	
5	B004	生产部	合同工	男	9567.00	575.00	89.00	489.00	9497.00			
6	B005	生产部	劳务工	男	9699.00	838.20	210.00	307.00	10610.80			
7	B006	财务部	劳务工	女	6905.00	208.00	112.00	92.00	7718.00			
8	B007	办公室	合同工	女	8252.00	359.80	150.00	380.00	8684.20			
9	B008	生产部	劳务工	女	10977.00	915.20	404.00	463.00	10568.80			
10	B009	生产部	合同工	男	11205.00	874.20	15.00	181.00	11075.80			
11	B010	技术研发部	劳务工	男	3759.00	12.24	246.00	57.00	5092.76			
12	B011	生产部	劳务工	女	6641.00	202.40	437.00	39.00	7395.60			
13	B012	人力资源部	劳务工	男	10853.00	955.40	420.00	101.00	11075.60			
14	B013	财务部	劳务工	女	5376.00	78.60	172.00	176.00	6409.40			
15	B014	技术研发部	合同工	女	10356.00	796.40	191.00	500.00	10269.60			
16	B015	财务部	劳务工	女	3903.00	35.91	196.00	398.00	5567.09			
17	B016	财务部	合同工	男	4106.00	27.75	418.00	29.00	5450.25			
18	B017	生产部	劳务工	男	4711.00	26.79	351.00	48.00	5467.21			

图 2-21 统计各个工资区间的人数

2.4.2 COUNTIFS 函数及其应用

COUNTIFS 函数用于多条件计数,也就是在指定的区域内,将满足多个条件的单元格个数统计出来,公式如下:

=COUNTIFS(统计区域 1, 指定条件 1, 统计区域 2, 指定条件 2, …)

这里的指定条件可以是精确条件,也可以是模糊条件,后者包括数值比较条件和关键词条件。

案例2-10

以图 2-20 中的数据为例,要求统计各个部门的合同工和劳务工人数,如图 2-22 所示。
在单元格 L3 中输入如下的公式,向右及向下复制即可:

=COUNTIFS($B:$B,$K3,$C:C,L2)

	A	B	C	D	E	F	G	H	I	J	K	L	M
1	姓名	部门	合同类型	性别	基本工资	个人所得税	社保金	公积金	实发工资		统计报告		
2	B001	销售部	劳务工	女	5480.00	134.20	312.00	260.00	6685.80		部门	合同工	劳务工
3	B002	技术研发部	劳务工	女	7549.00	241.80	240.00	406.00	7580.20		销售部		
4	B003	办公室	劳务工	男	10161.00	674.40	466.00	499.00	9507.60		技术研发部		
5	B004	生产部	合同工	男	9567.00	575.00	89.00	489.00	9497.00		办公室		
6	B005	生产部	合同工	女	9699.00	838.20	210.00	307.00	10610.80		生产部		
7	B006	财务部	劳务工	女	6905.00	208.00	112.00	92.00	7718.00		财务部		
8	B007	办公室	合同工	女	8252.00	359.80	150.00	380.00	8684.20		人力资源部		
9	B008	生产部	劳务工	女	10977.00	915.20	404.00	463.00	10568.80				
10	B009	生产部	劳务工	男	11205.00	874.20	15.00	181.00	11075.80				
11	B010	技术研发部	合同工	男	3759.00	12.24	246.00	57.00	5092.76				
12	B011	生产部	劳务工	女	6641.00	202.40	437.00	39.00	7395.60				
13	B012	人力资源部	劳务工	男	10853.00	955.40	420.00	101.00	11075.60				
14	B013	财务部	合同工	男	5376.00	78.60	172.00	176.00	6409.40				
15	B014	技术研发部	合同工	女	10356.00	796.40	191.00	500.00	10269.60				
16	B015	财务部	劳务工	女	3903.00	35.91	196.00	398.00	5567.09				
17	B016	财务部	合同工	男	4106.00	27.75	418.00	29.00	5450.25				
18	B017	生产部	劳务工	男	4711.00	26.79	351.00	48.00	5467.21				

图 2-22 统计各个部门的合同工和劳务工人数

2.4.3 SUMIF 函数及其应用

SUMIF 函数用于单条件求和,也就是在指定的区域内,将满足条件的单元格数据相加进行求和,公式如下:

=SUMIF(条件判断区域 , 指定条件 , 实际求和区域)

与 COUNTIF 函数一样,这里的指定条件可以是精确条件,也可以是模糊条件。

案例2-11

以图2-20中的数据为例,要求计算各个部门的实发工资合计数,如图2-23所示。
在单元格L3中输入如下的公式,向下复制即可:

=SUMIF(B:B,$K3,I:I)

图2-23 计算各个部门的实发工资合计数

2.4.4 SUMIFS 函数及其应用

SUMIFS 函数用于多条件求和,将满足多个条件的单元格数据相加进行求和,公式如下:

=SUMIFS(实际求和区域,
　　　　条件判断区域1, 指定条件1,
　　　　条件判断区域2, 指定条件2,
　　　　…)

案例2-12

以图2-20中的数据为例,要求计算各个部门合同工和劳务工的实发工资合计数,如图2-24所示。
在单元格L3中输入如下的公式,向右及向下复制即可:

=SUMIFS($I:$I,$B:$B,$K3,$C:C,L2)

图 2-24　计算各个部门合同工和劳务工的实发工资合计数

2.5　查找与引用函数及其应用

如何根据姓名将每个人的考勤数据从考勤表引用到工资表中呢？这就需要使用查找与引用函数。在人力资源数据统计分析中，常用的查找与引用函数有：

- VLOOKUP 函数。
- HLOOKUP 函数。
- MATCH 函数。
- INDEX 函数。

2.5.1　VLOOKUP 函数及其应用

VLOOKUP 函数是根据指定的条件，在指定的数据列表或区域内，在左侧第 1 列里匹配哪个项目满足指定的条件，然后从右侧某列取出该项目对应的数据。使用方法如下：

=VLOOKUP（匹配条件，查找的列表或区域，取数的列位置，匹配模式）

VLOOKUP 函数的四个参数说明如下：

（1）匹配条件：指定的查找条件，也就是常说的搜索值。

（2）查找的列表或区域：一个至少包含一列数据的列表或单元格区域，并且该区域的第 1 列必须含有要匹配的数据，也就是说，谁是匹配值，就把谁选为区域的第 1 列。这个参数可以是工作表的单元格区域，也可以是数组。

(3) 取数的列位置：指定从左往右的哪列里取数。

(4) 匹配模式：指进行精确定位单元格查找和模糊定位单元格查找。当参数为 TRUE、1 或忽略时进行模糊定位单元格查找，当参数为 FALSE 或 0 时进行精确定位单元格查找。

案例2-13

在图 2-25 所示的例子中，根据姓名从"考勤统计表"中查找某员工的加班时间和请假时间，以便计算加班费和请假扣款。

图 2-25　根据姓名计算加班费和请假扣款

以"工资表"中的第 1 个人"王浩忌"的加班时间的查找为例，VLOOKUP 函数的查找数据的逻辑描述如下：

（1）姓名"王浩忌"是条件，是查找的依据（匹配条件），因此 VLOOKUP 函数的第 1 个参数是 B2（指定的具体姓名）。

（2）搜索的方法是从"考勤统计表"的 B 列中从上往下依次匹配哪个单元格是"王浩忌"，如果匹配成功，就不再往下搜索，转而从 D 列中取出王浩忌的加班时间，因此 VLOOKUP 函数的第 2 个参数是从"考勤统计表"的 B 列开始到 E 列结束的单元格区域。

（3）需要取"加班时间（小时）"列的数据，从"姓名"列算起，向右数到第 3 列是要提取的数据，因此 VLOOKUP 函数的第 3 个参数是 3。

（4）因为要在"考勤统计表"的 B 列中精确定位到有"王浩忌"姓名的单元格，所以 VLOOKUP 函数的第 4 个参数是 FALSE 或 0。

这样，"工资表"中单元格 F2 的查找公式如下：

=VLOOKUP(B2,考勤统计表!B:E,3,0)

同样的道理，请假时间是从"姓名"列算起的第 4 列中取数，查找公式如下：

```
=VLOOKUP(B2,考勤统计表!B:E,4,0)
```

查找结果如图 2-26 所示，VLOOKUP 函数的参数设置如图 2-27 所示。

图 2-26　查找结果

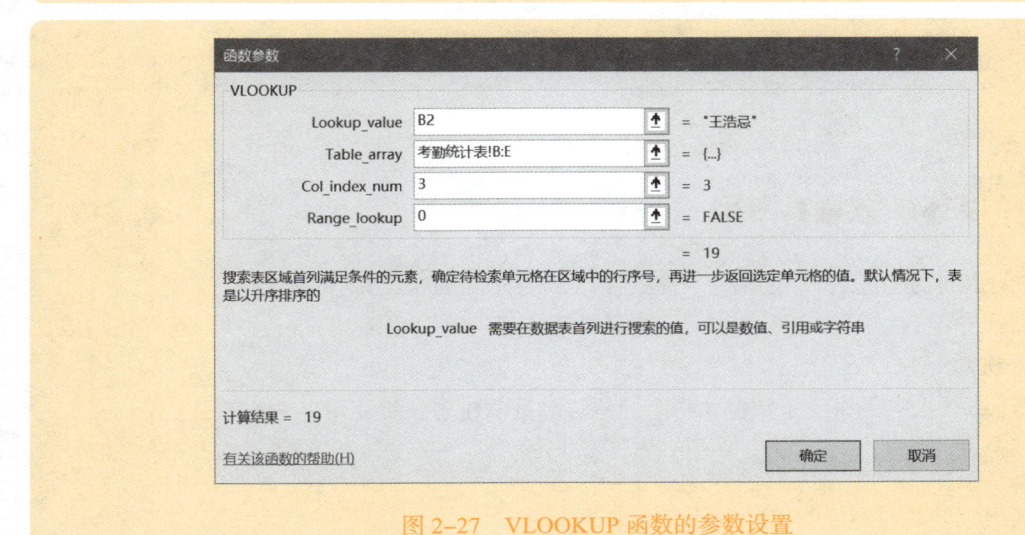

图 2-27　VLOOKUP 函数的参数设置

2.5.2　HLOOKUP 函数及其应用

HLOOKUP 函数是根据指定的条件，在指定的数据列表或区域内，在上面的第 1 行中匹配哪个项目满足指定的条件，然后从下面的某行取出该项目对应的数据。使用方法如下：

=HLOOKUP（匹配条件，查找的列表或区域，取数的行位置，匹配模式）

HLOOKUP 函数与 VLOOKUP 函数的用法是完全一样的。

案例2-14

图 2-28 所示是一个简单的例子，要求把指定姓名的费用合计数取出来。

姓名在第 1 行，要取的数据在姓名下面的第 8 行，因此使用 HLOOKUP 函数是最简单的，公式如下：

=HLOOKUP(L4,C4:I11,8,0)

	A	B	C	D	E	F	G	H	I	J	K	L
1												
2		表1：各个业务员费用一览表										
3												
4		费用	张三	李四	王五	马六	赵琦	何欣	孟达		指定姓名	马六
5		办公费	443	155	319	1195	1046	987	544		费用合计数=	
6		差旅费	601	596	693	591	897	1150	1177			
7		招待费	424	546	399	990	464	449	625			
8		交通费	234	1107	994	508	687	933	1136			
9		餐费	502	862	966	1043	918	583	411			
10		租费	855	196	837	625	644	589	174			
11		合计	3059	3462	4208	4952	4656	4691	4067			
12												

图 2-28 提取指定姓名的费用合计数

2.5.3 MATCH 函数及其应用

MATCH 函数的功能是从一个数组中把指定数据的存放位置找出来。

由于必须是一组数，因此在定位时，只能选择工作表的一列区域或一行区域，当然也可以是自己创建的一维数组。

MATCH 函数得到的结果不是数据本身，而是该数据的位置。其使用方法如下：

=MATCH（查找值，查找区域，匹配模式）

该函数的三个参数说明如下：

（1）查找值：要查找位置的数据，可以是精确的一个值，也可以是一个要匹配的关键词。

（2）查找区域：要查找数据的一组数，可以是工作表的一列区域，也可以是工作表的一行区域，还可以是一维数组。

（3）匹配模式：参数可以是数字 –1、0 或 1。

◎ 如果是 1 或忽略，查找区域的数据必须做升序排序。

- 如果是 –1，查找区域的数据必须做降序排序。
- 如果是 0，查找区域的数据是任意排序。

一般情况下，数据是没有排序的，因此常常把第 3 个参数设置为 0。

案例2-15

图 2-29 所示是两个名单表，现在要在表 2 中查找表 1 中的姓名是否存在，如果存在，指明在表 2 中的第几行。

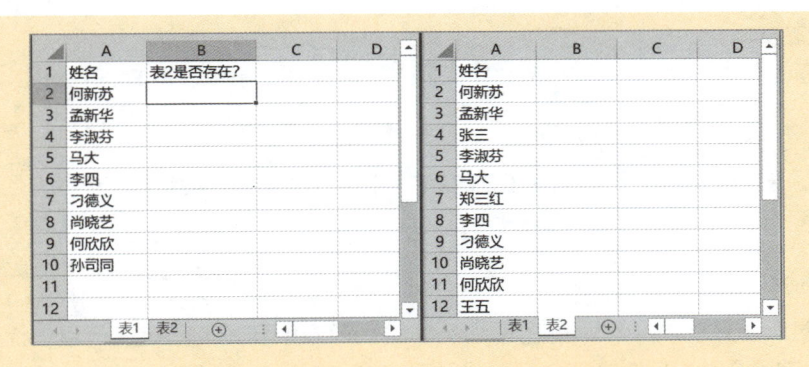

图 2-29　在表 2 中查找表 1 中的姓名是否存在

在表 1 的单元格 B2 中，输入如下的公式，向下复制，就得到如图 2-30 所示的结果：

=MATCH(A2，表 2!A:A,0)

如果公式的结果是数字，这个数字就是该姓名保存的位置（第几行），如果公式的结果是错误值，表明该姓名在另外一个表格中不存在（找不到）。

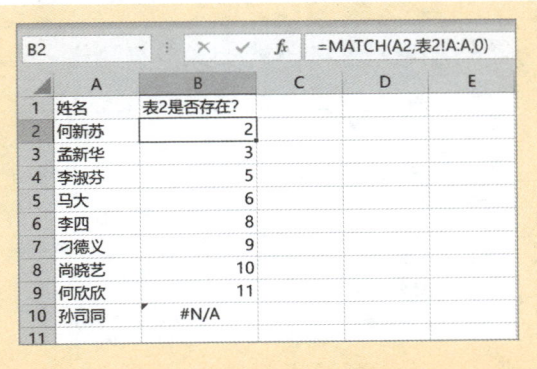

图 2-30　表 1 中的姓名在表 2 中是否存在，以及存在于第几行

2.5.4　INDEX 函数及其应用

当在一个数据区域中给定了行号和列号，也就是说，准备把该数据区域中指定列和指定行的交叉单元格数据取出来，就需要使用 INDEX 函数。

INDEX 函数的基本使用方法如下：

`=INDEX( 取数的区域，指定行号，指定列号 )`

例如，下面的公式是从 A 列中取出第 6 行的数据，也就是单元格 A6 的数据：

`=INDEX(A:A,6)`

例如，下面的公式是从第 2 行中取出第 6 列的数据，也就是单元格 F2 的数据：

`=INDEX(2:2,,6)`

例如，下面的公式是从单元格区域 C2:H9 中取出第 5 行、第 3 列的单元格的数据，也就是单元格 E6 的数据：

`=INDEX(C2:H9,5,3)`

在实际数据处理分析中，常常联合使用 MATCH 函数和 INDEX 函数进行双坐标查找，先使用 MATCH 函数确定指定数据所在的行位置和列位置，然后使用 INDEX 函数将该行该列的数据取出来。

案例2-16

图 2-31 所示是一个二维表格，要求查找指定姓名和指定项目的数据。

在本案例中，指定姓名是一个条件，它确定了数据区域的行；指定项目也是一个条件，它确定了数据区域的列，因此可以联合使用 MATCH 函数和 INDEX 函数取数，公式如下：

`=INDEX(B2:F8,MATCH(J2,A2:A8,0),MATCH(J3,B1:F1,0))`

	A	B	C	D	E	F	G	H	I	J	K
1	费用	基本工资	奖金	加班费	房补	餐补					
2	张三	6142	213	90	1112	338			指定姓名：	马六	
3	李四	9707	629	423	1112	437			指定项目：	加班费	
4	王五	7948	557	331	2004	242					
5	马六	8546	421	65	811	355			查找结果=		
6	赵琦	9300	784	261	759	250					
7	何欣	9670	458	281	1617	134					
8	孟达	11073	271	283	2195	173					
9											

图 2-31　根据两个条件查找数据

2.5.5　联合使用 VLOOKUP 函数与 MATCH 函数

VLOOKUP 函数的第 3 个参数是取数的列位置，这个位置一般是手工数出来的，在实际数据处理中，这种方法并不科学，除非表格的列结构完全固定，并且表格列数不多。

既然 VLOOKUP 函数的第 3 个参数是取数的列位置，完全可以使用 MATCH 函数来确定这个列位置，而没必要手工去数，这样就使得公式变得更灵活了。

例如，对于图 2-31 所示的数据，可以使用下面的公式来查找指定姓名和指定项目的数据：

`=VLOOKUP(J2,A1:F8,MATCH(J3,A1:F1,0),0)`

这个公式比联合使用 MATCH 函数和 INDEX 函数要精练。

2.5.6　联合使用 HLOOKUP 函数与 MATCH 函数

HLOOKUP 函数的第 3 个参数是取数的行位置，这个位置一般也是手工数出来的，在实际数据处理中，也可以使用 MATCH 函数来确定这个行位置。

例如，对于图 2-31 所示的数据，也可以使用下面的公式来查找指定姓名和指定项目的数据：

`=HLOOKUP(J3,B1:F8,MATCH(J2,A1:A8,0),0)`

第3章
数据透视表的应用技能与技巧

数据透视表是一个非常有用的数据分析工具,只需要拖动字段,就能够迅速得到不同角度和维度的分析报告。本章主要介绍数据透视表在人力资源数据处理和分析中的应用技能与技巧。

3.1 创建、布局和美化数据透视表

数据透视表的制作方法非常简单，一个简单的命令就能完成数据透视表的制作。下面介绍数据透视表的基本制作方法和布局技巧。

不过，要创建数据透视表，数据源必须规范。例如，不能有多行标题，不能有合并的单元格，不能有非法日期，数字应该都是数值型，等等。

3.1.1 以当前工作簿数据为例制作数据透视表

以当前工作簿数据为例制作数据透视表，操作方法很简单，只需单击数据区域内的任意单元格，然后执行"插入"→"数据透视表"命令即可，如图 3-1 所示。

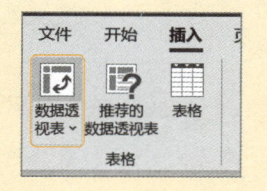

图 3-1 "数据透视表"命令

案例 3-1

图 3-2 所示是一个工资表，现在要求制作各个部门的合同工和劳务工的个人所得税和社保金的合计数报表。具体步骤如下：

	A	B	C	D	E	F	G	H	I
1	姓名	部门	合同类型	性别	基本工资	个人所得税	社保金	公积金	实发工资
2	B001	销售部	劳务工	女	5480.00	134.20	312.00	260.00	6685.80
3	B002	技术研发部	劳务工	女	7549.00	241.80	240.00	406.00	7580.20
4	B003	办公室	劳务工	男	10161.00	674.40	466.00	499.00	9507.60
5	B004	生产部	合同工	男	9567.00	575.00	89.00	489.00	9497.00
6	B005	生产部	劳务工	男	9699.00	838.20	210.00	307.00	10610.80
7	B006	财务部	劳务工	女	6905.00	208.00	112.00	92.00	7718.00
8	B007	办公室	合同工	女	8252.00	359.80	150.00	380.00	8684.20
9	B008	生产部	劳务工	女	10977.00	915.20	404.00	463.00	10568.80
10	B009	生产部	合同工	男	11205.00	874.20	15.00	181.00	11075.80
11	B010	技术研发部	劳务工	男	3759.00	12.24	246.00	57.00	5092.76
12	B011	生产部	合同工	男	6641.00	202.40	437.00	39.00	7395.60
13	B012	人力资源部	劳务工	男	10853.00	955.40	420.00	101.00	11075.60
14	B013	财务部	劳务工	女	5376.00	78.60	172.00	176.00	6409.40
15	B014	技术研发部	合同工	男	10356.00	796.40	191.00	500.00	10269.60
16	B015	财务部	合同工	女	3903.00	35.91	196.00	398.00	5567.09
17	B016	财务部	合同工	男	4106.00	27.75	418.00	29.00	5450.25
18	B017	生产部	劳务工	男	4711.00	26.79	351.00	48.00	5467.21

图 3-2 工资表

步骤 01 单击数据区域的任意单元格。

步骤 02 执行"插入"→"数据透视表"命令。

步骤 03 打开"来自表格或区域的数据透视表"对话框,数据区域会自动选择,同时自动指定放置数据透视表的位置是"新工作表",如图3-3所示。

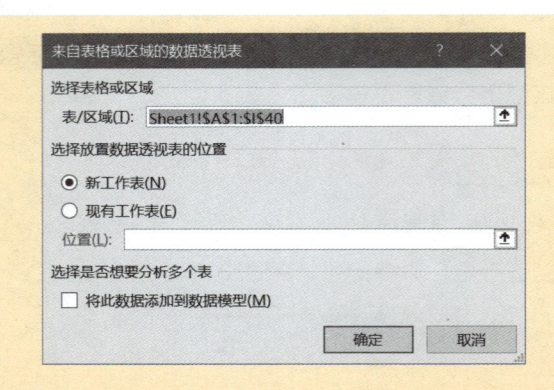

图 3-3 "来自表格或区域的数据透视表"对话框

步骤 04 单击"确定"按钮,就得到了一个空白数据透视表,同时在表格右侧出现"数据透视表字段"窗格,如图3-4所示。在默认情况下,"数据透视表字段"窗格有5个小窗格,分别是"字段列表""筛选""列""行""值"。

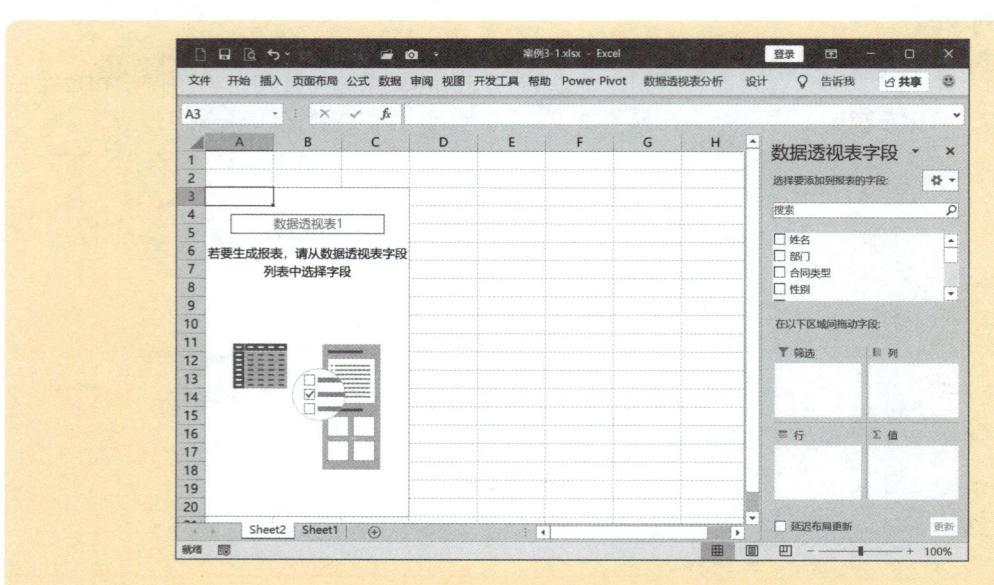

图 3-4 创建的空白数据透视表

制作数据透视表的本质就是制作汇总分析报告，因此需要学会数据透视表布局。

数据透视表布局是在"数据透视表字段"窗格中拖动字段完成的，也就是按住某个字段，将其拖动到"筛选""列""行"或"值"这4个小窗格中。

在"字段列表"窗格中，列示了数据源中所有的字段名称，也就是数据区域的列标题。如果用户定义了计算字段，也会出现在此列表中。

"筛选"，又称页字段，用于对整个数据透视表进行筛选。例如，把字段"合同类型"拖动到"筛选"窗格后，就可以制作指定合同类型的报表。

"行"，又称行字段，用于在行方向布局字段的项目，也就是制作报表的行标题。"行"窗格里可以布局多个字段，制作多层结构的报表。

"列"，又称列字段，用于在列方向布局字段的项目，也就是制作报表的列标题。"列"窗格里可以布局多个字段，制作多层结构的报表。

"值"，又称值字段，用于汇总计算指定的字段。例如，把字段"销售量"拖动到"值"窗格内，就会对该字段进行汇总计算。一般情况下，如果是数值型字段，汇总计算方式默认为求和；如果是文本型字段，汇总计算方式默认为计数。值字段的计算方式是可以改变的，例如，把计数改为求和，把求和改为计数或平均值，等等。在默认情况下，多个值字段会自动生成一个"∑ 数值"的字段，布局在"列"窗格中，也可以将这个字段拖动到"行"窗格，这样的布局在某些情况下会显得更清楚。

图3-5所示就是制作的各个部门的合同工及劳务工的个人所得税和社保金报表。

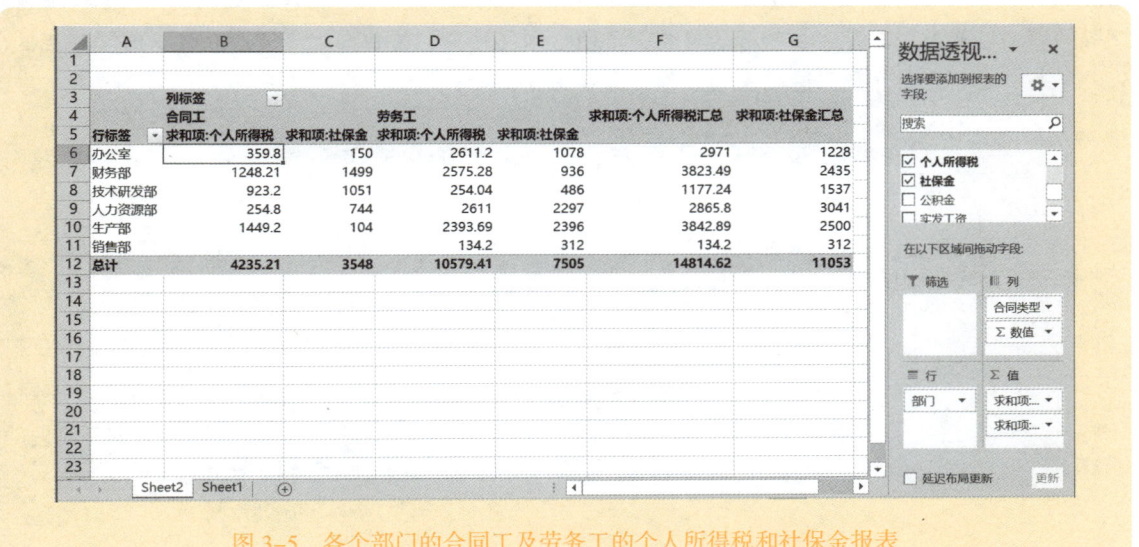

行标签	合同工 求和项:个人所得税	求和项:社保金	劳务工 求和项:个人所得税	求和项:社保金	求和项:个人所得税汇总	求和项:社保金汇总
办公室	359.8	150	2611.2	1078	2971	1228
财务部	1248.21	1499	2575.28	936	3823.49	2435
技术研发部	923.2	1051	254.04	486	1177.24	1537
人力资源部	254.8	744	2611	2297	2865.8	3041
生产部	1449.2	104	2393.69	2396	3842.89	2500
销售部			134.2	312	134.2	312
总计	4235.21	3548	10579.41	7505	14814.62	11053

图3-5　各个部门的合同工及劳务工的个人所得税和社保金报表

3.1.2 以其他工作簿数据为例制作数据透视表

如果数据源是其他工作簿，并且想在不打开其他工作簿的情况下，制作基于其他工作簿数据的数据透视表，有很多方法可以选择，其中最简单的方法是使用"现有连接"命令。

以案例 3-1 的数据为例，使用"现有连接"命令创建数据透视表，主要步骤如下：

步骤 01 执行"数据"→"现有连接"命令，如图 3-6 所示。

步骤 02 打开"现有连接"对话框，如图 3-7 所示。

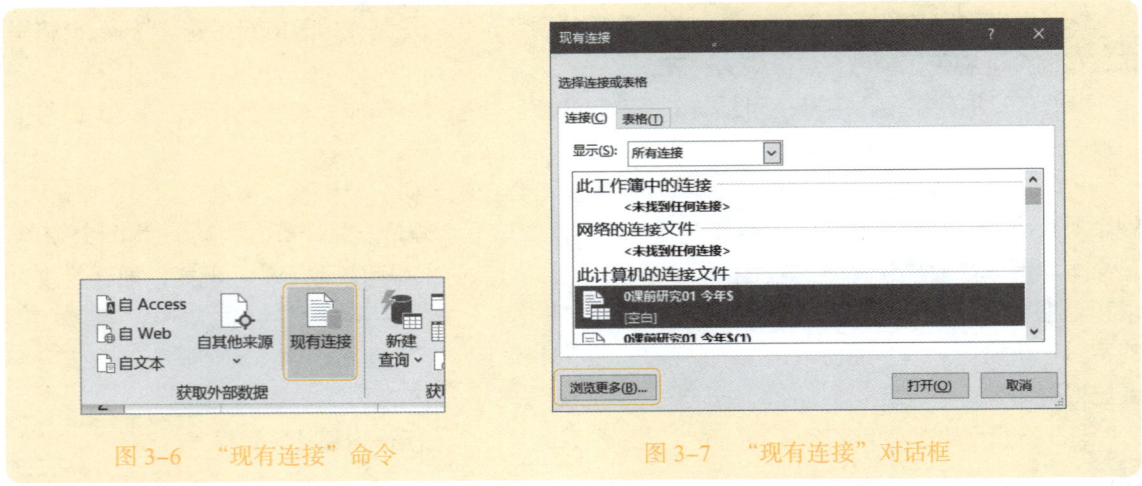

图 3-6 "现有连接"命令

图 3-7 "现有连接"对话框

步骤 03 单击"现有连接"对话框左下角的"浏览更多"按钮，打开"选取数据源"对话框，从文件夹中选择要制作数据透视表的工作簿，如图 3-8 所示。

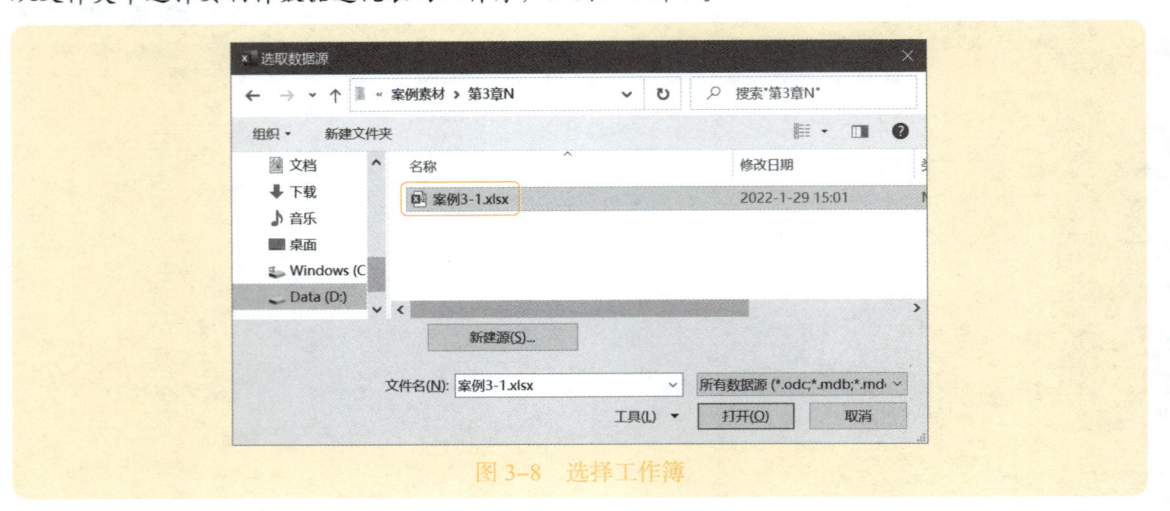

图 3-8 选择工作簿

第 3 章　数据透视表的应用技能与技巧

步骤 04 单击"打开"按钮，打开"选择表格"对话框，选择要制作数据透视表的工作表，如图 3-9 所示。

步骤 05 单击"确定"按钮，打开"导入数据"对话框，选中"数据透视表"和"新工作表"单选按钮，如图 3-10 所示。

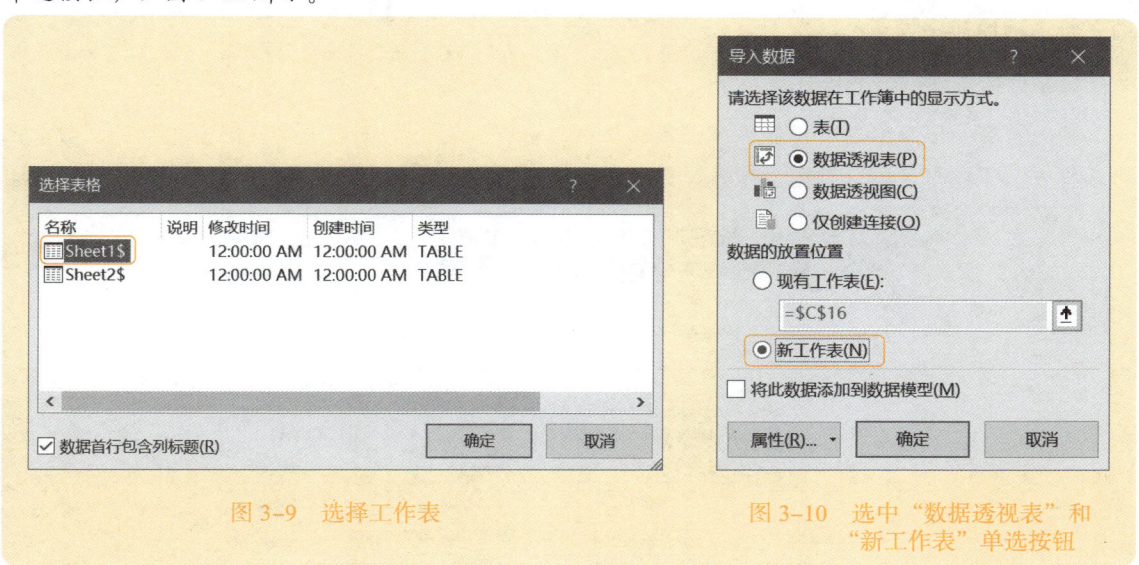

图 3-9　选择工作表

图 3-10　选中"数据透视表"和"新工作表"单选按钮

步骤 06 单击"确定"按钮，便在当前工作簿中创建了一个数据透视表，如图 3-11 所示。剩下的工作就是根据要求进行布局，从而制作出各种分析报告。

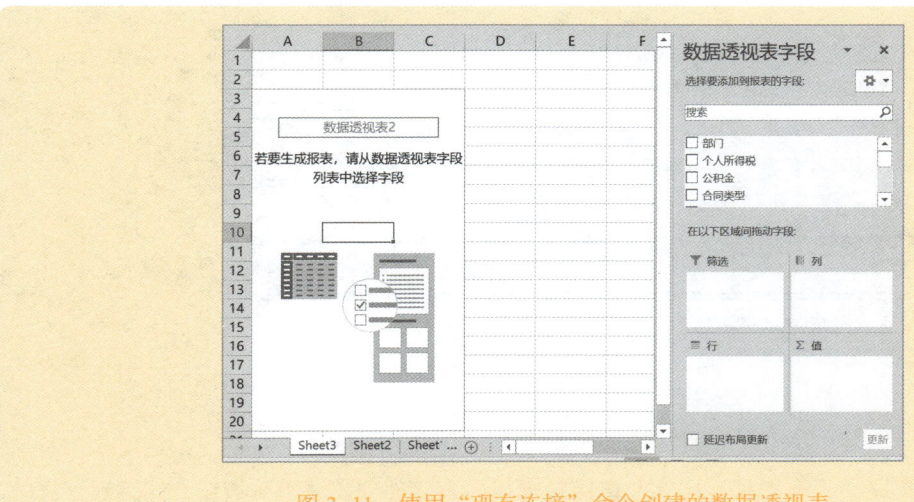

图 3-11　使用"现有连接"命令创建的数据透视表

3.1.3 美化数据透视表

初步完成的数据透视表，无论是外观样式，还是内部结构，都是比较难看的，因此需要做进一步的设计和美化，包括设计数据透视表样式、设置报表显示方式、设置字段、合并单元格、修改名称、项目排序等。

1. 设计数据透视表的样式

美化的第一步便是重新设计数据透视表样式，即在"设计"选项卡中，单击右侧的"数据透视表样式"下拉框，展开数据透视表样式列表，从中选择一个喜欢的样式即可，如图 3-12 所示。

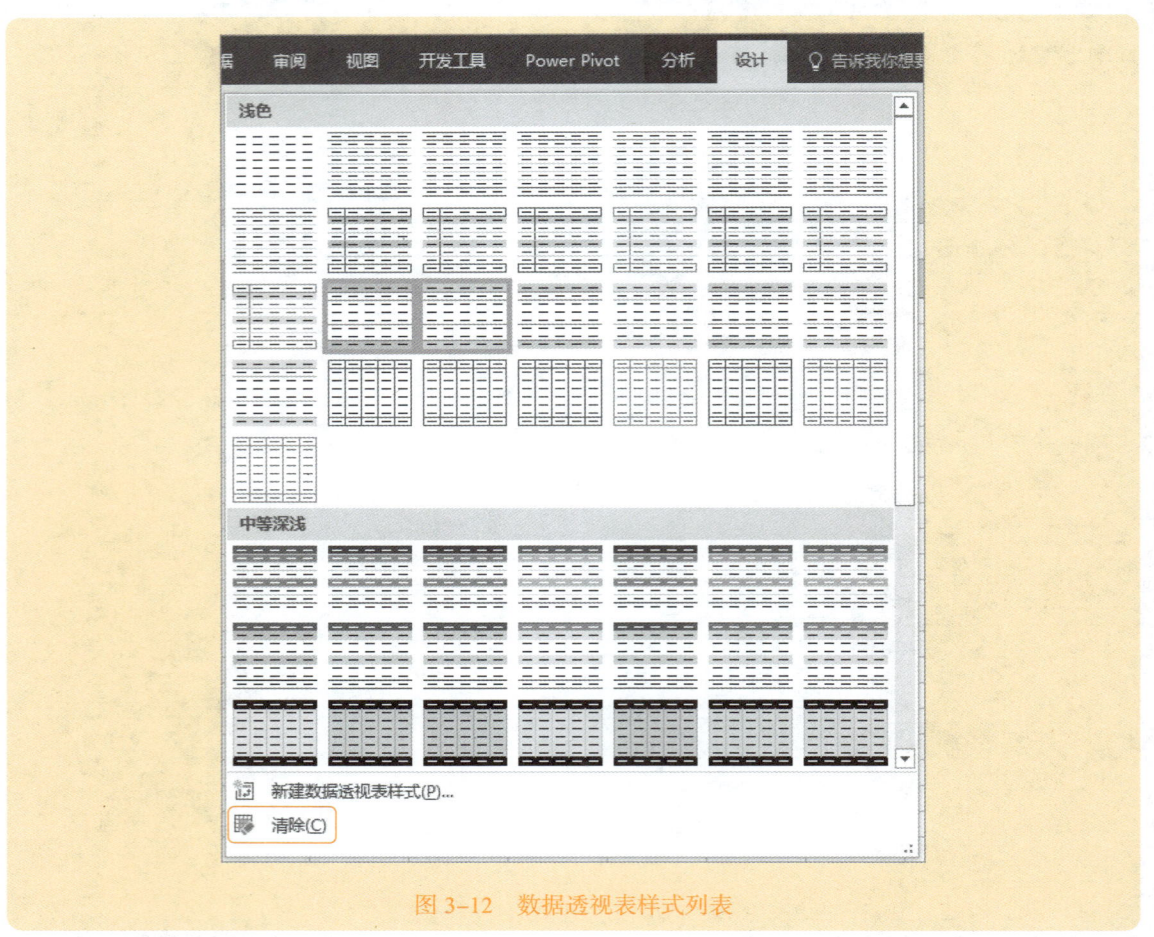

图 3-12　数据透视表样式列表

如果不想使用数据透视表的默认样式，直接单击该列表底部的"清除"按钮，清除默认样式，便可恢复普通的样式。

2. 设计数据透视表的布局

所谓数据透视表的布局，就是如何设置报表的架构，设置是否显示分类汇总、是否显示总计、是否插入空行以及是否重复显示字段的项目等。设置过程是在"设计"选项卡的"布局"命令组中进行的，如图 3-13 所示。

数据透视表的布局有"以压缩形式显示""以大纲形式显示"和"以表格形式显示"三种方式，它们的切换是在"设计"选项卡中的"报表布局"下拉列表中完成的，如图 3-14 所示。

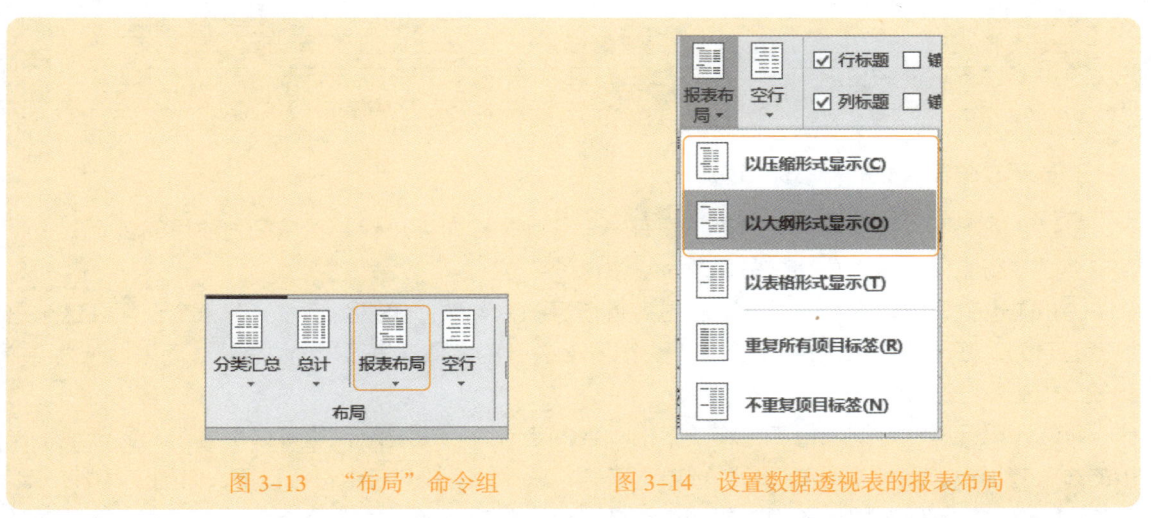

图 3-13　"布局"命令组　　　图 3-14　设置数据透视表的报表布局

在默认情况下，数据透视表的布局方式是"以压缩形式显示"，也就是如果有多个行字段，就会被压缩在一列里显示，此时最明显的标志就是行字段和列字段并不是真正的字段名称，而是默认的"行标签""列标签"。这种压缩布局方式，在列字段较少（如仅有两个字段）的情况下是很直观的，因为它以一种树状结构显示各层关系，但是如果列字段较多，这种布局就显得非常乱。

"以大纲形式显示"会将多个列字段分成几列显示，同时其字段名称不再是默认的"列标签"，而是具体的字段名称，但每个字段的分类汇总（即常说的小计）会显示在该字段明细项目的顶部。

"以表格形式显示"就是经典的数据透视表格式，会将多个列字段分成几列显示，同时其字段名称不再是默认的"列标签"，但每个字段的分类汇总（即常说的小计）会显示在该字段明细项目的底部。

图 3-15 所示就是一个以常规的表格形式显示的数据透视表。

	A	B	C	D	E	F	G	H
1								
2			合同类型	值				
3			合同工		劳务工		求和项:个人所得税汇总	求和项:社保金汇总
4	性别	部门	求和项:个人所得税	求和项:社保金	求和项:个人所得税	求和项:社保金		
5	⊟男	办公室			2611.2	1078	2611.2	1078
6		财务部	991.7	1035	78.6	172	1070.3	1207
7		技术研发部	126.8	860	12.24	246	139.04	1106
8		人力资源部			2441.1	1912	2441.1	1912
9		生产部	1449.2	104	935.49	1259	2384.69	1363
10	男 汇总		2567.7	1999	6078.63	4667	8646.33	6666
11	⊟女	办公室	359.8	150			359.8	150
12		财务部	256.51	464	2496.68	764	2753.19	1228
13		技术研发部	796.4	191	241.8	240	1038.2	431
14		人力资源部	254.8	744	169.9	385	424.7	1129
15		生产部			1458.2	1137	1458.2	1137
16		销售部			134.2	312	134.2	312
17	女 汇总		1667.51	1549	4500.78	2838	6168.29	4387
18	总计		4235.21	3548	10579.41	7505	14814.62	11053
19								

图 3-15 以常规的表格形式显示的数据透视表

3. 显示、隐藏报表的行总计和列总计

在默认情况下，数据透视表的最下面有一个总计，称为列总计，就是每列项目的合计数，不论有多少个行字段，这个总计总是显示为"总计"字样。

在右侧也有总计，称为行总计，就是每行项目的合计数，如果列字段只有一个，那么这个总计就显示为"总计"字样；如果列字段有多个，那么总计的名称不再显示为"总计"，而是显示为"求和项：*** 汇总""计数项：*** 汇总"等。

列总计和行总计是整个报表中每个字段项目的合计，可以显示，也可以不显示，显示或不显示的方法有很多。例如，在"设计"选项卡下的"总计"下拉列表中进行设置，如图 3-16 所示。

如果仅仅是不显示数据透视表的两个总计，那么就可以使用快捷键命令，即对准总计所在单元格右击，执行快捷菜单中的"删除总计"命令即可，如图 3-17 所示。

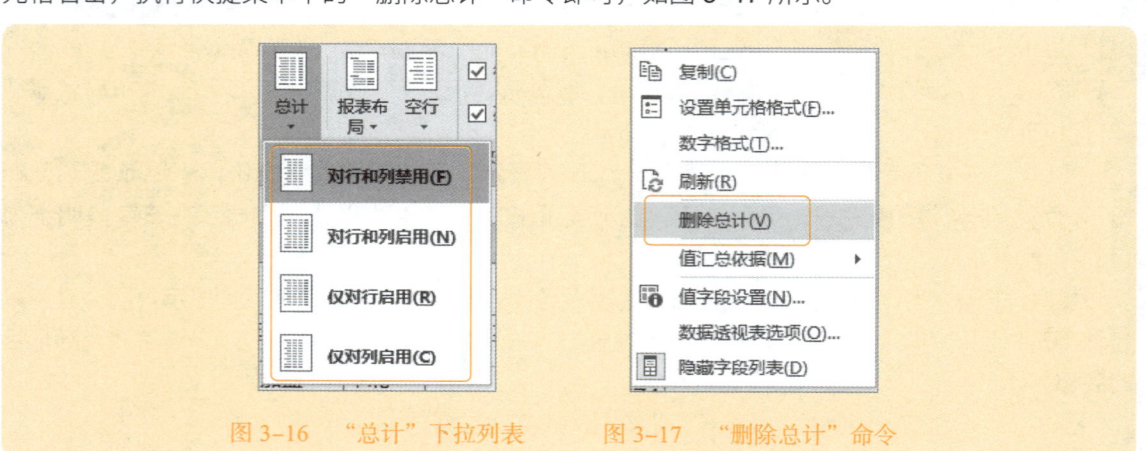

图 3-16 "总计"下拉列表　　图 3-17 "删除总计"命令

4. 显示、隐藏字段的分类汇总

在默认情况下，每个字段都是有分类汇总的，也就是通常所说的小计，在数据透视表中，会显示为"*** 汇总"。根据需要，可以不显示这个分类汇总，可以执行快捷菜单命令进行设置，也可以执行选项卡中的命令进行设置。

如果仅仅是删除某个字段的分类汇总，如删除字段"部门"的分类汇总，就在"部门"列的任意单元格中右击，执行快捷菜单中的"分类汇总'部门'"命令，如图 3-18 所示。

如果要删除数据透视表中所有字段的分类汇总，就在"设计"选项卡"分类汇总"下拉列表中执行"不显示分类汇总"命令，如图 3-19 所示。

如果要显示字段的分类汇总，也可以在这两个地方执行相关命令。

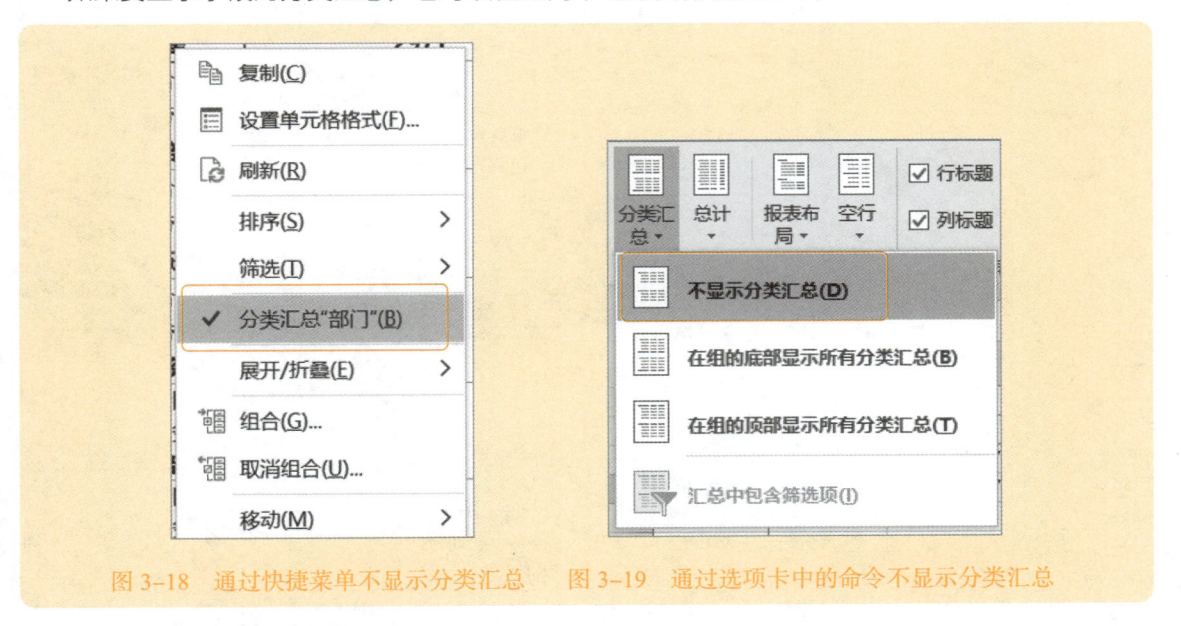

图 3-18　通过快捷菜单不显示分类汇总　　图 3-19　通过选项卡中的命令不显示分类汇总

5. 合并项目标签单元格

为了让报表更加美观，可以将字段项目标签合并居中，方法是：在数据透视表中右击，执行"数据透视表选项"命令，打开"数据透视表选项"对话框，勾选"合并且居中排列带标签的单元格"复选框，如图 3-20 所示。设置后的效果如图 3-21 所示。

图 3-20 "数据透视表选项"对话框

	A	B	C	D	E	F	G	H
1								
2			合同类型	值				
3			合同工		劳务工		求和项:个人所得税汇总	求和项:社保金汇总
4	性别	部门	求和项:个人所得税	求和项:社保金	求和项:个人所得税	求和项:社保金		
5	男	办公室			2611.2	1078	2611.2	1078
6		财务部	991.7	1035	78.6	172	1070.3	1207
7		技术研发部	126.8	860	12.24	246	139.04	1106
8		人力资源部			2441.1	1912	2441.1	1912
9		生产部	1449.2	104	935.49	1259	2384.69	1363
10	男 汇总		2567.7	1999	6078.63	4667	8646.33	6666
11	女	办公室	359.8	150			359.8	150
12		财务部	256.51	464	2496.68	764	2753.19	1228
13		技术研发部	796.4	191	241.8	240	1038.2	431
14		人力资源部	254.8	744	169.9	385	424.7	1129
15		生产部			1458.2	1137	1458.2	1137
16		销售部			134.2	312	134.2	312
17	女 汇总		1667.51	1549	4500.78	2838	6168.29	4387
18	总计		4235.21	3548	10579.41	7505	14814.62	11053
19								

图 3-21 合并项目标签后的数据透视表

6. 修改值字段名称

在默认情况下，值字段的名称是"求和项:*** 汇总"或"计数项:*** 汇总"等，这样的名称是很不直观的，需要修改为直观的名称。

修改的方法很简单，在单元格直接修改即可。但需要注意的是，修改后的新名称不能与原来的字段名称重名。如果非要使用原来的字段名称，可以把"求和项:"替换为一个空格，这样外表看起来似乎还是原来的字段名称。

图 3-22 所示就是修改值字段名称后的数据透视表。

	A	B	C	D	E	F	G	H
1								
2		合同类型	值					
3		合同工		劳务工				
4	部门	个税	社保	个税	社保	个税汇总	社保汇总	
5	办公室	359.8	150	2611.2	1078	2971	1228	
6	财务部	1248.21	1499	2575.28	936	3823.49	2435	
7	技术研发部	923.2	1051	254.04	486	1177.24	1537	
8	人力资源部	254.8	744	2611	2297	2865.8	3041	
9	生产部	1449.2	104	2393.69	2396	3842.89	2500	
10	销售部			134.2	312	134.2	312	
11	总计	4235.21	3548	10579.41	7505	14814.62	11053	
12								

图 3-22　修改值字段名称后的数据透视表

7. 设置值字段的汇总依据

在默认情况下，如果某列是数值型字段，那么汇总依据是求和；如果某列是文本型字段，那么汇总依据是计数。但是，如果某列是数值型字段且该列存在空单元格，那么数据透视表会自动把该字段的汇总依据设置为计数。此时，就需要重新设置值字段的汇总依据了。方法很简单，在该字段位置右击，执行快捷菜单中"值汇总依据"中的相关命令即可，如图 3-23 所示。

8. 设置值字段的数字格式

如果值字段是数值型字段，默认求和，那么结果可能是有的数值带小数点，有的数值没有带小数点，而且当数值很大时，表格里的数据看起来很不方便。此时，可以对值字段的数字格式进行设置，如显示为会计格式、数值格式、自定义数字格式等，方法是：在某个值字段位置右击，执行快捷菜单中的"数字格式"命令，如图 3-24 所示，打开"设置单元格格式"对话框，然后设置数字格式。

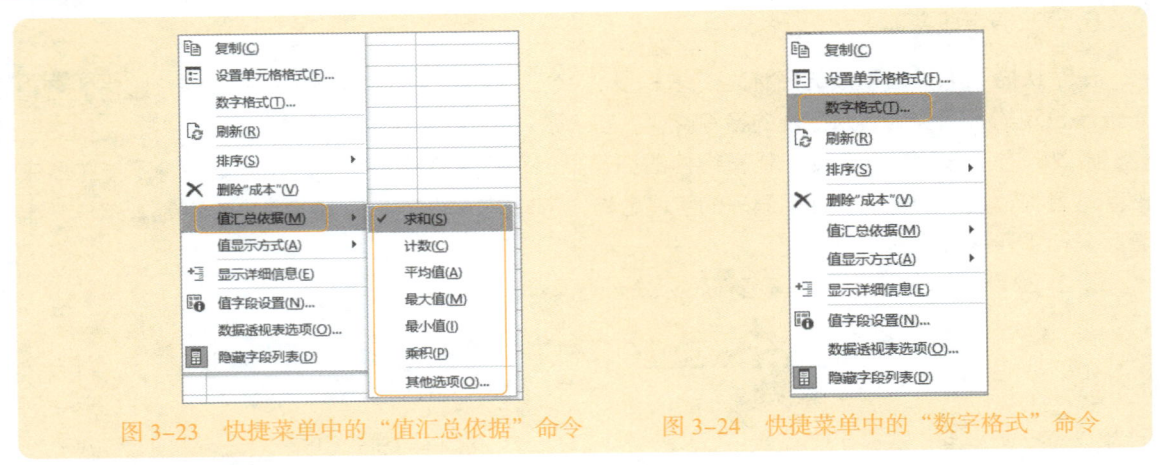

图 3-23　快捷菜单中的"值汇总依据"命令　　　图 3-24　快捷菜单中的"数字格式"命令

9. 刷新数据透视表

当制作数据透视表的源数据发生改变后，已经完成的数据透视表并不能立即反映出最新的变化，需要手工刷新，方法是：右击，执行快捷菜单中的"刷新"命令，如图 3-25 所示。

需要注意的是，刷新数据透视表会自动调整列宽，如果不想改变已经设置好的列宽等格式，可以在"数据透视表选项"对话框中，取消勾选"更新时自动调整列宽"复选框，如图 3-26 所示。

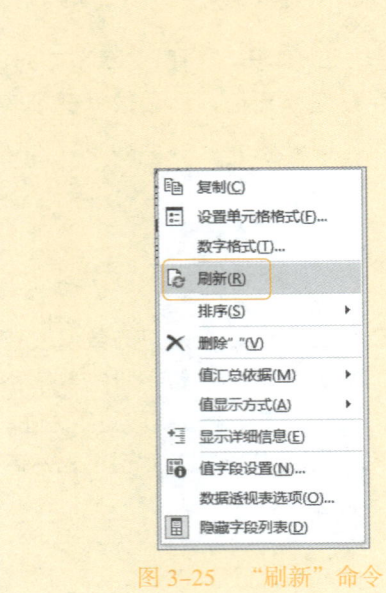

图 3-25　"刷新"命令 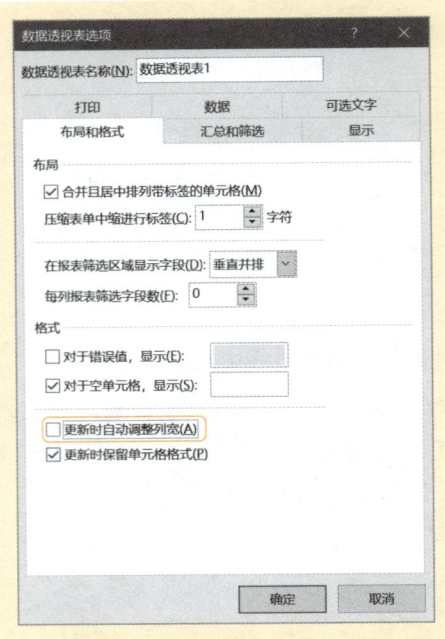　　　图 3-26　刷新数据透视表时不自动调整列宽

3.2 利用数据透视表分析人力资源数据

利用数据透视表分析数据是非常方便的，不仅可以排序、筛选，还可以通过设置字段计算方式、字段的显示方式、组合项目、添加计算字段，或者使用切片器等，对数据进行灵活的分析。

3.2.1 制作销售额前 10 名的业务员报表

利用数据透视表里的排序和筛选工具，可以快速制作销售额前 10 名的（或后 10 名）业务员报表。

案例3-2

图 3-27 所示是业务员销售流水表，现在要制作销售额前 10 名的业务员报表。

	A	B	C	D	E
1	日期	客户	产品	业务员	销售额
2	2021-6-11	客户04	产品04	业务员02	169
3	2021-10-14	客户05	产品04	业务员12	127
4	2021-7-4	客户12	产品11	业务员06	76
5	2021-6-23	客户05	产品08	业务员27	53
6	2021-5-24	客户07	产品12	业务员11	89
7	2021-1-22	客户02	产品02	业务员02	43
8	2021-1-11	客户02	产品07	业务员07	162
9	2021-10-27	客户01	产品09	业务员14	151
10	2021-5-5	客户09	产品01	业务员19	132
11	2021-11-22	客户03	产品07	业务员26	103
12	2021-5-15	客户05	产品11	业务员10	188
13	2021-4-14	客户06	产品03	业务员06	36
14	2021-9-23	客户11	产品06	业务员25	57
15	2021-8-1	客户10	产品09	业务员23	25
16	2021-10-11	客户02	产品05	业务员14	196
17	2021-3-26	客户05	产品07	业务员01	61
18	2021-5-26	客户08	产品09	业务员22	37

图 3-27 业务员销售流水表

步骤 01 创建基本数据透视表，如图 3-28 所示。

步骤 02 右击"求和项:销售额"列，执行"排序"→"降序"命令，如图 3-29 所示，将销售额从高到低排列。

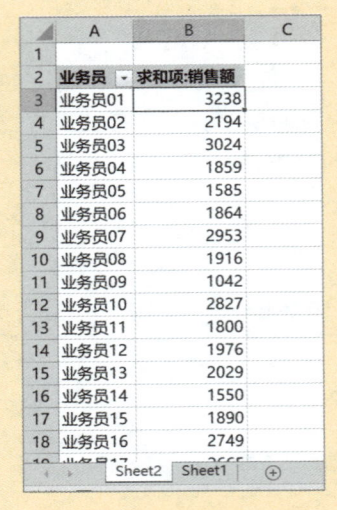

图 3-28　创建基本数据透视表

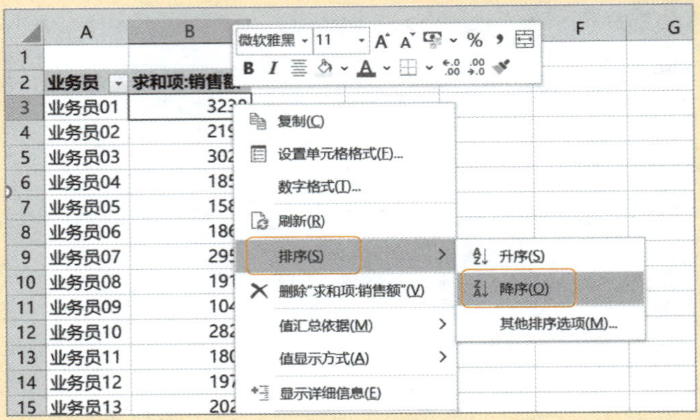

图 3-29　"排序"→"降序"命令

步骤 03 右击"业务员"列，执行"筛选"→"前 10 个"命令，如图 3-30 所示。

图 3-30　执行"筛选"→"前 10 个"命令

步骤 04 打开"前 10 个筛选（业务员）"对话框，选择最大的 10 项，如图 3-31 所示。

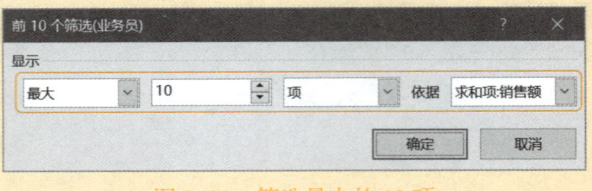

图 3-31　筛选最大的 10 项

步骤 05 单击"确定"按钮，便得到了需要的报表，如图 3-32 所示。

	A	B	C
1			
2	业务员	求和项:销售额	
3	业务员01	3238	
4	业务员03	3024	
5	业务员07	2953	
6	业务员10	2827	
7	业务员16	2749	
8	业务员20	2675	
9	业务员17	2665	
10	业务员27	2533	
11	业务员02	2194	
12	业务员25	2042	
13	总计	26900	

图 3-32　销售额前 10 名的业务员报表

3.2.2　制作最低工资、最高工资、人均工资报表

可以通过设置值字段的值汇总依据制作不同指标的报表。例如，根据工资表制作同时显示最低工资、最高工资、人均工资的报表。

案例3-3

根据案例 3-1 中的工资表制作如图 3-33 所示的最低工资、最高工资、人均工资报表。

	A	B	C	D
1				
2	部门	最低工资	最高工资	人均工资
3	办公室	8252	11454	10330
4	财务部	3862	11961	6728
5	技术研发部	3759	10356	6261
6	人力资源部	5261	11654	7003
7	生产部	4711	11205	7953
8	销售部	5480	5480	5480
9	总计	3759	11961	7352
10				

图 3-33　最低工资、最高工资、人均工资报表

这个报表的制作过程非常简单，主要步骤如下：

步骤 01 制作基本数据透视表,拖动 3 个基本工资到"值"窗格,如图 3-34 所示。

图 3-34 基本数据透视表

步骤 02 右击第 1 个基本工资,执行"值汇总依据"→"最小值"命令,如图 3-35 所示。

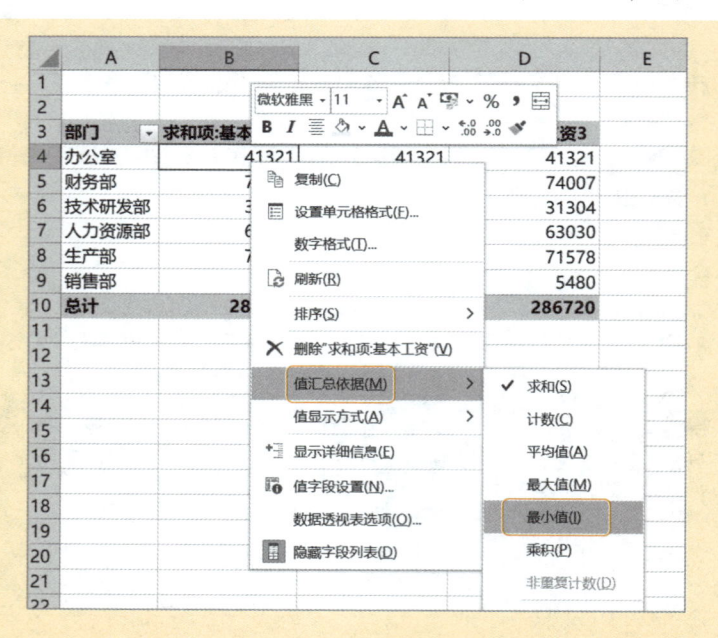

图 3-35 执行"值汇总依据"→"最小值"命令

这样就将第 1 个基本工资转换成了最小值,即各个部门的最低工资,如图 3-36 所示。

	A	B	C	D
1				
2				
3	部门	最小值项:基本工资	求和项:基本工资2	求和项:基本工资3
4	办公室	8252	41321	41321
5	财务部	3862	74007	74007
6	技术研发部	3759	31304	31304
7	人力资源部	5261	63030	63030
8	生产部	4711	71578	71578
9	销售部	5480	5480	5480
10	总计	3759	286720	286720
11				

图 3-36 设置最低工资

步骤 03 使用同样的方法，设置第 2 个基本工资的汇总依据为"最大值"，设置第 3 个基本工资的汇总依据为"平均值"，如图 3-37 所示。

	A	B	C	D
1				
2				
3	部门	最小值项:基本工资	最大值项:基本工资2	平均值项:基本工资3
4	办公室	8252	11454	10330.25
5	财务部	3862	11961	6727.909091
6	技术研发部	3759	10356	6260.8
7	人力资源部	5261	11654	7003.333333
8	生产部	4711	11205	7953.111111
9	销售部	5480	5480	5480
10	总计	3759	11961	7351.794872
11				

图 3-37 设置最高工资和人均工资

步骤 04 修改字段名称，便得到了需要的报表。

3.2.3 制作年龄分组、工龄分组的员工信息分析报表

对于员工信息来说，需要进行年龄分组分析、工龄分组分析等。例如，年龄在 31 ~ 35 岁的有多少人、年龄在 36 ~ 40 岁的有多少人、在本单位工作 11 ~ 15 年的有多少人，等等。使用数据透视表的组合功能制作这种统计分析报表是很容易的。

案例3-4

图 3-38 所示是一个员工信息表，现在要求制作如图 3-39 所示的员工年龄分组统计表。具体步骤如下：

图 3-38 员工信息表

图 3-39 员工年龄分组统计表

步骤 01 制作基本数据透视表并进行布局，如图 3-40 所示。

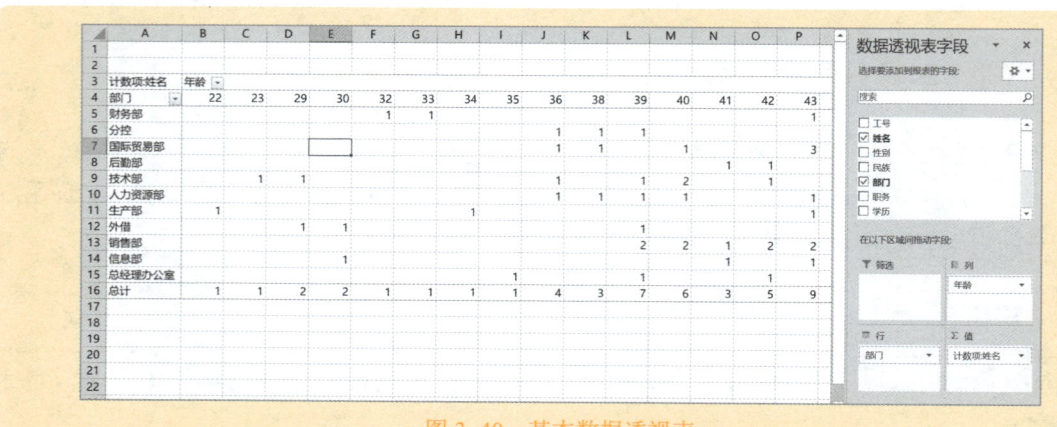

图 3-40 基本数据透视表

步骤 02 在"年龄"字段的任意单元格中右击,执行快捷菜单中的"组合"命令,如图 3-41 所示。

步骤 03 打开"组合"对话框,然后设置"自动"中的"起始于""终止于""步长",如图 3-42 所示。

图 3-41 "组合"命令　　　　图 3-42 设置组合的参数

步骤 04 单击"确定"按钮,便得到了将年龄分组后的数据透视表,如图 3-43 所示。

计数项:姓名	年龄							
部门	<26	26-30	31-35	36-40	41-45	46-50	51-55	>56	总计
财务部			2		1	2	2	1	8
分控				3	1	3	2	2	11
国际贸易部				3	3		1		7
后勤部					3	1	1		5
技术部	1	1		4	1	1		1	9
人力资源部				4	1	3			8
生产部	1		1		1	3	1	1	8
外借		2		1			3		6
销售部				4	6	1		1	12
信息部		1			4				5
总经理办公室			1	1			1	2	5
总计	2	4	4	20	22	13	6	13	84

图 3-43 将年龄分组后的数据透视表

步骤 05 修改字段的名称,调整部门的先后顺序,便得到了需要的报表。

3.2.4 制作结构分析报表

你是否想了解：各个学历的人数及占比是多少？各个年龄段的人数及占比是多少？各个工龄段的人数及占比是多少？对于这种报表，可以通过设置字段的显示方式迅速得到。

案例3-5

以案例 3-4 的员工信息表为例，现在要求制作各个学历的人数及占比统计分析报表，如图 3-44 所示。

步骤 01 制作基本数据透视表，将"姓名"字段拖动 2 个到"值"窗格，如图 3-45 所示。

学历	人数	人数占比
博士	2	2.38%
硕士	21	25.00%
本科	50	59.52%
大专	5	5.95%
中专	1	1.19%
高中	5	5.95%
总计	84	100.00%

图 3-44 各个学历的人数及占比统计分析报表

学历	计数项:姓名	计数项:姓名2
本科	50	50
博士	2	2
大专	5	5
高中	5	5
硕士	21	21
中专	1	1
总计	84	84

图 3-45 制作基本数据透视表

步骤 02 右击"计数项:姓名 2"列的任意单元格，执行"值显示方式"→"列汇总的百分比"命令，如图 3-46 所示。

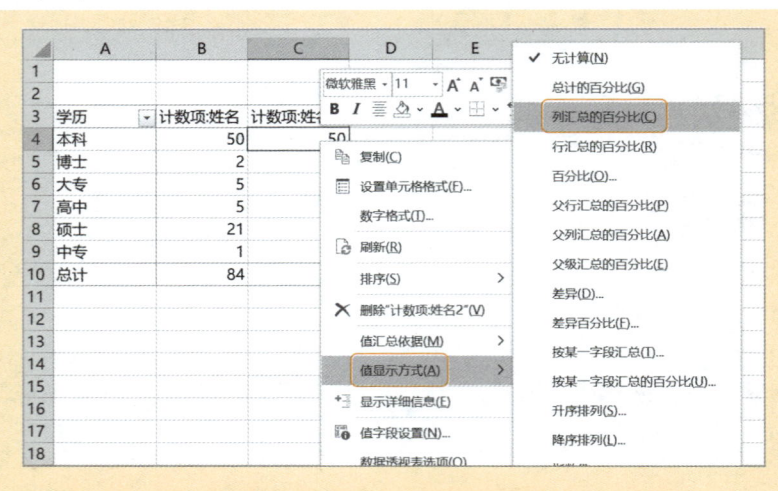

图 3-46 "值显示方式"→"列汇总的百分比"命令

这样，就迅速得到了百分比数字，如图 3-47 所示。

	A	B	C	D
1				
2				
3	学历	计数项:姓名	计数项:姓名2	
4	本科	50	59.52%	
5	博士	2	2.38%	
6	大专	5	5.95%	
7	高中	5	5.95%	
8	硕士	21	25.00%	
9	中专	1	1.19%	
10	总计	84	100.00%	

图 3-47 各个学历的人数及占比

步骤 03 修改字段名称，调整学历的先后顺序，便得到了需要的报表。

3.2.5 使用切片器快速筛选报表

当需要对整个数据透视表进行筛选时，常规的做法是将字段拖动到筛选区域，并在筛选字段（页字段）中进行筛选（单选或多选），筛选整个报表。

但是，这种在筛选字段中筛选数据的方法操作起来很不方便。通常可以插入切片器，使用切片器对数据进行快速筛选。

可以建立一个字段的切片器来控制一个或多个同数据源的数据透视表，也可以建立多个字段的切片器来控制一个或多个同数据源的数据透视表。

案例3-6

例如，想要查看指定学历在各个部门的人数及占比情况，就可以插入一个学历切片器。主要步骤如下：

步骤 01 制作基本数据透视表，如图 3-48 所示。

	A	B	C
1	学历	(全部)	
2			
3	部门	人数	占比
4	财务部	8	9.52%
5	分控	11	13.10%
6	国际贸易部	7	8.33%
7	后勤部	5	5.95%
8	技术部	9	10.71%
9	人力资源部	8	9.52%
10	生产部	8	9.52%
11	外借	6	7.14%
12	销售部	12	14.29%
13	信息部	5	5.95%
14	总经理办公室	5	5.95%
15	总计	84	100.00%

图 3-48 各个部门的人数及占比

步骤 02 在"插入"选项卡中,执行"切片器"命令,如图 3-49 所示;或者在"数据透视表分析"选项卡中,执行"插入切片器"命令,如图 3-50 所示。

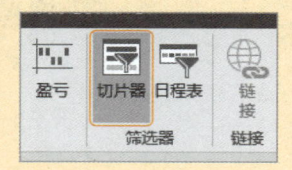

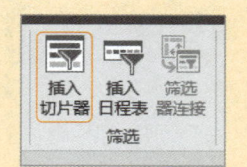

图 3-49　"插入"选项卡中的"切片器"命令　　　图 3-50　"数据透视表分析"选项卡中的"插入切片器"命令

步骤 03 打开"插入切片器"对话框,选择要进行筛选的字段"学历",如图 3-51 所示。

步骤 04 单击"确定"按钮,就插入了选定字段"学历"的切片器,如图 3-52 所示。

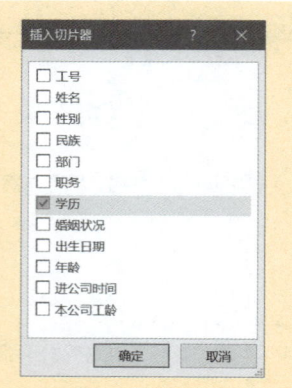

图 3-51　"插入切片器"对话框　　　图 3-52　插入的"学历"切片器

单击切片器的某个项目表示选择该项目,数据透视表也就变成了该项目的数据,如图 3-53 所示。

图 3-53　各个部门的硕士人数及占比

如果要选择多个项目，可以先单击切片器右上角的☰按钮，再单击多个项目。

如果要恢复全部数据，不再进行筛选，可以单击切片器右上角的⊽按钮。

如果不再使用切片器，可以将其删除。操作方法是右击切片器，执行快捷菜单中的“剪切”命令。

3.3 数据透视表在人力资源管理中的其他应用

在人力资源数据处理分析中，数据透视表不只局限于前面介绍的应用，还可以进行一些特殊的数据处理和分析。本节将介绍快速核对数据、快速汇总 12 个月工资表、快速制作明细表等几个主要应用。

3.3.1 快速核对数据

案例3-7

图 3-54 所示是企业的员工社保计算表和社保所的社保缴纳表，现在要求根据姓名对这两个社保金额表进行核对，查看哪些人对不上、差异数是多少以及哪些人漏记了。

	A	B	C	D	E
1	姓名	养老保险	失业保险	医疗保险	社保总额
2	张庆光	1461.30	112.90	797.10	2371.30
3	蔡凌艳	1471.30	113.72	802.50	2387.52
4	曹琦	804.30	62.10	438.70	1305.10
5	陈正林	1219.20	94.20	665.00	1978.40
6	邓传英	2251.00	173.90	1227.80	3652.70
7	邓左伍	902.30	69.70	492.10	1464.10
8	李秀娟	1994.90	154.20	1088.10	3237.20
9	乔在喜	342.80	0.00	93.50	436.30
10	董长杰	1058.10	81.80	577.10	1717.00
11	杜建振	1088.30	84.10	593.60	1766.00
12	高建东	946.16	73.11	516.13	1535.40
13	胡建强	1207.50	93.30	658.60	1959.40
14	陈杰	894.80	69.10	488.10	1452.00
15	[illegible]	820.10	63.40	447.30	1330.80

企业　社保所

	A	B	C	D	E
1	姓名	养老保险	失业保险	医疗保险	社保总额
2	李秀娟	1994.90	154.20	1088.10	3237.20
3	熊佳	1672.40	129.20	912.20	2713.80
4	邓传英	2251.00	173.90	1227.80	3652.70
5	瞿庆龙	1127.40	87.10	615.00	1829.50
6	张庆真	2571.40	198.70	1402.60	4172.70
7	陈正林	1219.20	94.20	665.00	1978.40
8	李红玲	1522.80	117.70	830.60	2471.10
9	杨庆	1060.90	82.00	578.70	1721.60
10	蔡凌艳	1471.30	113.70	802.50	2387.50
11	吴德彪	1617.30	125.00	882.10	2624.40
12	满保法	1503.10	116.20	819.90	2439.20
13	汪明强	1102.90	85.20	601.60	1789.70
14	赵虎	1200.90	92.80	655.00	1948.70
15	[illegible]	1185.70	91.60	646.80	1924.10

企业　社保所

图 3-54　两个社保金额表

如果仅仅是根据姓名核对，并且没有重名重姓，那么使用“多重合并计算数据区域”是最简单且效率最高的。主要步骤如下：

步骤 01 按 Alt+D+P（P 要按两下）快捷键，打开“数据透视表和数据透视图向导 -- 步骤 1（共 3 步）”对话框，选中“多重合并计算数据区域”单选按钮，如图 3-55 所示。

步骤 02 单击“下一步”按钮，打开“数据透视表和数据透视图向导 -- 步骤 2a（共 3 步）”对话框，保持默认选择，如图 3-56 所示。

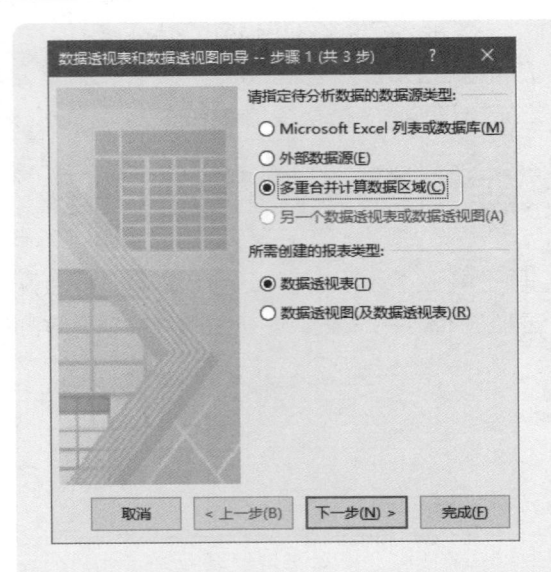

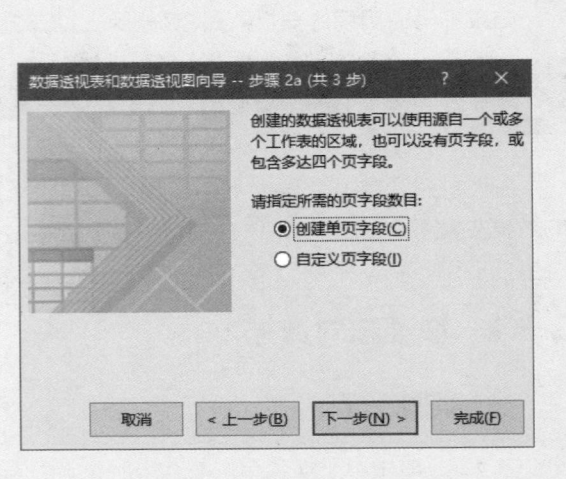

图 3-55　选中"多重合并计算数据区域"单选按钮　　　　　图 3-56　保持默认选择

步骤 03 单击"下一步"按钮,打开"数据透视表和数据透视图向导 - 第 2b 步,共 3 步"对话框,添加两个工作表数据区域,如图 3-57 所示。

注意:在"所有区域"列表中,第一个数据区域在"企业"工作表中,第二个数据区域在"社保所"工作表中,它们在完成的数据透视表中,名称并不是"企业"和"社保所",而是默认的"项 1"和"项 2"。

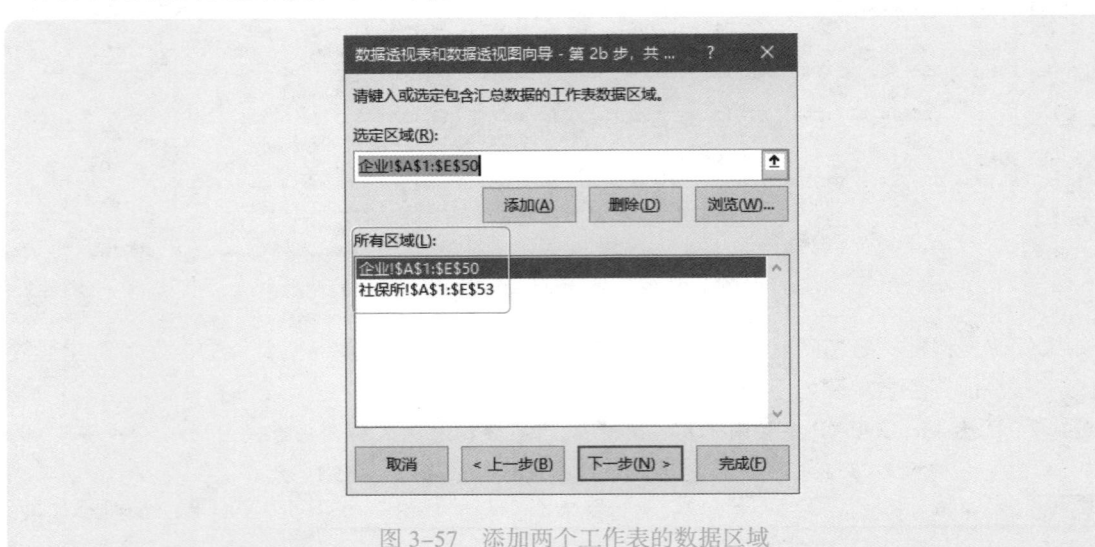

图 3-57　添加两个工作表的数据区域

第 3 章 数据透视表的应用技能与技巧

步骤 04 单击"下一步"按钮,打开"数据透视表和数据透视图向导 -- 步骤 3(共 3 步)"对话框,选中"新工作表"单选按钮,如图 3-58 所示。

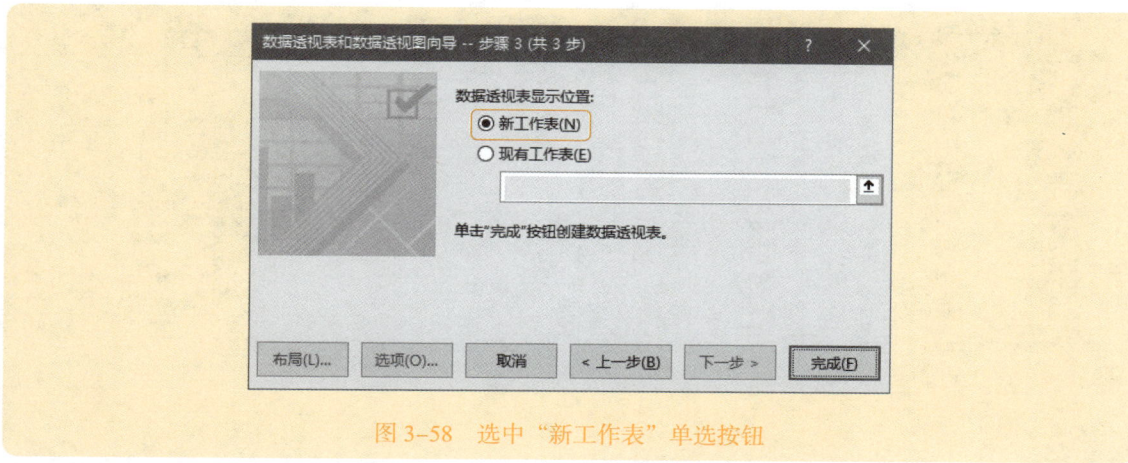

图 3-58 选中"新工作表"单选按钮

步骤 05 单击"完成"按钮,便得到了基本的数据透视表,如图 3-59 所示。

步骤 06 删除数据透视表最右侧的"总计"列,美化数据透视表(调整次序、修改名称、设置布局),得到如图 3-60 所示的数据透视表。

图 3-59 基本的数据透视表

图 3-60 美化后的数据透视表

步骤 07 将字段"表"拖动到"列"窗格中,便得到了如图 3-61 所示的重新布局后的数据透视表。

85

图 3-61 重新布局后的数据透视表

步骤 08 取消所有字段的分类汇总，得到如图 3-62 所示的数据透视表。

图 3-62 取消所有字段的分类汇总后的数据透视表

步骤 09 在 **步骤 03** 中已经说明了"项1"是"企业"，"项2"是"社保所"，因此把这两个默认的项目名称重命名为"企业"和"社保所"。

步骤 10 为每个社保项目添加一个新项目"差异"，计算它们的差异值，步骤如下：

第 3 章 数据透视表的应用技能与技巧

（1）单击"企业"或"社保所"中的某一单元格，执行"分析"→"字段、项目和集"→"计算项"命令，如图 3-63 所示。

（2）打开"在'页 1'中插入计算字段"对话框，为数据透视表的字段"页 1"插入一个计算项"差异"，公式为"= 企业 – 社保所"，如图 3-64 所示。

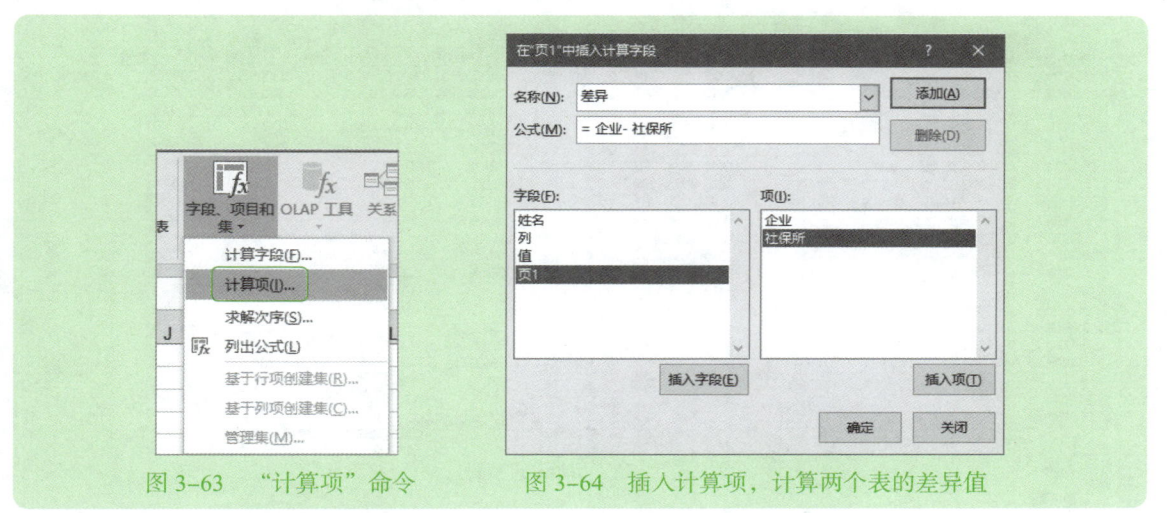

图 3-63 "计算项"命令　　　　图 3-64 插入计算项，计算两个表的差异值

（3）单击"确定"按钮，便得到了如图 3-65 所示的数据透视表。

姓名	养老保险			失业保险			医疗保险			社保总额		
	企业	社保所	差异	企业	社保所	差异	企业	社保所	差异	企业	社保所	差异
蔡凌艳	1471.3	1471.3	0	113.72	113.7	0.02	802.5	802.5	0	2387.52	2387.5	0.02
曹琦	804.3	804.3	0	62.1	62.1	0	438.7	438.7	0	1305.1	1305.1	0
陈杰	894.8	894.8	0	69.1	69.1	0	488.1	488.1	0	1452	1452	0
陈正林	1219.2	1219.2	0	94.2	94.2	0	665	665	0	1978.4	1978.4	0
邓传英	2251	2251	0	173.9	173.9	0	1227.8	1227.8	0	3652.7	3652.7	0
邓孟娟	820.1	820.1	0	63.4	63.4	0	447.3	447.3	0	1330.8	1330.8	0
邓左伍	902.3	902.3	0	69.7	69.7	0	492.1	492.1	0	1464.1	1464.1	0
董长杰	1058.1	1058.1	0	81.8	81.8	0	577.1	577.1	0	1717	1717	0
杜建振	1088.3	1088.3	0	84.1	84.1	0	593.6	593.6	0	1766	1766	0
高建东	946.16		946.16	73.11		73.11	516.13		516.13	1535.4		1535.4
郭君		342.8	-342.8		0	0		93.5	-93.5		436.3	-436.3
胡建强	1207.5	1003.2	204.3	93.3	77.5	15.8	658.6	547.2	111.4	1959.4	1627.9	331.5
胡娜		342.8	-342.8		0	0		93.5	-93.5		436.3	-436.3
霍晓强	342.8	342.8	0	0	0	0	93.5	93.5	0	436.3	436.3	0
蒋清伟	342.8	342.8	0	0	0	0	93.5	93.5	0	436.3	436.3	0
李红玲	1522.8	1522.8	0	117.7	117.7	0	830.6	830.6	0	2471.1	2471.1	0
李精精	342.8	342.8	0	0	0	0	93.5	93.5	0	436.3	436.3	0
李秀easy	1994.9	1994.9	0	154.2	154.2	0	1088.1	1088.1	0	3237.2	3237.2	0
刘彬	342.8			0			93.5			436.3		

图 3-65 插入计算项"差异"后的数据透视表

步骤 11 设置 Excel 选项，不显示数据透视表中的数字 0；取消数据透视表中的网格线，便得到了非常清晰的社保核对表，如图 3-66 所示。

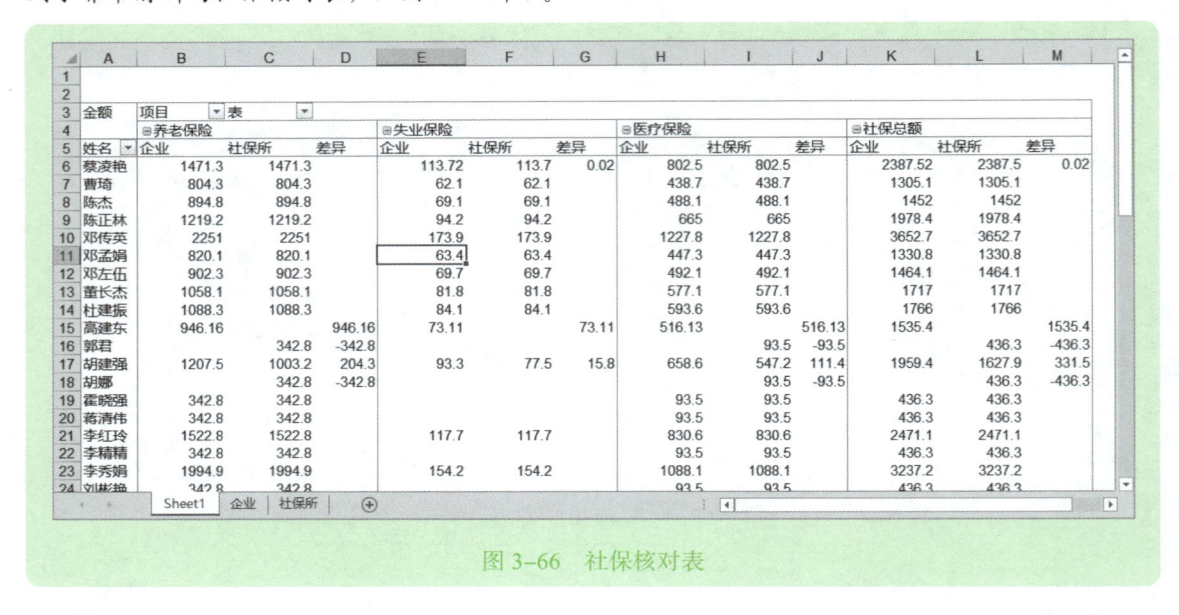

金额	项目	表										
	⊟养老保险			⊟失业保险			⊟医疗保险			⊟社保总额		
姓名	企业	社保所	差异	企业	社保所	差异	企业	社保所	差异	企业	社保所	差异
蔡凌艳	1471.3	1471.3		113.72	113.7	0.02	802.5	802.5		2387.52	2387.5	0.02
曹琦	804.3	804.3		62.1	62.1		438.7	438.7		1305.1	1305.1	
陈杰	894.8	894.8		69.1	69.1		488.1	488.1		1452	1452	
陈正林	1219.2	1219.2		94.2	94.2		665	665		1978.4	1978.4	
邓传英	2251	2251		173.9	173.9		1227.8	1227.8		3652.7	3652.7	
邓孟娟	820.1	820.1		63.4	63.4		447.3	447.3		1330.8	1330.8	
邓左伍	902.3	902.3		69.7	69.7		492.1	492.1		1464.1	1464.1	
董长杰	1058.1	1058.1		81.8	81.8		577.1	577.1		1717	1717	
杜建振	1088.3	1088.3		84.1	84.1		593.6	593.6		1766	1766	
高建东	946.16		946.16	73.11		73.11	516.13		516.13	1535.4		1535.4
郭君		342.8	-342.8					93.5	-93.5		436.3	-436.3
胡建强	1207.5	1003.2	204.3	93.3	77.5	15.8	658.6	547.2	111.4	1959.4	1627.9	331.5
胡娜		342.8	-342.8					93.5	-93.5		436.3	-436.3
霍晓强	342.8	342.8					93.5	93.5		436.3	436.3	
蒋清伟	342.8	342.8					93.5	93.5		436.3	436.3	
李红玲	1522.8	1522.8		117.7	117.7		830.6	830.6		2471.1	2471.1	
李精精	342.8	342.8					93.5	93.5		436.3	436.3	
李秀娟	1994.9	1994.9		154.2	154.2		1088.1	1088.1		3237.2	3237.2	
刘彬艳	342.8						93.5			436.3		

图 3-66 社保核对表

3.3.2 快速汇总 12 个月的工资表

快速汇总 12 个月的工资表主要使用现有连接 +SQL 语句完成，具体操作方法和步骤将在第 5 章中进行详细介绍，此处不再赘述。

3.3.3 快速汇总每个人的工资和奖金

一些企业会把工资和奖金分别做成两个表格，现在要把每个人的工资和奖金合并起来，对于这样的需求，可以根据具体情况，使用数据透视表或 Power Query。

案例3-8

图 3-67 和图 3-68 所示分别是各月工资数据和年度奖金数据，现在要求把每个人的各月工资和年度奖金汇总到一起。

	A	B	C	D	E	F	G	H	I	J	K	L	M	N	O	P
1	姓名	部门	1月	2月	3月	4月	5月	6月	7月	8月	9月	10月	11月	12月	全年工资	
2	A001	财务部	18,141.99	16,163.72	17,617.49	17,010.04	10,822.63	18,991.69	12,976.45	14,111.17	17,289.01	13,771.92	19,355.20	18,326.78	194,578.09	
3	A002	财务部	8,501.28	9,385.76	9,000.56	6,676.18	6,845.61	10,572.60	9,558.37	12,705.71	9,510.05	11,131.90	10,106.31	9,156.98	113,151.31	
4	A003	财务部	8,619.41	10,486.49	8,715.74	8,520.70	8,120.30	7,501.73	10,230.23	10,629.94	7,215.03	11,226.77	8,600.13	9,240.04	109,106.51	
5	A004	市场部	13,890.03	11,552.15	15,113.61	13,690.12	12,312.45	12,831.61	12,988.42	15,236.48	14,991.44	9,915.94	9,557.02	11,280.09	153,359.36	
6	A005	市场部	8,179.57	6,311.47	8,462.66	6,390.37	7,350.18	10,719.41	7,891.70	11,216.87	7,784.67	9,577.85	5,989.12	5,169.19	95,043.06	
7	A006	市场部	5,411.59	7,783.21	8,195.21	7,329.85	10,205.94	10,574.38	10,357.56	11,355.30	6,151.99	9,043.24	10,398.60	4,410.82	101,217.69	
8	A007	市场部	6,520.01	6,452.27	5,707.70	5,427.13	5,117.70	7,561.29	4,865.33	8,386.31	5,154.43	7,205.97	8,611.60	5,743.84	76,753.58	
9	A008	市场部	6,910.73	7,691.66	5,226.83	7,816.23	6,127.06	8,711.07	6,231.37	6,766.81	6,854.32	7,360.70	8,997.83	9,356.01	88,050.62	
10	A009	综合部	7,495.67	5,980.05	8,910.23	5,940.68	6,375.63	7,298.91	8,364.02	13,432.83	12,833.85	7,421.88	7,708.02	7,453.47	99,215.24	
11	A010	综合部	5,207.81	8,819.64	6,682.82	9,271.25	8,067.07	6,244.58	8,548.82	8,506.77	6,764.97	6,655.89	8,677.47	8,060.27	91,507.36	
12	A011	综合部	-	1,824.51	5,254.87	6,095.69	5,336.53	4,656.41	5,328.90	6,804.92	6,672.50	5,400.90	4,531.30	6,534.45	58,440.98	
13	A012	综合部	11,278.89	11,639.04	12,139.57	16,106.25	13,629.02	17,354.10	14,408.32	11,986.30	12,164.95	11,562.58	16,013.27	9,457.57	157,739.86	
14	A013	设计部	7,416.24	9,810.07	8,334.04	9,230.67	10,062.41	10,553.36	8,815.14	14,973.43	10,313.49	13,293.09	9,906.96	6,232.24	118,941.14	
15	A014	设计部	17,402.70	15,133.96	30,709.36	20,401.64	18,485.09	33,001.55	20,267.99	23,852.06	19,861.67	29,512.82	24,860.10	13,548.00	267,036.94	
16	A015	设计部	4,027.70	7,494.33	6,561.80	8,589.97	5,283.72	9,202.27	9,697.97	12,610.56	6,720.20	9,557.28	9,412.19	4,034.67	93,192.66	
17	A016	设计部	-	-	-	8,499.81	4,861.81	6,236.21	5,999.49	9,421.66	4,974.32	5,927.86	9,556.40	7,683.59	63,161.15	
18	A017	销售部	3,661.79	5,658.32	6,573.34	5,624.92	3,990.40	6,322.09	4,796.78	5,762.66	4,161.55	3,815.14	5,036.01	4,344.48	59,747.48	
19	A018	销售部	8,848.45	7,616.88	7,112.80	9,164.28	5,742.10	6,132.20	5,916.57	8,976.87	6,873.18	7,163.55	8,787.34	4,547.05	86,881.27	
20	A019	销售部	3,920.70	4,587.90	6,455.97	3,532.47	3,503.54	4,899.21	4,203.04	7,069.22	2,655.89	4,300.53	6,487.83	3,451.77	55,068.07	
21	A020	销售部	4,511.50	4,932.93	3,674.93	3,837.46	4,707.33	5,112.21	4,440.53	5,568.95	6,888.39	5,472.53	4,704.96	4,929.81	58,781.53	

2021年工资　2021年奖金

图 3-67　各月工资数据

	A	B	C	D
1	姓名	部门	奖金	
2	A001	财务部	172,560.00	
3	A012	综合部	24,580.00	
4	A013	设计部	16,050.00	
5	A013	设计部	45,468.45	
6	A004	市场部	67,870.00	
7	A002	财务部	25,190.00	
8	A002	财务部	65,000.00	
9	A014	设计部	175,030.00	
10	A003	财务部	43,620.00	
11	A006	市场部	11,350.00	
12	A015	设计部	7,410.00	
13	A007	市场部	7,070.00	
14	A020	销售部	8,790.00	
15	A020	销售部	12,000.00	
16	A021	销售部	8,770.00	
17	A026	行政人事部	8,930.00	
18	A022	销售部	9,890.00	

2021年工资　2021年奖金

图 3-68　年度奖金数据

这种汇总，不仅是在对每个人的数据进行匹配，也是在对奖金表中的数据进行汇总，因为有的人可能会有多笔奖金。

要解决这个问题，可以使用 SUMIF 函数，将每个人的奖金合计匹配到工资表中，如图 3-69 所示，单元格 P2 中的公式如下：

```
=SUMIF('2021 年奖金 '!A:A,A2,'2021 年奖金 '!C:C)
```

图3-69 使用SUMIF函数汇总匹配每个人的奖金

如果要把两个表整合成一个新表,那么使用数据透视表是最简单的方法。假如忽略"部门"这个字段,仅保留每个人的全年工资和奖金,以及工资和奖金合计数,使用数据透视表汇总的步骤如下:

步骤 01 按Alt+D+P快捷键,打开"数据透视表和数据透视图向导--步骤1(共3步)"对话框,在步骤1中,选中"多重合并计算数据区域"单选按钮,如图3-70所示。

步骤 02 单击"下一步"按钮,在第2b步中,添加两个表的数据区域,如图3-71所示。

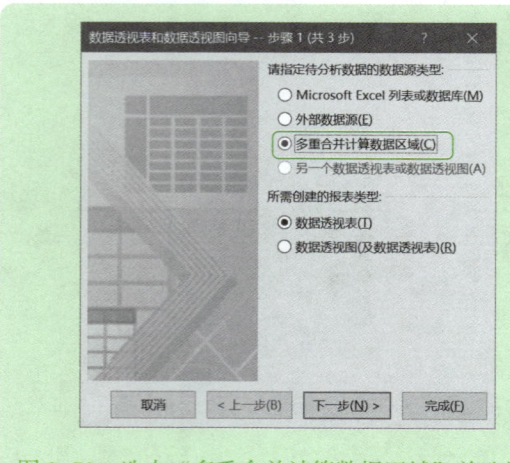

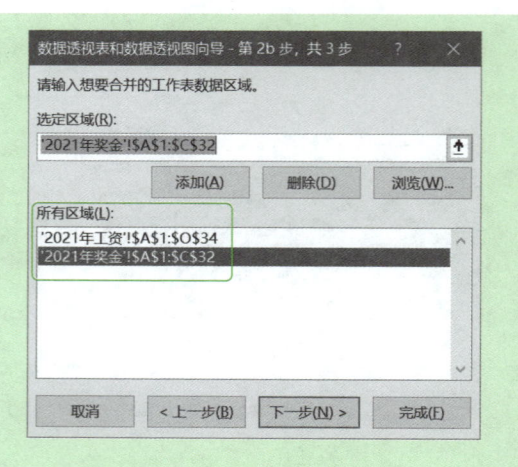

图3-70 选中"多重合并计算数据区域"单选按钮　　图3-71 添加两个表的数据区域

步骤 03 单击"完成"按钮,得到如图3-72所示的基本数据透视表。

	A	B	C	D	E	F	G	H	I	J	K	L	M	N	O	P	Q
1	页1	(全部)															
2																	
3	计数项:值	列标签															
4	行标签	10月	11月	12月	1月	2月	3月	4月	5月	6月	7月	8月	9月	部门	奖金	全年工资	总计
5	A001	1	1	1	1	1	1	1	1	1	1	1	1		1	1	16
6	A002	1	1	1	1	1	1	1	1	1	1	1	1	3	2	1	18
7	A003	1	1	1	1	1	1	1	1	1	1	1	1	2	1	1	16
8	A004	1	1	1	1	1	1	1	1	1	1	1	1	2	1	1	16
9	A005	1	1	1	1	1	1	1	1	1	1	1	1	1		1	14
10	A006	1	1	1	1	1	1	1	1	1	1	1	1	2	1	1	16
11	A007	1	1	1	1	1	1	1	1	1	1	1	1	2	1	1	16
12	A008	1	1	1	1	1	1	1	1	1	1	1	1	2	1	1	16
13	A009	1	1	1	1	1	1	1	1	1	1	1	1	1		1	14
14	A010	1	1	1	1	1	1	1	1	1	1	1	1	2	1	1	16
15	A011	1	1	1	1	1	1	1	1	1	1	1	1	1		1	14
16	A012	1	1	1	1	1	1	1	1	1	1	1	1	2	1	1	16
17	A013	1	1	1	1	1	1	1	1	1	1	1	1	3	2	1	18
18	A014	1	1	1	1	1	1	1	1	1	1	1	1	2	1	1	16

图 3-72 基本数据透视表

步骤 04 美化数据透视表,将值的汇总依据改为"求和",筛选掉不需要的项目,仅保留"全年工资"和"奖金"两个项目,并调整两个项目的顺序,得到如图 3-73 所示的数据透视表,这就是需要的工资奖金汇总表。

	A	B	C	D
1	页1	(全部)		
2				
3	求和项:值	列		
4	姓名	全年工资	奖金	总计
5	A001	194578.09	172560	367138.09
6	A002	113151.31	90190	203341.31
7	A003	109106.51	43620	152726.51
8	A004	153359.36	67870	221229.36
9	A005	95043.06		95043.06
10	A006	101217.69	11350	112567.69
11	A007	76753.58	7070	83823.58
12	A008	88050.62	11110	99160.62
13	A009	99215.24		99215.24
14	A010	91507.36	13480	104987.36
15	A011	58440.98		58440.98
16	A012	157739.86	24580	182319.86
17	A013	118941.14	61518.45	180459.59
18	A014	267036.94	175030	442066.94

图 3-73 工资奖金汇总表

3.3.4 快速批量制作明细表

怎样才能快速从员工信息表中将各个部门的信息单独摘出来并保存为各个部门的明细表呢？使用数据透视表是最快、最容易的方法。

案例3-9

例如，有一个员工信息表，如图3-74所示，现在需要按部门拆分成各个部门的明细表，主要步骤如下：

	A	B	C	D	E	F	G	H	I
1	姓名	性别	部门	学历	身份证号码	出生日期	年龄	进公司时间	本公司工龄
2	A001	男	总经理办公室	博士	******19631212****	1963-12-12	58	1987-4-8	34
3	A002	男	总经理办公室	硕士	******19650618****	1965-6-18	56	1990-1-8	32
4	A003	女	总经理办公室	本科	******19791022****	1979-10-22	42	2002-5-1	19
5	A004	男	总经理办公室	本科	******19861101****	1986-11-1	35	2006-9-24	15
6	A005	女	总经理办公室	本科	******19820826****	1982-8-26	39	2007-8-8	14
7	A006	女	人力资源部	本科	******19830515****	1983-5-15	38	2005-11-28	16
8	A007	男	人力资源部	本科	******19820916****	1982-9-16	39	2005-3-9	16
9	A008	男	人力资源部	本科	******19720319****	1972-3-19	49	1995-4-19	26
10	A009	男	人力资源部	硕士	******19780504****	1978-5-4	43	2003-1-26	19
11	A010	男	人力资源部	大专	******19810624****	1981-6-24	40	2006-11-11	15
12	A011	女	人力资源部	本科	******19721215****	1972-12-15	49	1997-10-15	24
13	A012	女	人力资源部	本科	******19710822****	1971-8-22	50	1994-5-22	27
14	A013	男	财务部	本科	******19780812****	1978-8-12	43	2002-10-12	19
15	A014	女	财务部	硕士	******19590715****	1959-7-15	62	1984-12-21	37
16	A015	男	财务部	本科	******19680606****	1968-6-6	53	1991-10-18	30
17	A016	女	财务部	本科	******19670809****	1967-8-9	54	1990-4-28	31
18	A017	女	财务部	本科	******19741211****	1974-12-11	47	1999-12-27	22

图3-74 员工信息表

步骤 01 创建基本数据透视表，并把所有字段拖动到"行"窗格，如图3-75所示。

图3-75 所有字段均拖动到"行"窗格

步骤 02 清除数据透视表样式。
步骤 03 取消所有字段的分类汇总。
步骤 04 取消报表的总计。
步骤 05 取消出生日期和入职日期的组合。
步骤 06 以表格形式显示报表。
步骤 07 将"部门"字段拖动到"筛选"窗格。

这样，数据透视表就变成了如图 3-76 所示的样子。

图 3-76 设置好的数据透视表

步骤 08 执行"选项"下拉列表中的"显示报表筛选页"命令，如图 3-77 所示，打开"显示报表筛选页"对话框，选择"部门"字段，如图 3-78 所示。

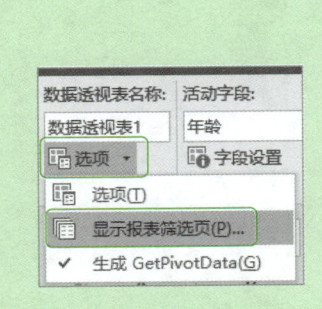

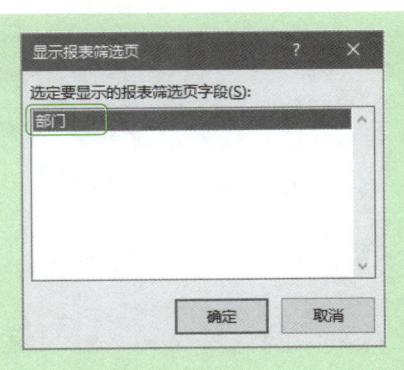

图 3-77 "显示报表筛选页"命令

图 3-78 选择要制作明细表的"部门"字段

步骤 09 单击“确定”按钮，便在当前工作簿自动创建了 n 个明细表，每个明细表的名字就是部门名称，各个明细表保存着相关部门的员工信息，如图 3-79 所示。

部门	财务部						
姓名	性别	学历	身份证号码	出生日期	年龄	进公司时间	本公司工龄
A013	男	本科	******19780812****	1978-8-12	43	2002-10-12	19
A014	女	硕士	******19590715****	1959-7-15	62	1984-12-21	37
A015	男	本科	******19680606****	1968-6-6	53	1991-10-18	30
A016	女	本科	******19670809****	1967-8-9	54	1990-4-28	31
A017	女	本科	******19741211****	1974-12-11	47	1999-12-27	22
A018	女	本科	******19710524****	1971-5-24	50	1995-7-21	26
A083	女	本科	******19891204****	1989-12-4	32	2013-10-18	8
A084	女	本科	******19880910****	1988-9-10	33	2013-10-19	8

财务部 | 分控 | 国际贸易部 | 后勤部 | 技术部 | 人力资源部 | 生产部 | 外借 | 销售部 | 信息部 | 总经理办公室 | Sheet1 | 员工' ...

图 3-79 批量创建的各个部门明细表

步骤 10 仔细观察每个明细表，这个操作的本质就是将数据透视表复制 n 个表，在每个表中筛选每个部门，因此得到的每个明细表实际上还是数据透视表。选择这些工作表，再选择整个工作表区域，然后选择粘贴成数值，便变成了普通的表格。

3.3.5 快速制作指定项目的明细表

如果仅仅是制作某个指定部门的明细表，可以将数据透视表调整为按部门分类的最简单的报表，如图 3-80 所示，然后双击汇总该部门数据的单元格即可。

部门	计数项:部门
财务部	8
分控	11
国际贸易部	7
后勤部	5
技术部	9
人力资源部	8
生产部	8
外借	6
销售部	12
信息部	5
总经理办公室	5

图 3-80 按部门分类的报表

例如，要制作技术部的明细表，就双击图 3-80 中的单元格 B8，即可得到技术部的明细表，如图 3-81 所示。

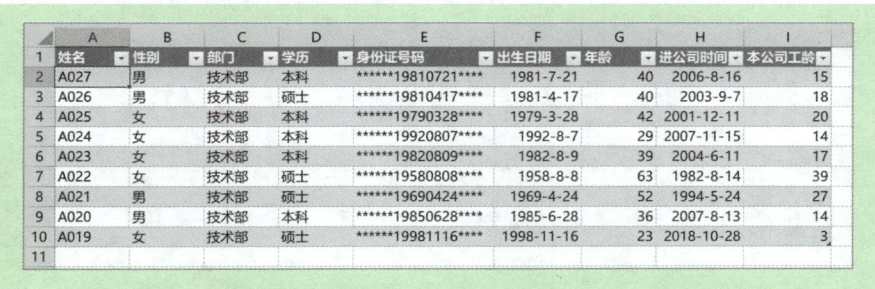

	A	B	C	D	E	F	G	H	I
1	姓名	性别	部门	学历	身份证号码	出生日期	年龄	进公司时间	本公司工龄
2	A027	男	技术部	本科	******19810721****	1981-7-21	40	2006-8-16	15
3	A026	男	技术部	硕士	******19810417****	1981-4-17	40	2003-9-7	18
4	A025	女	技术部	本科	******19790328****	1979-3-28	42	2001-12-11	20
5	A024	女	技术部	本科	******19920807****	1992-8-7	29	2007-11-15	14
6	A023	女	技术部	本科	******19820809****	1982-8-9	39	2004-6-11	17
7	A022	女	技术部	硕士	******19580808****	1958-8-8	63	1982-8-14	39
8	A021	男	技术部	硕士	******19690424****	1969-4-24	52	1994-5-24	27
9	A020	男	技术部	本科	******19850628****	1985-6-28	36	2007-8-13	14
10	A019	女	技术部	硕士	******19981116****	1998-11-16	23	2018-10-28	3
11									

图 3-81　技术部的明细表

第4章 常用的表单设计技能与实用模板

每位 HR（Human Resources，人力资源）人都需要使用 Excel 来处理数据，如合同数据、考勤数据、员工基本信息数据、绩效数据、薪酬数据等，还会时不时地向财务要数据，这些数据都保存在 Excel 工作表中。

随便抽出几个 HR 数据表就会发现，至少有一半的表格是十分杂乱的。姓名中有错别字、姓名中间空格、日期不对、大量的合并单元格、很多行的标题、很多的空行和小计、字有大有小且五颜六色，找个数据都要花半天……

4.1 案例剖析

要想做好人力资源数据管理和数据统计分析，首先要有标准且规范的数据表单。但是很多 HR 表格都是不规范的，找个数据都很困难，更谈不上建立自动化高效数据分析模板了。

4.1.1 案例剖析：一把抓的大而全表格

图 4-1 和图 4-2 所示是 HR 人员做的常见的员工花名册。这样的表格结构是否合理？数据是否有问题？是否方便日常维护？是否方便统计分析？

	A	B	C	D	E	F	G	H	I	J	K	L	M	N	O	P	Q
1	序号	部门	职务	姓名	性别	工号	进公司时间			出生年月日	籍贯	学历情况				政治面貌	入党（团）时间
2												学历	毕业时间	毕业学校	所学专业		
3							年	月	日								
4	2	公司本部	党委副书记	郑新华	男	100002	2004	7	1	570109	河北邯郸	大专	1996年12月	党校函授学院	行政管理	党员	1988年6月
5	3	公司本部	副总经理	何欣	男	100003	2004	1	1	690611	江苏南京	本科	1984年7月	南京大学工程系	道路工程	党员	2000年8月
6	4	公司本部	副总经理	马国伟	女	100004	2007	1	12	701006	湖北随州	本科	1990年6月	北京林业大学机械系	林木工程	党员	1998年9月
7	5	公司本部	总助兼经理	陈晓斌	男	110001	2007	4	17	561108	北京市	本科	2006年6月	华北电力大学电机系	经济管理	团员	
8	6	公司本部	业务主管	史晓燕	女	110003	2004	10	1	581010	北京	本科	2005年12月	农业大学微生物系	生物学	团员	
9	8	公司本部	科员	赵梅	男	110004	2005	8	1	680311	天津	本科	2005年9月	天津大学新闻系	新闻学		
10	9	公司本部	科员	孙玉仙	男	110005	2006	7	10	680308	上海市	本科	2006年6月	北京大学中文系	汉语言文学		2005年11月

图 4-1 员工花名册

	P	Q	R	S	T	U	V	W	X	Y	Z	AA	AB	AC
1	政治面貌	入党（团）时间	技术职称		现家庭住址	移动电话	身份证号码	参加工作时间	初次签合同时间			合同到期时间		
2			职称	取得时间										
3									年	月	日	年	月	日
4	党员	1988年6月	政工师		东四十条1-1甲	13274758111	110108195701095755	1974年8月	2004	7	1	2009	6	30
5	党员	2000年8月	高级工程师	1999-8-20	学院路30号4-102	13746382945	131182196906114415	1984年7月	2004	7	1	2009	6	30
6	党员	1998年9月	高级工程师	2007-7-28	新都花园22-2305	13596927271	320504197010062020	1990年8月	2007	3	10	2011	12	31
7	团员				育新花园305-300	13910448181	320923195611081635	1995年9月	2007	5	1	2012	4	30
8	团员				河岸清华3幢103室	13599933519	371482195810102648	2000年10月	2004	11	1	2010	12	31
9					木樨花苑20-1902	13244995967	420625196803112037	2005年8月	2005	8	1	2008	10	31
10		2005年11月	助理政工师	2008-7-21	健翔桥龙翔路西201号	13800927415	110108196803081517	2006年7月	2006	8	1	2010	12	31

图 4-2 员工花名册（续）

这种表格是非常常见的，问题也是非常严重的。

（1）从表格结构来看，这个表格是一个典型的 Word 思维的、大而全的表格，恨不得把所有数据都装进来，表格数据达 29 列。

（2）使用了大量合并单元格标题，是典型的"无合并不成表"的坏习惯。

（3）员工花名册是保存员工重要信息数据的表格，但在企业人力资源管理中，并不是每个数据都需要进行分析。

（4）从表格数据来看，大量的非法数据充斥着表格。例如，出生年月日被输入成了 6 位数的“701006”，不知其是否与身份证号码中的出生年月日一致；再如，进公司时间、合同到期时间等被硬生生地拆成了年、月、日三个数。

作为人力资源数据的重要组成部分，针对图 4–1 和图 4–2 所示的员工花名册，应当将其分成两个表格来管理：基本信息和辅助信息。

基本信息，是员工的重要信息数据，也是企业人力资源管理所必需的重要数据，包括工号、姓名、部门、职务、身份证号码、性别、出生年月日、年龄、进公司时间、工龄、学历、专业等。

辅助信息，是员工的其他一些必需的信息，仅仅是一个信息备存，如毕业院校、毕业时间、政治面貌、入党（团）时间、技术职称及其取得时间、家庭地址、联系电话等。

两个表格中的数据依据每个员工的工号和姓名进行关联。

4.1.2　案例剖析：以打印类型的表格为例管理数据

很多人在设计表格时特别喜欢打印格式。图 4–3 所示是一个工资表，请仔细观察这个表格。

	A	B	C	D	E	F	G	H	I	J	K	L	M	N	O	P	Q	R
1																		
2	21.17%		本月收入	261078		提成基数				毛利率	42.24%	基本毛利	43%	奖金基数	30		提福利费	
3								11月份工资表			领导审批：							
4	序号	岗位	姓名	工资标准	出勤天数	基本工资	工龄补贴	考勤补贴	住房补贴	话费补贴	岗位补贴	保险补贴	学历补贴	星级补贴	基本工资合计	效益奖金	实发金额	签字
5	1		A001	3530	29	3791	0	0	0	0		190	0	0	3981	0	3981	
6	2		A002	3711	28	3848		0	0		0	150			3998	0	3998	
7	3		A003	3611	28.5	3812	0	0	0		0	150			3962	0	3962	
8	4		A004	4004	30	4449			0		0	150			4599	0	4599	
9	5		A005	2910	26	2802		0				0			2802	0	2802	
10	6		A006	4344	31	4988		0				190	0		5178	0	5178	
11	7		A007	4491	26.5	4408									4408	0	4408	
12	8		A008	3278	28	3059									3059	0	3059	
13	9		A009	2383	29	2304			0						2304	0	2304	
14	10		A010	2311	26.5	2268			0						2268	0	2268	
15	11		A011	3107	25.5	2934					0				2934	0	2934	
16	12		A012	2206	29	2369	0	0	0		0	150			2519	700	3219	
17	13		A013	4797	30	5330						240	-604		4966	1800	6766	
18	14		A014	2076	29	2230						260			2490	1700	4190	
19	15		A015	3483	17.5	2258									2258	0	2258	
20	16		A016	4382	17.5	2840									2840	0	2840	
21		合计				41033	0	0	0	0	0	980	0	0	54567	700	55267	
22		分店负责人：							制表人：							审核：		

图 4–3　工资表

这个表格仅仅是一个工资核算表格，但即使是工资核算表格，设计得也不规范，这样就导致以后的汇总分析非常困难。例如，如何把 100 家门店的工资表汇总起来？

这个表格的主要问题如下：

（1）第 2 行是某些工资项目的计算标准，这个标准属于基本资料，应该单独放在一个工作表中保存，但这里却放到了工作表的最上面。

（2）第 3 行是备注说明文字，这行内容对工资表本身并没有意义。

（3）第 4 行是工资表的表头，为了对齐，居然把文字分行输入。

（4）第 21 行是全体员工的合计数，这行数字对工资表本身来说也没有什么意义。

（5）第 22 行是签字行，如制表人、审核等，这些数据对工资表本身又有什么用途呢？

其实，这个工资表仅仅是工资核算打印表，是每个人领工资的签字表。但企业人力资源管理不仅仅是发工资并让员工签字，工资意味着人工成本，最重要的是要做人工成本核算汇总，要分析、要管控，而在做这些核算与分析时仅仅需要具有实际意义的工资数据，最上面的零碎和最下面的零碎都是不需要的，应该将其删除。

有人说，我要发工资，要每个人签字，要领导签字，没有这些信息怎么办？这个问题好办，把标准的工资表复制一份，"戴帽子""穿鞋子"就可以了。

如果有合并单元格，也必须处理掉。图 4-4 所示就是这种情况，把部门名称在一个合并的单元格中，这种表格看起来很清楚，但问题来了：表格中的"张丽莉"是哪个部门的，表格中有两个"张丽莉"怎么办？你说："一个是办公室的，一个是财务部的。"我说："哪个都不是，因为你没有给张丽莉分配部门，因为张丽莉的前一列对应的是空单元格，并没有保存部门名称。"

	A	B	C	D	E	F	G	H	I	J	K	L	M	N	O	P	Q
1	所属部门	序号	姓名	基本工资	岗位工资	工龄工资	住房补贴	交通补贴	医疗补助	奖金	考勤扣款	应发合计	住房公积金	社保	个人所得税	应扣合计	实发合计
2	办公室	1	刘晓晨	1581	1000	360	543	120	84	1570	57	5201	588.9	369.6	211.38	1169.88	4031.12
3		2	祁正人	3037	800	210	543	120	84	985	69	5710	435.4	265.1	326.42	1026.92	4683.08
4		3	张丽莉	4376	800	150	234	120	84	970	135	6599	387	247.5	469.68	1104.18	5494.82
5		4	孟欣然	6247	800	300	345	120	84	1000	148	8748	456.1	308	821.78	1585.88	7162.12
6	财务部	5	王玉成	4842	600	390	577	120	84	1400	87	7926	468.3	251.9	666.16	1386.36	6539.64
7		6	蔡齐豫	7947	1000	360	543	120	84	1570	20	11604	588.9	369.6	1354.1	2312.6	9291.4
8		7	秦玉邦	6287	800	270	655	120	84	955	0	9171	459.6	282.7	910.74	1653.04	7517.96
9		8	张丽莉	6442	800	210	435	120	84	1185	87	9189	424.6	243.1	929.26	1596.96	7592.04
10		9	张慈淼	3418	800	210	543	120	84	985	23	6137	435.4	265.1	390.48	1090.98	5046.02
11		10	李萌	4187	800	150	234	120	84	970	181	6364	387	247.5	434.42	1068.92	5295.08
12	技术部	11	何欣	1926	800	300	345	120	84	1000	100	4475	456.1	308	146.09	910.19	3564.81
13		12	李然	1043	600	420	255	120	84	1000	27	3495	369.1	222.2	65.37	656.67	2838.33
14		13	黄兆炜	3585	1000	330	664	120	84	1385	92	7076	509.5	289.3	516.58	1315.38	5760.62
15		14	彭然君	3210	1000	330	478	120	84	1400	0	6622	522.4	322.3	441.6	1286.3	5335.7
16	后勤部	15	袁涌	2367	1000	330	478	120	84	1400	168	5611	522.4	322.3	289.94	1134.64	4476.36
17		16	郭亦然	2575	600	300	645	120	84	1400	0	5724	486.1	264	321.08	1071.18	4652.82

图 4-4 存在合并单元格的工资表

4.1.3 挥泪斩马谡：从今天开始远离这样的错误

现实中杂乱无章的表格有很多，数据分析工作很难进行，表不表，数不数，惨不忍睹。

在人力资源数据管理中，切记以下几点：

（1）不要把基础表单设计成打印形式的表格，要保持基础表单的纯洁性。想要什么报告，就根据基础表单来汇总计算；想要怎么打印，就从基础表单抓数来制作打印表。

（2）基础表单绝对不允许有合并单元格。

（3）不要在基础表单里插入小计行、总计行，这个属于表格责任不清，画蛇添足。

（4）不要把基础表单设计成领导要的报告形式，因为现在是在管理数据。领导要的永远是结果，是根据基础表单数据汇总分析的结果。

（5）基础表单越简单越好，不要把简单问题复杂化。

（6）要区分 Excel 的两类表：基础表单和分析报告。

4.2 HR 基础表单设计的基本逻辑

基础表单用于管理数据，那么在设计表单时，就要考虑数据保存是否合理、数据维护是否方便、统计分析是否容易。因此，设计基础表单并不是一件简单的事情。

4.2.1 表格架构

对于基础表单来说，既要以最简单的结构保存最基本的信息，还要按照不同的业务数据设计不同的表单。

基础表单的结构设计，要考虑两个问题：

（1）用几张表保存数据？

（2）每张表用几列保存数据？

设计表单的一大败笔是大而全的表格，不区分业务及数据种类，而是把所有数据装到一个表里，正如图 4-1 和图 4-2 所示的员工花名册一样。

对于员工信息数据管理来说，员工花名册可以做成两个表：主要信息表和辅助信息表。

主要信息表，也就是员工基本信息表，表格的列（字段）应该保存员工的重要信息，如姓名、身份证号码、性别、出生日期、年龄、入职时间、本公司工龄等，如图 4-5 所示。

	A	B	C	D	E	F	G	H	I	J	K
1	工号	姓名	所属部门	学历	婚姻状况	身份证号码	性别	出生日期	年龄	入职时间	本公司工龄
2	G001	胡伟苗	贸易部	本科	已婚	110108197302283390	男	1973-2-28	11	1998-6-25	21
3	G002	郑大军	后勤部	本科	已婚	421122196212152153	男	1962-12-15	57	1980-11-15	39
4	G003	刘晓晨	生产部	本科	已婚	110108195701095755	男	1957-1-9	63	1992-10-16	27
5	G004	石破天	总经办	硕士	已婚	131182196906114415	男	1969-6-11	50	1986-1-8	34
6	G005	蔡晓宇	总经办	博士	已婚	320504197010062010	男	1970-10-6	49	1986-4-8	34
7	G006	祁正人	财务部	本科	未婚	431124198510053836	男	1985-10-5	34	1988-4-28	32
8	G007	张丽莉	财务部	本科	已婚	320923195611081635	男	1956-11-8	63	1991-10-18	28
9											

图 4-5 员工的主要信息表

辅助信息表包括员工的毕业院校、联系电话、毕业时间等，将其设计为另外一个工作表，以员工的工号、姓名或身份证号码作为与主要信息表关联的字段，如图 4-6 所示。

	A	B	C	D	E	F	G	H	I	J	K	L	M
1	工号	姓名	身份证号码	籍贯	现住址	毕业院校	所学专业	毕业时间	政治面貌	入党(团)时间	最新技术职称	取得时间	联系电话
2	G001	胡伟苗	110108197302283390	河北保定	新华大街12号	北京大学	企业管理	1998-7-12	群众		经济师	2003-8-15	13529889901
3	G002	郑大军	421122196212152153	江苏苏州	东太湖大道10-23	清华大学	市场营销	2000-12-4	群众		工程师	2002-4-28	13524858911
4	G003	刘晓晨	110108195701095755	江苏南京	玄武区西大街33号	南京大学	财务管理	2000-12-31	群众		经济师	2002-12-12	13808830003
5	G004	石破天	131182196906114415	上海	浦东大道1094号	上海大学	财务管理	2004-8-29	团员	2000-1-1	经济师	2008-7-10	13450847666
6	G005	蔡晓宇	320504197010062010	北京	平安大街10000号	北京大学	半导体	2007-1-5	群众				15720295858
7	G006	祁正人	431124198510053836	北京	槐树街1-39-2	清华大学	半导体	2007-5-12	群众				19589500392
8	G007	张丽莉	320923195611081635	江苏苏州	观前街1-30	苏州大学	国际贸易	2009-3-18	党员	2009-2-15			13805257392
9													

图 4-6 员工的辅助信息表

对于每个月的工资表或考勤表来说，工资按月发放，考勤按月统计，因此毫无疑问应该每个月一张表，不可能将所有月份的工资数据和考勤数据都放到一张表中。

在工资计算中，一些工资项目每个月是基本固定的，但有一些项目是每个月变化的。例如，计件工资、出勤工资、考勤扣款、月度提成奖励等，这些数据是根据另外的表格数据计算出来的，因此与工资表相关的一些表也要好好设计。其中，最典型的就是计件工资，必须有每个员工的生产量汇总表，这个表就是工资表的辅助表。

4.2.2　数据维护

当表单结构设计好后，需要做数据的日常维护，包括输入新数据、编辑修改旧数据、删除错误数据等。

其中，输入新数据是最重要的一个环节，很多人在输入新数据时，特别随心所欲，想怎么输入就怎么输入，导致很多原始数据残缺不全，甚至是错误的。例如，把日期输入成"2020.5.1"或"20.5.1"或"5.1"的形式；再如，在名称中间强制添加空格对齐等。

Excel 表单的数据，不仅仅是保存，更重要的是要做数据分析，这就要求表格不仅要在结构上科学，还要在数据上规范。

输入正确的数据，把错误消灭在萌芽阶段，可以通过很多方法实现。例如，使用数据验证工具控制规范输入，使用 VBA 设计窗体界面，按照规定要求输入数据，等等。

数据验证工具的最典型应用是，在单元格设计下拉列表，快速准确地输入部门、学历等数据；设置自定义条件验证，只能输入不重复的 18 位身份证号码等。

4.2.3 统计分析

设计表单的目的，一方面是保存数据、管理数据；另一方面是分析数据，利用透视数据背后的信息为人力资源管理提供数据支持。

HR 数据分析，可以是普通的统计报表，如员工属性分析表；也可以是财务和业务双向融合的专业报表，如人工成本预算分析表；还可以是固定格式的打印报告，如员工简历表。

数据分析的工具有函数、透视表、图表、Power Query、Power Pivot、VBA 等，根据实际问题，选择最简单、最高效的工具。

尽管很多企业都安装了人力资源管理软件，但是很多的 HR 表格还是需要手工进行设计，如员工信息表、考勤表、年休假管理表等。

前面介绍了 Excel 数据管理的基本理念和规则，以及常见 HR 数据输入的技能与技巧。下面结合几个常见的 HR 表单，实际操练如何设计这些表单，并学习和复习相关的 Excel 知识和技能。

4.3 HR 常用表单设计实战练习：员工基本信息表

员工基本信息表是人力资源数据管理的第一个非常重要的表单，也是企业数据管理的重要表单之一。设计一个科学规范的员工基本信息表，不仅能够实现数据的规范管理，还能够为以后的数据分析提供准确的基础数据。

本案例的源文件是"案例 4-1.xlsx"。

4.3.1 员工信息数据管理的逻辑结构

一般来说，员工的基本信息至少应该包括工号、姓名、部门、学历、身份证号码、性别、出生日期、年龄、入职日期、工龄、离职日期、离职原因等字段，如图 4-7 所示。

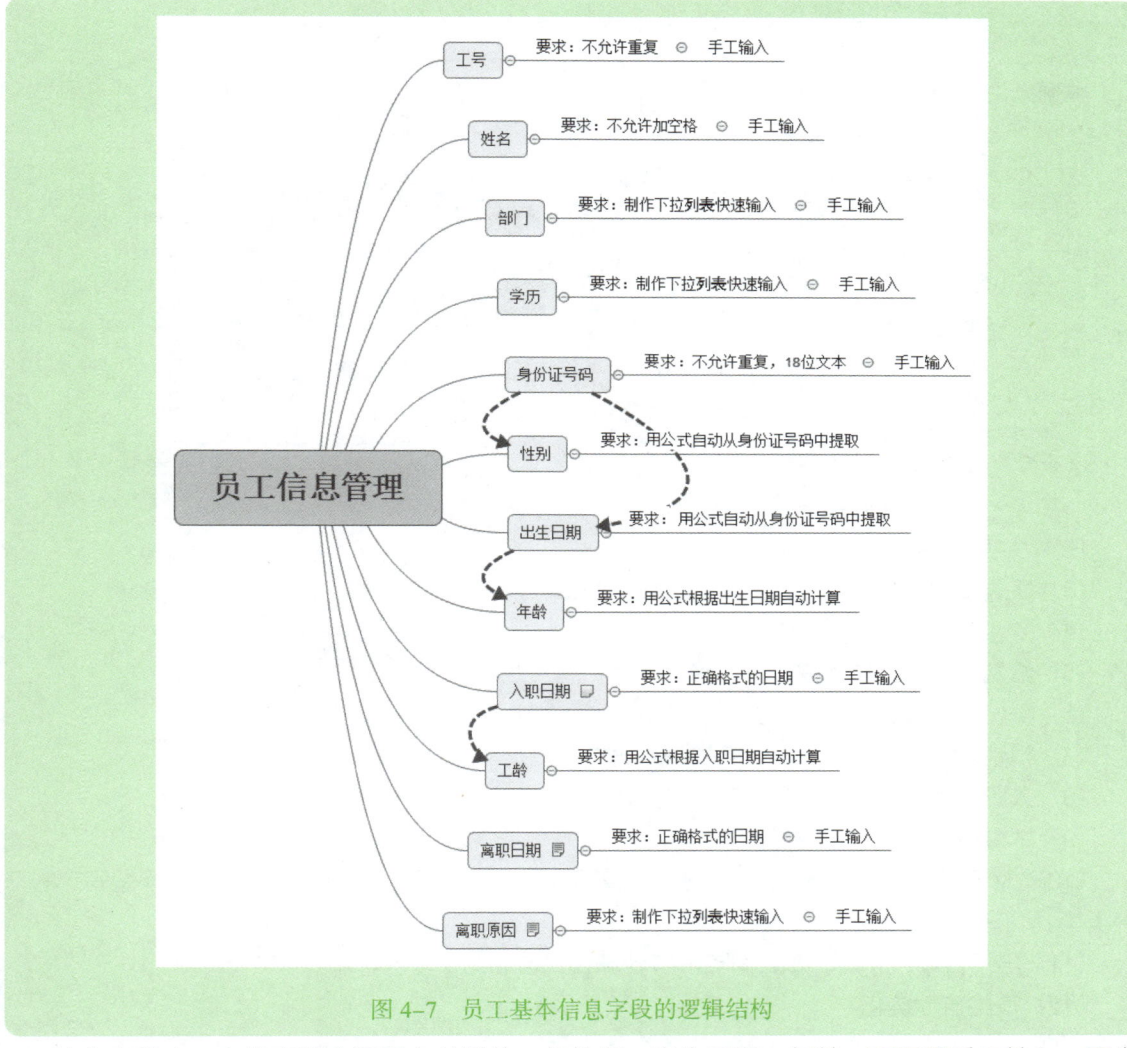

图 4-7　员工基本信息字段的逻辑结构

这些字段中，有些字段之间是有关联的，如性别、出生日期、年龄，不需要手工输入，因为可以直接从身份证号码中提取；工龄也是根据入职日期自动计算的。几个字段之间也有逻辑关系，如入职日期要大于出生日期 18 年以上；离职日期要大于入职日期；当输入了离职日期后，必须输入离职原因，离职原因不能为空。

4.3.2 表格结构搭建

根据人力资源管理中对员工信息管理和分析的需要,创建一个工作表,命名为"员工基本信息",数据的列标题如图 4-8 所示。

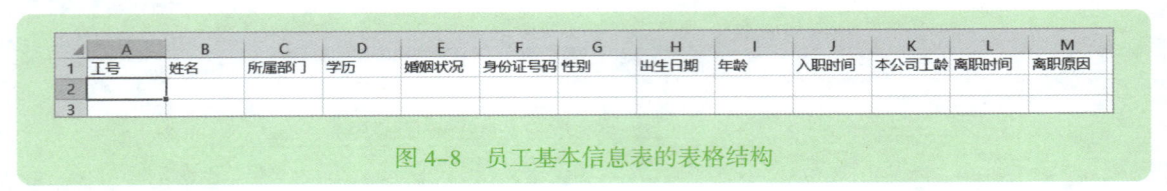

	A	B	C	D	E	F	G	H	I	J	K	L	M
1	工号	姓名	所属部门	学历	婚姻状况	身份证号码	性别	出生日期	年龄	入职时间	本公司工龄	离职时间	离职原因
2													
3													

图 4-8　员工基本信息表的表格结构

4.3.3 表格字段详细描述

各个字段的基本要求如下:
(1) 工号只能是 4 位编码,且不允许重复。
(2) 姓名中不允许输入空格。
(3) 所属部门必须快速准确地输入企业中的部门,名称要统一。
(4) 学历必须快速规范输入。
(5) 婚姻状况必须快速规范输入。
(6) 身份证号码必须是 18 位文本,且不允许重复。
(7) 性别、出生日期、年龄要身份证号码中自动提取。
(8) 入职时间必须是合法的日期。
(9) 本公司工龄自动计算得出。
(10) 为了便于分析流动性,工作表要有离职时间和离职原因两列数据,离职原因是固定的几种类型。
(11) 出生日期、年龄、本公司工龄等计算公式自动向下复制。
(12) 表格自动美化。

4.3.4 只允许输入不重复的 4 位工号

使用数据验证,限制在 A 列中只能输入 4 位编码的工号,并且不允许输入重复的工号。
(1) 选中单元格区域 A2:A1000（可以根据实际情况选择合适的行数,但不要选择整列）。
(2) 打开"数据验证"对话框。
(3) 在"允许"下拉框中选择"自定义"。

（4）在"公式"输入框中输入下面的验证公式：

```
=AND(LEN(A2)=4,COUNTIF($A$2:A2,A2)=1)
```

这个公式是两个条件的组合：
- 条件 1：LEN(A2)=4，判断输入的工号是否为 4 位。
- 条件 2：COUNTIF($A$2:A2,A2)=1，判断刚刚输入的工号是否为第一次输入。

数据验证的设置情况如图 4-9 所示。

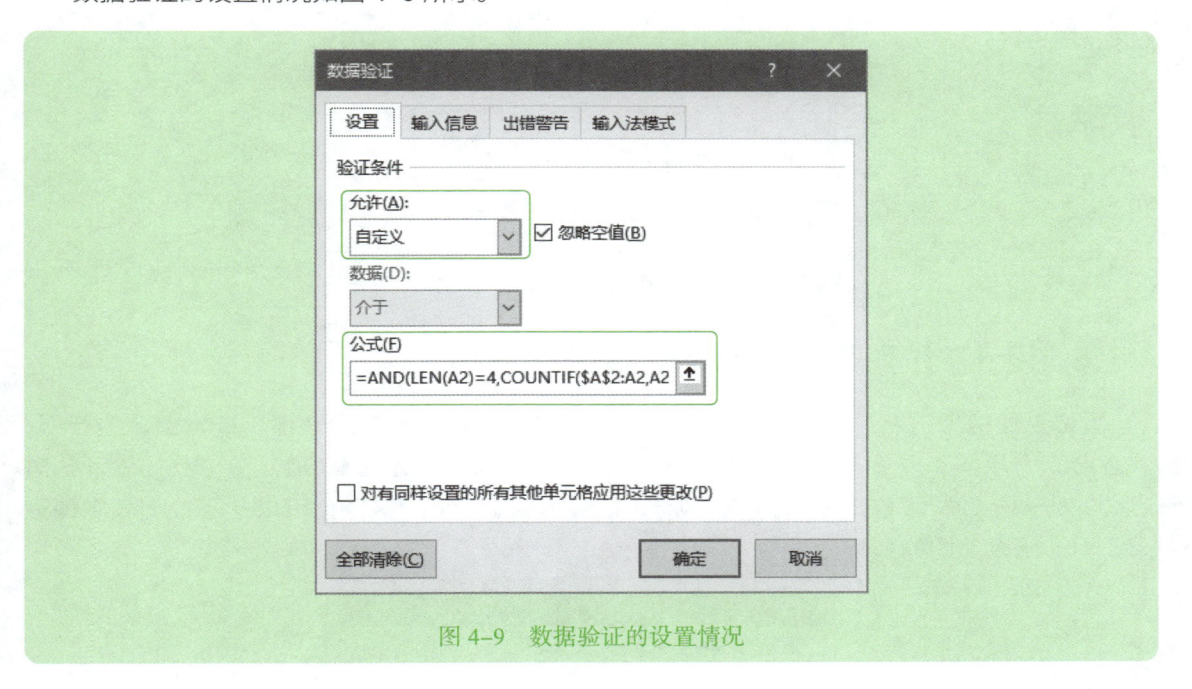

图 4-9　数据验证的设置情况

4.3.5　规范姓名输入，不允许在姓名中输入空格

选中单元格区域 B2:B1000，设置数据验证，如图 4-10 所示，其数据验证的自定义公式如下：

```
=SUBSTITUTE(B2," ","")=B2
```

这个公式的原理是，先使用 SUBSTITUTE 函数把输入的姓名中的所有空格替换掉，然后再与输入的姓名进行比较。如果两者相等，表明输入的姓名中没有空格，否则表明有空格，且不允许将其输入到单元格。**注意：这个设置仅对中文姓名有限制。**

图 4-10 设置数据验证，不允许在姓名中输入空格

4.3.6 设计下拉列表，选择输入所属部门名称

假如企业的部门有总经办、财务部、人力资源部、贸易部、后勤部、技术部、生产部、销售部、信息部、质检部、市场部，那么选择单元格区域 C2:C1000，在"数据验证"对话框中的"允许"下拉框中选择"序列"，如图 4-11 所示，这样就可以从下拉列表中快速选择输入所属部门的名称。

图 4-11 设计下拉列表，选择输入所属部门的名称

4.3.7 设计下拉列表，选择输入学历名称

员工的学历有博士、硕士、本科、大专、中专、职高、高中、初中，选择单元格区域 D2:D1000，在"数据验证"对话框中的"允许"下拉框中选择"序列"，如图 4-12 所示，从下拉列表中快速选择输入学历名称。

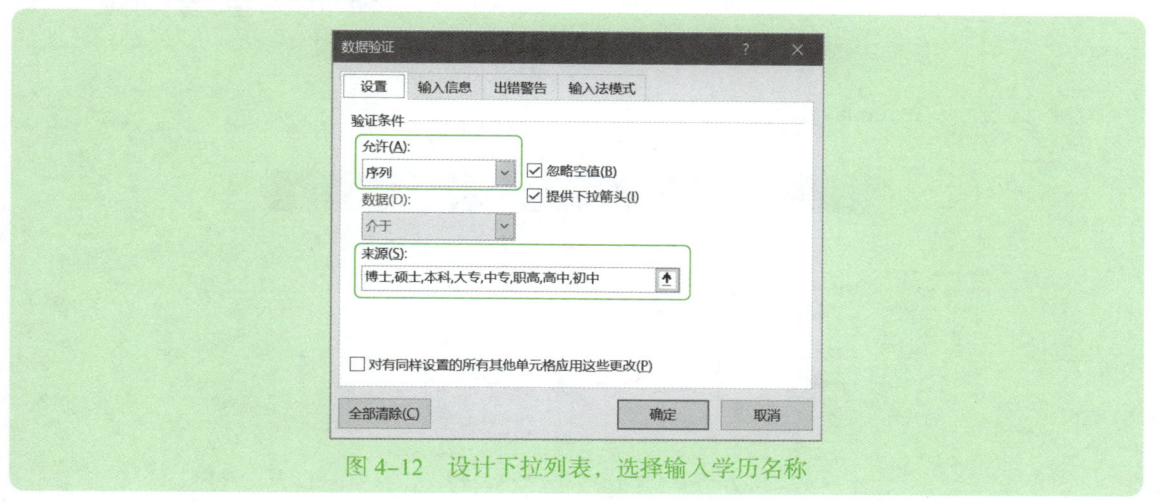

图 4-12 设计下拉列表，选择输入学历名称

4.3.8 设计下拉列表，选择输入婚姻状况

在 E 列中输入员工的婚姻状况。婚姻状况有已婚和未婚两种，因此使用数据验证来控制输入，也就是在"数据验证"对话框的"来源"输入框中输入"已婚,未婚"，如图 4-13 所示。

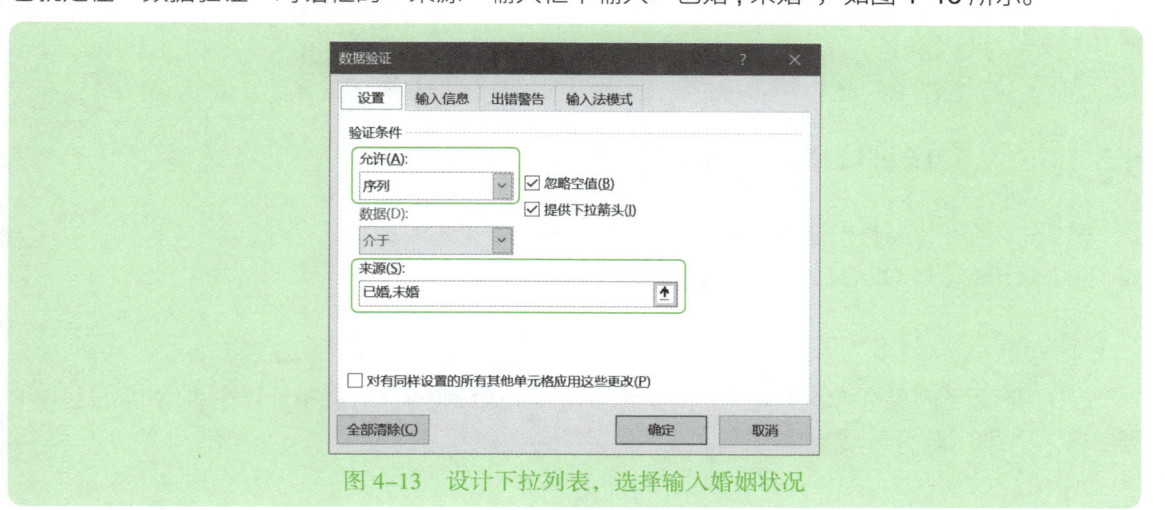

图 4-13 设计下拉列表，选择输入婚姻状况

4.3.9　只能输入不重复的 18 位身份证号码

每个员工的身份证号码是不重复的,并且必须是 18 位,因此在 F 列中输入身份证号码时也要使用数据验证来控制。

首先将 F 列的单元格格式设置成文本,然后选择单元格区域 F2:F1000,在"数据验证"对话框中的"允许"下拉框中选择"自定义",如图 4–14 所示,条件公式如下:

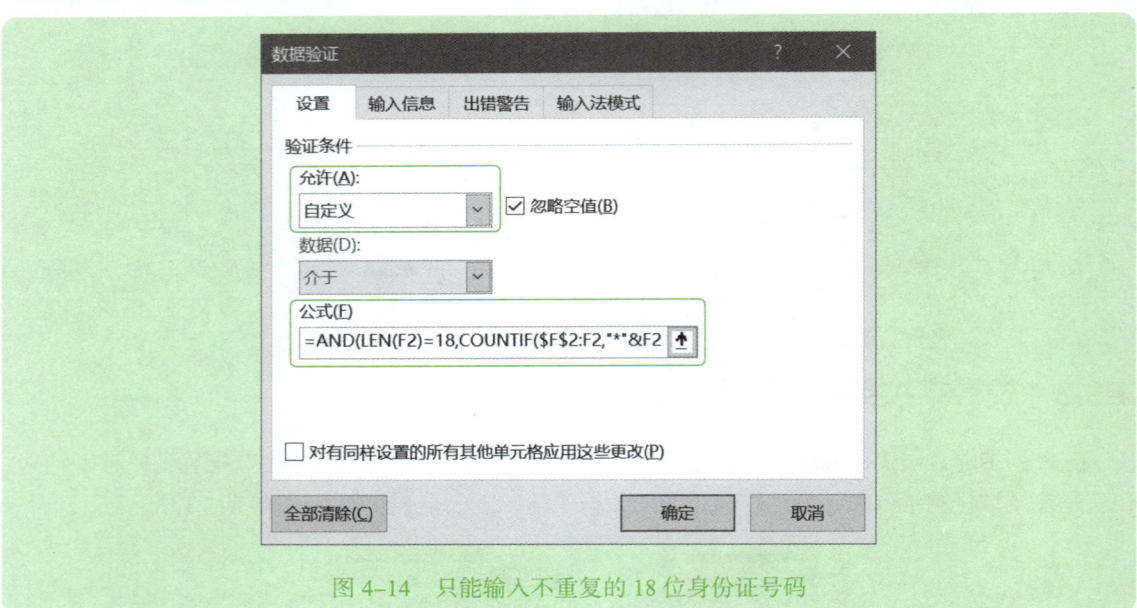

```
=AND(LEN(F2)=18,COUNTIF($F$2:F2,"*"&F2)=1)
```

图 4–14　只能输入不重复的 18 位身份证号码

4.3.10　从身份证号码中自动提取并输入性别

员工的性别可以从身份证号码中自动提取,不需要手工输入。

选择单元格区域 G2:G1000,输入下面的公式:

```
=IF(F2="","",IF(ISEVEN(MID(F2,17,1)),"女","男"))
```

首先判断是否已经在 F 列中输入了身份证号码,如果没有输入,就不计算性别;如果已经在 F 列中输入了身份证号码,就计算性别。

4.3.11 从身份证号码中自动提取并输入出生日期

员工的出生日期也可以从身份证号码中自动提取，不需要手工输入。
选择单元格区域 H2:H1000，输入下面的公式：

=IF(F2="","",1*TEXT(MID(F2,7,8),"0000-00-00"))

4.3.12 自动计算并输入年龄

有了出生日期，就可以使用 DATEDIF 函数自动计算年龄。
选择单元格区域 I2:I1000，输入下面的公式：

=IF(F2="","",DATEDIF(H2,TODAY(),"y"))

4.3.13 规范输入正确的入职时间

入职时间是一个非常重要的数据，因为要根据该列数据计算本公司工龄，分析流动性。
由于入职时间要手工输入，就必须保证输入的入职时间合法有效，也就是要输入正确格式的日期，同时不能小于某个日期（如 1980-1-1），也不能是今天以后的日期。
选择单元格区域 J2:J1000，设置入职时间的数据验证，如图 4-15 所示。

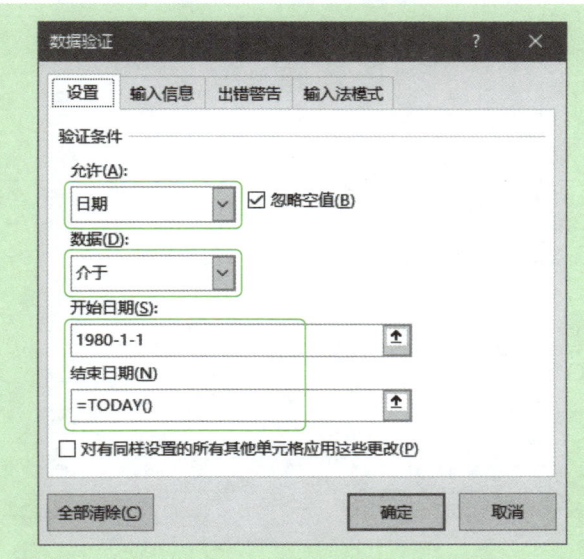

图 4-15 规范输入正确的入职时间

4.3.14 根据入职时间自动计算并输入本公司工龄

有了入职时间，就可以使用 DATEDIF 函数自动计算本公司工龄。

选择单元格区域 K2:K1000，输入下面的公式，就可以自动得到员工的本公司工龄：

```
=IF(J2="","",DATEDIF(J2,TODAY(),"Y"))
```

4.3.15 保证员工基本信息的完整性

由于 B 列至 K 列是员工的最基本的信息，因此需要保证每个员工的基本信息完整无缺。

员工信息表中，姓名是关键字段之一，因此用此列来做数据完整性控制。

选择单元格区域 B2:B1000，把数据验证条件的公式修改为（见图 4–16）：

```
=AND(SUBSTITUTE(B2," ","")=B2,COUNTA($B1:$K1)=10)
```

也就是增加了一个条件 COUNTA($B1:$K1)=10，它用于判断上一行的 B 列至 K 列的数据是否完整（共有 10 列数据）。

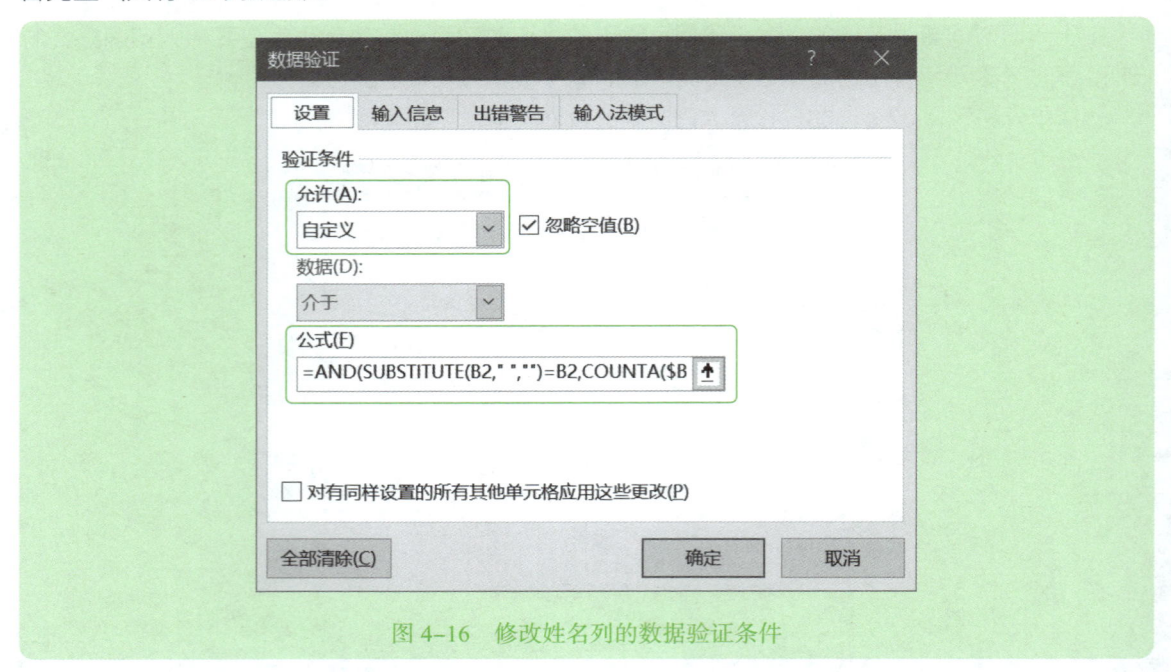

图 4–16 修改姓名列的数据验证条件

4.3.16 规范输入正确的离职时间

离职时间是一个非常重要的数据，因为要根据该列数据来分析离职情况，以及员工的流动性。离职时间需要手工输入，除了要输入正确格式的日期外，同时不能小于该员工的入职时间，也不能大于当前日期。此时，数据验证的设置情况如图 4-17 所示，自定义数据验证公式为：

=AND(L2>=J2,L2<=TODAY())

图 4-17 规范输入正确的离职时间

4.3.17 设计下拉列表，选择输入离职原因

离职原因用于分析员工的流动性和离职状态，因此必须规范离职原因的表述。假如企业对离职原因的描述概括为以下几点：

（1）合同到期但个人不愿续签。
（2）合同到期但公司不愿续签。
（3）因个人原因辞职。
（4）因公司原因辞职。

（5）违反公司规定辞退。
（6）生产任务变化辞退。
（7）考核不合格辞退。
（8）退休。
（9）死亡。
（10）其他。

那么就可以使用数据验证来快速准确地输入这些离职原因。选择单元格区域 M2:M1000，在"数据验证"对话框中的"允许"下拉框中选择"序列"，在"来源"输入框中输入离职原因，如图 4-18 所示。

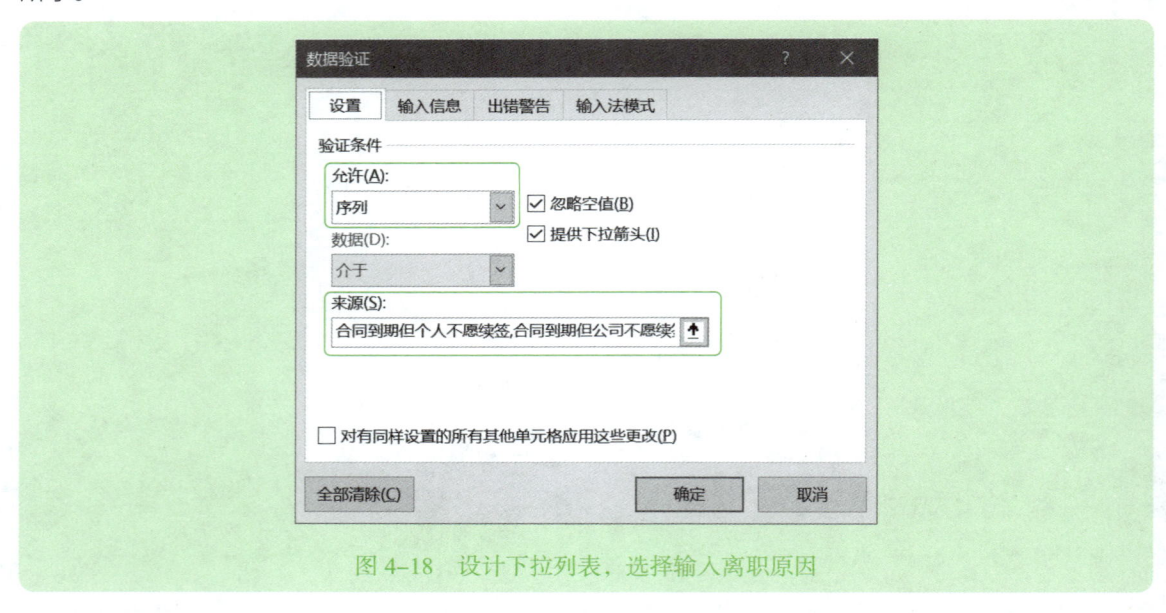

图 4-18 设计下拉列表，选择输入离职原因

4.3.18 设置条件格式，自动美化表格

在某行的 B 列至 K 列输完员工的基本信息后，将该行自动加上边框，让表格更加美观，此时可以使用条件格式来完成。

选择单元格区域 A2:M1000，设置条件格式如图 4-19 所示，条件公式如下：

```
=COUNTA($B2:$K2)=10
```

最后把工作表的网格线取消，就得到了一个简洁美观的员工信息表。

图 4-19　设置条件格式，自动美化表格

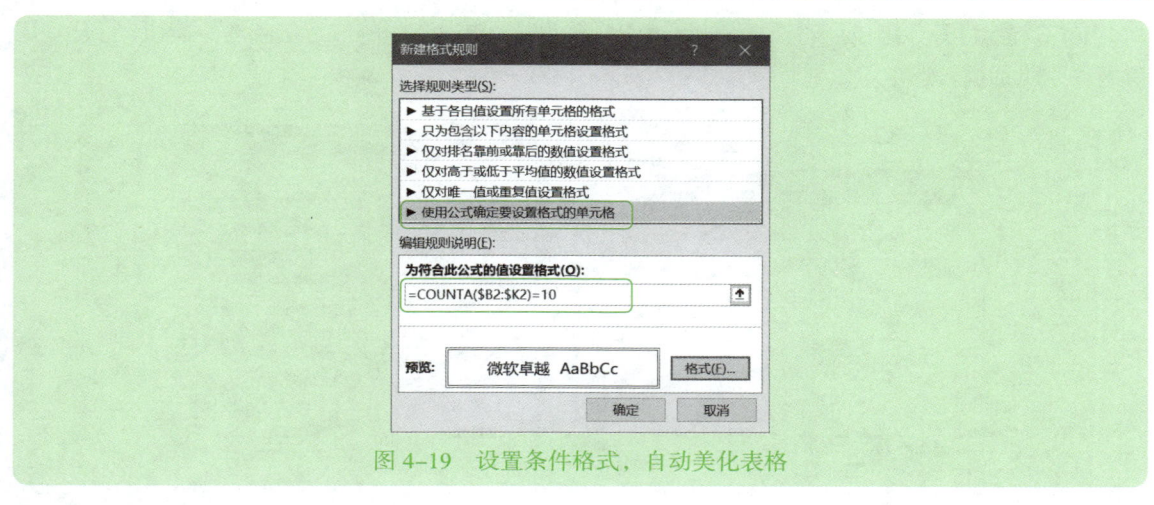

4.3.19　保护重要公式

在如图 4-8 所示的表格中，G 列到 I 列和 K 列中的数据是通过公式自动计算出来的，因此需要对这 4 列的公式进行单独保护。

选择单元格区域 A2:M1000，打开"设置单元格格式"对话框，切换到"保护"选项卡，取消勾选"锁定"复选框，如图 4-20 所示。

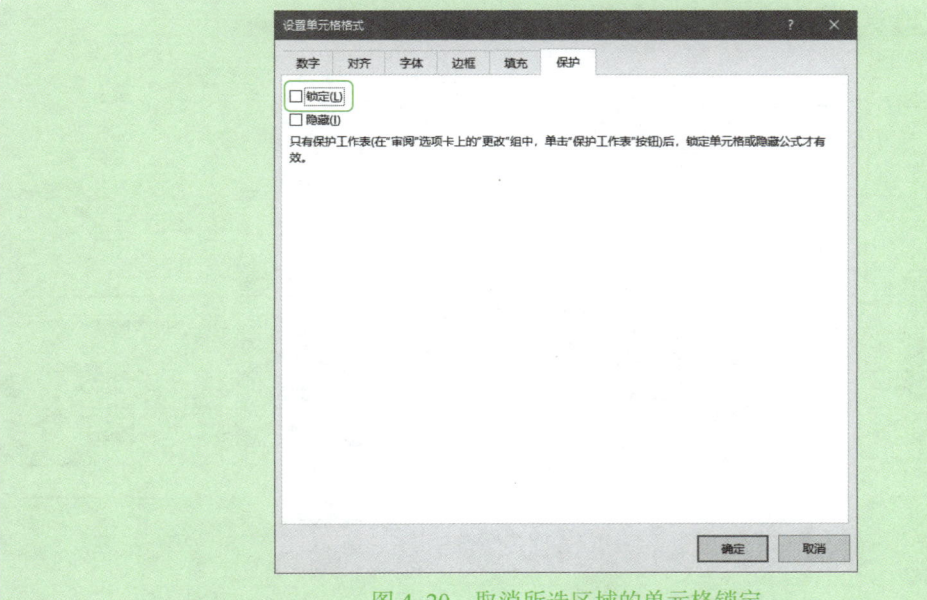

图 4-20　取消所选区域的单元格锁定

按 F5 键，打开"定位"对话框，如图 4-21 所示。单击左下角的"定位条件"按钮，打开"定位条件"对话框，选中"公式"单选按钮，如图 4-22 所示。

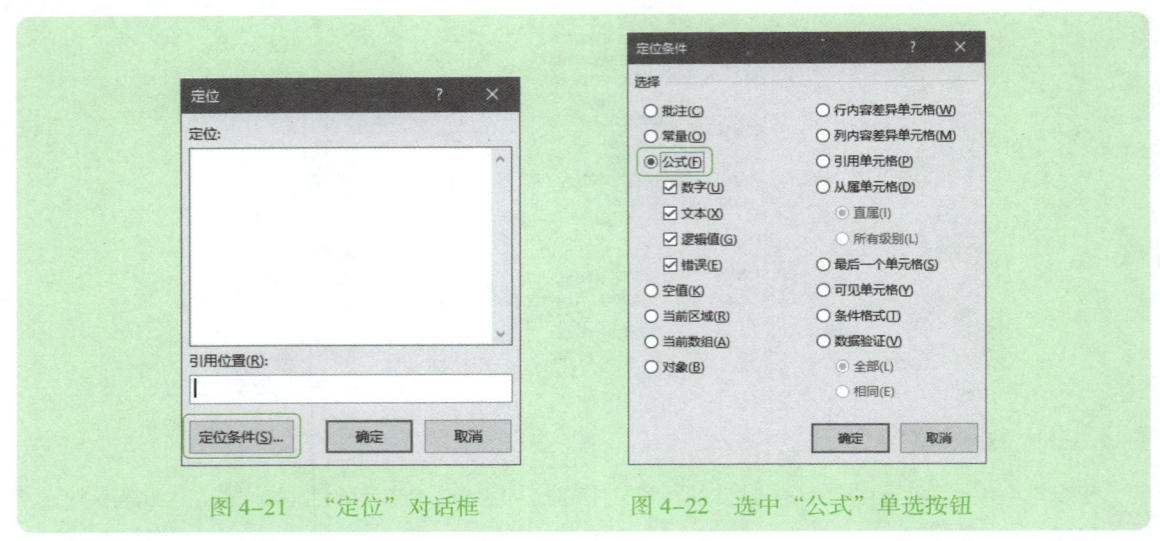

图 4-21 "定位"对话框

图 4-22 选中"公式"单选按钮

选择设置有公式的单元格区域，打开"设置单元格格式"对话框，勾选"锁定"复选框。完成以上操作后，就完成了工作表的保护。

4.3.20 数据输入与数据维护

设计好表格结构，利用函数和数据验证对数据的输入和采集实现了规范与自动化处理，就可以一行一行地输入员工的基本信息。图 4-23 所示就是部分数据的输入效果。

	A	B	C	D	E	F	G	H	I	J	K	L	M
1	工号	姓名	所属部门	学历	婚姻状况	身份证号码	性别	出生日期	年龄	入职时间	本公司工龄	离职时间	离职原因
2	G001	胡伟苗	贸易部	本科	已婚	110108197302283390	男	1973-2-28	11	1998-6-25	21		
3	G002	郑大军	后勤部	本科	已婚	421122196212152153	男	1962-12-15	57	1980-11-15	39		
4	G003	刘晓晨	生产部	本科	已婚	110108195701095755	男	1957-1-9	63	1992-10-16	27		
5	G004	石破天	总经办	硕士	已婚	131182196906114415	男	1969-6-11		1986-1-8	34		
6	G005	蔡晓宇	总经办	博士	已婚	320504197010062010	男	1970-10-6	49	1986-4-8	34	2016-2-10	合同到期但个人不愿续签
7	G006	祁正人	财务部	本科	未婚	431124198510053836	男	1985-10-5	34	1988-4-28	32		
8	G007	张丽莉	财务部	本科	已婚	320923195611081635	女	1956-11-8	63	1991-10-18	28		
9	G008	孟欣然	销售部	硕士	已婚	320924198008252511	男	1980-8-25	39	1992-8-25	27		
10	G009	毛利民	生产部	本科	已婚	320684197302090066	女	1973-2-9	47	1995-7-21	24		
11	G010	马一晨	市场部	大专	未婚	110108197906221075	男	1979-6-22	40	2006-7-1	13		
12	G011	王浩忌	生产部	本科	已婚	371482195810102648	女	1958-10-10	61	1996-7-19	23	2017-4-30	因个人原因辞职
13	G012	王嘉木	市场部	本科	已婚	110108198109131162X	女	1981-9-13	38	2010-9-1	9		
14	G013	丛赫敏	市场部	本科	已婚	420625196803112037	男	1968-3-11	52	2016-8-26	3		
15													

图 4-23 员工的基本信息

4.4 员工基本信息管理模板的改进：使用 VBA 设计管理系统

前面介绍的是利用数据验证和函数实现数据的输入与维护，选择了数行单元格，并为其设置公式和数据验证。很显然，这种做法是有缺点的，即计算速度非常慢，尤其是在这个表单工作簿上，如果再使用函数设计属性分析报告，计算速度会更慢。

一个比较好的解决方案，是利用 VBA 来设计个性化的员工信息管理系统，通过窗体界面实现员工信息数据的规范输入和日常维护。

下面介绍一个简单的信息数据的规范输入和日常维护的窗体界面，其功能较简单且不是一个完整的软件，仅仅是为大家提供一个解决问题的思路和方法，供大家借鉴和参考。

本案例的源文件是"案例 4-2.xlsm"。

关于 VBA 的相关知识，请参阅本书作者编写的两本关于 VBA 的书籍（限于篇幅，此处不再介绍 VBA 的相关知识）：

（1）《Excel VBA 快速入门数据处理实战技巧精粹》，中国水利水电出版社。

（2）《Excel VBA+SQL 数据管理与应用模板开发》，中国水利水电出版社。

4.4.1 设计数据录入界面

打开 VBA，插入一个用户窗体，调整大小，进行如下的基本属性设置（见图 4-24）：

（1）（名称）：修改为"员工基本信息"。

（2）Caption：修改为"员工基本信息"。

图 4-24 设置窗体的"（名称）"属性和 Caption 属性

在"员工基本信息"窗体界面上插入数据管理的相关控件,见表 4-1,效果如图 4-25 所示。这些文本框和组合框的功能用标签来说明。

表 4-1 "员工基本信息"窗体界面中的相关控件及属性

控件名称	控件种类	是否锁定	是否为必填字段	数据来源或功能
工号	文本框	否	是	输入
姓名	文本框	否	是	输入
所属部门	组合框	否	是	输入
学历	组合框	否	是	输入
婚姻状况	组合框	否	是	输入
身份证号码	文本框	否	是	输入
性别	文本框	是	是	计算
出生日期	文本框	是	是	计算
年龄	文本框	是	是	计算
入职时间	文本框	否	是	输入
本公司工龄	文本框	是	是	计算
离职时间	文本框	否	否	输入
离职原因	组合框	否	否	输入
重填	命令按钮			初始化窗体
保存	命令按钮			保存数据
退出	命令按钮			关闭窗体

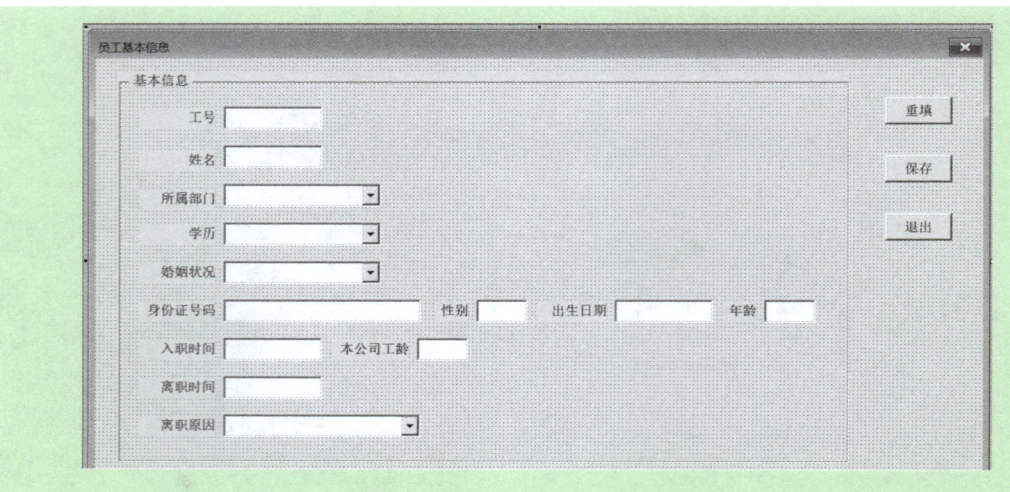

图 4-25 "员工基本信息"窗体界面 1

4.4.2 初始化窗体，做准备工作

为窗体设置 Initialize 初始化事件，当启动窗体时，设置组合框项目，准备数据。窗体初始化代码如下：

```vba
'定义模块级工作表对象变量
Dim ws As Worksheet
Dim arr As Variant

Private Sub UserForm_Initialize()
    '指定操作的工作表
    Set ws = ThisWorkbook.Worksheets("基本信息")
    
    '设置数组，保存控件名称
    arr = Array("工号", "姓名", "所属部门", "学历", "婚姻状况", "身份证号码", _
    "性别", "出生日期", "年龄", "入职时间", "本公司工龄", "离职时间", "离职原因")
    
    '设置"所属部门"组合框的项目
    With 所属部门
        .AddItem "总经办"
        .AddItem "财务部"
        .AddItem "人力资源部"
        .AddItem "贸易部"
        .AddItem "后勤部"
        .AddItem "技术部"
        .AddItem "生产部"
        .AddItem "销售部"
        .AddItem "信息部"
        .AddItem "质检部"
        .AddItem "市场部"
        .Value = "-- 输入部门 --"
    End With
    
    '设置"学历"组合框的项目
    With 学历
```

```
            .AddItem "博士"
            .AddItem "硕士"
            .AddItem "本科"
            .AddItem "大专"
            .AddItem "中专"
            .AddItem "职高"
            .AddItem "高中"
            .AddItem "初中"
            .Value = "-- 输入学历 --"
        End With
        
        '设置"婚姻状况"组合框的项目
        With 婚姻状况
            .AddItem "已婚"
            .AddItem "未婚"
            .Value = "-- 输入婚姻状况 --"
        End With
        
        '设置"离职原因"组合框的项目
        With 离职原因
            .AddItem "合同到期但个人不愿续签"
            .AddItem "合同到期但公司不愿续签"
            .AddItem "因个人原因辞职"
            .AddItem "因公司原因辞职"
            .AddItem "违反公司规定辞退"
            .AddItem "生产任务变化辞退"
            .AddItem "考核不合格辞退"
            .AddItem "退休"
            .AddItem "死亡"
            .AddItem "其他"
            .Value = ""
        End With
End Sub
```

4.4.3　准备输入新数据

为"重填"按钮设置 Click 事件，单击此按钮，将窗体恢复到初始化状态，准备输入新数据，代码如下：

```
Private Sub 重填_Click()
    Dim i As Integer
    For i = 0 To UBound(arr)
        With Me.Controls(arr(i))
            If .Name = "所属部门" Then
                .Value = "-- 输入部门 --"
            ElseIf .Name = "学历" Then
                .Value = "-- 输入学历 --"
            ElseIf .Name = "婚姻状况" Then
                .Value = "-- 输入婚姻状况 --"
            Else
                .Value = ""
            End If
        End With
    Next i
End Sub
```

4.4.4　获取性别、出生日期并计算年龄

为"身份证号码"文本框设置 Change 事件，获取性别、出生日期并计算年龄。这里要判断输入的身份证号码是否为 18 位，如果输入的是 18 位，就开始获取计算；如果不是 18 位，就跳出程序。代码如下：

```
Private Sub 身份证号码_Change()
    Dim D As Date
    ' 如果不是 18 位，就跳出程序
    If Len(身份证号码.Value) <> 18 Then Exit Sub
    
    ' 获取性别
    If WorksheetFunction.IsEven(Mid(身份证号码.Value, 17, 1)) Then
        性别.Value = "女"
```

```
        Else
            性别.Value = "男"
        End If

        '获取出生日期
        出生日期.Value = Format(Mid(身份证号码.Value, 7, 8), "0000-00-00")

        '计算年龄
        年龄.Value = Int(DateDiff("d", 出生日期.Value, Date) / 365)
End Sub
```

4.4.5 计算本公司工龄

为"入职时间"文本框设置 Change 事件，计算本公司工龄，这里要判断输入的入职时间是否合法，代码如下：

```
Private Sub 入职时间_Change()
    本公司工龄.Value = ""
    If IsDate(入职时间.Value) = True Then
        本公司工龄.Value = Int(DateDiff("d", 入职时间.Value, Date) / 365)
    End If
End Sub
```

4.4.6 准备保存新数据

为"保存"按钮设置 Click 事件，单击此按钮，就将窗体上的数据保存到工作表中，在保存数据之前，会进行数据完整性和数据重复性判断。这里，为了能够自动更新表格中的年龄和本公司工龄，采用公式字符串输入方法，向单元格中输入计算公式，代码如下：

```
Private Sub 保存_Click()
    Dim n As Integer
    Dim i As Integer

    '判断必填字段是否已经输入
    For i = 0 To UBound(arr) - 2
```

```vb
            If Me.Controls(arr(i)).Value = "" _
            Or Me.Controls(arr(i)).Value = "-- 输入部门 --" _
            Or Me.Controls(arr(i)).Value = "-- 输入学历 --" _
            Or Me.Controls(arr(i)).Value = "-- 输入婚姻状况 --" Then
                MsgBox " 数据不完整！请检查！ ", vbCritical + vbOKOnly, " 警告 "
                Exit Sub
            End If
    Next i

    ' 判断工号是否重复
    If WorksheetFunction.CountIf(ws.Range("A:A"), 工号 .Value) > 1 Then
        MsgBox " 工号重复！请重新输入工号！ ", vbCritical + vbOKOnly, " 警告 "
        Exit Sub
    End If


    ' 判断身份证号码是否重复
    If WorksheetFunction.CountIf(ws.Range("F:F"), 身份证号码 .Value) > 1 Then
        MsgBox " 身份证号码重复！请重新输入身份证号码！ ", vbCritical + vbOKOnly, " 警告 "
        Exit Sub
    End If


    ' 如果输入了离职时间，就必须选择一个离职原因，反之亦然
    If 离职时间 <> "" Then
        If 离职原因 .Value = "" Then
            MsgBox " 请选择一个离职原因！ ", vbCritical + vbOKOnly, " 警告 "
            离职原因 .SetFocus
            Exit Sub
        End If
    Else
        If 离职原因 .Value <> "" Then
            MsgBox " 没有输入离职时间，请补充！ ", vbCritical + vbOKOnly, " 警告 "
            离职时间 .SetFocus
            Exit Sub
```

```
            End If
        End If
        
        '确定新数据保存的行
        n = ws.Range("B10000").End(xlUp).Row + 1
        
        '保存数据,其中年龄和本公司工龄是计算出的
        For i = 0 To UBound(arr)
            If Me.Controls(arr(i)).Name = "年龄" Then
                ws.Cells(n, i + 1) = "=DATEDIF(H" & n & ",TODAY()," & """y""" & ")"
            ElseIf Me.Controls(arr(i)).Name = "本公司工龄" Then
                ws.Cells(n, i + 1) = "=DATEDIF(J" & n & ",TODAY()," & """y""" & ")"
            Else
                ws.Cells(n, i + 1) = Me.Controls(arr(i)).Value
            End If
        Next i
        
        '弹出信息框
        MsgBox "数据保存完毕!", vbInformation + vbOKOnly, "保存"
End Sub
```

4.4.7 关闭窗体

为"退出"按钮设置 Click 事件,单击此按钮,关闭窗体,代码如下:

```
Private Sub 退出_Click()
    End
End Sub
```

4.4.8 启动窗体

插入一个标准模块,设计如下的宏代码,然后在工作表中插入一个按钮控件,指定此宏代码。

```
Sub 启动窗体()
    员工基本信息.Show
End Sub
```

4.4.9 模板使用效果

运行窗体,打开"员工基本信息"窗体界面,如图 4-26 所示。

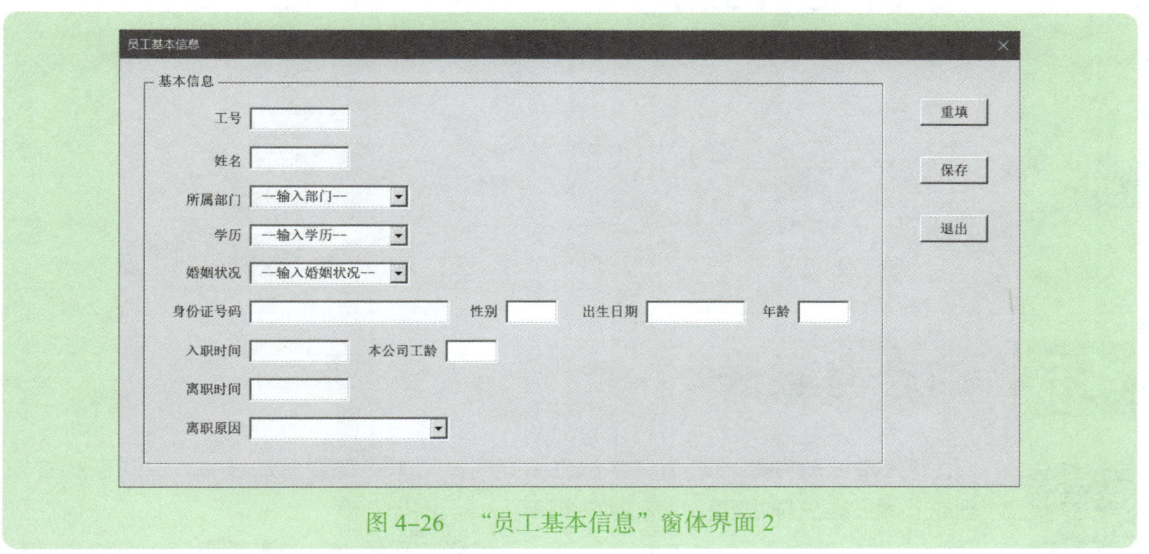

图 4-26 "员工基本信息"窗体界面 2

按照要求输入数据,如图 4-27 所示。

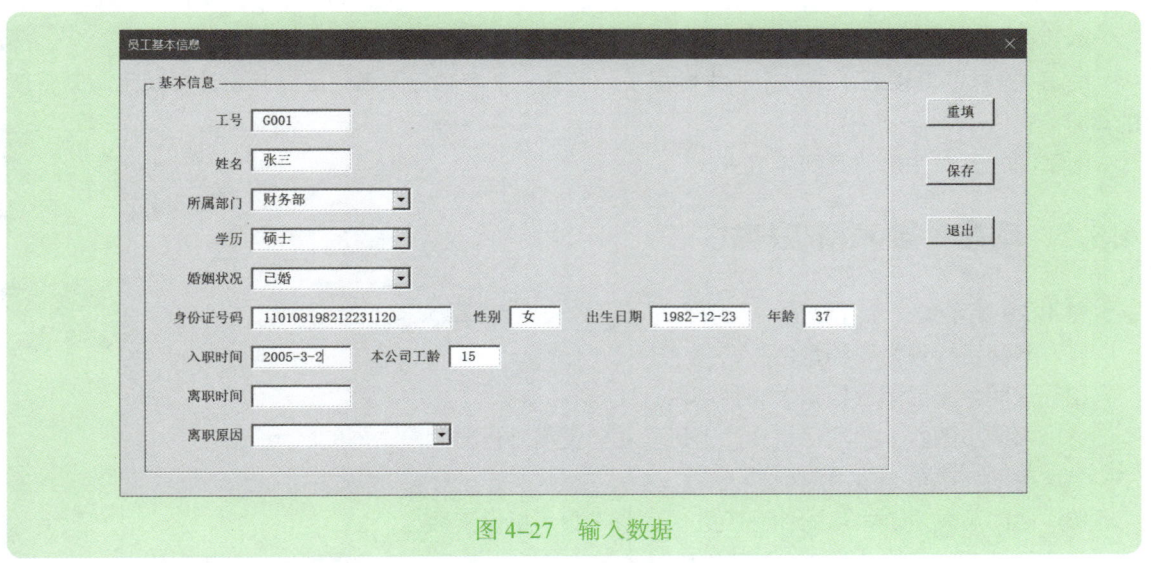

图 4-27 输入数据

单击"保存"按钮,将数据保存到工作表中,如图 4-28 所示。

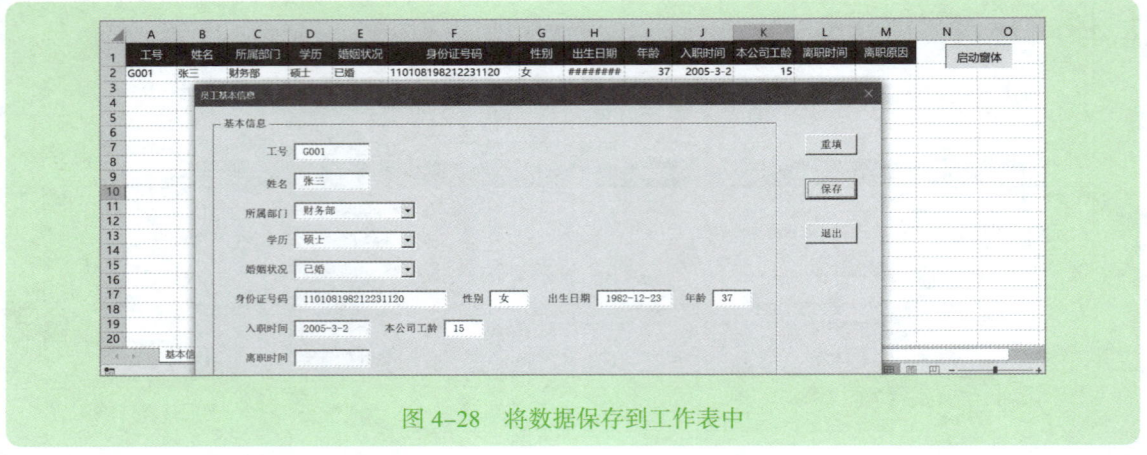

图 4-28 将数据保存到工作表中

4.5 动态考勤表

很多人设计的考勤表既不科学，也不好用，每个月都要修改表头，并重新标注双休日或节假日，这样很容易在考勤的统计汇总时出错。

那么，如何设计一个动态的考勤表，不仅能实现每个月的表头和双休日的自动转换与标注，还能自动计算每个员工在当月的请假分类汇总呢？

本节将介绍一个简单的动态考勤管理表。

说明：这样的考勤表不是一个一维数据表，而是一个考勤记录表，因此其设计要满足考勤管理的需求。

本案例的源文件是"案例 4-3.xlsx"

4.5.1 动态考勤表模板样式

图 4-29 所示是一个完整的、通用的动态考勤表，其特点如下：
（1）节假日标识为一种颜色。
（2）星期六、星期日标识为一种颜色。
（3）如果星期六、星期日是调休上班，就与正常上班日期是一样的颜色。
（4）自动计算员工本月应出勤天数。
（5）自动汇总员工本月的休假天数、病假天数、事假天数。
（6）只要在单元格 A1 中输入某个月第一天的日期，就可以自动得到当月的考勤表。

	A	B	C	D	E	F	G	H	I	J	K	L	M	N	O	P	Q	R	S	T	U	V	W	X	Y	Z	AA	AB	AC	AD	AE	AF	AG	AH	AI	AJ	AK
1	2022年6月 考勤表																																				
2	姓名	1	2	3	4	5	6	7	8	9	10	11	12	13	14	15	16	17	18	19	20	21	22	23	24	25	26	27	28	29	30	1	应出勤天数	实际出勤天数	休假天数	病假天数	事假天数
3		三	四	五	六	日	一	二	三	四	五	六	日	一	二	三	四	五	六	日	一	二	三	四	五	六	日	一	二	三	四	五					
4	A001		病8	病8															事8														21	18		2	1
5	A002																																21	21			
6	A003																																21	21			
7	A004											事4																					21	20.5			0.5
8	A005																			病4													21	20.5		0.5	
9	A006			病4																													21	20.5		0.5	
10	A007					事2							事8						事8														21	18.75			2.25
11																																					

图 4-29 动态考勤表

4.5.2 设计节假日列表和调休上班列表

设计一个当年的节假日列表及调休上班列表，如图 4-30 所示，以便于对考勤表进行颜色标识。

	A	B	C	D	E	F	G	H	I	J
1	节日	放假时间	星期	调休上班时间	放假天数		节日	放假		调休上班日期
2	元旦	1月1日	星期六	无调休	共3天		元旦	1月1日		1月29日
3		1月2日	星期日					1月2日		1月30日
4		1月3日	星期一					1月3日		4月2日
5	春节	1月31日	星期一	1月29日（星期六）	共7天	整理	春节	1月31日		4月24日
6		2月1日	星期二	1月30日（星期日）				2月1日		5月7日
7		2月2日	星期三					2月2日		10月8日
8		2月3日	星期四					2月3日		10月9日
9		2月4日	星期五					2月4日		
10		2月5日	星期六					2月5日		
11		2月6日	星期日					2月6日		
12	清明节	4月3日	星期日	4月2日（星期六）	共3天		清明节	4月3日		
13		4月4日	星期一					4月4日		
14		4月5日	星期二					4月5日		
15		4月30日	星期六	4月24日（星期日）	共5天			4月30日		
16		5月1日	星期日	5月7日（星期六）				5月1日		
17		5月2日	星期一					5月2日		
18		5月3日	星期二					5月3日		
19		5月4日	星期三					5月4日		
20	端午节	6月3日	星期五	无调休	共3天		端午节	6月3日		
21		6月4日	星期六					6月4日		
22		6月5日	星期日					6月5日		
23	中秋节	9月10日	星期六	无调休	共3天		中秋节	9月10日		
24		9月11日	星期日					9月11日		
25		9月12日	星期一					9月12日		
26	国庆节	10月1日	星期六	10月8日(星期六)	共7天		国庆节	10月1日		

考勤表 节假日表

图 4-30 节假日列表和调休上班列表

4.5.3 设计动态考勤表的表头

设计动态考勤表表头的操作步骤如下：

步骤 01 在单元格 A1 输入某个月第一天的日期，如输入“2022-5-1”。

步骤 02 在单元格 B2 和 B3 输入公式"=A1"。

步骤 03 在单元格 C2 输入公式"=B2+1",在单元格 C3 输入公式"=B3+1",然后将这两个单元格向右拖动到月底日期,如图 4-31 所示。

	A	B	C	D	E	F	G	H	I	J	K
1	2022-5-1										
2	姓名	2022-5-1	2022-5-2	2022-5-3	2022-5-4	2022-5-5	2022-5-6	2022-5-7	2022-5-8	2022-5-9	2022-5-10
3		2022-5-1	2022-5-2	2022-5-3	2022-5-4	2022-5-5	2022-5-6	2022-5-7	2022-5-8	2022-5-9	2022-5-10
4											

图 4-31 设计表头

步骤 04 将第 2 行的日期设置为自定义格式 d,只显示日(天),如图 4-32 所示。

图 4-32 设置第 2 行的日期为自定义格式 d

步骤 05 将第 3 行的日期设置为自定义格式 aaa,只显示星期简称,如图 4-33 所示。

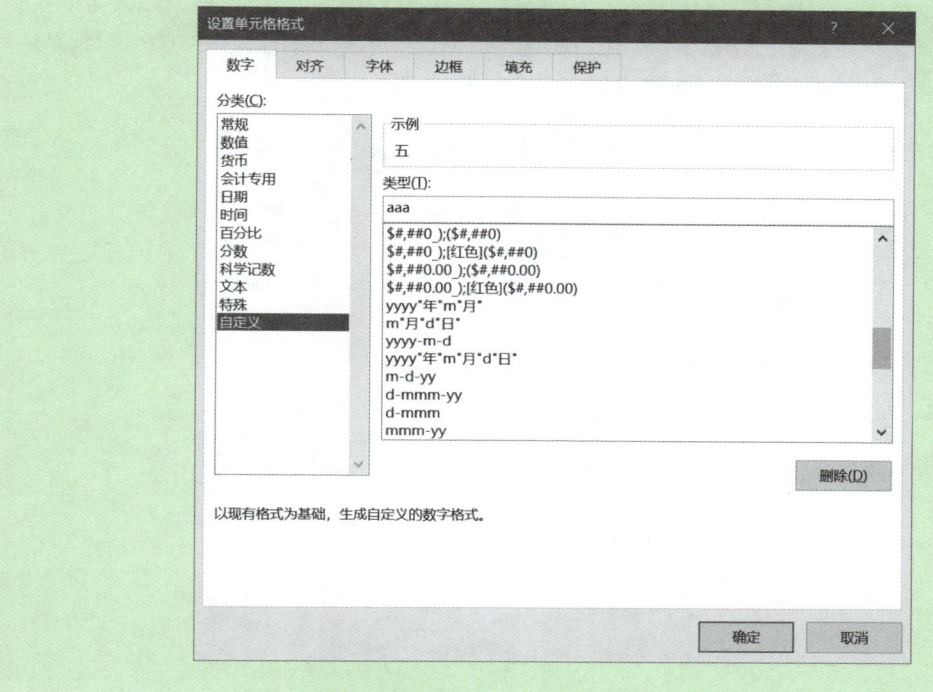

图 4-33　设置第 3 行的日期为自定义格式 aaa

步骤 06 调整列宽，居中显示，得到如图 4-34 所示的同时显示日和星期的表头。

图 4-34　设置好的动态考勤表表头

4.5.4 自动标识节假日

选择单元格区域 B2:AF10（为了简单一点，本案例选择到第 10 行），设置条件格式，如图 4-35 所示，条件格式公式如下：

=ISNUMBER(MATCH(B$2,节假日表!$H$2:$H$31,0))

这个公式很容易理解，用 MCTAH 函数从节假日列表中查找标题的每个日期，如果可以找到，MATCH 函数的结果就是数字；如果没有找到，就是错误值。然后用 ISNUMBER 函数判断是否为数字，如果是数字，就将该列填充为指定颜色。标识效果如图 4-36 所示。

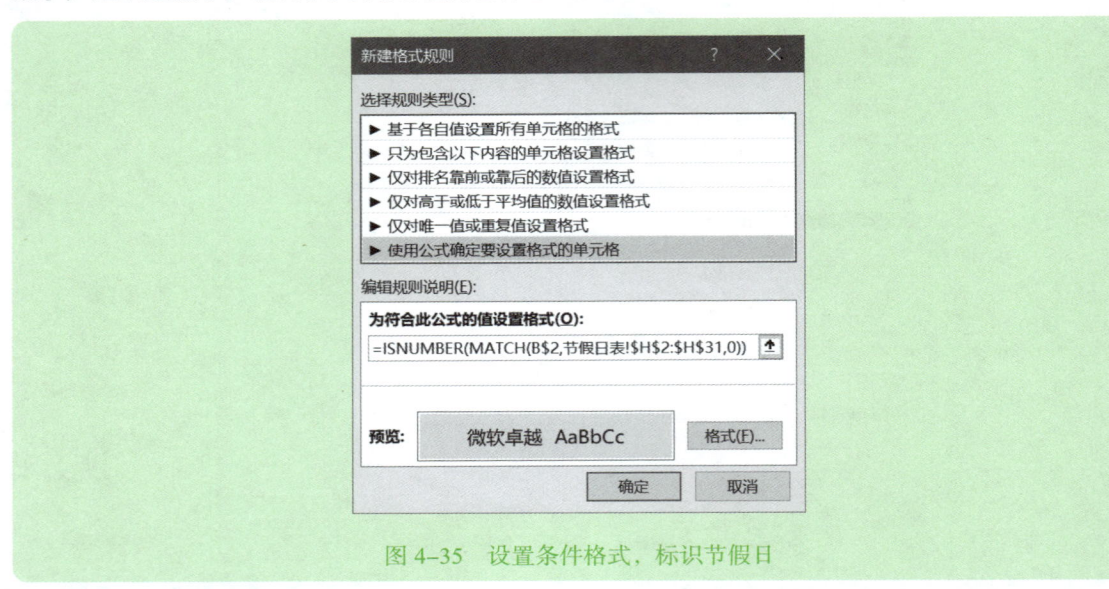

图 4-35 设置条件格式，标识节假日

图 4-36 节假日被自动标识出来

4.5.5 自动标识双休日

这里要注意，如果双休日是调休上班日，则不在正常双休日之内。

选择单元格区域 B2:AF10，设置条件格式，如图 4-37 所示，条件格式公式如下：

```
=AND(WEEKDAY(B$2,2)>=6,
        ISERROR(MATCH(B$2,节假日表!$J$2:$J$7,0)),
        ISERROR(MATCH(B$2,节假日表!$H$2:$H$31,0)))
```

这个公式有三个条件。

（1）条件 1，判断是否为双休周周末，公式如下：

WEEKDAY(B$2,2)>=6

（2）条件 2，判断双休日是否为调休上班日，公式如下：

ISERROR(MATCH(B$2,节假日表!$J$2:$J$7,0))

（3）条件 3，判断双休日是否为节假日，公式如下：

ISERROR(MATCH(B$2,节假日表!$H$2:$H$31,0))

如果三个条件都满足，就是真正能休息的双休日，将该列填充为指定颜色。标识效果如图 4-38 所示。

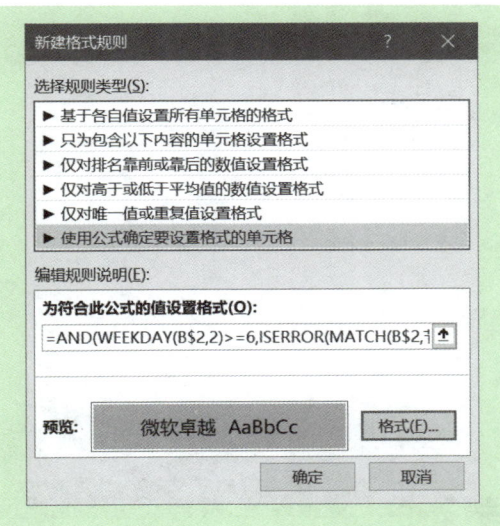

图 4-37　设置条件格式，标识真正能休息的双休日

图 4-38　真正能休息的双休日被标识出来

4.5.6　设置考勤表标题

选择单元格区域 A1:AF1，合并起来，并设置为自定义格式"yyyy 年 m 月 考勤表"，如图 4-39 所示，就会得到如图 4-40 所示的效果。

图 4-39　设置标题为自定义格式"yyyy 年 m 月 考勤表"

图 4-40　完成的考勤表设计

这样，只要改变单元格 A1 的日期，就会自动得到该月的考勤表，如图 4-41 所示。

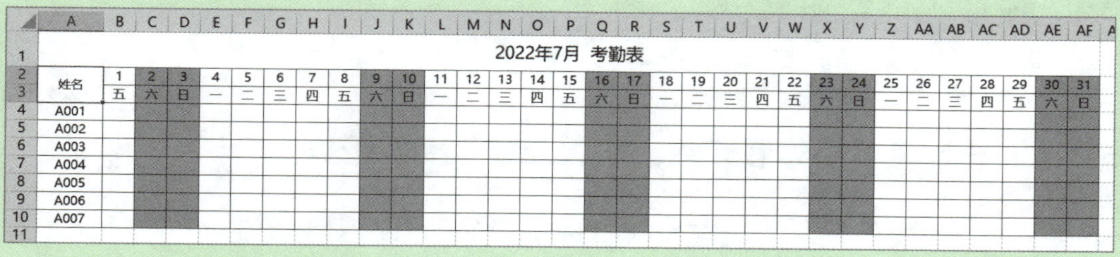

	A	B	C	D	E	F	G	H	I	J	K	L	M	N	O	P	Q	R	S	T	U	V	W	X	Y	Z	AA	AB	AC	AD	AE	AF
1	2022年7月　考勤表																															
2	姓名	1	2	3	4	5	6	7	8	9	10	11	12	13	14	15	16	17	18	19	20	21	22	23	24	25	26	27	28	29	30	31
3		五	六	日	一	二	三	四	五	六	日	一	二	三	四	五	六	日	一	二	三	四	五	六	日	一	二	三	四	五	六	日
4	A001																															
5	A002																															
6	A003																															
7	A004																															
8	A005																															
9	A006																															
10	A007																															
11																																

图 4-41　自动得到的考勤表

4.5.7　考勤的记录规则

考勤的记录是按照小时进行的，以考勤类别汉字开头，有以下几种情况：

（1）休 ×：休假 × 小时。例如，休 4，就是休假 4 小时，也就是休假半天。

（2）病 ×：病假 × 小时。例如，病 4，就是病假 4 小时，也就是请病假半天。

（3）事 ×：事假 × 小时。例如，事 4，就是事假 4 小时，也就是请事假半天。

4.5.8　计算本月应出勤天数和实际出勤天数

在考勤表的右侧添加 5 列，标题分别为“应出勤天数”“实际出勤天数”“休假天数”“病假天数”和“事假天数”，准备对考勤进行统计汇总，如图 4-42 所示。

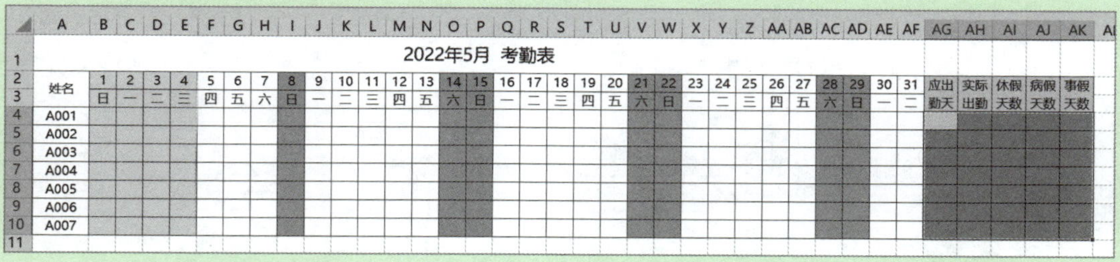

	A	B	C	D	E	F	G	H	I	J	K	L	M	N	O	P	Q	R	S	T	U	V	W	X	Y	Z	AA	AB	AC	AD	AE	AF	AG	AH	AI	AJ	AK
1	2022年5月　考勤表																																				
2	姓名	1	2	3	4	5	6	7	8	9	10	11	12	13	14	15	16	17	18	19	20	21	22	23	24	25	26	27	28	29	30	31	应出勤天	实际出勤	休假天数	病假天数	事假天数
3		日	一	二	三	四	五	六	日	一	二	三	四	五	六	日	一	二	三	四	五	六	日	一	二	三	四	五	六	日	一	二					
4	A001																																				
5	A002																																				
6	A003																																				
7	A004																																				
8	A005																																				
9	A006																																				
10	A007																																				
11																																					

图 4-42　考勤统计列

考虑到节假日调休，公式分别如下：

（1）单元格 AG4，应出勤天数：

```
=NETWORKDAYS($A$1,EOMONTH($A$1,0),节假日表!$H$2:$H$31)
+COUNTIFS(节假日表!$J:$J,">="&$A$1,
          节假日表!$J:$J,"<="&EOMONTH($A$1,0))
```

（2）单元格 AH4，实际出勤天数：

```
=AG4-SUM(AI4:AK4)
```

4.5.9　汇总计算本月休假天数、病假天数和事假天数

休假天数、病假天数和事假天数是用每天的考勤记录来进行统计汇总的，公式如下：

（1）单元格 AI4，休假天数（数组公式）：

```
=SUMPRODUCT((LEFT(B4:AF4,1)=" 休 ")*IFERROR(N(1*RIGHT(B4:AF4,1)),0))/8
```

（2）单元格 AJ4，病假天数（数组公式）：

```
=SUMPRODUCT((LEFT(B4:AF4,1)=" 病 ")*IFERROR(N(1*RIGHT(B4:AF4,1)),0))/8
```

（3）单元格 AK4，事假天数（数组公式）：

```
=SUMPRODUCT((LEFT(B4:AF4,1)=" 事 ")*IFERROR(N(1*RIGHT(B4:AF4,1)),0))/8
```

4.5.10　考勤表的使用

在单元格 A1 中输入某月第一天的日期，就得到了该月的考勤表。然后输入每天的考勤情况，就自动得到了考勤统计数据，如图 4–43 所示。

	A	B	C	D	E	F	G	H	I	J	K	L	M	N	O	P	Q	R	S	T	U	V	W	X	Y	Z	AA	AB	AC	AD	AE	AF	AG	AH	AI	AJ	AK
1	2022年5月　考勤表																																				
2	姓名	1	2	3	4	5	6	7	8	9	10	11	12	13	14	15	16	17	18	19	20	21	22	23	24	25	26	27	28	29	30	31	应出勤	实际出	休假	病假	事假
3		日	一	二	三	四	五	六	日	一	二	三	四	五	六	日	一	二	三	四	五	六	日	一	二	三	四	五	六	日	一	二	天数	勤天数	天数	天数	天数
4	A001																		事8														20	19			1
5	A002											事8	事4																				20	18.5			1.5
6	A003																								病8	病8							20	18		2	
7	A004											事4																					20	19.5			0.5
8	A005																			病4													20	19.5		0.5	
9	A006																									事4							20	19.5			0.5
10	A007					事2							事8						事8														20	17.75			2.25
11																																					

图 4–43　输入考勤情况后的考勤表

4.6　年休假管理表

员工的休假管理也是很重要的工作内容，有些企业对于休假管理，一没有规范的记录表格，二没有实时的计算跟踪，导致问题频出。本节将介绍一个简单的年休假管理表，供大家参考。

4.6.1 建立员工基本信息表

首先要建立一个员工基本信息表，包含员工的工号、姓名、所属部门、工龄、假期总天数等，这个表可以从员工的基本信息中截取出来，如图 4-44 所示。

工号	姓名	所属部门	参加工作时间	工龄	入职时间	司龄	法定假天数	公司假天数	假期总天数
G001	胡伟苗	贸易部	1998-2-3	23	1998-6-25	23	15	7	22
G002	郑大军	后勤部	1980-1-8	42	1980-11-15	41	15	7	22
G003	刘晓晨	生产部	2012-3-13	9	2012-10-16	9	5	3	8
G004	石破天	总经办	1985-7-20	36	1986-1-8	36	15	7	22
G005	蔡晓宇	总经办	1986-3-27	35	1986-4-8	35	15	7	22
G006	祁正人	财务部	2007-6-28	14	2008-4-28	13	10	7	17
G007	张丽莉	财务部	1991-9-12	30	1991-10-18	30	15	7	22
G008	孟欣然	销售部	1991-11-15	30	1992-8-25	29	15	7	22
G009	毛利民	财务部	1994-9-5	27	1995-7-21	26	15	7	22
G010	马一晨	市场部	2005-12-14	16	2006-7-1	15	10	7	17
G011	王浩忌	生产部	1996-2-18	25	1996-7-19	25	15	7	22
G012	王嘉木	市场部	2009-10-24	12	2010-9-1	11	10	7	17
G013	丛赫敏	市场部	2015-10-19	6	2016-8-26	5	5	3	8

图 4-44 员工的基本信息表

假设除了国家法定年休假外，公司还根据司龄给予公司假：

（1）司龄在 5 年以下的没有公司假。
（2）司龄在 5～10 年的有 3 天公司假。
（3）司龄在 10 年以上的有 7 天公司假。

相关公式如下：

（1）单元格 H2，法定假天数：

=IF(E2<1,0,IF(E2<10,5,IF(E2<20,10,15)))

（2）单元格 I2，公司假天数：

=IF(G2<5,0,IF(G2<10,3,7))

（3）单元格 J2，假期总天数：

=H2+I2

4.6.2 设计节假日列表

此列表的设计方法与 4.5.2 小节中的设计方法一样，如图 4-30 所示。

4.6.3　建立员工请假记录表

这是一个记录员工请假情况的表，是一个标准的数据表，主要信息如图 4-45 所示，同时自动计算每个人剩余的假期天数。

	A	B	C	D	E	F	G	H	I	J
1	姓名	部门	标准天数	申请日期	审批日期	审批人	休假开始日	休假结束日	休假天数	剩余天数
2	张丽莉	财务部	22	2022-1-23	2022-1-24	刘达	2022-2-5	2022-2-12	5	17
3	刘晓晨	生产部	8	2022-2-23	2022-2-23	明伟	2022-2-26	2022-2-28	1	7
4	祁正人	财务部	17	2022-2-25	2022-2-25	董永	2022-2-28	2022-3-6	5	12
5	张丽莉	财务部	22	2022-3-13	2022-3-13	刘达	2022-3-15	2022-3-19	4	13
6	孟欣然	销售部	22	2022-1-5	2022-1-5	安明	2022-4-3	2022-4-9	3	19
7	孟欣然	销售部	22	2022-6-2	2022-6-5	安明	2022-6-8	2022-6-15	6	13
8	刘晓晨	生产部	8	2022-5-14	2022-5-14	安明	2022-5-16	2022-5-24	7	0

图 4-45　员工请假记录表

在这个表中，除了必须手工输入的数据外，其他数据都是用公式计算出来的，具体公式如下：
（1）部门，根据 A 列的姓名，自动从基本信息表匹配出来：

=IF(A2="","",VLOOKUP(A2,基本信息!B:C,2,0))

（2）标准天数，根据 A 列的姓名，自动从基本信息表匹配出来：

=IF(A2="","",VLOOKUP(A2,基本信息!B:J,9,0))

（3）休假天数，根据员工请假条上的起止日期来计算（如果这个时间段内有双休日，则不算在内；如果双休日需要调休上班，则算在内；如果是法定节假日，也不算在内）：

=IF(A2="","",NETWORKDAYS(G2,H2,节假日列表!$H$2:$H$31)
　　+COUNTIFS(节假日列表!$J:$J,">="&G2,节假日列表!$J:$J,"<="&H2))

（4）每个人假期的剩余天数，自动累加计算：

=IF(A2="","",C2-SUMIF($A$2:A2,A2,$I$2:I2))

4.6.4　统计每个人的休假情况

有了员工请假记录表，可以利用函数对每个人的休假情况进行统计，如图 4-46 所示。
（1）假期总天数从基本信息表中获取，公式如下：

=VLOOKUP(A2,基本信息!B:J,9,0)

(2)已休天数从请假记录表中统计汇总,公式如下:

=SUMIF(请假记录表!A:A,A2,请假记录表!I:I)

(3)剩余天数由假期总天数减已休天数得到,公式如下:

=C2-D2

	A	B	C	D	E
1	姓名	所属部门	假期总天数	已休天数	剩余天数
2	胡伟苗	贸易部	22		22
3	郑大军	后勤部	22		22
4	刘晓晨	生产部	8	8	
5	石破天	总经办	22		22
6	蔡晓宇	总经办	22		22
7	祁正人	财务部	17	5	12
8	张丽莉	财务部	22	9	13
9	孟欣然	销售部	22	9	13
10	毛利民	财务部	22		22
11	马一晨	市场部	17		17
12	王浩忌	生产部	22		22
13	王嘉木	市场部	17		17
14	丛赫敏	市场部	8		8

图 4-46 休假统计表

4.6.5 标识假期已用完的员工

在休假统计表中,还可以使用条件格式来自动标识哪些人已休假结束,如图 4-46 所示。条件格式的设置如图 4-47 所示,条件公式如下:

=AND($A2<>"",$E2=0)

图 4-47 设置条件格式,自动标识假期用完的员工

4.6.6 模板完善

前面分步介绍了年休假管理的几个表的设计,其实这样设计也是不太合理的,因为休假统计与基本信息是脱节的,最好的做法是把休假统计表与基本信息表设计在一个表上,如图 4-48 所示。

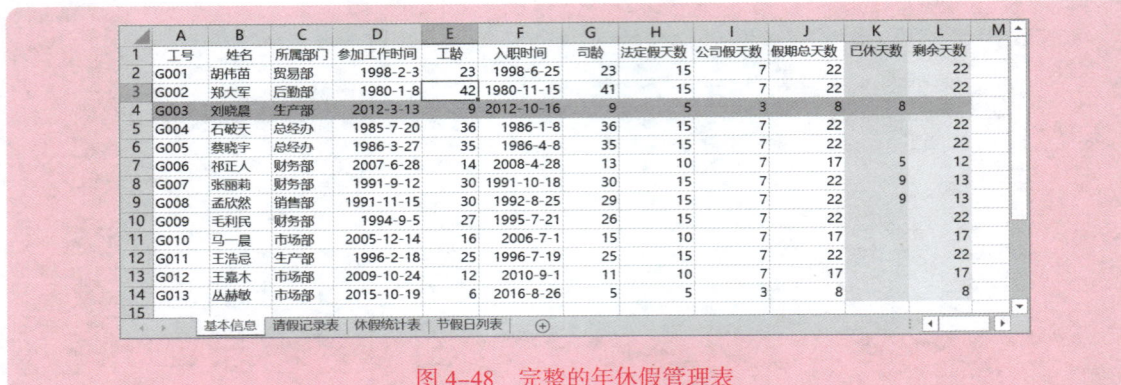

	A	B	C	D	E	F	G	H	I	J	K	L
1	工号	姓名	所属部门	参加工作时间	工龄	入职时间	司龄	法定假天数	公司假天数	假期总天数	已休天数	剩余天数
2	G001	胡伟苗	贸易部	1998-2-3	23	1998-6-25	23	15	7	22		22
3	G002	郑大军	后勤部	1980-1-8	42	1980-11-15	41	15	7	22		22
4	G003	刘晓晨	生产部	2012-3-13	9	2012-10-16	9	5	3	8	8	
5	G004	石破天	总经办	1985-7-20	36	1986-1-8	36	15	7	22		22
6	G005	蔡晓宇	总经办	1986-3-27	35	1986-4-8	35	15	7	22		22
7	G006	祁正人	财务部	2007-6-28	14	2008-4-28	13	10	7	17	5	12
8	G007	张丽莉	财务部	1991-9-12	30	1991-10-18	30	15	7	22	9	13
9	G008	孟欣然	销售部	1991-11-15	30	1992-8-25	29	15	7	22	9	13
10	G009	毛利民	财务部	1994-9-5	27	1995-7-21	26	15	7	22		22
11	G010	马一晨	市场部	2005-12-14	16	2006-7-1	15	10	7	17		17
12	G011	王浩忌	生产部	1996-2-18	25	1996-7-19	25	15	7	22		22
13	G012	王嘉木	市场部	2009-10-24	12	2010-9-1	11	10	7	17		17
14	G013	丛赫敏	市场部	2015-10-19	6	2016-8-26	5	5	3	8		8

图 4-48 完整的年休假管理表

这样,就可以删除休假统计表,休假模板由以下 3 个基本表组成:
(1)基本信息表。
(2)请假记录表。
(3)节假日列表。

第 5 章
采集与汇总人力资源数据

经常会有人问：如何把 12 个月的工资汇总到一个工作表中？这 12 个月的工资有时候分布在一个工作簿的 12 个工作表中，有时候分布在 12 个工作簿中。

也有这样的问题：从一个文本格式的文件中把员工信息复制到 Excel 表格中，发现每个人的身份证号码最后 3 位都变成了 0，这是怎么回事？

其实，不论是从外部工作簿，还是从文本文件或数据库导入数据，都有很好的方法，快速、准确地对数据进行采集和汇总，而不是一直筛选、复制、粘贴。

5.1 从 Excel 工作表导入数据

如果需要把一个 Excel 工作簿的数据导入一个新工作簿中，很多人的做法是打开 Excel 工作簿，先复制，再粘贴，结果格式、数据等出现了错误。

Excel 提供了很多采集汇总数据的实用工具，如数据透视表、Microsoft Query、Power Query 等，甚至也可以使用 VBA 编程。不论哪个方法，都可以在当前工作簿中做查询，也可以不打开数据源工作簿直接查询，从而快速导入数据。

5.1.1 使用 Microsoft Query 工具

案例5-1

图 5-1 所示是一个员工的基本信息表，保存在工作簿"员工信息.xlsx"中。现在要从这个工作簿的基本信息表中把在职人员数据导入一个新工作簿。

所谓在职人员数据，就是离职时间或离职原因为空的数据。

图 5-1 员工的基本信息表

步骤 01 新建一个工作簿。

步骤 02 执行"数据"→"自其他来源"→"来自 Microsoft Query"命令，如图 5-2 所示。

步骤 03 打开"选择数据源"对话框,选择 Excel File*,如图 5-3 所示。

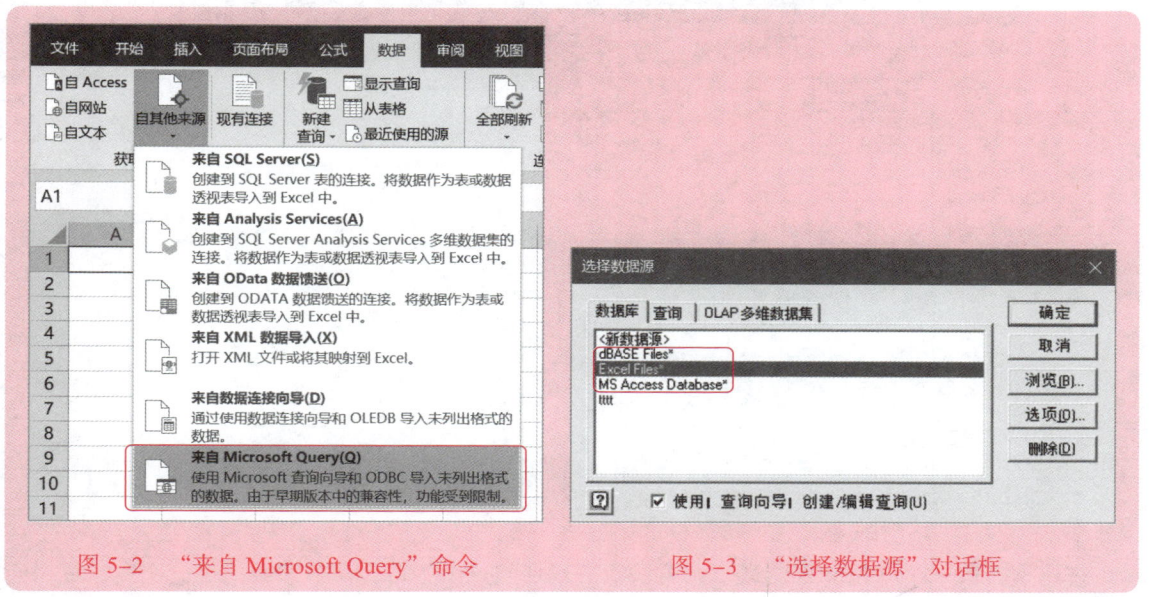

图 5-2 "来自 Microsoft Query"命令

图 5-3 "选择数据源"对话框

步骤 04 单击"确定"按钮,打开"选择工作簿"对话框,从文件夹中选择工作簿,如图 5-4 所示。

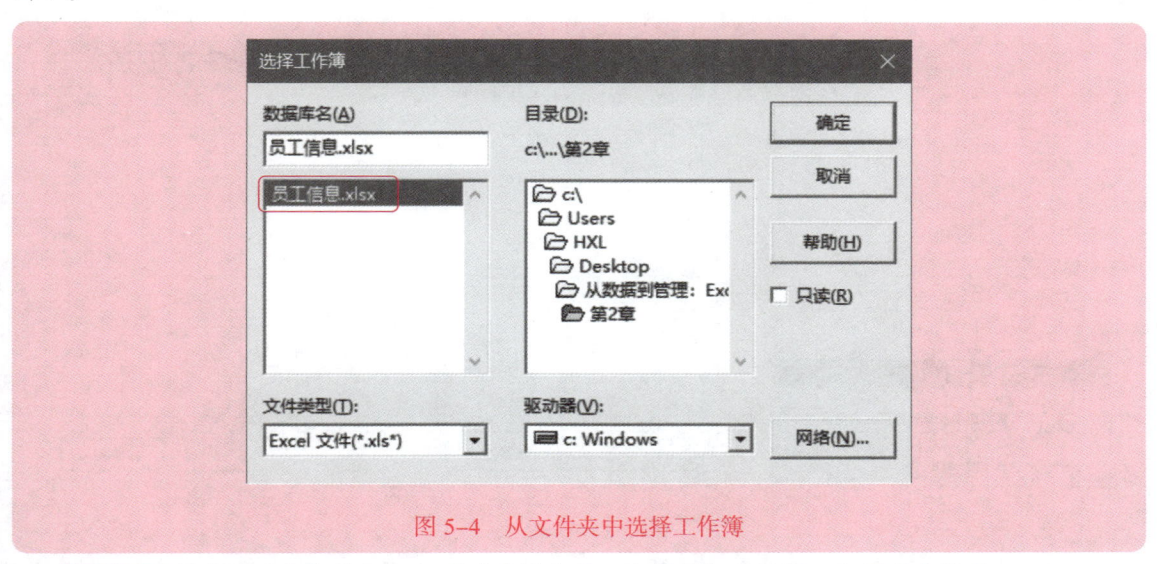

图 5-4 从文件夹中选择工作簿

步骤 05 单击"确定"按钮,打开"查询向导-选择列"对话框,如图 5-5 所示。

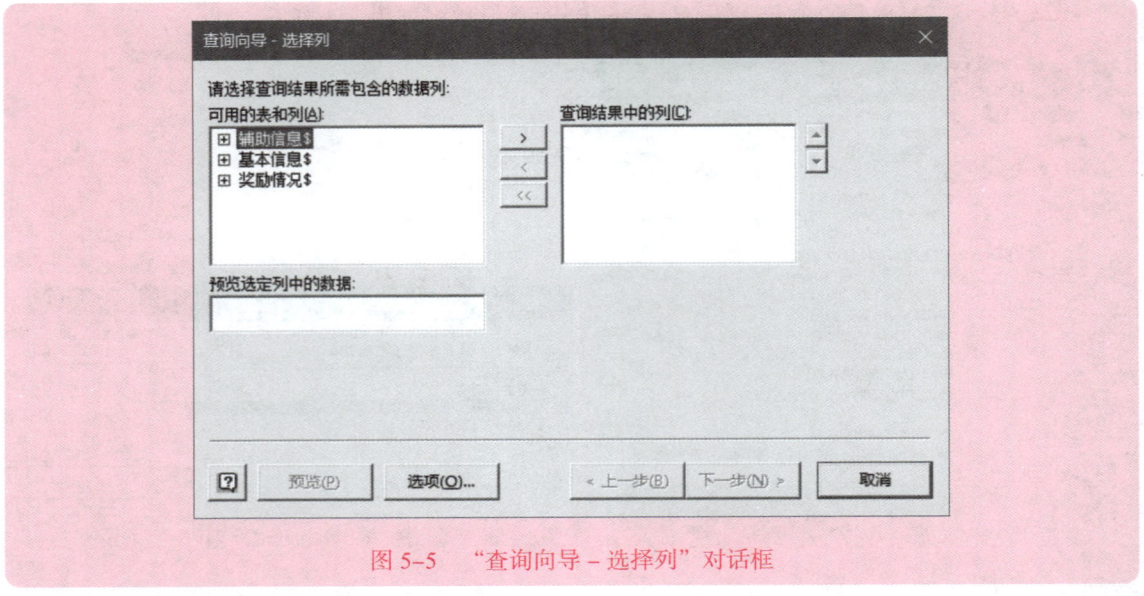

图 5-5 "查询向导 – 选择列"对话框

　　在这里，有一个问题需要注意。如果是第一次使用这个工具，可能不会出现这个对话框，而是出现 Microsoft Query 警告框，警告数据源中没有包含可见的表格，如图 5-6 所示。
　　遇到这个问题不要害怕，直接单击"确定"按钮，就会打开如图 5-7 所示的"查询向导 – 选择列"对话框。

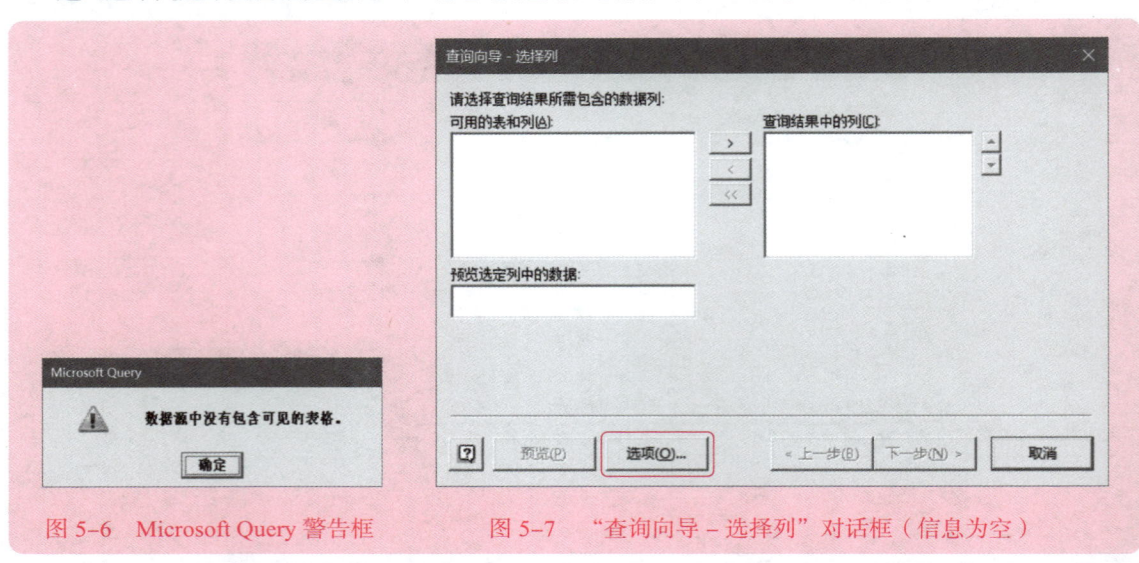

图 5-6 Microsoft Query 警告框　　　　图 5-7 "查询向导 – 选择列"对话框（信息为空）

　　在"查询向导—选择列"对话框里，什么信息也没有，同样也不需要担心，单击"选项"按钮，打开"表选项"对话框,勾选"系统表"复选框,如图 5-8 所示。

单击"确定"按钮,就得到了如图 5-5 所示的有表格信息的"查询向导 – 选择列"对话框。

步骤 06 在"查询向导 - 选择列"对话框中,如果要把某个工作表中的数据全部导出,就在①中选择该工作表,单击按钮 > ,将全部列添加到②中,如图 5-9 所示。

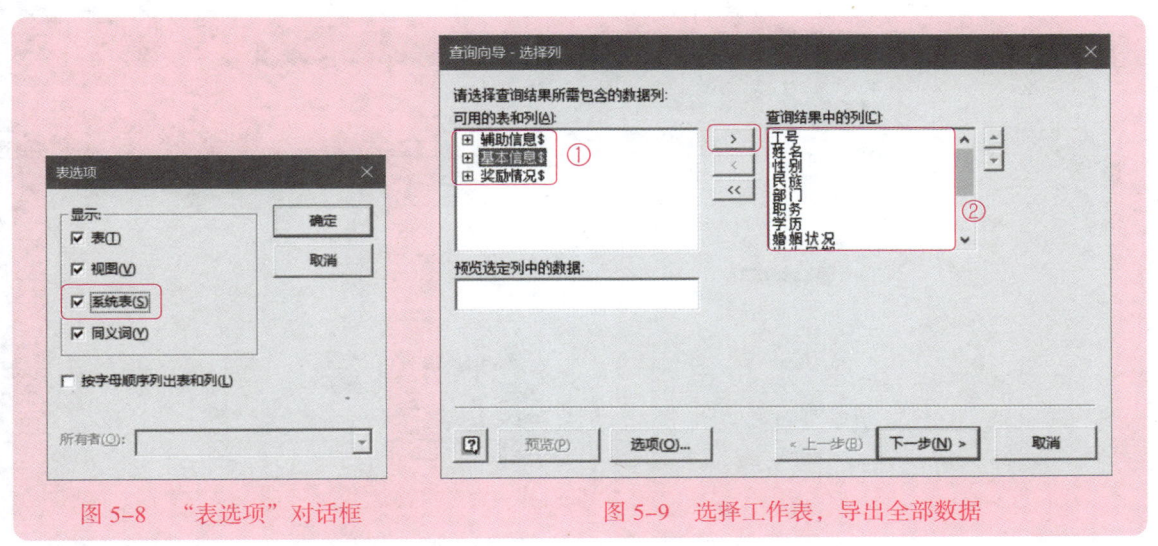

图 5-8 "表选项"对话框

图 5-9 选择工作表,导出全部数据

如果要把该工作表的某些列数据导出,就在①中选择该工作表,单击展开按钮 ⊞ ,展开字段列表,然后双击要导出的字段名,将其列添加到②中,如图 5-10 所示。

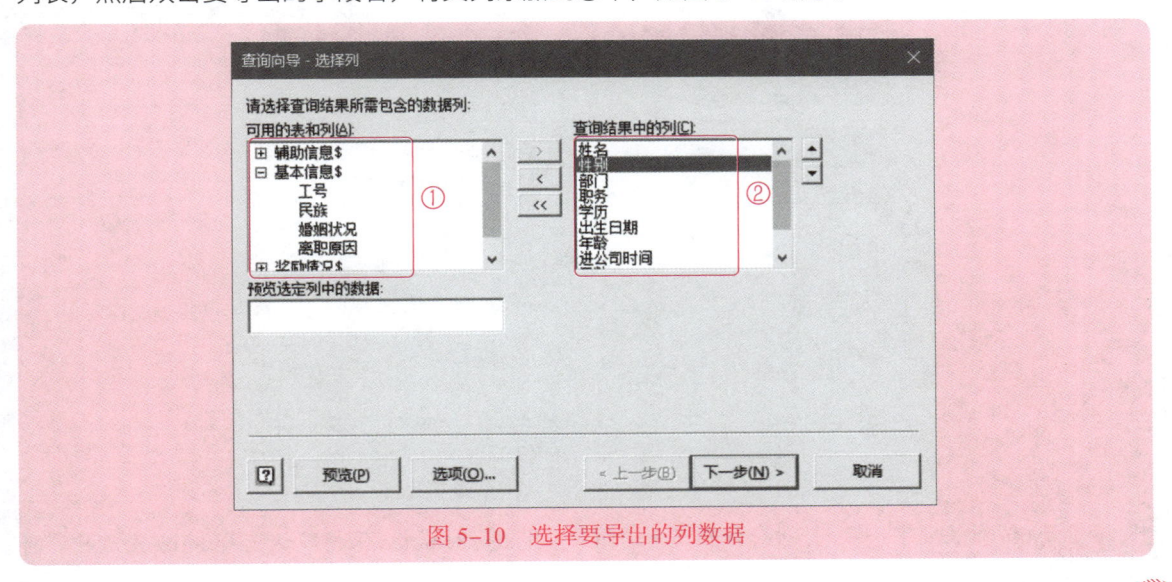

图 5-10 选择要导出的列数据

这里，要导出在职人员数据，因此在导出列里必须有一个能反映在职信息和离职信息的字段，这里选择了"离职时间"，离职时间为空的人是在职人员。

步骤 07 单击"下一步"按钮，打开"查询向导 - 筛选数据"对话框，在左侧选择"离职时间"，在右侧选择"离职时间"的条件"为空"，如图 5-11 所示。

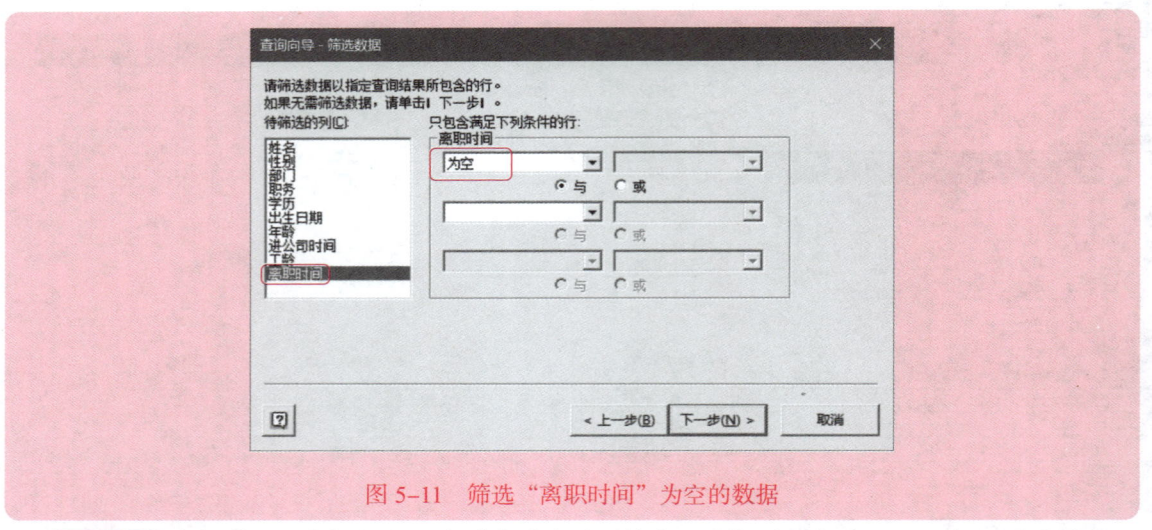

图 5-11 筛选"离职时间"为空的数据

步骤 08 单击"下一步"按钮，在"查询向导 - 排序顺序"对话框中，可以根据需要对数据进行排序，如按照"进公司时间"进行排序，如图 5-12 所示。

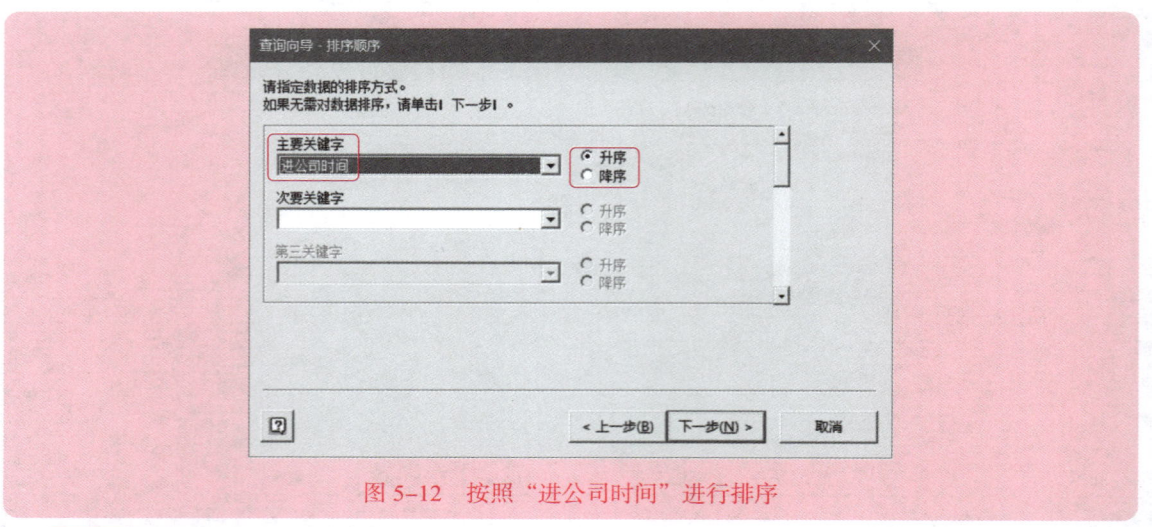

图 5-12 按照"进公司时间"进行排序

步骤 09 单击"下一步"按钮，打开"查询向导 - 完成"对话框，保持默认选择，也就是选中"将数据返回 Microsoft Excel"单选按钮，如图 5-13 所示。

步骤 10 单击"完成"按钮，打开"导入数据"对话框，选中"表"和"现有工作表"单选按钮，并指定单元格区域，如图 5-14 所示。

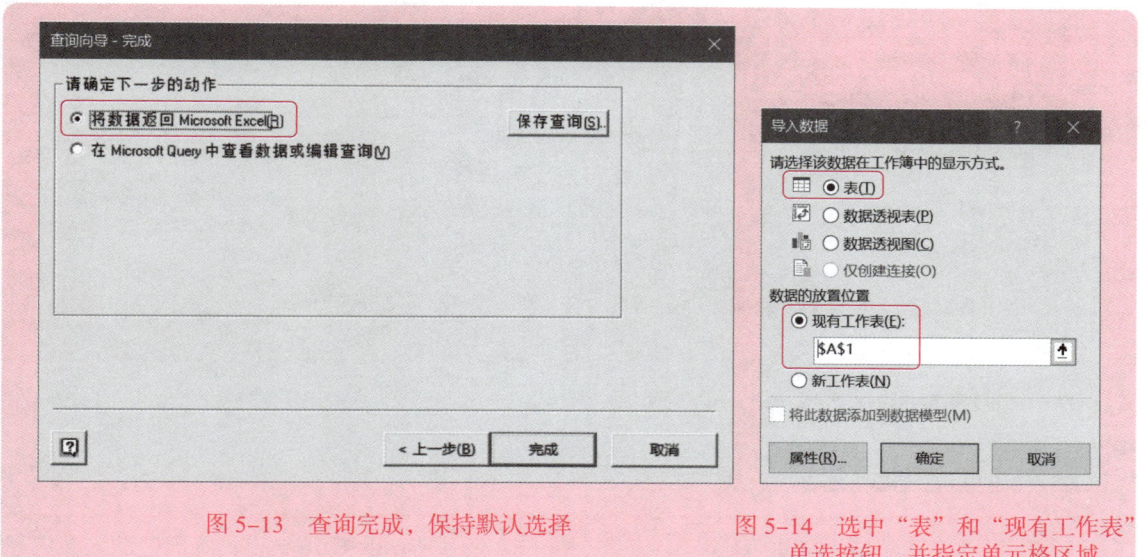

图 5-13　查询完成，保持默认选择　　　　图 5-14　选中"表"和"现有工作表"
　　　　　　　　　　　　　　　　　　　　　　　单选按钮，并指定单元格区域

步骤 11 单击"确定"按钮，就得到了在职人员信息表，如图 5-15 所示。

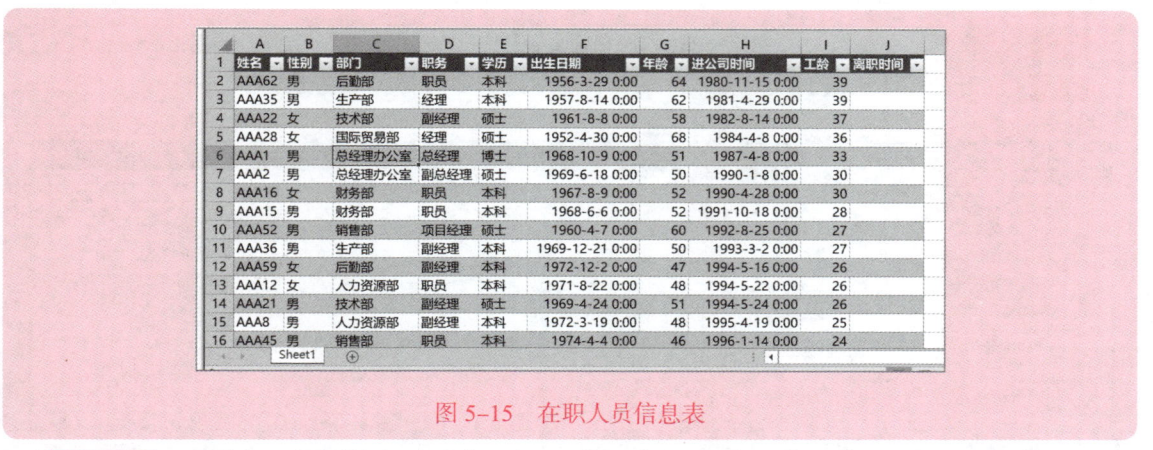

图 5-15　在职人员信息表

步骤 12 删除"离职时间"列，并将"出生日期"和"进公司时间"的单元格格式设置为短日期，就得到了最终的在职人员信息表，如图 5-16 所示。

如果数据源工作簿的数据发生了变化，那么只需要在在职人员信息表内，右击执行"刷新"命令，如图 5-17 所示。

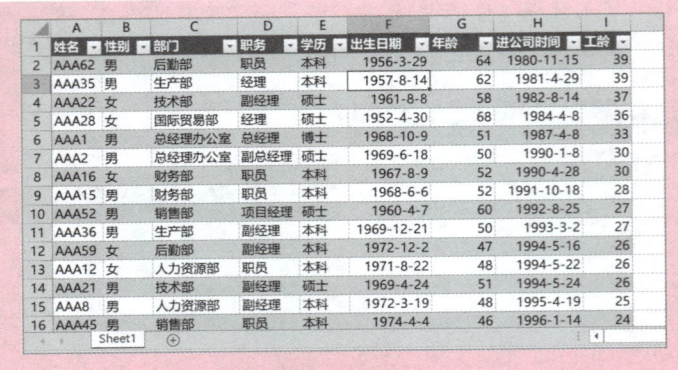

图 5-16　最终的在职人员信息表

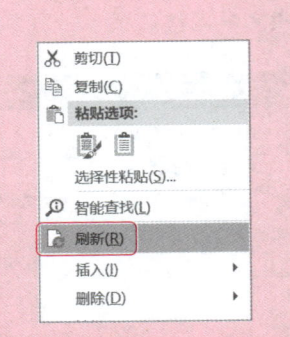

图 5-17　执行"刷新"命令，更新数据

5.1.2　使用 Power Query 工具

案例5-2

以工作簿"员工信息.xlsx"中的数据为例，使用 Power Query 工具导出在职人员信息表的具体步骤如下（这个工具只能在 Excel 2016 以上的版本中使用）：

步骤 01　新建一个工作簿。

步骤 02　执行"数据"→"新建查询"→"从文件"→"从工作簿"命令，如图 5-18 所示。

步骤 03　打开"导入数据"对话框，从文件夹中选择工作簿，如图 5-19 所示。

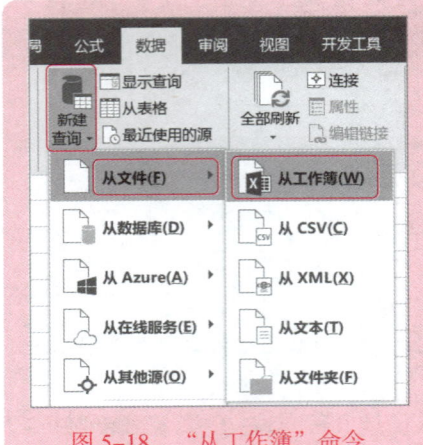

图 5-18　"从工作簿"命令

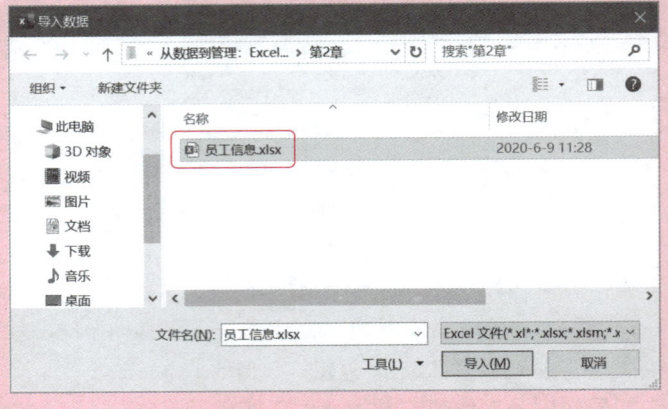

图 5-19　从文件夹中选择工作簿

第 5 章 采集与汇总人力资源数据

步骤 04 单击"导入"按钮，打开"导航器"对话框，在左侧选择要导出数据的工作表，如图 5-20 所示。

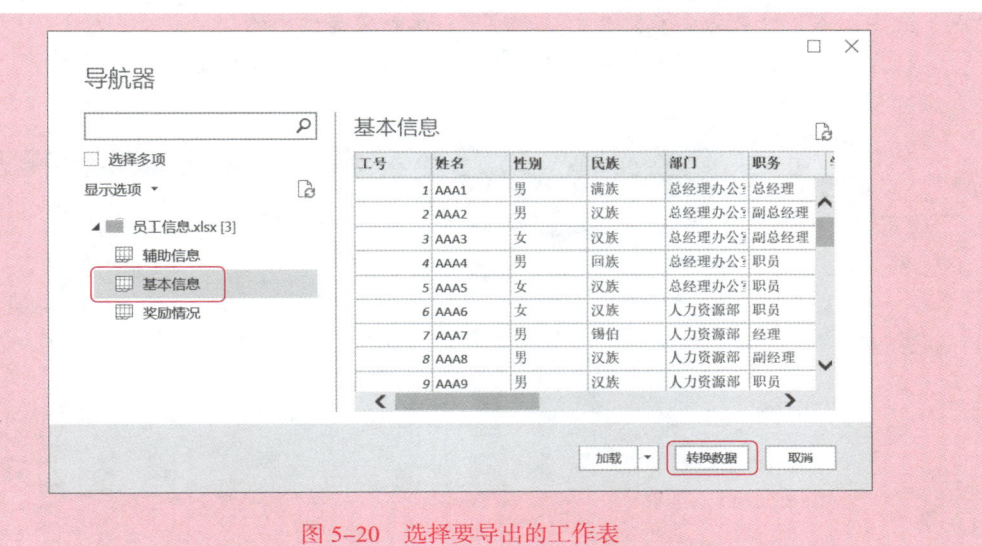

图 5-20 选择要导出的工作表

步骤 05 单击右下角的"转换数据"按钮，打开 Power Query 编辑器，如图 5-21 所示。

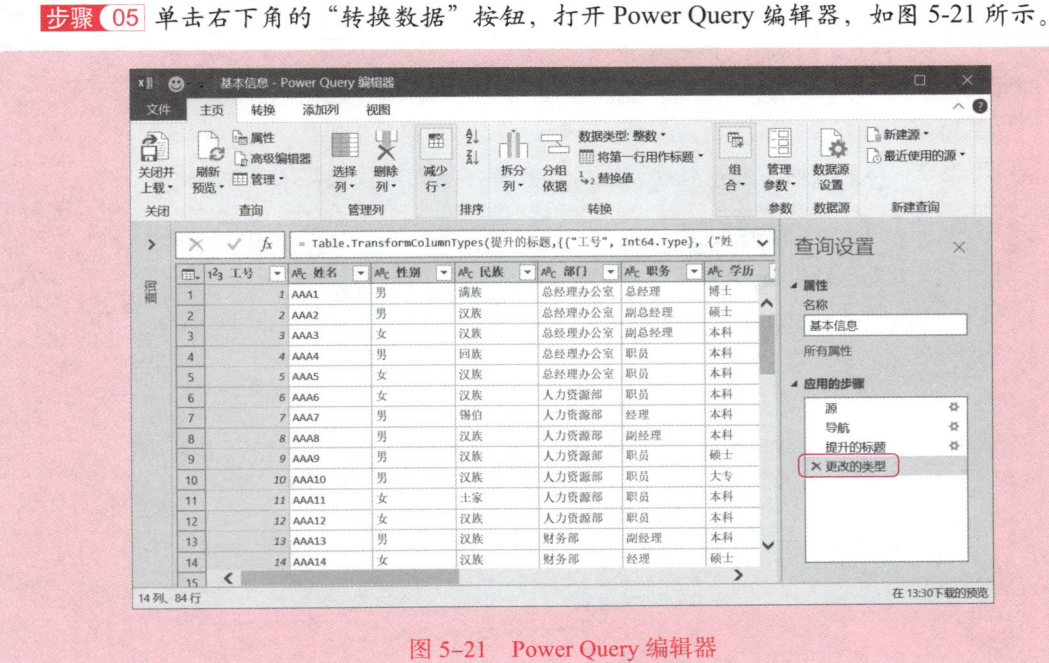

图 5-21 Power Query 编辑器

步骤 06 Power Query 非常智能，它会根据数据的具体情况，自动进行数据类型转换，不过有些情况下可能会"智能过头"。例如，图 5-21 所示就是"智能过头"的表现，把第一列的工号转换成了数字，不是原来的文本型数字，此时可以单独设置该列的数据类型。单击字段左侧的数据类型按钮，展开数据类型列表，选择"文本"，如图 5-22 所示，就又恢复了"工号"列的数据类型，如图 5-23 所示。

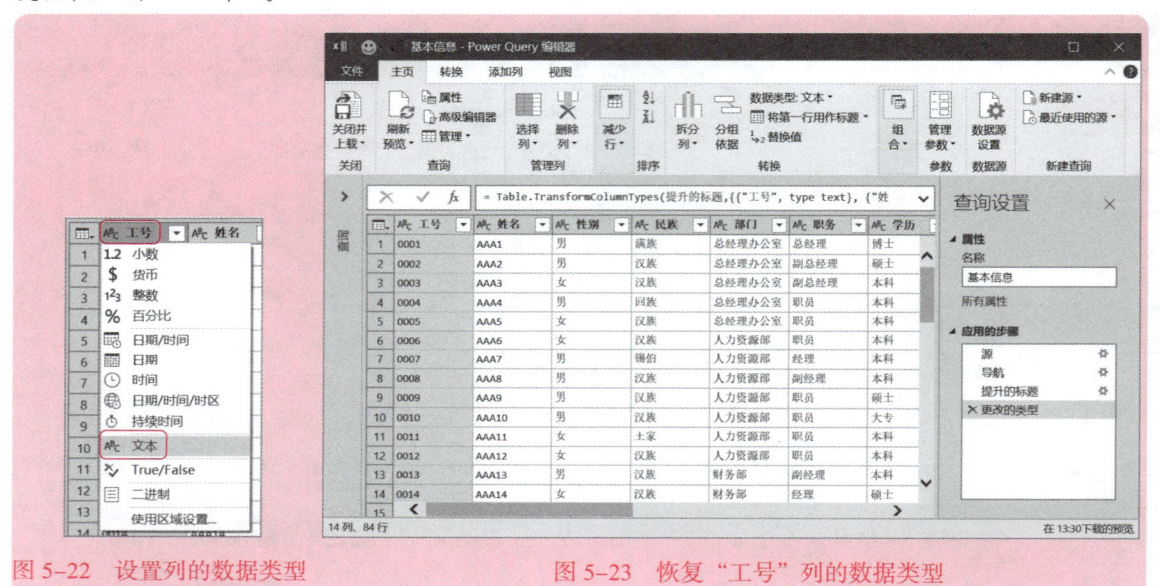

图 5-22　设置列的数据类型

图 5-23　恢复"工号"列的数据类型

步骤 07 选择"离职时间"列，打开"筛选"窗格，勾选 null 复选框，如图 5-24 所示。

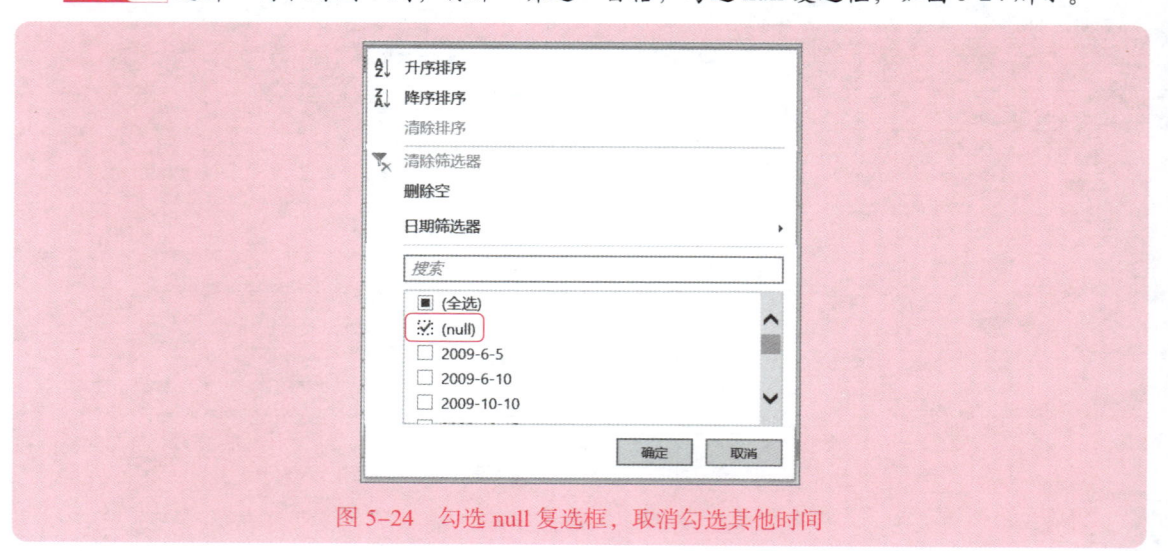

图 5-24　勾选 null 复选框，取消勾选其他时间

这样，就得到了如图 5-25 所示的查询结果。

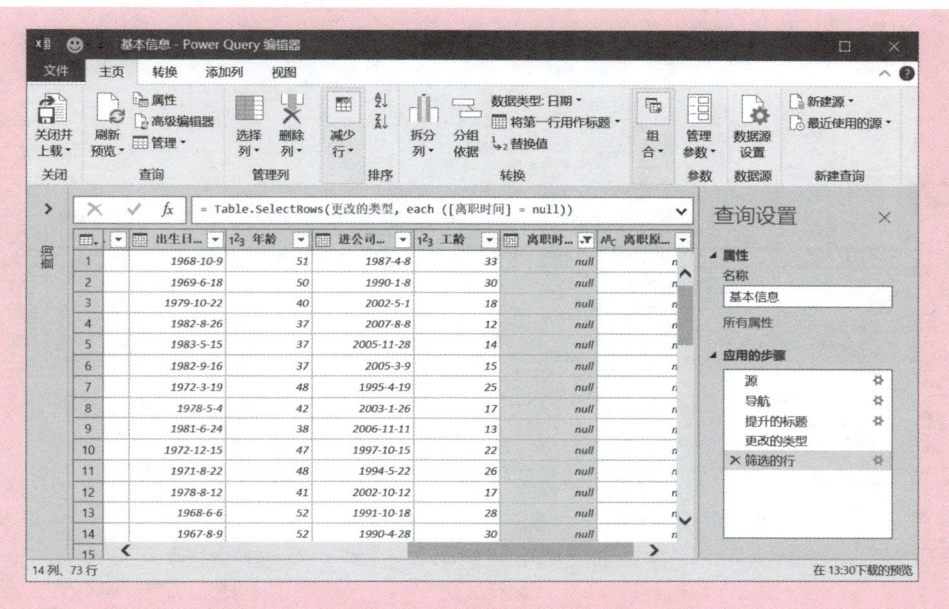

图 5-25 查询出在职人员数据

步骤 08 删除不需要保留的列，得到需要导出的在职人员数据，如图 5-26 所示。

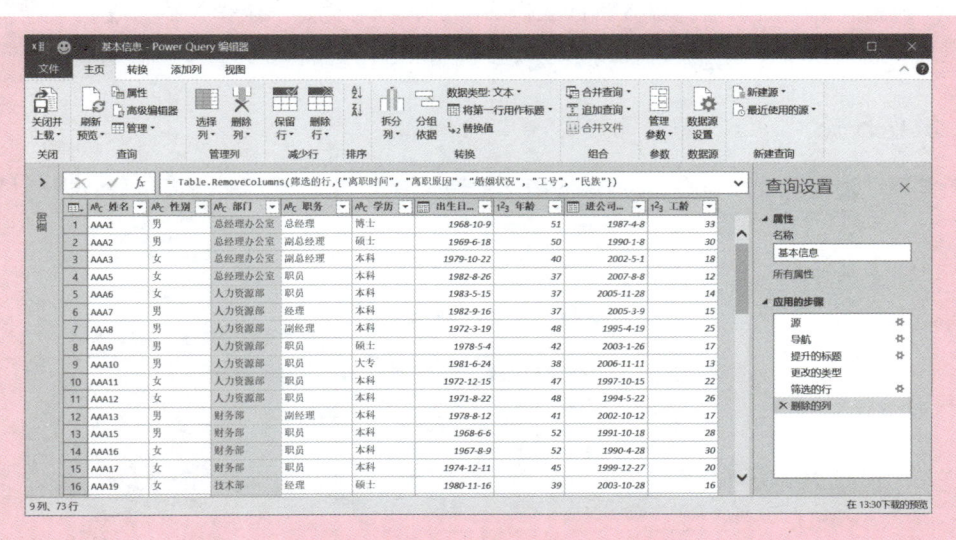

图 5-26 需要导出的在职人员数据

步骤 09 执行"关闭并上载"命令,如图 5-27 所示,将得到的在职人员数据导入一个新工作表,如图 5-28 所示。

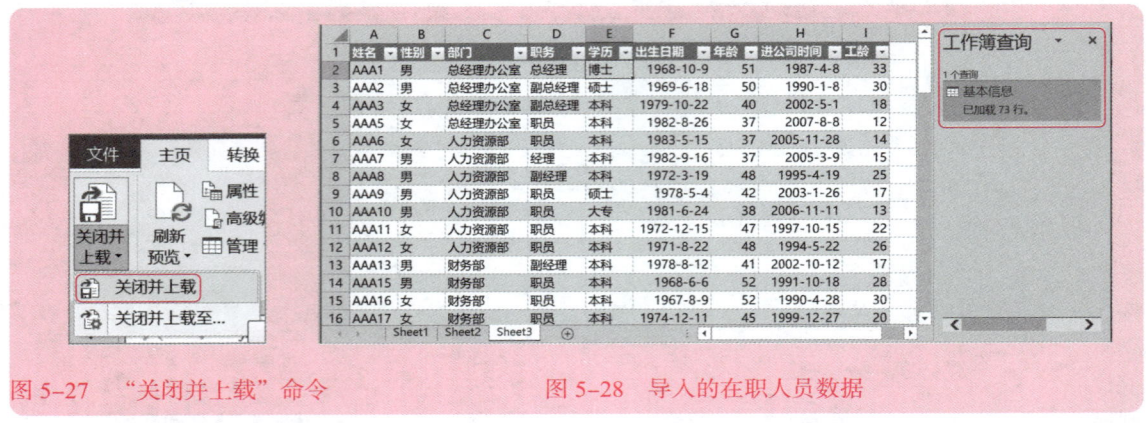

图 5-27 "关闭并上载"命令　　　　图 5-28 导入的在职人员数据

如果要重新编辑查询,双击工作表右侧"工作簿查询"窗格中的查询,打开 Power Query 编辑器,在编辑器中进行重新编辑和加工即可。

如果想要刷新查询结果,就在查询表的单元格中右击执行"刷新"命令。

5.1.3　使用"现有连接"工具

使用"现有连接"工具查询导入其他工作簿中的数据,也是一个很好的方法,可以直接导入全部数据表,也可以制作数据透视表,通过数据透视表进行更加灵活的数据筛选和导入。

案例5-3

以工作簿"员工信息.xlsx"为例,使用"现有连接"工具导入其他工作簿数据的具体步骤如下:

步骤 01 新建一个工作簿。

步骤 02 执行"数据"→"现有连接"命令,如图 5-29 所示。

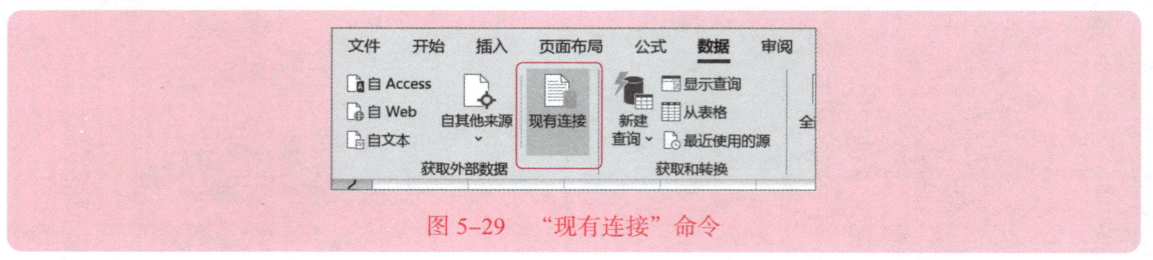

图 5-29 "现有连接"命令

步骤 03 打开"现有连接"对话框,如图 5-30 所示。

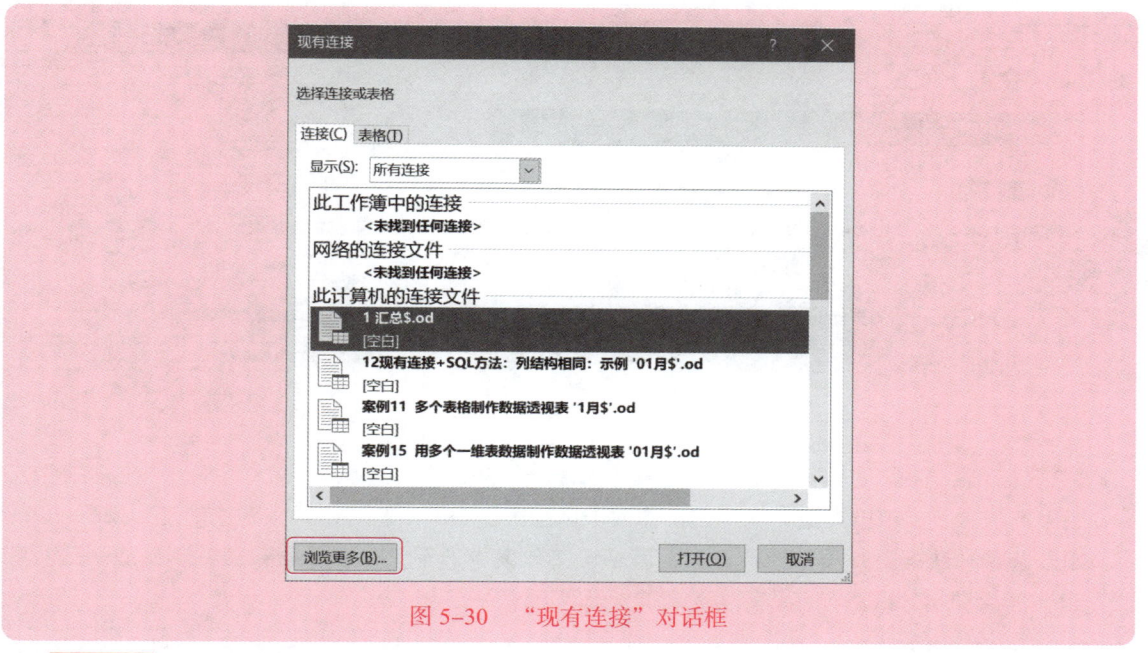

图 5-30 "现有连接"对话框

步骤 04 单击"现有连接"对话框左下角的"浏览更多"按钮,打开"选取数据源"对话框,从文件夹中选择工作簿,如图 5-31 所示。

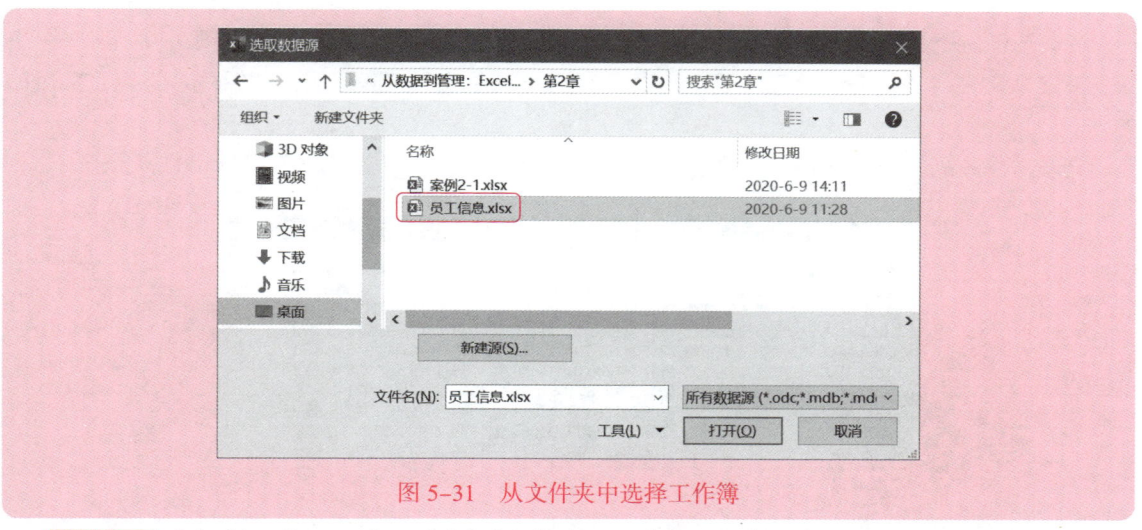

图 5-31 从文件夹中选择工作簿

步骤 05 单击"打开"按钮,打开"选择表格"对话框,选择要制作数据透视表的表格,如图 5-32 所示。

步骤 06 单击"确定"按钮,打开"导入数据"对话框,如图 5-33 所示。

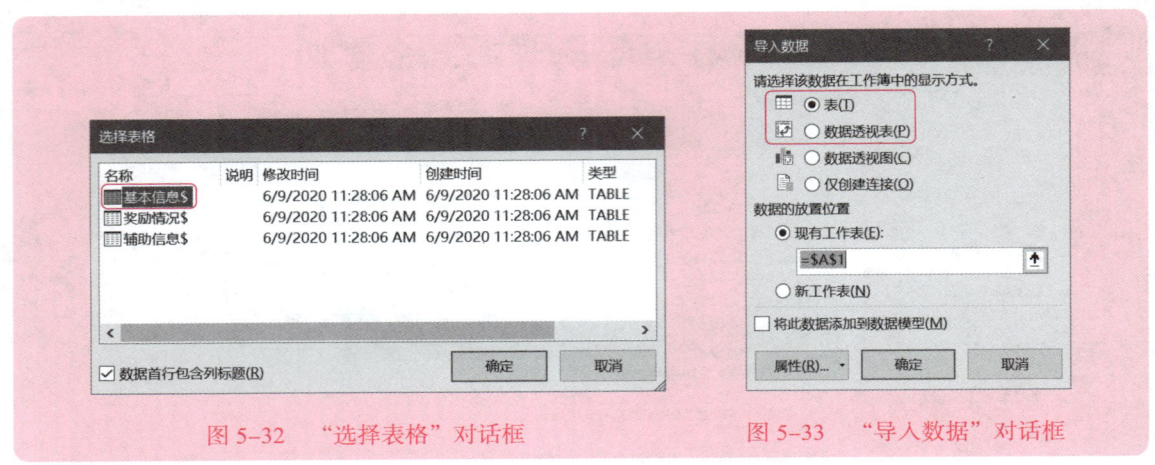

图 5-32 "选择表格"对话框

图 5-33 "导入数据"对话框

步骤 07 在"导入数据"对话框中进行相应选择,然后导出数据。

如果选中"表"单选按钮,就将该工作簿中选定工作表的所有数据导入到当前工作簿。

如果选中"数据透视表"单选按钮,就将该工作簿中选定工作表的所有数据制作成一个数据透视表,然后利用数据透视表的相关工具来制作明细表。

5.2 从文本文件导入员工信息数据

在有些情况下,数据源是文本文件,此时如何将文本文件导入到 Excel 工作表中呢?

将文本文件导入到 Excel 工作表中有很多方法,下面结合实际案例,介绍几个常用且实用的方法。

文本文件数据如图 5-34 所示,各列数据用逗号隔开,文件名是"员工信息 .txt"。

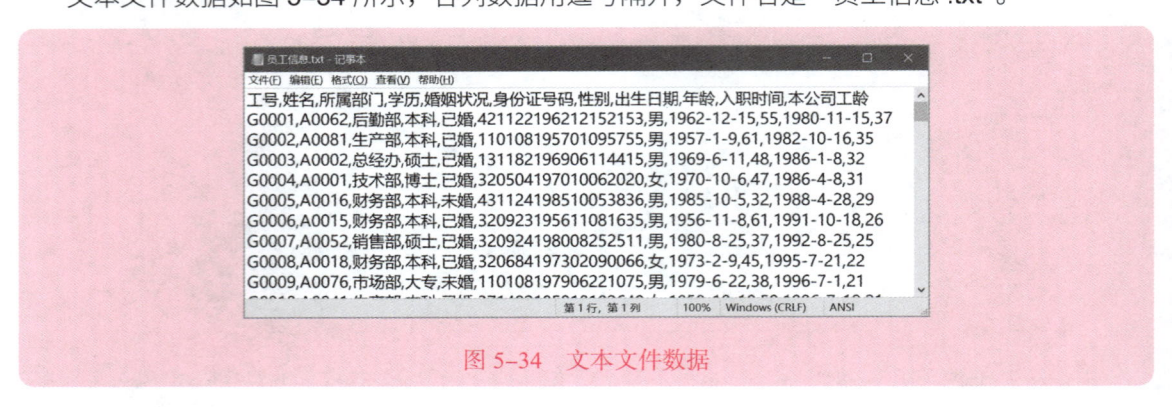

图 5-34 文本文件数据

5.2.1 使用普通的导入方法

案例5-4

使用普通的导入方法将文本文件导入到 Excel 工作表中的步骤如下：

步骤 01 新建一个工作簿。

步骤 02 执行"数据"→"自文本"命令，如图 5-35 所示。

步骤 03 打开"导入文本文件"对话框，从文件夹中选择需要导入的文本文件，如图 5-36 所示。

图 5-35 "自文本"命令

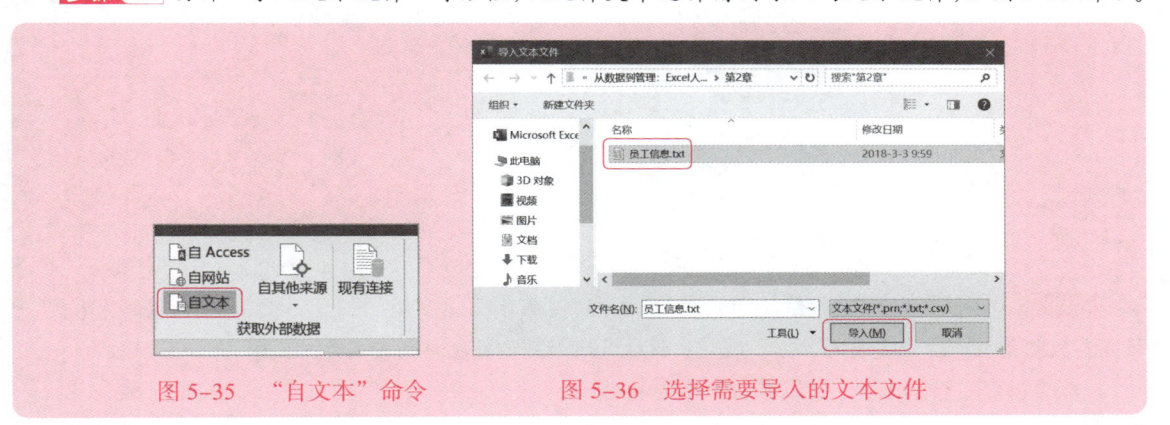

图 5-36 选择需要导入的文本文件

步骤 04 单击"导入"按钮，打开"文本导入向导 - 第 1 步，共 3 步"对话框，选中"分隔符号"单选按钮，勾选"数据包含标题"复选框，如图 5-37 所示。

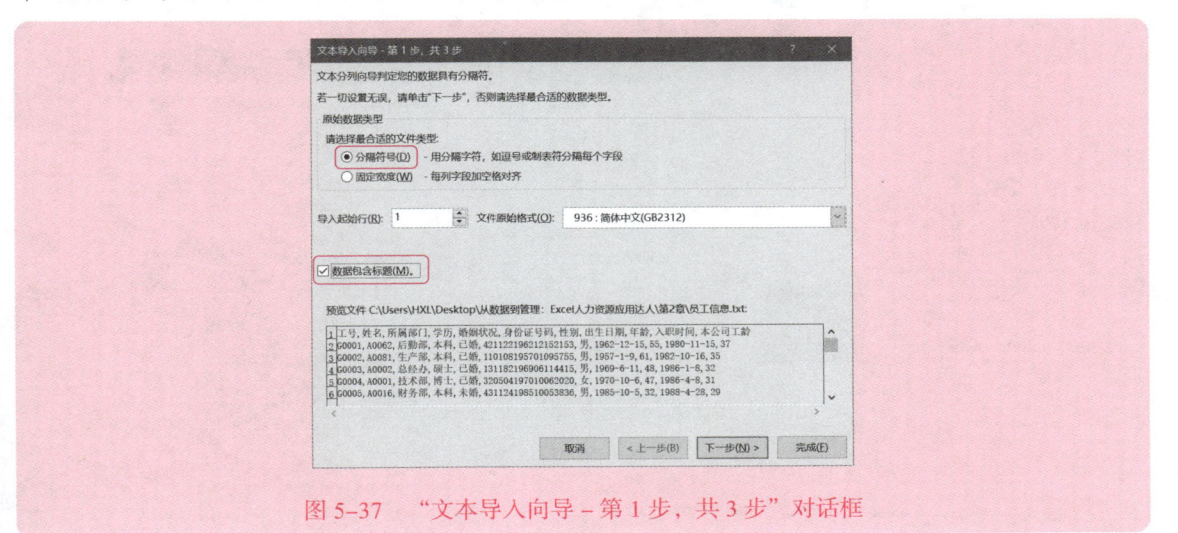

图 5-37 "文本导入向导 – 第 1 步，共 3 步"对话框

步骤 05 单击"下一步"按钮,打开"文本导入向导 - 第 2 步,共 3 步"对话框,根据具体情况选择分隔符号,这里勾选"逗号"复选框,如图 5-38 所示。

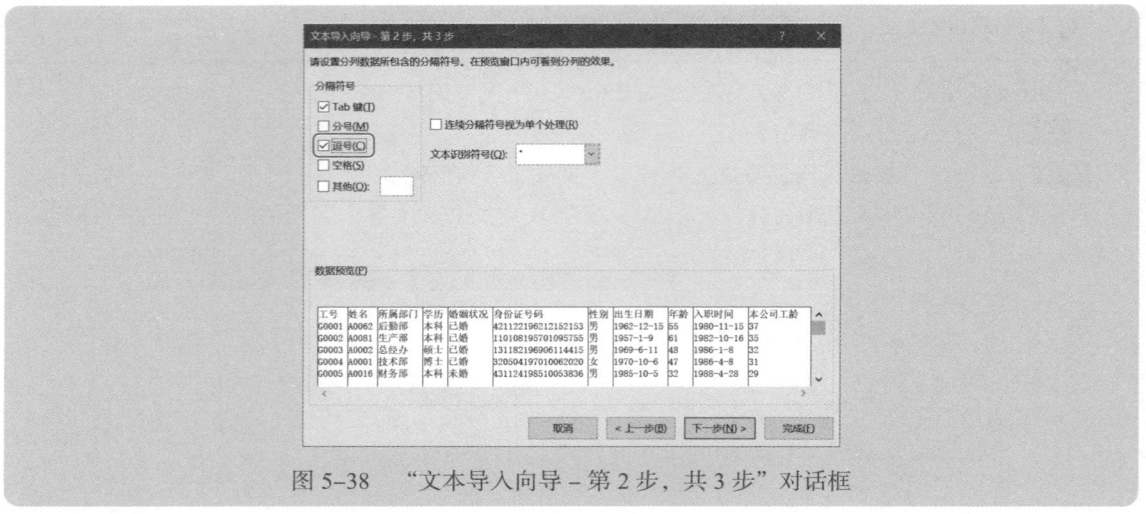

图 5-38 "文本导入向导 – 第 2 步,共 3 步"对话框

步骤 06 单击"下一步"按钮,打开"文本导入向导 - 第 3 步,共 3 步"对话框,根据各列数据的具体情况,设置其数据格式。这里要特别注意,将"身份证号码"列的数据格式设置为"文本",如图 5-39 所示。

如果忽略了这个步骤,会发生什么?请仔细想想。

步骤 07 单击"完成"按钮,打开"导入数据"对话框,指定数据的放置位置,如图 5-40 所示。

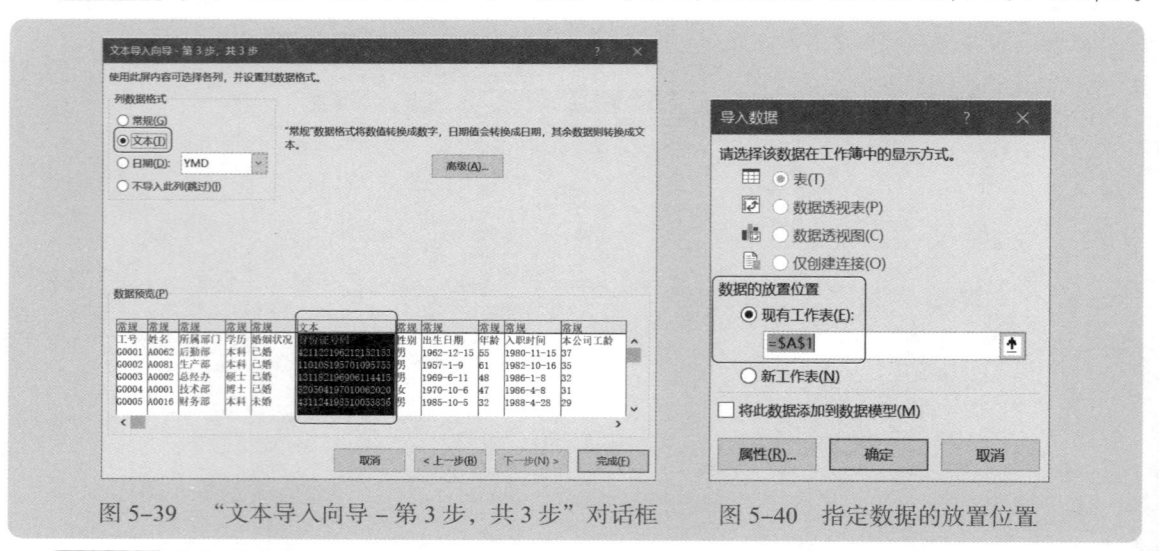

图 5-39 "文本导入向导 – 第 3 步,共 3 步"对话框   图 5-40 指定数据的放置位置

步骤 08 单击"确定"按钮,就将文本文件数据导入 Excel 工作表,如图 5-41 所示。

图 5-41　从文本文件导入的数据

5.2.2　使用 Power Query 工具

前面介绍的普通方法操作起来非常简单，但有一个致命的缺陷：导出的年龄和本公司工龄是一个死数字，不会随着时间变化，除非在导出的表格里设置公式，重新计算。

能不能从文本文件里导出一个会自动计算年龄和工龄的员工信息表呢？这就要使用 Power Query 工具了。

案例5-5

以文本文件"员工信息.txt"为例，使用 Power Query 工具导入数据的具体步骤如下：

步骤 01　新建一个工作簿。

步骤 02　执行"数据"→新建查询→"从文件"→"从文本"命令，如图 5-42 所示。

如果文本文件是 CSV 格式，还可以执行"从 CSV"命令。但"从文本"命令更加通用，它适合任何格式的文本文件。

步骤 03　打开"导入数据"对话框，从文件夹中选择文本文件，如图 5-43 所示。

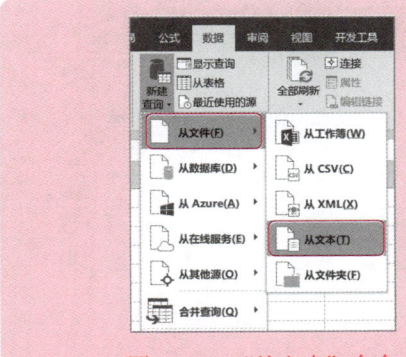

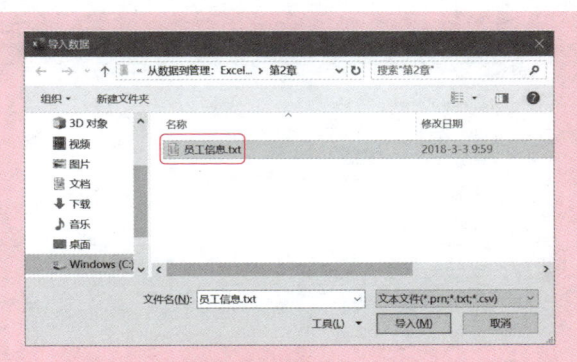

图 5-42　"从文本"命令　　　　　图 5-43　选择文本文件

步骤 04 单击"导入"按钮，打开如图 5-44 所示的窗口，检查分隔符是否正确，字体是否合适，各列数据是否正确分开。

一般情况下，Power Query 能正确地寻找分隔符，并正确分列。如果不是想要的分隔符，可以展开分隔符下拉列表，选择或输入正确的分隔符，如图 5-45 所示。

图 5-44　检查文本文件的分列情况

图 5-45　根据实际情况，选择或输入正确的分隔符

步骤 05 在图 5-44 所示的窗口中单击右下角的"转换数据"按钮，打开 Power Query 编辑器，如图 5-46 所示。

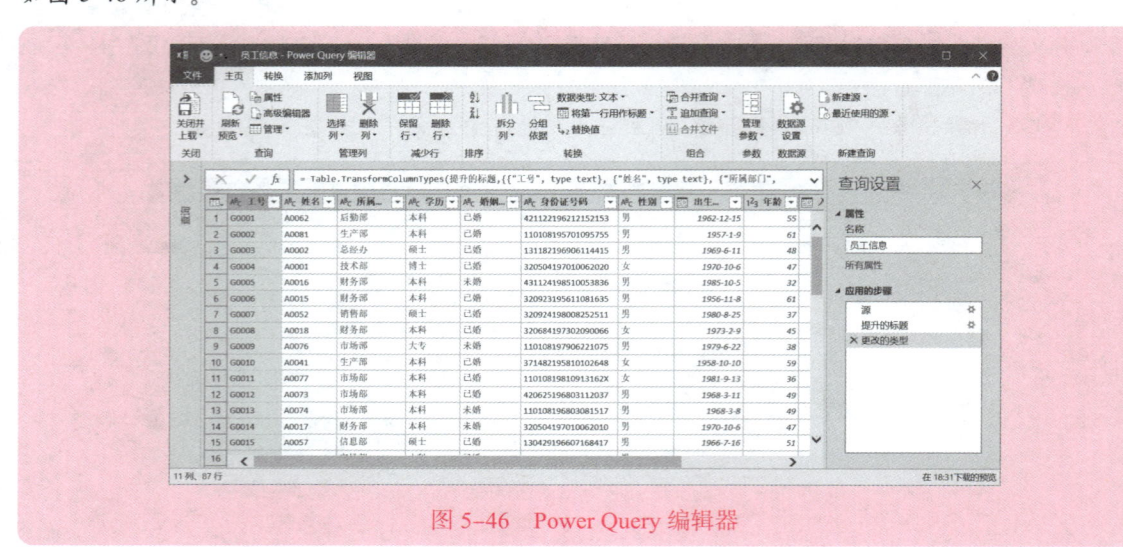

图 5-46　Power Query 编辑器

在编辑器中，可以通过筛选来导入满足条件的数据，也可以删除不需要导入的列，还可以添加自定义列来计算需要的信息。

步骤 06 删除原有的"年龄"列和"本公司工龄"列，这两列是死数字，导入到 Excel 工作表中也没多大用途。可以通过自定义列对年龄和本公司工龄进行重新计算。

步骤 07 执行"添加列"→"自定义列"命令，如图 5-47 所示。

步骤 08 打开"自定义列"对话框，输入新列名"年龄"，自定义列公式如下（见图 5-48）：

=Duration.Days((DateTime.Date(DateTime.LocalNow())-[出生日期])/365)

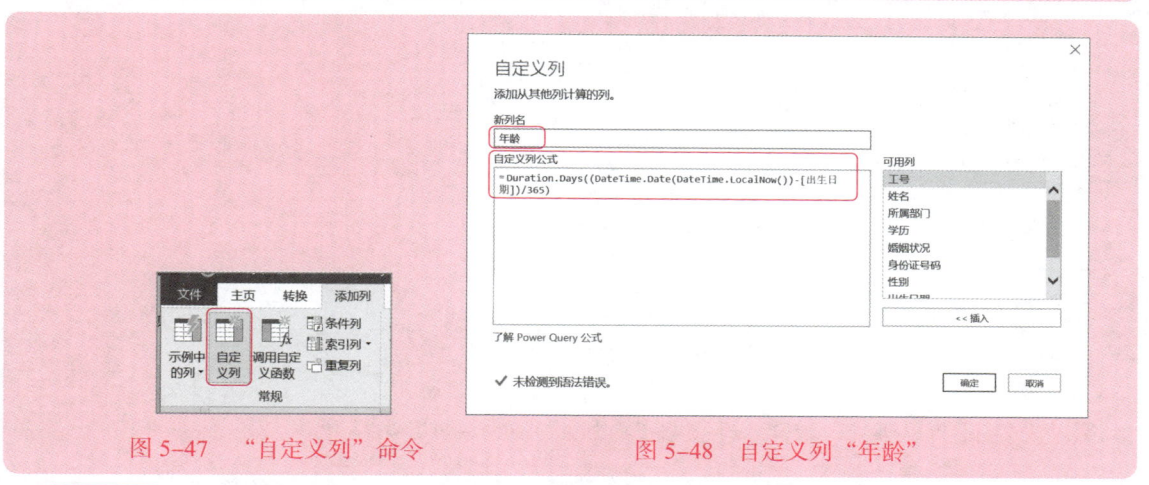

图 5-47 "自定义列"命令　　　　图 5-48 自定义列"年龄"

步骤 09 单击"确定"按钮，就得到了新列"年龄"，如图 5-49 所示。

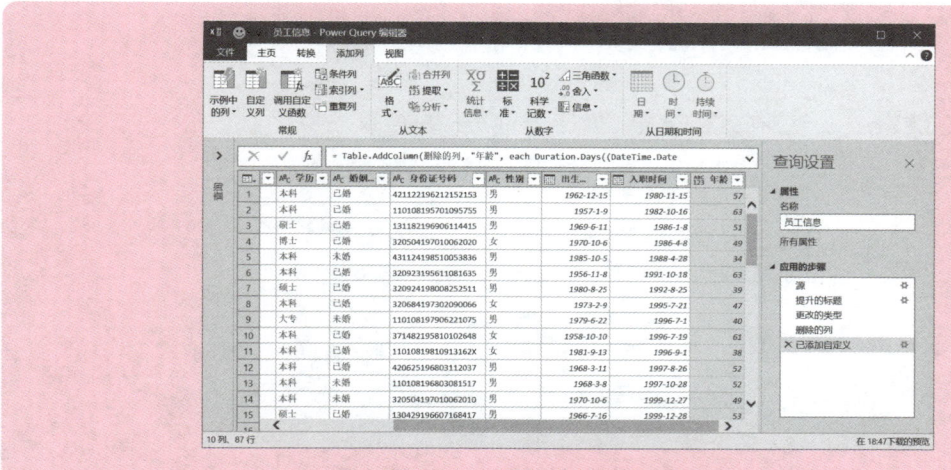

图 5-49 添加自定义列"年龄"

步骤 10 执行"添加列"→"自定义列"命令,打开"自定义列"对话框,输入新列名"司龄",自定义列公式如下(见图 5-50):

= Duration.Days((DateTime.Date(DateTime.LocalNow())-[入职时间])/365)

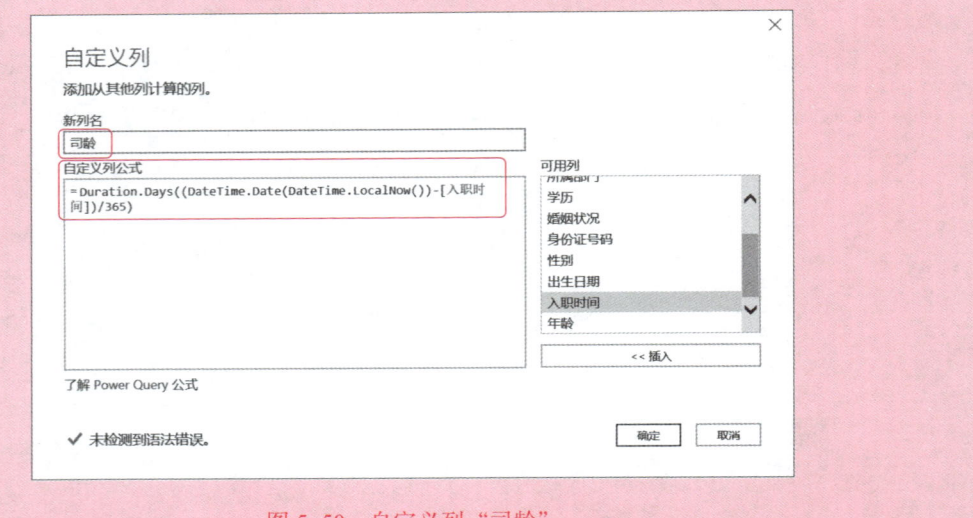

图 5-50 自定义列"司龄"

步骤 11 单击"确定"按钮,就得到了新列"司龄",如图 5-51 所示。

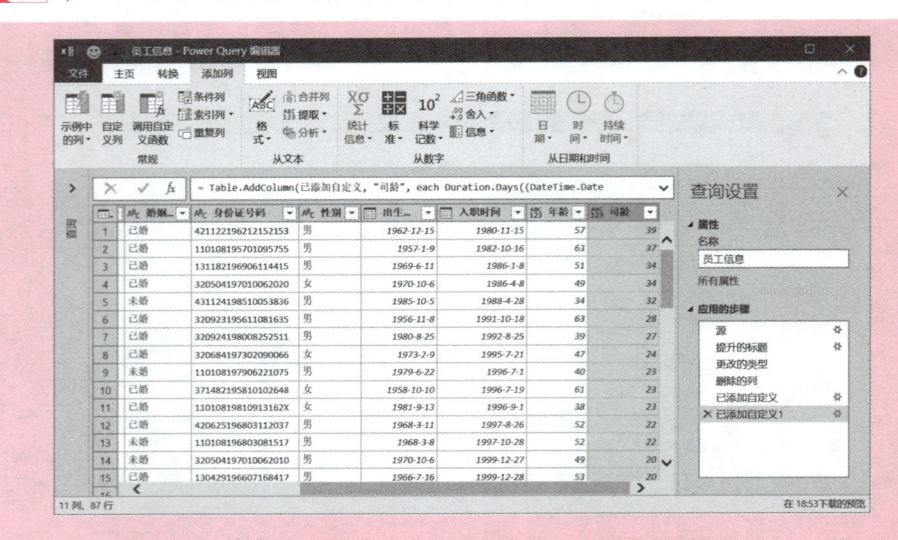

图 5-51 添加自定义列"司龄"

步骤 12 将"年龄"列调整到"出生日期"列后面,将"司龄"列调整到"入职时间"列后面,如图 5-52 所示。

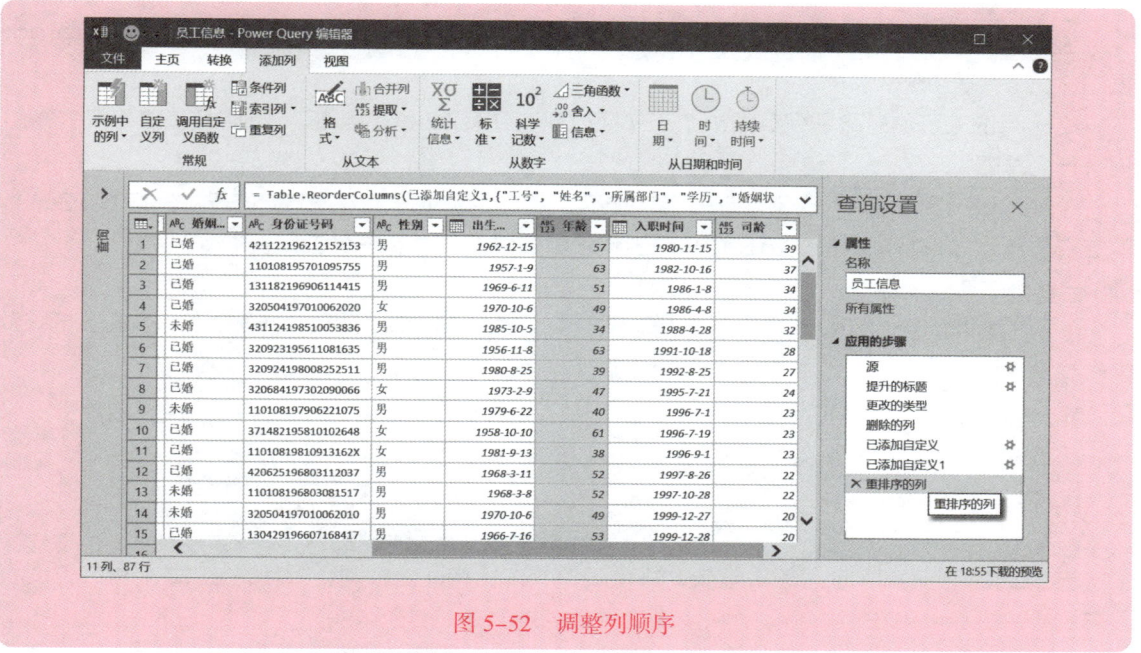

图 5-52 调整列顺序

步骤 13 执行"关闭并上载"命令,将数据导入到 Excel 工作表中,如图 5-53 所示。

图 5-53 文本文件导出到 Excel 工作表中

在该 Excel 工作表中,年龄和司龄是动态变化的,只要在表格中的任意单元格右击执行"刷新"命令,就会自动刷新数据,得到最新的年龄和司龄。

5.3 合并汇总全年工资表：现有连接 +SQL 语句

当前工作簿中有 12 个月的工资信息，分成 12 个工作表保存，如何将这 12 个工作表中的数据汇总到一个表中呢？

12 个月的工资信息分别保存为单个工作簿，现在共有 12 个工作簿，如何对这 12 个工作簿数据进行汇总呢？

有 20 个分公司，每个分公司有一个工作簿，每个工作簿里有 12 个工作表，保存着 12 个月的工资信息，如何将这 240（20×12）个工作表中的数据汇总到一个工作表中呢？

当每个工资表的结构都不同，但仅仅需要汇总指定的几列数据时，如何汇总呢？

诸如此类的问题，其实就是大量工作表的合并汇总问题，可以根据实际情况，选用下面的方法快速解决：

◎ 使用现有连接 +SQL 语句的方法。

◎ 使用 Power Query 工具的方法。

5.3.1 一个工作簿中有 12 个月的工资表：汇总全部数据

一个工作簿中有 12 个月的工资表，每个工资表的结构完全相同，如何将这 12 个月的工资表汇总到一个工作表中呢？

1. 每个工作表中都有“月份”列

案例5-6

如图 5-54 所示，工作簿中有 12 个工作表，分别保存了 12 个月的工资信息，每个月的工资表的表格结构完全一样，并且第 2 列是月份的名称，该工作簿的名称为“全年工资表 .xlsx”。

如何在不打开这个工作簿的情况下，将它们汇总到一个工作表中呢？

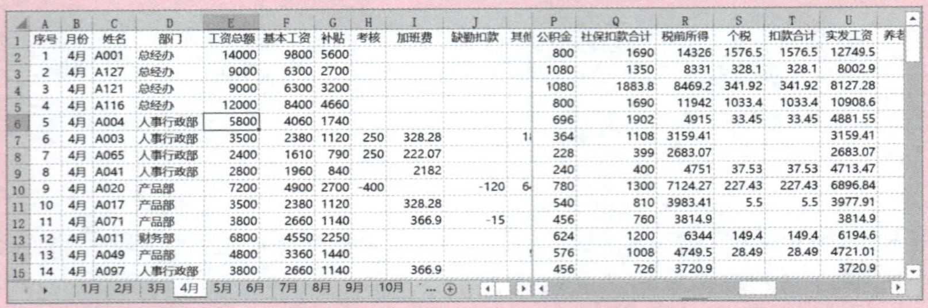

序号	月份	姓名	部门	工资总额	基本工资	补贴	考核	加班费	缺勤扣款	其他	公积金	社保扣款合计	税前所得	个税	扣款合计	实发工资	养老
1	4月	A001	总经办	14000	9800	5600					800	1690	14326	1576.5	1576.5	12749.5	
2	4月	A127	总经办	9000	6300	2700					1080	1350	8331	328.1	328.1	8002.9	
3	4月	A121	总经办	9000	6300	3200					1080	1883.8	8469.2	341.92	341.92	8127.28	
4	4月	A116	总经办	12000	8400	4660					800	1690	11942	1033.4	1033.4	10908.6	
5	4月	A004	人事行政部	5800	4060	1740					696	1902	4915	33.45	33.45	4881.55	
6	4月	A003	人事行政部	3500	2380	1120	250	328.28		1	364	1108	3159.41			3159.41	
7	4月	A065	人事行政部	2400	1610	790	250	222.07			228	399	2683.07			2683.07	
8	4月	A041	人事行政部	2800	1960	840		2182			240	400	4751	37.53	37.53	4713.47	
9	4月	A020	产品部	7200	4900	2700	-400		-120	6	780	1300	7124.27	227.43	227.43	6896.84	
10	4月	A017	产品部	3500	2380	1120		328.28			540	810	3983.41	5.5	5.5	3977.91	
11	4月	A071	产品部	3800	2660	1140		366.9	-15		456	760	3814.9			3814.9	
12	4月	A011	财务部	6800	4550	2250					624	1200	6344	149.4	149.4	6194.6	
13	4月	A049	产品部	4800	3360	1440					576	1008	4749.5	28.49	28.49	4721.01	
14	4月	A097	人事行政部	3800	2660	1140		366.9			456	726	3720.9			3720.9	

图 5-54 12 个月的工资信息

步骤 01 新建一个工作簿。

步骤 02 执行"数据"→"现有连接"命令，打开"现有连接"对话框，再单击对话框左下角的"浏览更多"按钮，打开"选取数据源"对话框，从文件夹中选择数据源工作簿，再打开"选择表格"对话框，保持默认选择，但要注意保证底部的"数据首行包含列标题"复选框是勾选状态，如图5-55所示。

说明：前面已经介绍过"现有连接"工具的使用方法，此处不再介绍。

步骤 03 单击"确定"按钮，打开"导入数据"对话框，如图5-56所示。

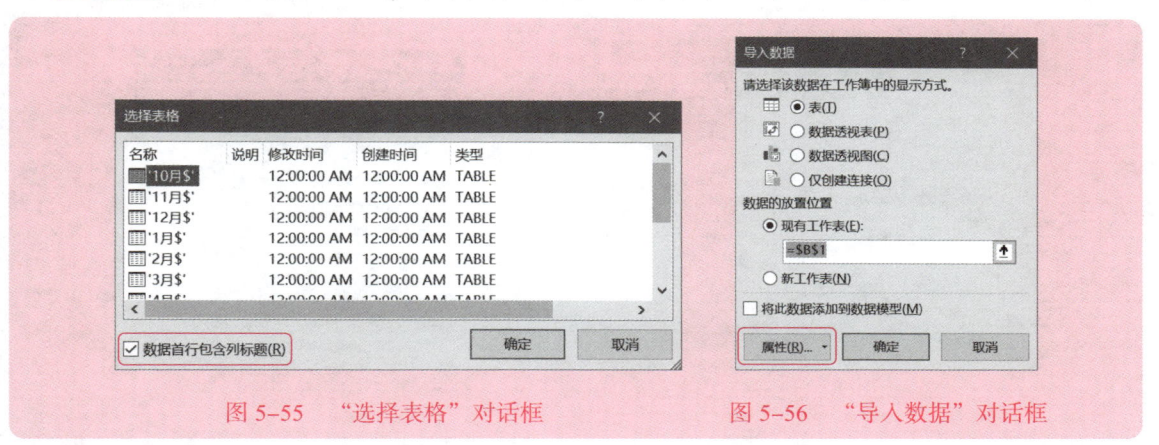

图 5-55　"选择表格"对话框　　　　图 5-56　"导入数据"对话框

步骤 04 单击"导入数据"对话框左下角的"属性"按钮，打开"连接属性"对话框，切换到"定义"选项卡，在"命令文本"输入框中输入下面的SQL语句（如图5-57所示）：

```
select * from [1月$] union all
select * from [2月$] union all
select * from [3月$] union all
select * from [4月$] union all
select * from [5月$] union all
select * from [6月$] union all
select * from [7月$] union all
select * from [8月$] union all
select * from [9月$] union all
select * from [10月$] union all
select * from [11月$] union all
select * from [12月$]
```

步骤 05 单击"确定"按钮，返回到"导入数据"对话框，选中"表"和"新工作表"单选按钮，如图5-58所示。

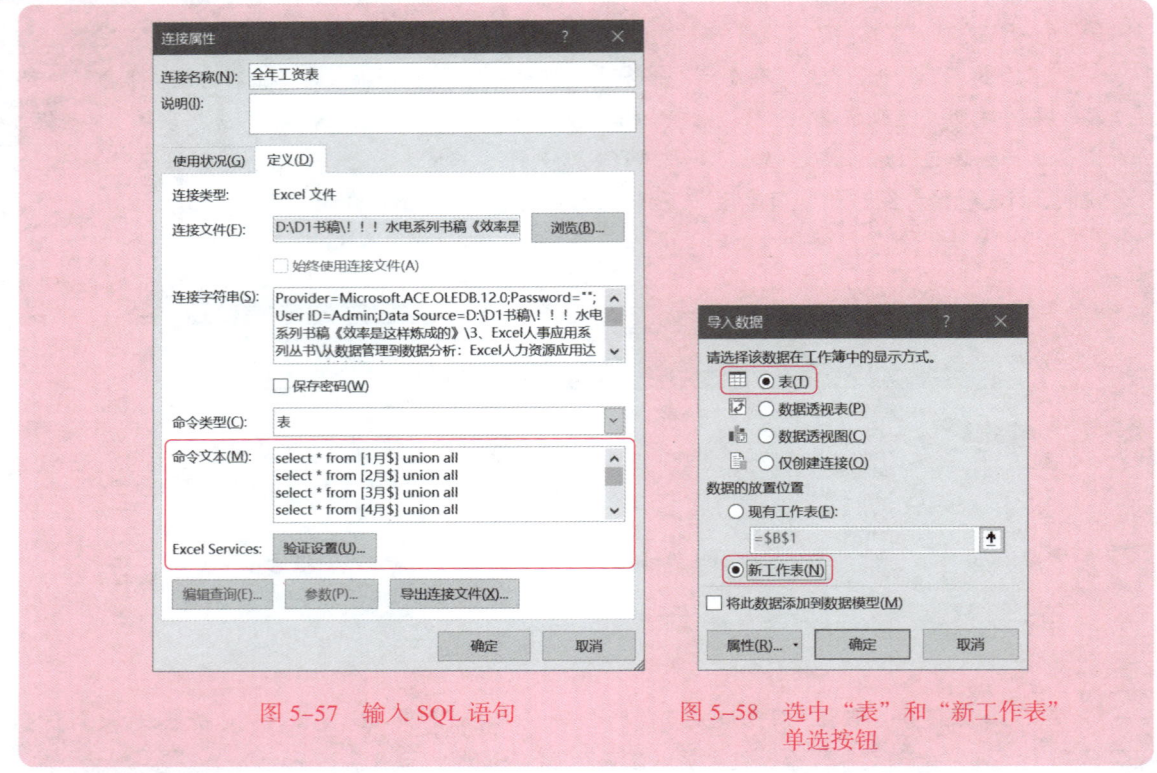

图 5-57　输入 SQL 语句

图 5-58　选中"表"和"新工作表"单选按钮

步骤 06 单击"确定"按钮，就将 12 个月的工资信息汇总到了一个工作表中，如图 5-59 所示。

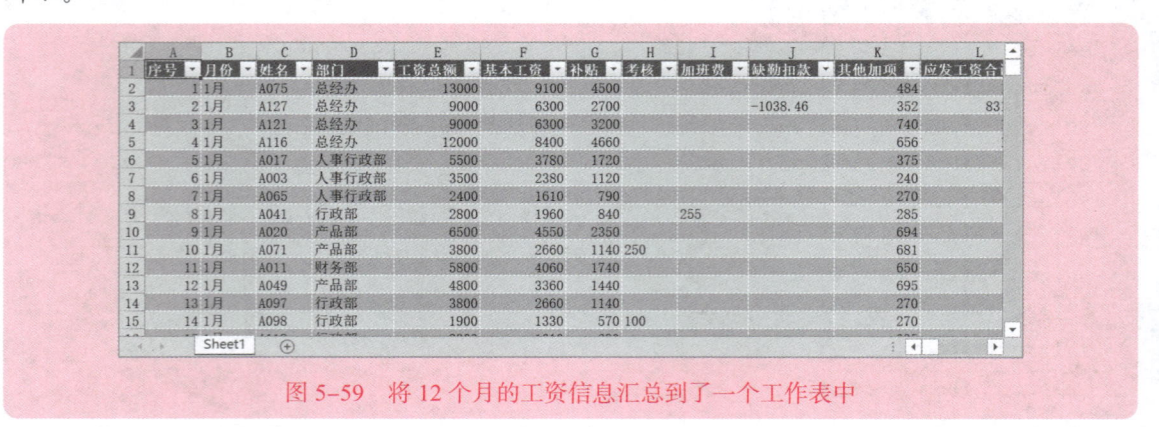

序号	月份	姓名	部门	工资总额	基本工资	补贴	考核	加班费	缺勤扣款	其他加项	应发工资合
1	1月	A075	总经办	13000	9100	4500				484	
2	1月	A127	总经办	9000	6300	2700			-1038.46	352	83
3	1月	A121	总经办	9000	6300	3200				740	
4	1月	A116	总经办	12000	8400	4660				656	
5	1月	A017	人事行政部	5500	3780	1720				375	
6	1月	A003	人事行政部	3500	2380	1120				240	
7	1月	A065	人事行政部	2400	1610	790				270	
8	1月	A041	行政部	2800	1960	840	255			285	
9	1月	A020	产品部	6500	4550	2350				694	
10	1月	A071	产品部	3800	2660	1140	250			681	
11	1月	A011	财务部	5800	4060	1740				650	
12	1月	A049	产品部	4800	3360	1440				695	
13	1月	A097	行政部	3800	2660	1140				270	
14	1月	A098	行政部	1900	1330	570	100			270	

图 5-59　将 12 个月的工资信息汇总到了一个工作表中

如果要对 12 个月的工资信息进行汇总分析，可以在"导入数据"对话框中选中"数据透视表"单选按钮，就直接得到了一个以 12 个工作表为基础的数据透视表，再进行各种统计分析即可。

如图 5-60 所示。

求和项:工资总额	列标签												
行标签	1月	2月	3月	4月	5月	6月	7月	8月	9月	10月	11月	12月	总计
财务部	17400	17400	24100	24100	24600	24600	24900	24900	27900	24900	24900	27900	287600
安保部	41900	42100	51000	50200	48600	51500							285300
安全部							57710	54210	52010	57910	55200	52010	329050
产品部	46200	48600	47300	48500	48500	45800	50100	50100	50800	48200	47600	50800	582500
行政部	17100	17600	17900										52600
客服部	1900	1900	19100	19100	19400	19400	17200	13010	14210	14210	18400	14210	172040
企划部	16700	16700	18900	15500	15800	17800	18500	18500	19100	19300	17300	19100	213200
人事行政部	11400	11400	11700	31800	31800	31800	32100	32100	30500	30650	33850	30500	319600
物业部	23300	26200	32800	41800	42100	37100	38900	43600	40400	38500	33800	40400	438900
销售部	19700	22400	27300	27700	28500	28700	29400	29700	29700	29700	29700	29700	332200
招商部	7000	7000	7000	7000	7000	7000	7000	7000	7000	7000	7000	7000	84000
总经办	43000	43000	57000	44000	44000	44000	47000	47000	48000	48000	48000	48000	561000
总计	245600	254300	314100	309700	310300	307700	322810	320120	319620	318370	315750	319620	3657990

图 5-60　创建基于 12 个工作表的数据透视表

2. 每个工作表中都没有“月份”列

案例5-7

如图 5-61 所示，工作簿中有 12 个工作表，分别保存了 12 个月的工资信息，每个月的工资表的表格结构完全一样，但每个工资表中都没有月份的名称，现在如何将它们汇总到一个工作表中，并能区分开每个数据的月份归属呢？该工作簿的名称为“全年工资表没有月份 .xlsx”。

序号	姓名	部门	工资总额	基本工资	补贴	考核	加班费	缺勤扣款	其他加项	应发工资合计	养老	医疗	失业	公积金	社保扣款合计	税前所得
1	A001	总经办	14000	9800	5600				616	16016	640	170	80	800	1690	14326
2	A127	总经办	9000	6300	2700				681	9681	240		30	1080	1350	8331
3	A121	总经办	9000	6300	3200				853	10353	714.5		89.3	1080	1883.8	8469.2
4	A116	总经办	12000	8400	4660				572	13632	640	170	80	800	1690	11942
5	A004	人事行政部	5800	4060	1740				1017	6817	240		30	696	1902	4915
6	A003	人事行政部	3500	2380	1120	250	328.28		189.13	4267.41	256			364	1108	3159.41
7	A065	人事行政部	2400	1610	790	250	222.07		210	3082.07	152		19	228	399	2683.07
8	A041	人事行政部	2800	1960	840		2182		169	5151	160			240	400	4751
9	A020	产品部	7200	4900	2700	-400		-120	644.27	8424.27	520			780	1300	7124.27
10	A017	产品部	3500	2380	1120		328.28		119	4793.41	240		30	540	810	3983.41
11	A071	产品部	3800	2660	1140		366.9	-15	423	4574.9	304			456	760	3814.9
12	A011	财务部	6800	4550	2250				744	7544	416	108	52	624	1200	6344
13	A049	产品部	4800	3360	1440				957.5	5757.5	384		48	576	1008	4749.5
14	A097	人事行政部	3800	2660	1140		366.9		280	4446.9	240		30	456	726	3720.9

1月 | 2月 | 3月 | 4月 | 5月 | 6月 | 7月 | 8月 | 9月 | 10月 | 11月 | 12月

图 5-61　12 个工作表，表格中没有“月份”列

本案例的操作步骤与案例 5-6 完全一样，唯一不同的是要在 SQL 语句中添加一个自定义列“月份”，语句如下：

```
select '1月' as 月份,* from [1月$] union all
```

```sql
select '2月' as 月份, * from [2月$] union all
select '3月' as 月份, * from [3月$] union all
select '4月' as 月份, * from [4月$] union all
select '5月' as 月份, * from [5月$] union all
select '6月' as 月份, * from [6月$] union all
select '7月' as 月份, * from [7月$] union all
select '8月' as 月份, * from [8月$] union all
select '9月' as 月份, * from [9月$] union all
select '10月' as 月份, * from [10月$] union all
select '11月' as 月份, * from [11月$] union all
select '12月' as 月份, * from [12月$]
```

这样，就得到了如图 5-62 所示的汇总结果。

	A	B	C	D	E	F	G	H	I	J	K	L
1	月份	序号	姓名	部门	工资总额	基本工资	补贴	考核	加班费	缺勤扣款	其他加项	应发工资合计
2	1月	1	A075	总经办	13000	9100	4500				484	14084
3	1月	2	A127	总经办	9000	6300	2700			-1038.46	352	8313.54
4	1月	3	A121	总经办	9000	6300	3200				740	10240
5	1月	4	A116	总经办	12000	8400	4660				656	13716
6	1月	5	A017	人事行政部	5500	3780	1720				375	5875
7	1月	6	A003	人事行政部	3500	2380	1120				240	3740
8	1月	7	A065	人事行政部	2400	1610	790				270	2670
9	1月	8	A041	行政部	2800	1960	840	255			285	3340
10	1月	9	A020	产品部	6500	4550	2350				694	7594
11	1月	10	A071	产品部	3800	2660	1140	250			681	4731
12	1月	11	A011	财务部	5800	4060	1740				650	6450
13	1月	12	A049	产品部	4800	3360	1440				695	5495

图 5-62 汇总结果

5.3.2 一个工作簿中有 12 个月的工资表：汇总部分数据

如果仅仅是要摘取每个工资表的某些列数据进行汇总，此时就不能使用星号（*）来代表全部字段了，而是要写出具体的要汇总的字段名称，语句格式如下：

```
select 字段1, 字段2, 字段3,... from [表名$]
```

案例5-8

例如，对于工作簿"全年工资表没有月份.xlsx"，要将每个工资表中的姓名、部门、应发工资合计、养老、医疗、失业、公积金这几列数据进行汇总，并制作数据透视表，SQL 语句如下：

```
select '1月' as 月份,姓名,部门,应发工资合计,养老,医疗,失业,公积金 from [1月$] union all
select '2月' as 月份,姓名,部门,应发工资合计,养老,医疗,失业,公积金 from [2月$] union all
select '3月' as 月份,姓名,部门,应发工资合计,养老,医疗,失业,公积金 from [3月$] union all
select '4月' as 月份,姓名,部门,应发工资合计,养老,医疗,失业,公积金 from [4月$] union all
select '5月' as 月份,姓名,部门,应发工资合计,养老,医疗,失业,公积金 from [5月$] union all
select '6月' as 月份,姓名,部门,应发工资合计,养老,医疗,失业,公积金 from [6月$] union all
select '7月' as 月份,姓名,部门,应发工资合计,养老,医疗,失业,公积金 from [7月$] union all
select '8月' as 月份,姓名,部门,应发工资合计,养老,医疗,失业,公积金 from [8月$] union all
select '9月' as 月份,姓名,部门,应发工资合计,养老,医疗,失业,公积金 from [9月$] union all
select '10月' as 月份,姓名,部门,应发工资合计,养老,医疗,失业,公积金 from [10月$] union all
select '11月' as 月份,姓名,部门,应发工资合计,养老,医疗,失业,公积金 from [11月$] union all
select '12月' as 月份,姓名,部门,应发工资合计,养老,医疗,失业,公积金 from [12月$]
```

具体操作步骤与前面案例的操作步骤完全一样，这里不再介绍，汇总结果如图 5-63 所示。

	A	B	C	D	E	F	G	H
1	月份	姓名	部门	应发工资合计	养老	医疗	失业	公积金
2	1月	A075	总经办	14084	240		30	1194
3	1月	A127	总经办	8313.54	240		30	1080
4	1月	A121	总经办	10240	714.5		89.3	1080
5	1月	A116	总经办	13716	640	170	80	800
6	1月	A017	人事行政部	5875	240		30	540
7	1月	A003	人事行政部	3740	256			364
8	1月	A065	人事行政部	2670	152		19	228
9	1月	A041	行政部	3340	160			240
10	1月	A020	产品部	7594	520			780
11	1月	A071	产品部	4731	304			456
12	1月	A011	财务部	6450	416	108	52	624
13	1月	A049	产品部	5495	384		48	576

Sheet1

图 5-63 汇总各个工资表的指定几列数据

也可以直接得到数据透视表，统计汇总每个部门全年的工资合计数，如图 5-64 所示。

	A	B	C	D	E	F
1						
2	行标签	求和项:应发工资合计	求和项:养老	求和项:失业	求和项:医疗	求和项:公积金
3	安保部	359806.96	13552.76	313.8		23503.92
4	安全部	423645.72	17444	264		28090
5	财务部	305908.37	19109.6	1873.98	1335.96	28464
6	产品部	635178.82	37593.6	2642.5		57353.96
7	客服部	17[illegible]	[illegible]6.4	1738.8		19882.92
8	企划部	22[illegible]	[illegible]5.8	488		19296
9	人事行政部	36[illegible]	[illegible].48	1362		33031.96
10	物业部	530610.23	26577.02	1569.3	1762	38846.96
11	销售部	352412.89	18121.48	1577.5		35352
12	行政部	64368.33	3552	210		5616
13	招商部	97292	7200	900	1848	10800
14	总经办	625348.05	28932.5	3616.5	4460	50702
15	(空白)					
16	总计	4168364.57	216881.64	16556.38	9405.96	350939.72

求和项:应发工资合计
值: 635178.82
行: 产品部
列: 求和项:应发工资合计

图 5-64 每个部门全年的工资合计数

Excel 人力资源管理与数据分析

5.4 合并汇总全年工资表：Power Query 工具

前面介绍的现有连接 +SQL 语句的方法适合于任何一个 Excel 版本，操作起来并不复杂，不过需要了解一些 SQL 的相关知识。

如果使用的是 Excel 2016 以上的版本，那么可以使用一个更加强大的数据查询合并工具——Power Query。在 Power Query 中，几乎所有的操作都是可视化的，因此该工具易学易上手，可以快速得到需要的汇总表。

下面结合工作中的实际问题，介绍 Power Query 工具在工资表合并汇总中的应用。

5.4.1 汇总一个工作簿中的 12 个月的工资表

案例5-9

以工作簿"全年工资表没有月份.xlsx"的数据为例，使用 Power Query 工具合并汇总工作簿中的 12 个月的工资表的具体步骤如下：

步骤 01 新建一个工作簿。

步骤 02 执行"数据"→"新建查询"→"从文件"→"从工作簿"命令，如图 5-65 所示。

步骤 03 打开"导入数据"对话框，选择工作簿"全年工资表没有月份.xlsx"，如图 5-66 所示。

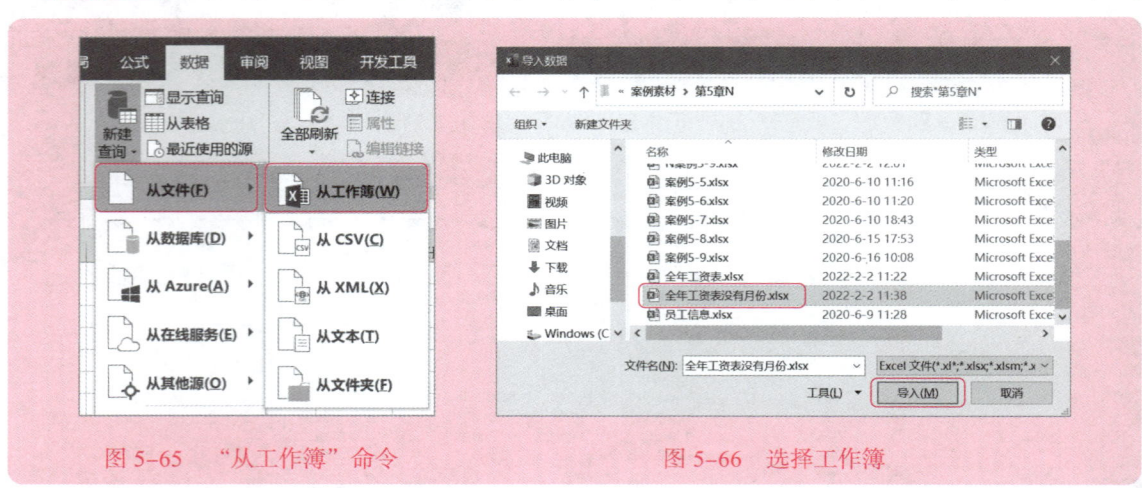

图 5-65 "从工作簿"命令　　　　　图 5-66 选择工作簿

步骤 04 单击"导入"按钮，打开"导航器"对话框，选择工作簿名称"全年工资表没有月份.xlsx"，如图 5-67 所示。

选择顶部文件名的目的，就是汇总当前工作簿里的所有工作表。

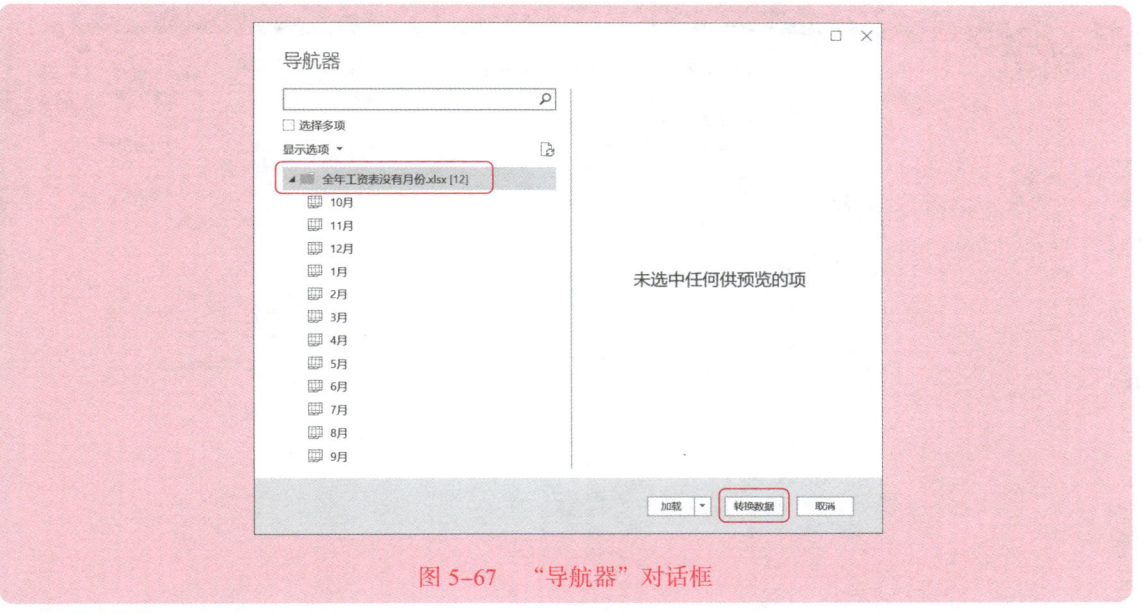

图 5-67　"导航器"对话框

步骤 05 单击"导航器"对话框右下角的"转换数据"按钮，打开 Power Query 编辑器，如图 5-68 所示。

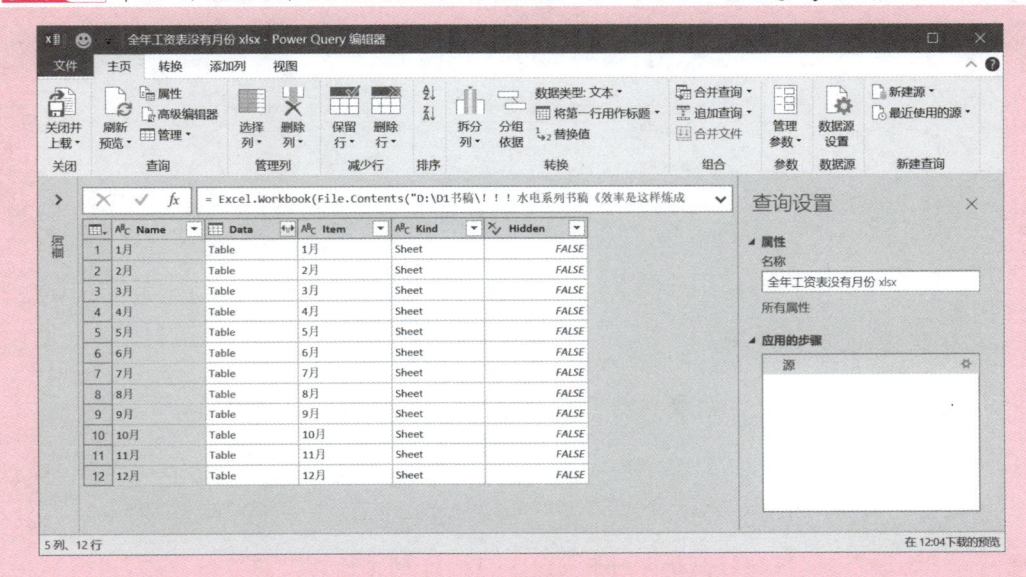

图 5-68　Power Query 编辑器

步骤 06 在 Power Query 编辑器中，删除右侧 3 列，保留前 2 列，如图 5-69 所示。

图 5-69 删除右侧 3 列

步骤 07 单击 Data 列标题右侧的展开按钮，打开"筛选"窗格，取消勾选"使用原始列名作为前缀"复选框，其他保持默认设置，如图 5-70 所示。

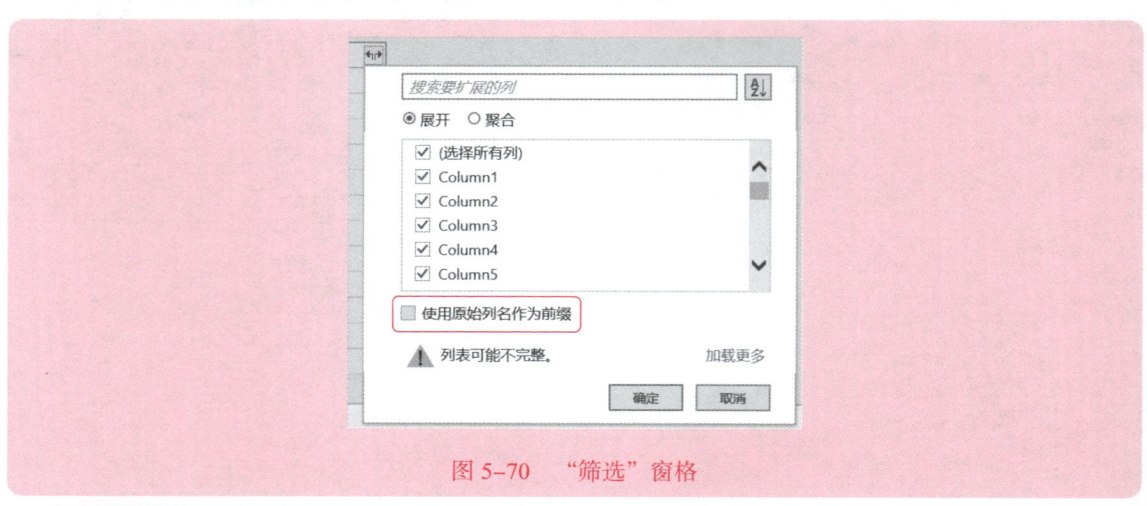

图 5-70 "筛选"窗格

步骤 08 单击"确定"按钮，就得到了如图 5-71 所示的工作表。

步骤 09 执行工具栏中的"将第一行用作标题"命令，如图 5-72 所示。

图 5-71　展开了各个工作表的列数据

图 5-72　"将第一行用作标题"命令

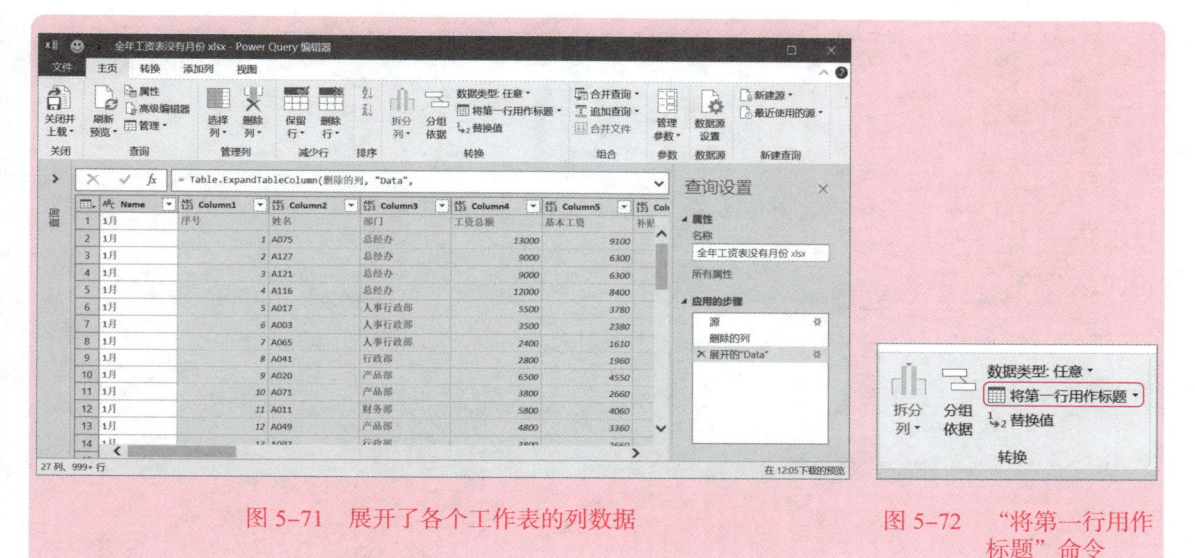

这样，就得到了真正的标题，如图 5-73 所示。

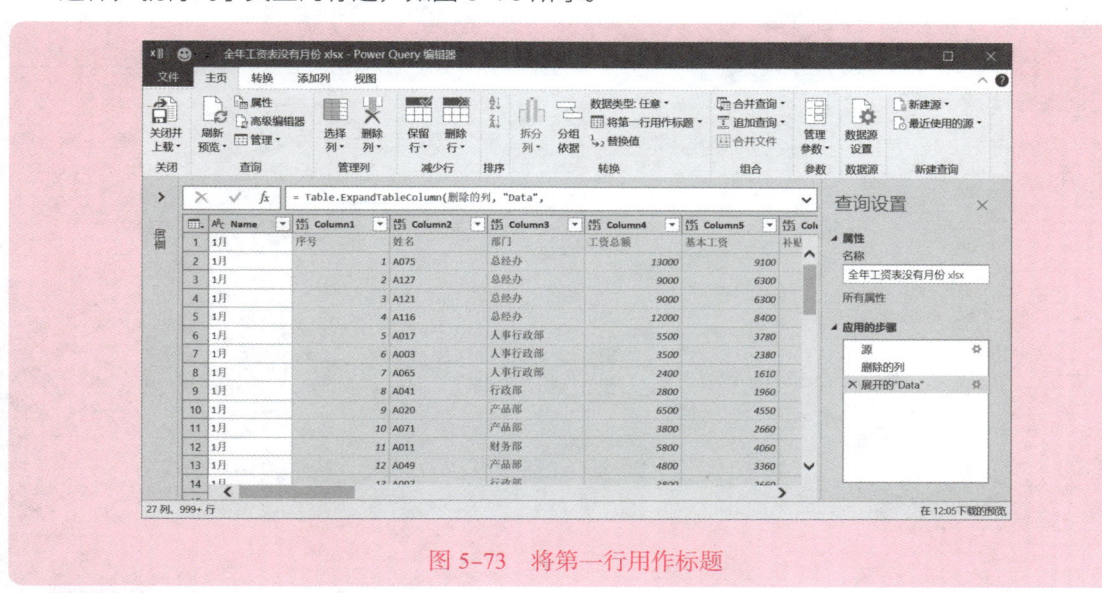

图 5-73　将第一行用作标题

步骤 10 Power Query 过于智能，把第 1 列的数据类型转换成"日期"，这是错误的，应该重新将其数据类型设置为"文本"（或者删除应用的步骤"更改的类型"），并将其默认的标题"1 月"修改为"月份"，然后删除第 2 列（该列没有任何用途），就会得到如图 5-74 所示的结果。

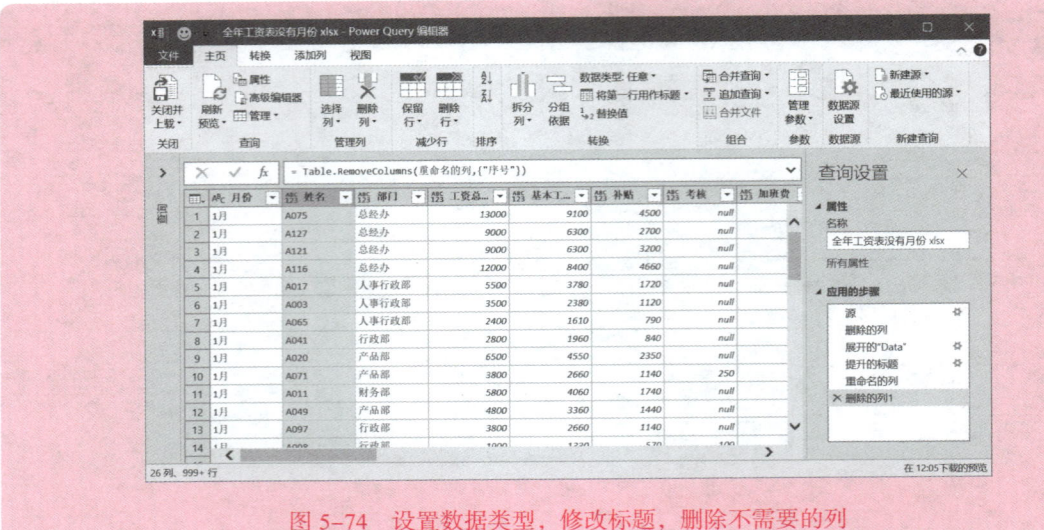

图 5-74 设置数据类型，修改标题，删除不需要的列

注意：使用 Power Query 工具进行的这种合并汇总，实质上是把几个工作表中的所有数据（包含标题在内）全部堆在一起，因此汇总表中会有 12 个标题。

在 **步骤 09** 中，把第一个表的标题提升为汇总表的标题，汇总表中还有 11 个标题，因此应从表中进行清除。

方法很简单，在一个比较容易筛选的列，如"工资总额"列，取消勾选"工资总额"复选框，如图 5-75 所示。

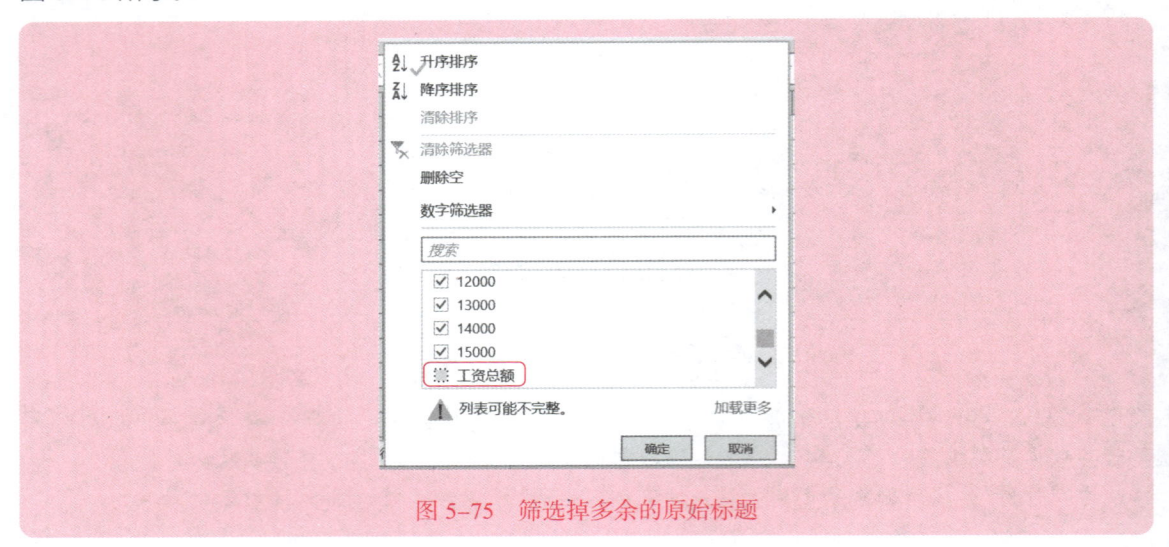

图 5-75 筛选掉多余的原始标题

这样，就得到了真正的 12 个月的工资表的汇总表，如图 5–76 所示。

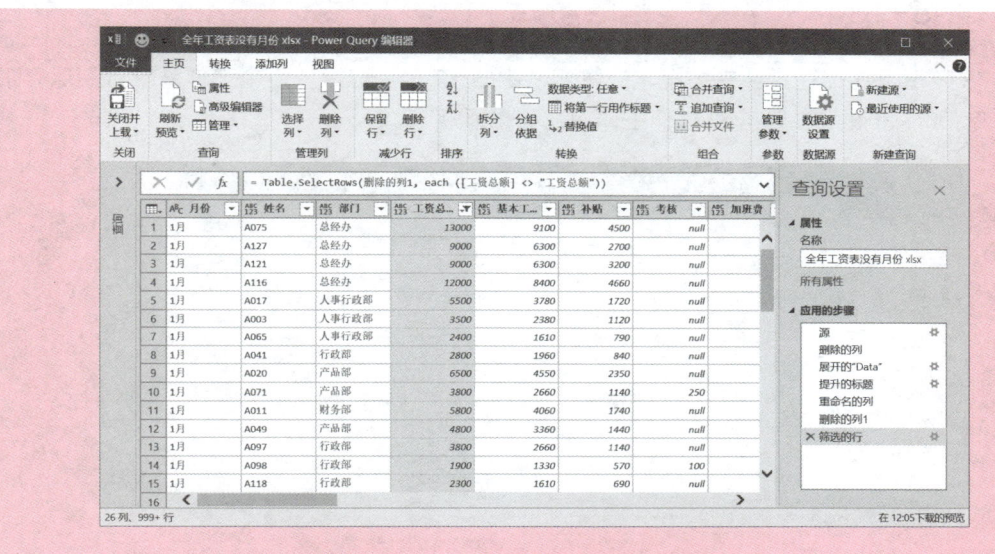

图 5–76　12 个月的工资表的汇总表

步骤 11 执行"关闭并上载"命令，将 12 个月的工资表的汇总表导出到 Excel 工作表，如图 5-77 所示。

图 5-77　将 12 个月的工资表的汇总表导出到 Excel 工作表

5.4.2　汇总 12 个工作簿（每个工作簿中有一个月的工资表）

很多企业会将一个月的工资数据放在了一个工作簿中，这样 12 个月的工资数据分别保存在 12 个工作簿中，并保存在一个文件夹里，如图 5–78 所示。此时，要把这 12 个工作簿中的工资数据汇总到一个新工作簿中，可以使用下面介绍的 Power Query 工具。

扫一扫，看视频

案例5-10

图 5-78 所示是保存在文件夹"全年工资表"中的 12 个工作簿，每个工作簿中分别保存了一个月的工资表，它们的结构完全一样，工作簿名称也很规范。

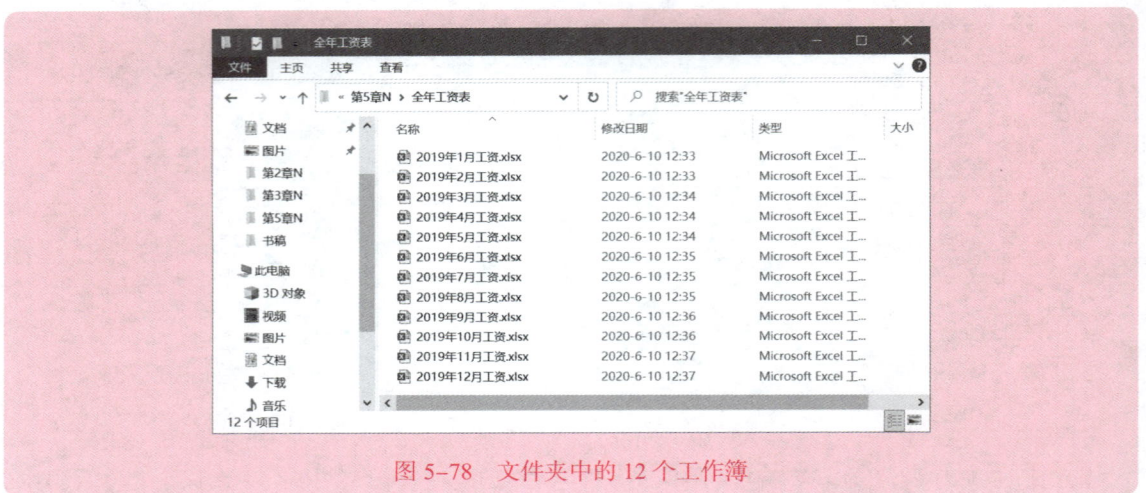

图 5-78　文件夹中的 12 个工作簿

步骤 01　新建一个工作簿。
步骤 02　执行"数据"→"新建查询"→"从文件"→"从文件夹"命令，如图 5-79 所示。
步骤 03　打开"浏览"对话框，选择保存有要合并工作簿的文件夹，如图 5-80 所示。

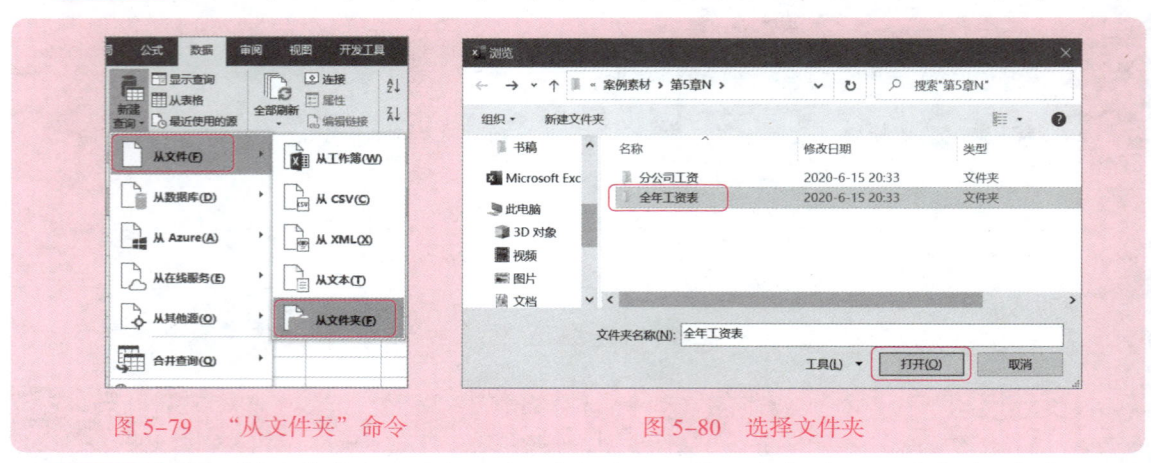

图 5-79　"从文件夹"命令　　　　　图 5-80　选择文件夹

步骤 04　单击"打开"按钮，就打开了一个如图 5-81 所示的对话框。从这个对话框中，可以看到要合并的工作簿文件。

第 5 章　采集与汇总人力资源数据

图 5-81　要合并的工作簿文件

步骤 05 在图 5-81 所示的对话框中单击"转换数据"按钮，打开 Power Query 编辑器，如图 5-82 所示。

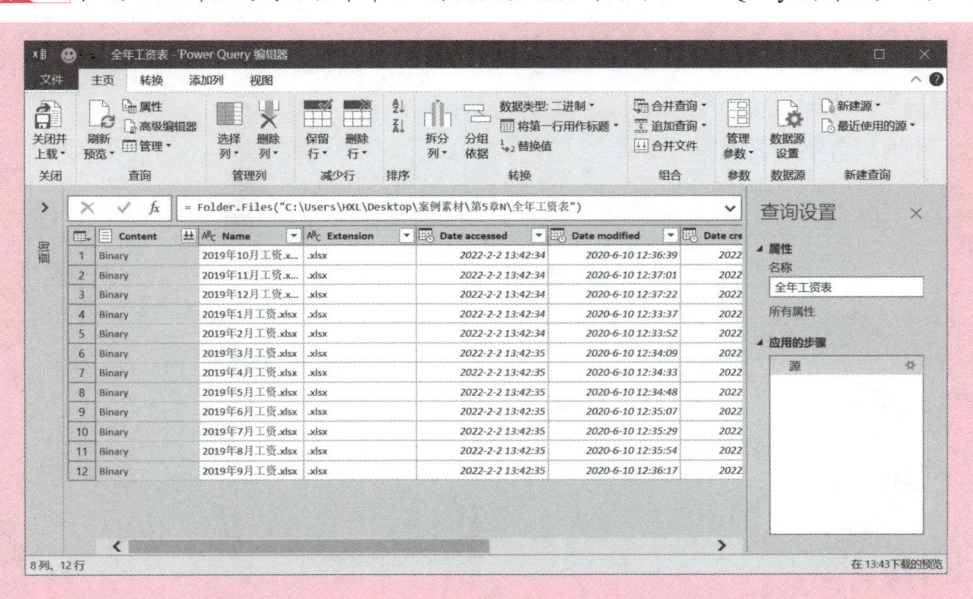

图 5-82　Power Query 编辑器

步骤 06 保留前两列 Content 和 Name，将其他各列全部删除，如图 5-83 所示。

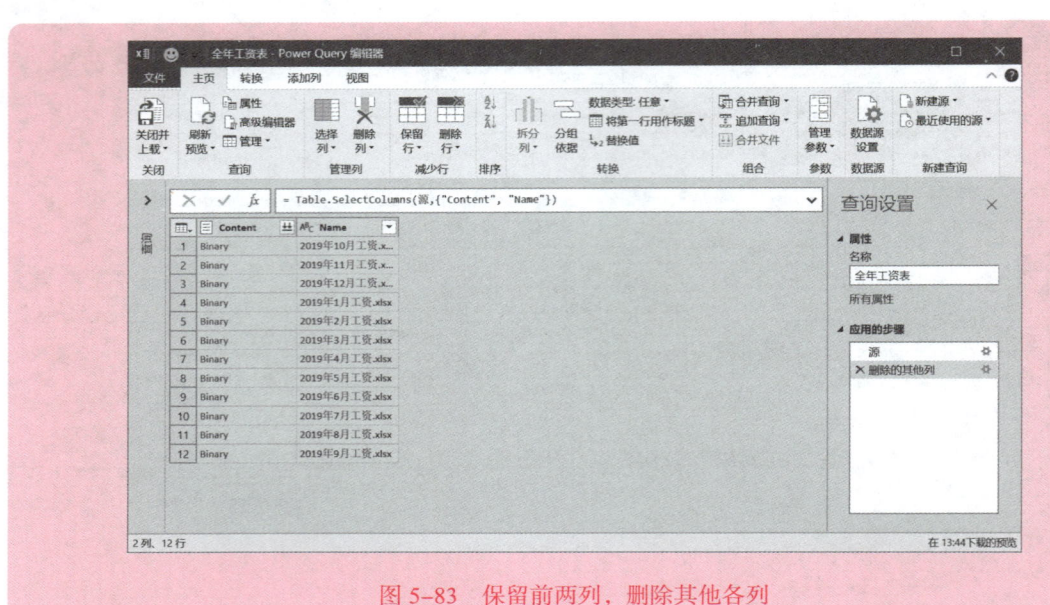

图 5-83 保留前两列，删除其他各列

步骤 07 执行"添加列"→"自定义列"命令，打开"自定义列"对话框，保持默认的新列名"自定义"，输入下面的自定义列公式（见图 5-84）：

```
= Excel.Workbook([Content])
```

注意：单词的首字母要大写。

图 5-84 输入自定义列公式

步骤 08 单击"确定"按钮，就得到一个新列"自定义"，要合并的各个工作簿中的数据都在这个 Table 中，如图 5-85 所示。

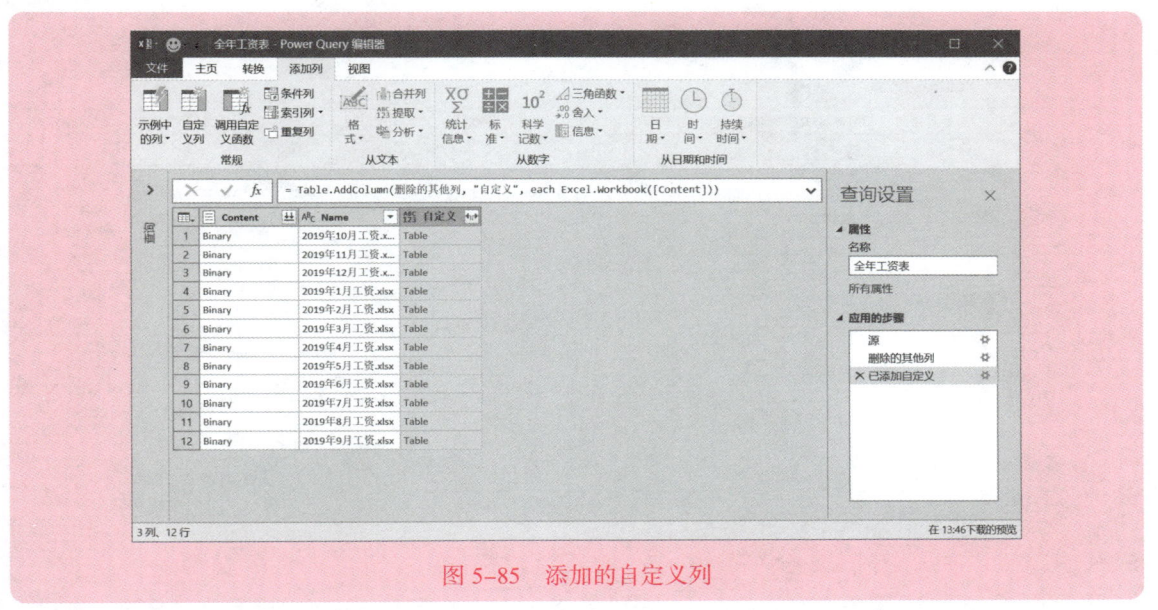

图 5-85 添加的自定义列

步骤 09 单击自定义列右侧的展开按钮，展开一个选择列表，勾选 Data 复选框，取消勾选其他复选框，如图 5-86 所示。

图 5-86 勾选 Data 复选框

步骤 10 单击"确定"按钮，就得到了新列 Data，如图 5-87 所示。Data 列中保存了各个工作表中的数据。

图 5-87　Data 列

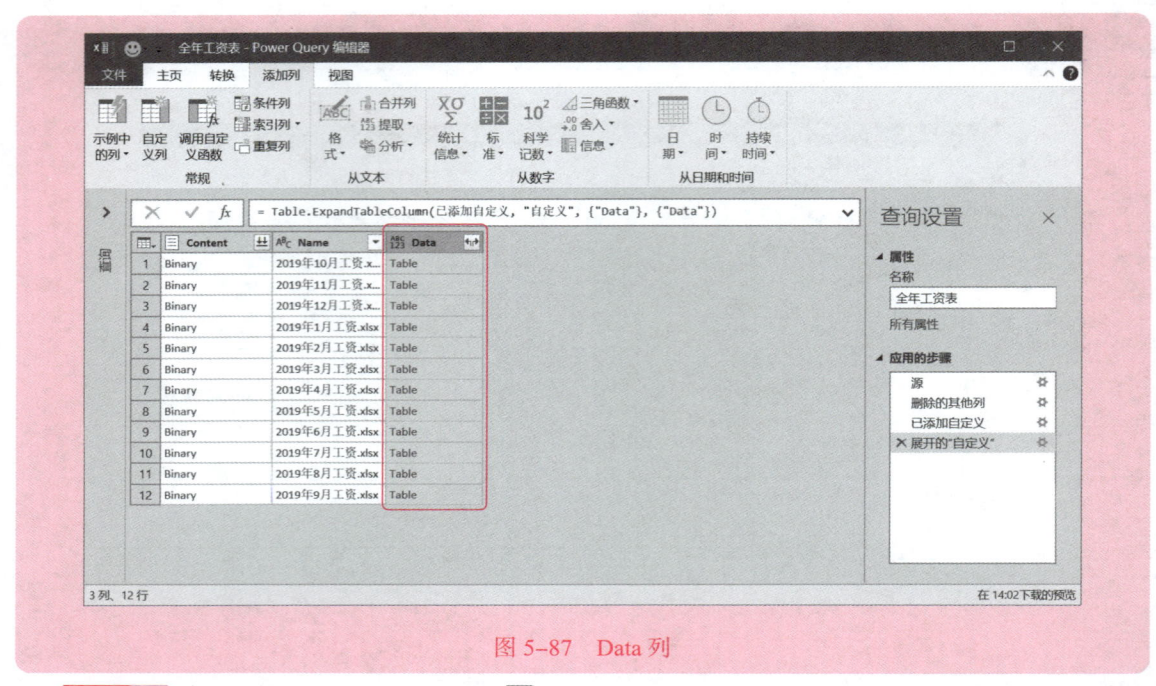

步骤 11 单击 Data 列右侧的展开按钮，展开一个选择列表，取消勾选"使用原始列名作为前缀"复选框，其他复选框保持勾选状态，如图 5-88 所示。

图 5-88　取消勾选"使用原始列名作为前缀"复选框

步骤 12 单击"确定"按钮，就得到了将 12 个工作簿中的数据合并后的表，如图 5-89 所示。

图 5-89 将 12 个工作簿中的数据合并后的表

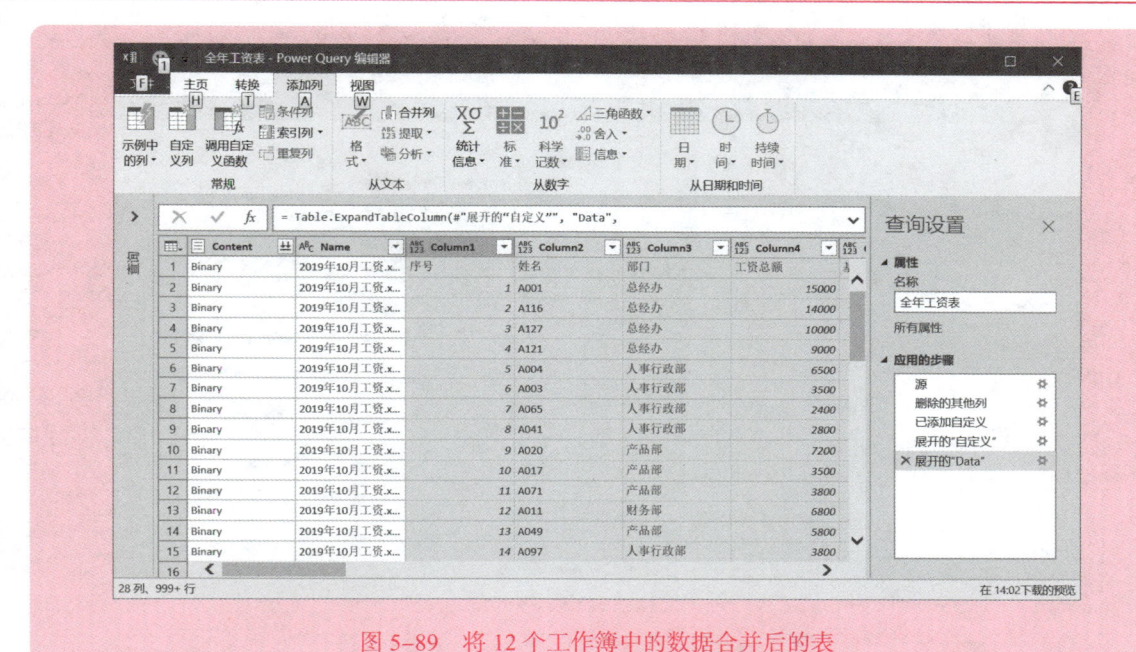

步骤 13 删除不需要的 Content 列和 Column1 列,得到如图 5-90 所示的表。

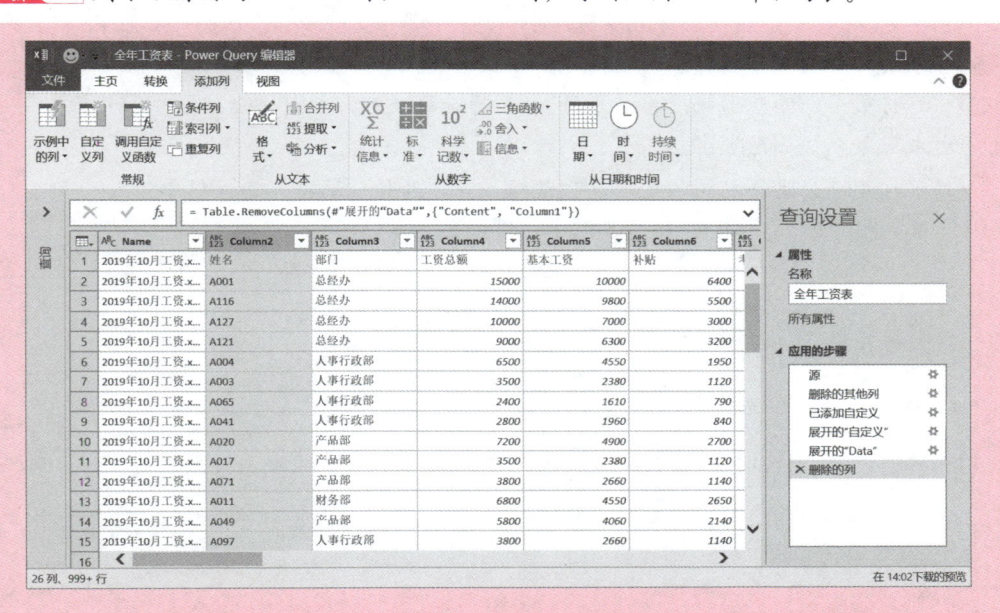

图 5-90 删除不需要的 Content 列和 Column1 列后得到的表

步骤 14 执行"将第一行用作标题"命令,提升标题,如图5-91所示。

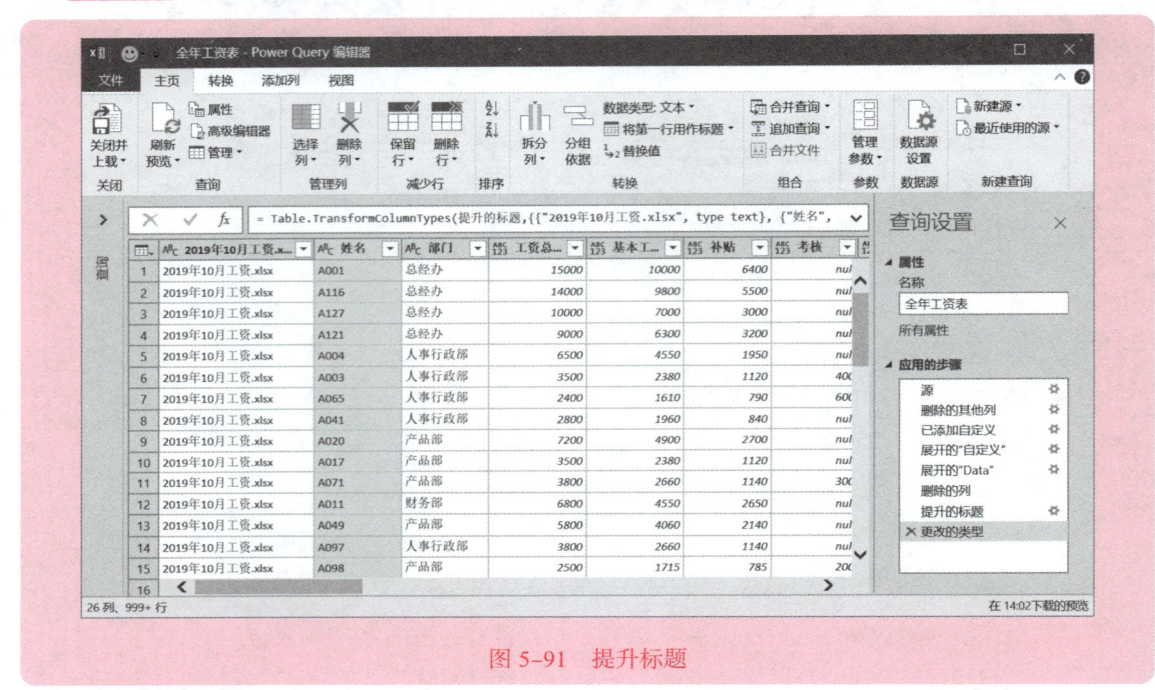

图5-91 提升标题

步骤 15 从某个列中筛选掉多余的标题,方法与案例5-9相同。

步骤 16 将第1列的标题修改为"月份",然后选择该列,执行"转换"→"提取"→"分隔符之间的文本"命令,如图5-92所示。

步骤 17 打开"分隔符之间的文本"对话框,在"开始分隔符"输入框中输入"年",在"结束分隔符"输入框中输入"工",如图5-93所示。

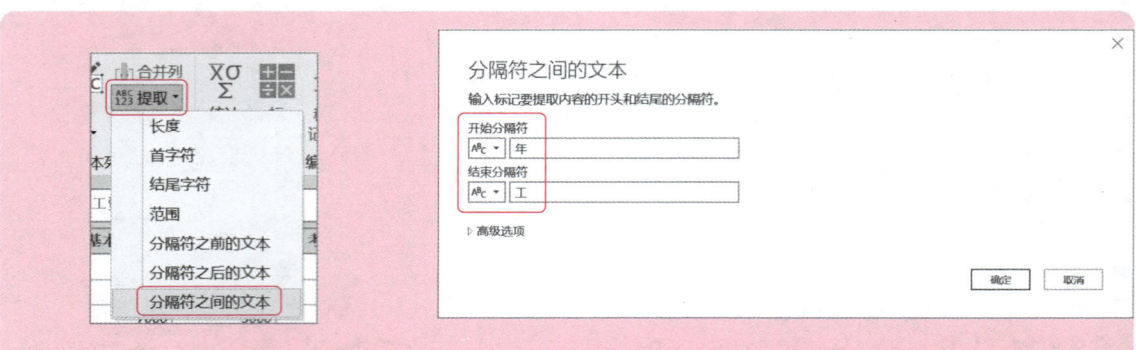

图5-92 "分隔符之间的文本"命令

图5-93 准备从第1列中提取月份

步骤 18 单击"确定"按钮，就得到了 12 个工资簿的合并表，如图 5-94 所示。

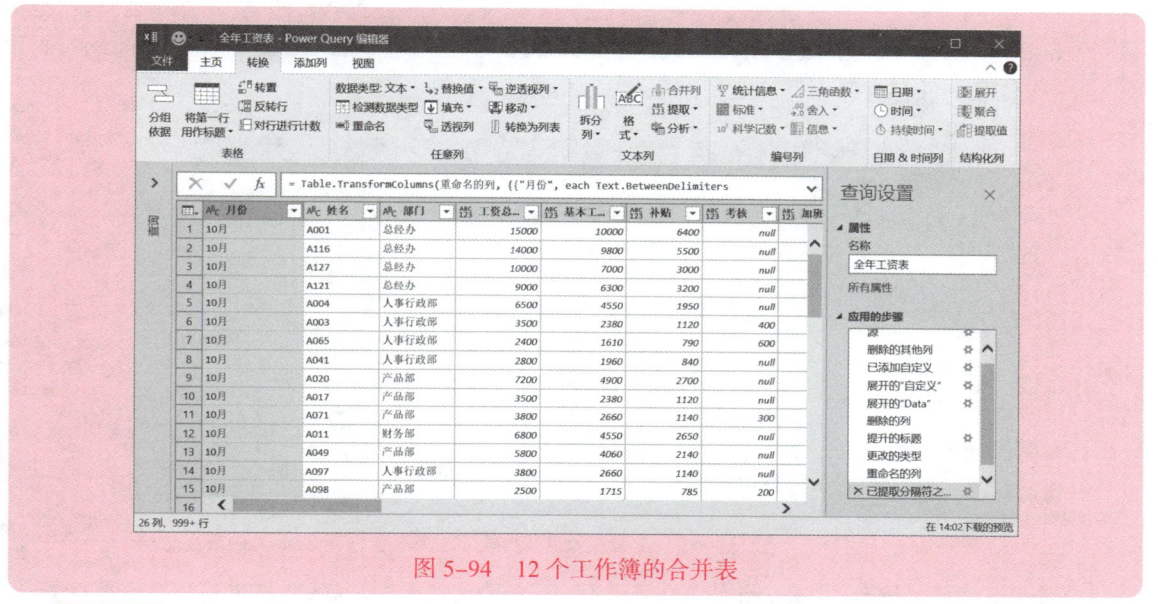

图 5-94 12 个工作簿的合并表

步骤 19 执行"关闭并上载"命令，将 12 个工作簿的合并结果保存到工作表，如图 5-95 所示。

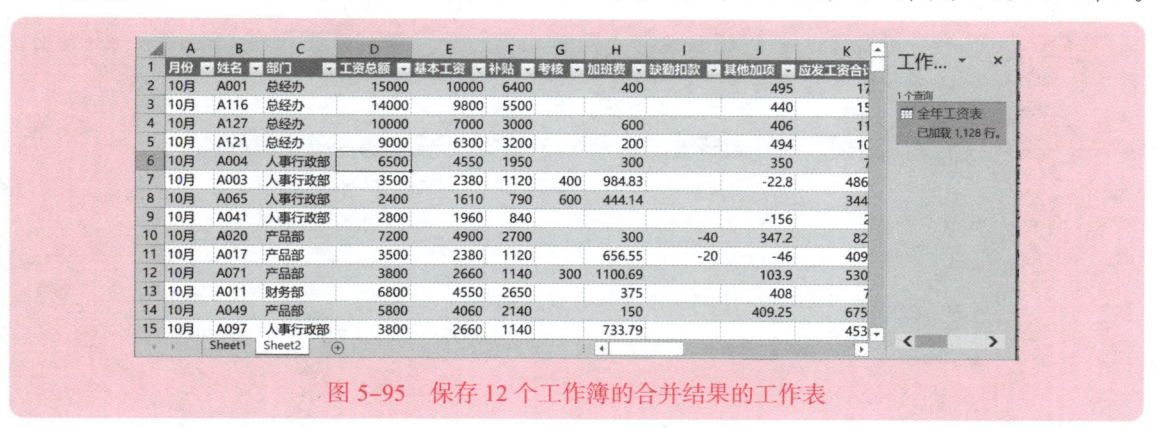

图 5-95 保存 12 个工作簿的合并结果的工作表

5.4.3 汇总 n 个工作簿（每个工作簿中有 12 个月的工资表）

现在，更加复杂的问题出现了。如果公司有 20 个分公司，到年底，每个分公司发来一个工作簿文件，每个工作簿中有 12 个月的工资表，如何把这 20 个分公司的 240（20×12）个工作表中的数据合并到一个新工作簿中呢？

案例5-11

图 5-96 所示是 8 个分公司的工作簿文件，保存在文件夹"分公司工资"中，每个工作簿中有 12 个工作表，保存着每个月的工资信息。

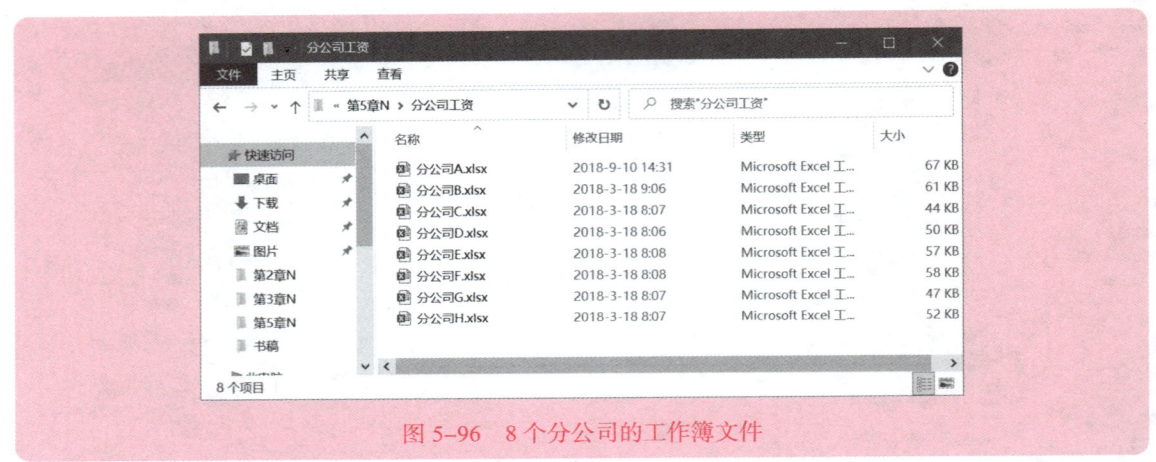

图 5-96　8 个分公司的工作簿文件

步骤 01　整理文件夹，将要合并的工作簿保存到同一个文件夹中，该文件夹中不要有其他工作簿。

步骤 02　新建一个工作簿。

步骤 03　执行"数据"→"新建查询"→"从文件"→"从文件夹"命令，按照向导操作，直至打开 Power Query 编辑器，如图 5-97 所示。

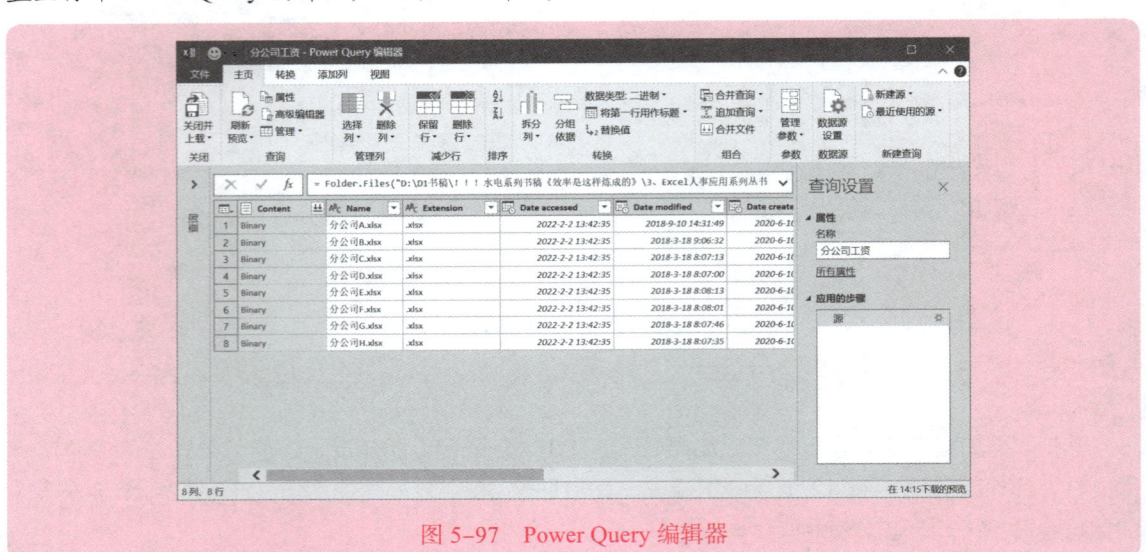

图 5-97　Power Query 编辑器

步骤 04 保留前两列 Content 和 Name，将其他各列全部删除，然后执行"添加列"→"自定义列"命令，为表添加一个自定义列，如图 5-98 所示。自定义列公式如下：

=Excel.Workbook([Content])

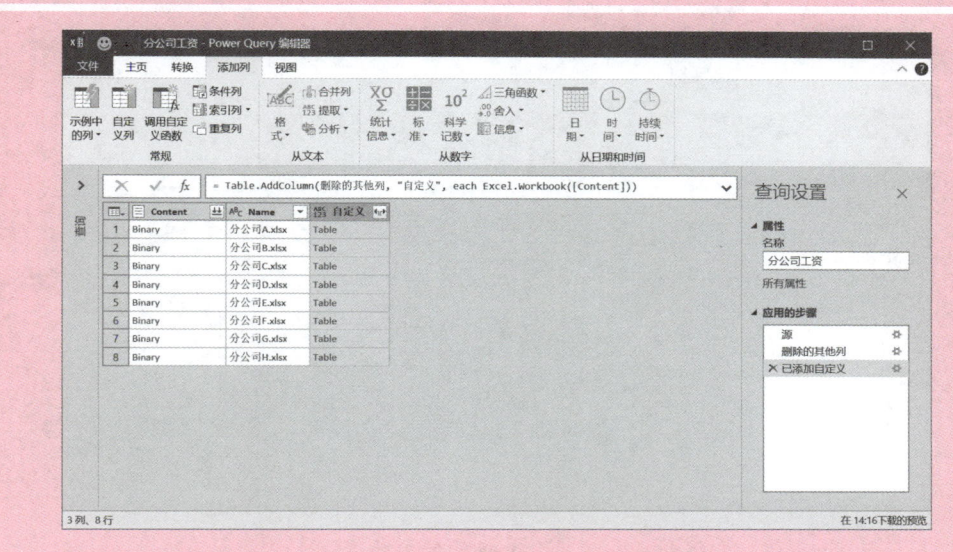

图 5-98　添加自定义列

步骤 05 展开自定义列，注意要同时勾选 Name 和 Data 复选框，如图 5-99 所示。这里的 Name 是指每个工作表的名称，也就是月份；Data 是指每个工作簿中的数据。

图 5-99　勾选 Name 和 Data 复选框

这样，就得到了如图 5-100 所示的工作表，包含着各个工作簿中各个月份的工资信息。

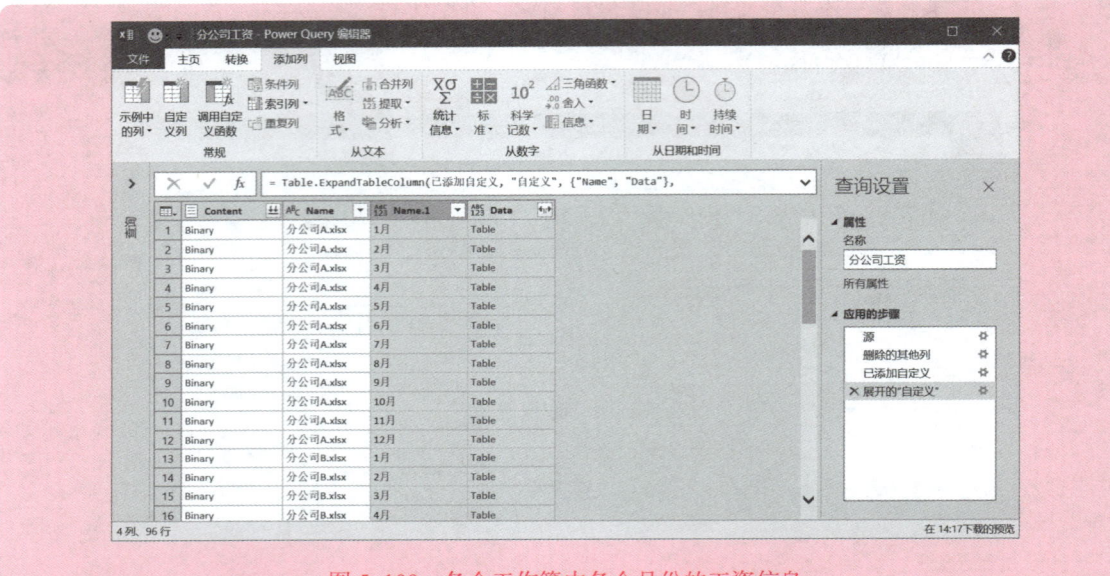

图 5-100　各个工作簿中各个月份的工资信息

步骤 06 展开 Data 列，就得到了如图 5-101 所示的工作表。

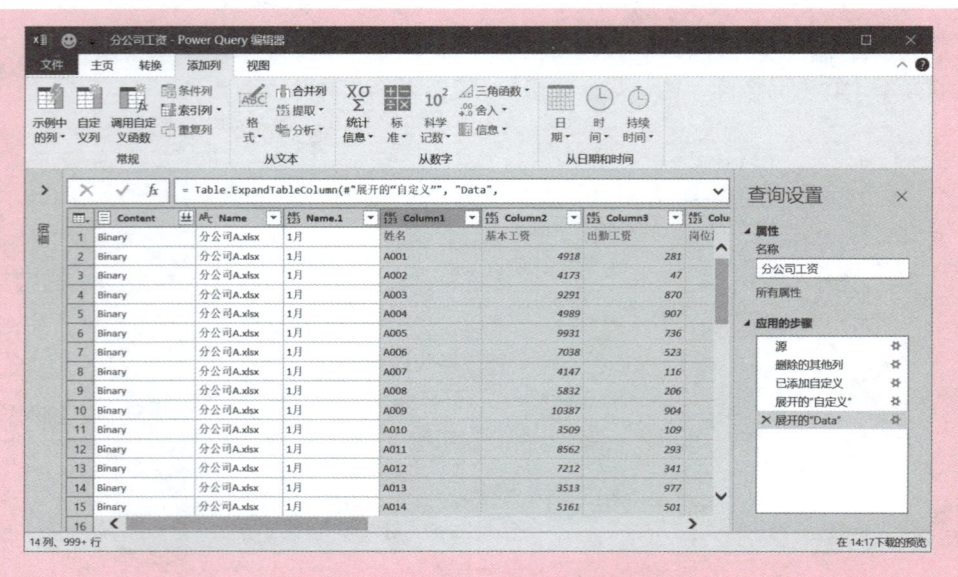

图 5-101　将几个工作簿合并后的工作表

步骤 07 此步骤与案例 5-10 中的步骤一样：删除第 1 列，提取分公司名称，提升标题，筛选掉多余的标题，修改列标题名称，将所有工资项目的数据类型设置为"小数"，就得到了各个分公司各个月的工资汇总表，如图 5-102 所示。

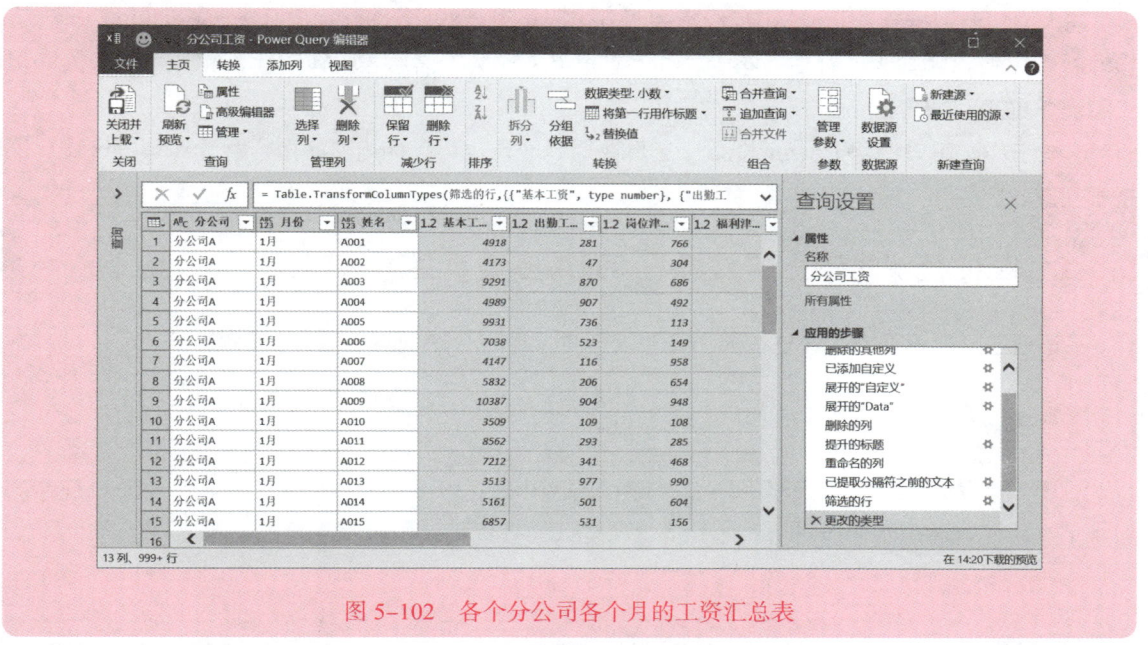

图 5-102　各个分公司各个月的工资汇总表

如果要对数据进行各种统计分析，建议加载为数据模型，然后使用 Power Pivot 制作数据透视表。

如果只是想得到所有分公司的工资汇总表，直接上载并保存数据即可，如图 5-103 所示。

图 5-103　所有分公司的工资汇总表

5.5 对比几个表格，获取满足条件的数据

在人力资源数据管理和分析中，经常会对几个表格进行对比分析，找出几个表格的差异。例如，核对社保，找出哪些人的社保对不上；对年初和年末的员工信息表进行对比，制作今年新入职员工和离职员工明细表。

这些工作，可以使用 Power Query 工具快速完成，也可以使用“多重合并计算数据区域”透视表完成。

5.5.1 制作社保对不上的差异表：使用多重合并透视表法

不论是在财务管理中，还是在人力资源管理中，经常会遇到一项工作：核对数据。

案例5-12

图 5-104 和图 5-105 所示是同一工作簿中的两个表，一个是企业的工资表，一个是社保所的对账单。现在要对这两个表进行对比，找出哪些人的社保和公积金对不上。

	A	B	H	I	J	K	L	M	N	O	P	Q	R	S
1	序号	姓名	加班费	缺勤扣款	其他加项	应发工资合计	养老个人	医疗个人	失业个人	公积金个人	社保公积金个人合计	税前所得	个税	实发工资
2	1	A001			550	16950	800	210	100	1000	2110	14840	3205	11630
3	2	A116			506	15806	960	250	120	1200	2530	13276	2564	10707
4	3	A127			596.25	9496.25	240		30	1080	1350	8146.25	1281.56	6859.69
5	4	A121			582	10082	720		90	1080	1890	8192	1293	6894
6	5	A004			352	6152	240		30	696	966	5186	283.6	4897.4
7	6	A003			-8.7	3591.3	240			420	660	2931.3	88.13	2838.17
8	7	A065				2500	168		21	252	441	2059	1.77	2052.23
9	8	A041			-156	2694	160.3			240	400.3	2293.7	17.81	2270.89
10	9	A020			-40.4	7559.6	520			780	1300	6259.6	456.92	5797.68
11	10	A017		-20	-46	3434	240		30	420	690	2744	43.32	2695.68
12	11	A071			215.4	3515.4	304			456	760	2755.4	60.87	2689.53
13	12	A011			449	7649	442.64	114.66	55.33	664	1276.63	6372.37	479.47	5887.9
14	13	A049			-107.3	5892.7	384		48	576	1008	4884.7	283.47	4596.23
15	14	A097				3600	240		30	456	726	2874	26.22	2842.78
16	15	A098				2150	160.3			228	388.3	1761.7		1756.7
17	16	A118				2400	163			244	407	1993	8.79	1979.21
18	17	A002		-15		3235	200			300	500	2735	40.05	2689.95
19	18	A057				3600	200			300	500	3100	65	3030
20	19	A113				2800	176		22	264	462	2338	25.14	2307.86
21	20	A052				2800	176		22	264	462	2338	25.14	2307.86

工资表　对账单

图 5-104　企业的工资表（阴影区域为要核对的数据）

姓名	社保号	养老保险	医疗保险	失业保险	住房公积金	合计
A057	101269153822680	200	20.69	21	300	541.69
A010	119157054173474	160.3		20	216	396.3
A072	120274916621122	160.3			240	400.3
A097	125029981535833	240		30	456	726
A036	136634489745164	160.3			240	400.3
A039	147193151706211	304	31	38	456	829
A102	168639459151085	160.3		20	240	420.3
A111	204019754231155	196.4		20	216	432.4
A024	207168863609926	160.3			216	376.3
A063	223366427685459	200.12			240	440.12
A086	227607700805025	176		22	264	462
A065	241411391523693	188		21	252	461
A028	250129547456678	176			264	440
A038	254031318603784	164	210		246	620
A050	280377282303505	176			264	440
A127	295624481689592	240		30	1080	1350
A124	299019922967899	176		22	264	462
A112	301684146300683	176		22	264	462
A044	314579095967110	160.3		36	264	460.3
A095	315092976135935	160.3			240	400.3

工资表 对账单

图 5-105　社保所的对账单

这种数据核对简单易行的方法之一是使用“多重合并计算数据区域”透视表，主要步骤如下：

步骤 01 整理两个表，删除不必要的列，修改标题，让两个表中的要核对数据的标题一样，如图 5-106 所示。

姓名	养老保险	医疗保险	失业保险	住房公积金	合计
A001	800	210	100	1000	2110
A116	960	250	120	1200	2530
A127	240		30	1080	1350
A121	720		90	1080	1890
A004	240		30	696	966
A003	240			420	660
A065	168		21	252	441
A041	160.3			240	400.3
A020	520			780	1300
A017	240		30	420	690
A071	304			456	760
A011	442.64	114.66	55.33	664	1276.63
A049	384		48	576	1008
A097	240		30	456	726
A098	160.3			228	388.3
A118	163			244	407
A002	200			300	500
A057	200			300	500
A113	176		22	264	462
A052	176		22	264	462

工资表 对账单

姓名	养老保险	医疗保险	失业保险	住房公积金	合计
A057	200	20.69	21	300	541.69
A010	160.3		20	216	396.3
A072	160.3			240	400.3
A097	240		30	456	726
A036	160.3			240	400.3
A039	304	31	38	456	829
A102	160.3		20	240	420.3
A111	196.4		20	216	432.4
A024	160.3			216	376.3
A063	200.12			240	440.12
A086	176		22	264	462
A065	188		21	252	461
A028	176			264	440
A038	164	210		246	620
A050	176			264	440
A127	240		30	1080	1350
A124	176		22	264	462
A112	176		22	264	462
A044	160.3		36	264	460.3
A095	160.3			240	400.3

工资表 对账单

图 5-106　整理表格

步骤 02 按 Alt+D+P 快捷键，打开“数据透视表和数据透视图向导 -- 步骤 1（共 3 步）”对话框，选中“多重合并计算数据区域”单选按钮，如图 5-107 所示。

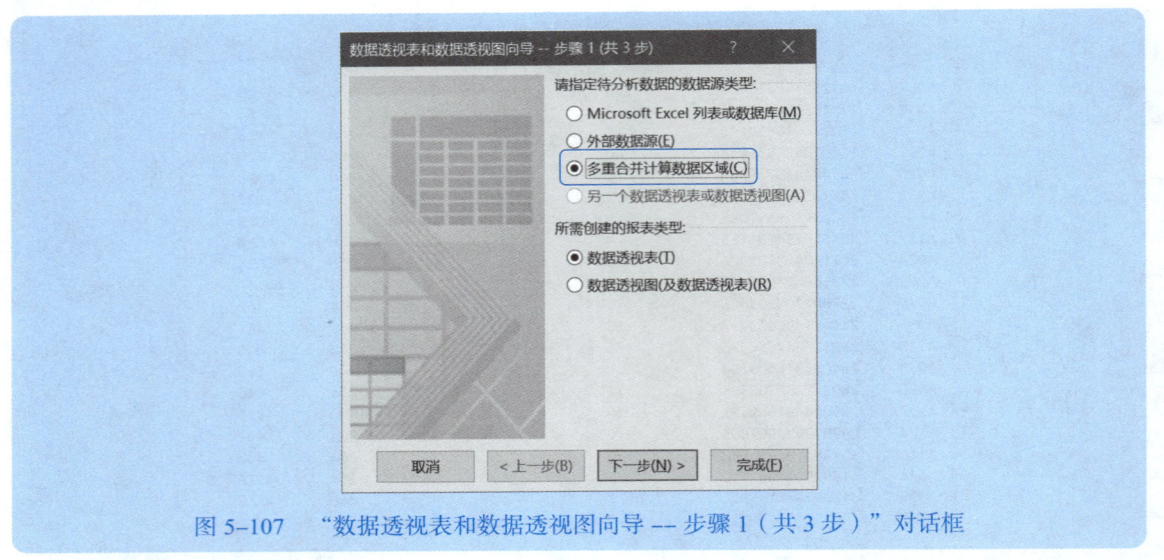

图 5-107 "数据透视表和数据透视图向导 --- 步骤 1（共 3 步）"对话框

步骤 03 单击"下一步"按钮，打开"数据透视表和数据透视图向导 -- 步骤 2a（共 3 步）"对话框，选中"创建单页字段"单选按钮，如图 5-108 所示。

步骤 04 单击"下一步"按钮，打开"数据透视表和数据透视图向导 - 第 2b 步，共 3 步"对话框，选择添加两个表的数据区域，如图 5-109 所示。

要记住添加完毕的两个表的前后次序：第 1 个表是"对账单"，第 2 个表是"工资表"。在完成数据透视表后，要修改项目名称，那时需要以该次序为依据。

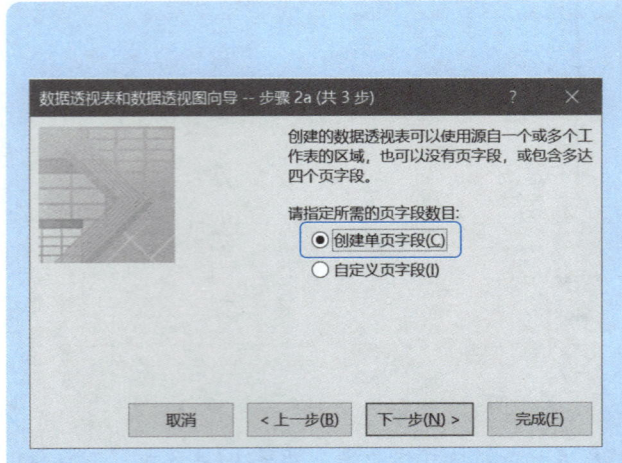

图 5-108 "数据透视表和数据透视图向导 --- 步骤 2a（共 3 步）"对话框

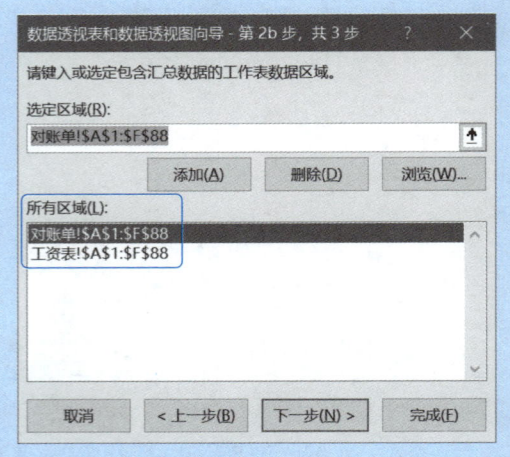

图 5-109 "数据透视表和数据透视图向导 – 第 2 步，共 3 步"对话框

步骤 05 单击"下一步"按钮，打开"数据透视表和数据透视图向导 -- 步骤3（共3步）"对话框，选中"新工作表"单选按钮，如图5-110所示。

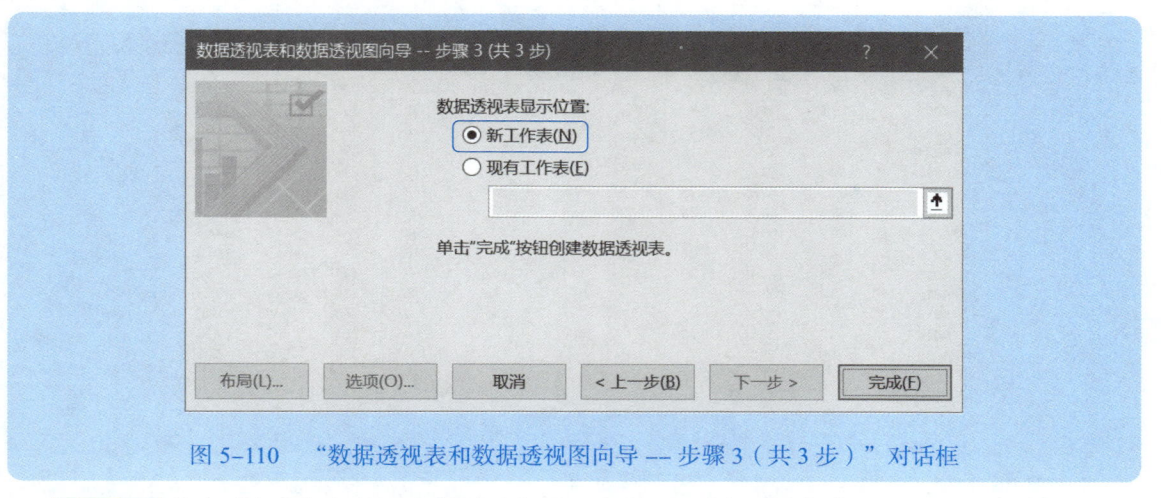

图5-110 "数据透视表和数据透视图向导 -- 步骤3（共3步）"对话框

步骤 06 单击"完成"按钮，就得到了如图5-111所示的数据透视表。

步骤 07 对数据透视表进行设置，取消行总计，调整列次序，设置报表样式，修改字段名称，就得到了如图5-112所示的数据透视表。

图5-111 创建的基本数据透视表

图5-112 设置格式后的数据透视表

步骤 08 将列字段"表"移动至"行"窗格，取消分类汇总，如图5-113所示。

	A	B	C	D	E	F	G	H	I	J	K
1											
2											
3	金额	项目	表								
4		养老保险		失业保险		医疗保险		住房公积金		合计	
5	姓名	项1	项2	项1	项2	项1	项2	项1	项2	项1	项2
6	A001	800	800	100	100	210	210	1000	1000	2110	2110
7	A002	223.5	200					300	300	523.5	500
8	A003	240	240	29.33				420	420	689.33	660
9	A004	288.48	240	30	30			696	696	1014.48	966
10	A006	160.3	160.3			96		240	240	496.3	400.3
11	A007	210.43	176	45.33	22			264	264	519.76	462
12	A008	160.3	160.3	20	20			240	240	420.3	420.3
13	A009	160.3	160.3					384	384	544.3	544.3
14	A010	160.3	160.3	20	20			216	216	396.3	396.3
15	A011	442.64	442.64	55.33	55.33	114.66	114.66	664	664	1276.63	1276.63
16	A012	160.3	160.3					336	336	496.3	496.3
17	A013	176	176					264	264	440	440
18	A014	176	176	22	22			264	264	462	462
19	A015	200	200					300	300	500	500

Sheet5 工资表 对账单

图 5–113 重新布局数据透视表

步骤 09 图 5-113 中的"项 1"是指"对账单"，"项 2"是指"工资表"，将"项 1"和"项 2"修改为对应的名称，如图 5-114 所示。

步骤 10 单击"对账单"或"工资表"名称所在的任意单元格，执行"分析"→"字段、项目和集"→"计算项"命令，如图 5-115 所示。

步骤 11 打开如图 5-116 所示的对话框，在"名称"输入框中输入"差异"，在"公式"输入框中输入"= 工资表 - 对账单"。

	A	B	C	D	E	F	G	H	I	J	K
1											
2											
3	金额	项目	表								
4		养老保险		失业保险		医疗保险		住房公积金		合计	
5	姓名	对账单	工资表	对账单	工资表	对账单	工资表	对账单	工资表	对账单	工资表
6	A001	800	800	100	100	210	210	1000	1000	2110	2110
7	A002	223.5	200					300	300	523.5	500
8	A003	240	240	29.33				420	420	689.33	660
9	A004	288.48	240	30	30			696	696	1014.48	966
10	A006	160.3	160.3			96		240	240	496.3	400.3
11	A007	210.43	176	45.33	22			264	264	519.76	462
12	A008	160.3	160.3	20	20			240	240	420.3	420.3
13	A009	160.3	160.3					384	384	544.3	544.3
14	A010	160.3	160.3	20	20			216	216	396.3	396.3
15	A011	442.64	442.64	55.33	55.33	114.66	114.66	664	664	1276.63	1276.63
16	A012	160.3	160.3					336	336	496.3	496.3
17	A013	176	176					264	264	440	440
18	A014	176	176	22	22			264	264	462	462
19	A015	200	200					300	300	500	500

Sheet5 工资表 对账单

图 5–114 修改默认的名称

第 5 章 采集与汇总人力资源数据

图 5-115 "计算项"命令

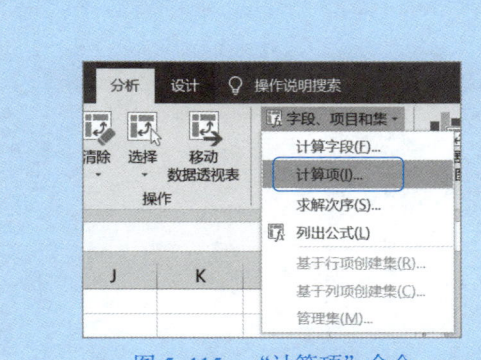

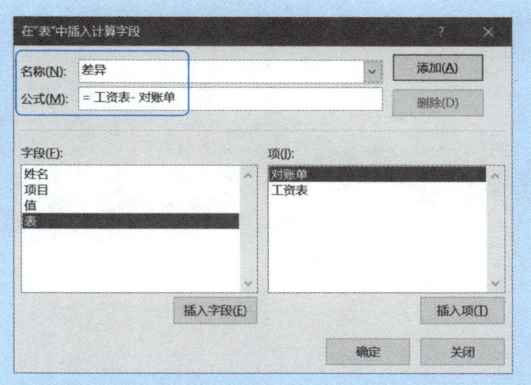

图 5-116 添加计算项，计算两个表的差异

步骤 12 单击"确定"按钮，就得到了如图 5-117 所示的核对结果。

图 5-117 核对结果

步骤 13 将数据透视表变为普通的表，然后建立筛选，如图 5-118 所示。

图 5-118 将数据透视表变为普通的表，然后建立筛选

步骤 14 从合计的"差异"列中，筛选出不是 0 的数据，即两个表中有差异的人员名单，如图 5-119 所示。

	A	B	C	D	E	F	G	H	I	J	K	L	M	N	O	P
1		养老保险			失业保险			医疗保险			住房公积金			合计		
2	姓名	对账单	工资表	差异	对账单	工资表	差异	对账单	工资表	差异	对账单	工资表	差异	对账单	工资表	差异
4	A002	223.5	200	-23.5							300	300		523.5	500	-23.5
5	A003	240	240		29.33		-29.33				420	420		689.33	660	-29.33
6	A004	288.48	240	-48.48	30	30					696	696		1014.48	966	-48.48
7	A006	160.3	160.3					96		-96	240	240		496.3	400.3	-96
8	A007	210.43	176	-34.43	45.33	22	-23.33				264	264		519.76	462	-57.76
17	A017		240	240		30	30					420	420		690	690
20	A023	160.3	160.3		44		-44				240	240		444.3	400.3	-44
27	A034	160.3	160.3		67		-67				300	240	-60	527.3	400.3	-127
29	A038	164	164					210		-210	246	246		620	410	-210
30	A039	304	304		38	38		31		-31	456	456		829	798	-31
33	A043	160.3	160.3								285	240	-45	445.3	400.3	-45
34	A044	160.3	160.3		36		-36				264	264		460.3	424.3	-36
41	A052	179.59	176	-3.59	34.13	22	-12.13				264	264		477.72	462	-15.72
42	A055	240		-240	30		-30				420		-420	690		-690
43	A057	200	200		21		-21	20.69		-20.69	300	300		541.69	500	-41.69
45	A059	160.3		-160.3	20		-20				240		-240	420.3		-420.3
47	A061	580	560	-20	406	70	-336	185	144	-41	840	840		2011	1614	-397

图 5-119 两个表中有差异的人员名单

5.5.2 制作社保对不上的差异表：使用 Power Query 工具

使用"多重合并计算数据区域"透视表来核对社保不算复杂，但也有一个麻烦之处：无法快速得到两个表不一样的核对结果表，例如：

（1）企业的"工资表"中有，社保所的"对账单"中没有。

（2）社保所的"对账单"中有，企业的"工资表"中没有。

（3）两个表中都有，但总金额对不上。

下面介绍使用 Power Query 工具快速获得三种情况的核对结果表的方法和步骤。

案例5-13

下面是主要的方法和步骤。

1. 建立基本查询

执行"数据"→"新建查询"→"从文件"→"从工作簿"命令，按照向导操作，打开"导航器"对话框，如图 5-120 所示。在"导航器"对话框中勾选"选择多项"复选框，并勾选"对账单"和"工资表"复选框。

图 5-120 "导航器"对话框

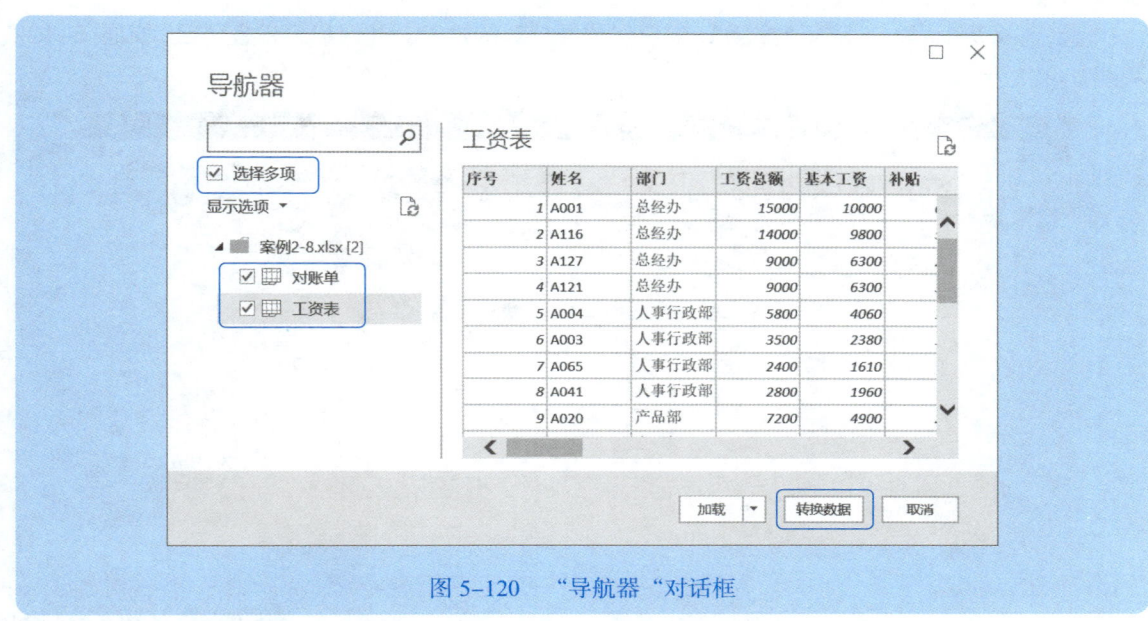

单击"转换数据"按钮，打开 Power Query 编辑器，如图 5-121 所示。

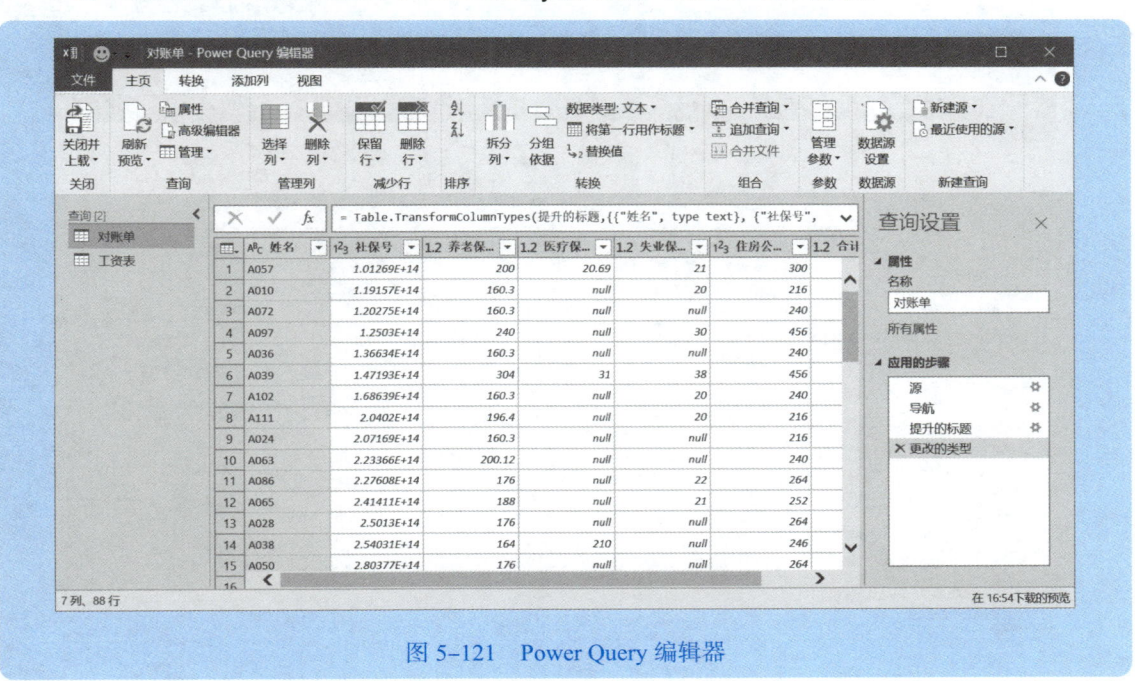

图 5-121 Power Query 编辑器

分别选择两个表，删除多余的列，仅仅保留要核对的姓名、社保和公积金项目，如图 5-122 和图 5-123 所示。

图 5-122　删除"对账单"表中不需要的列

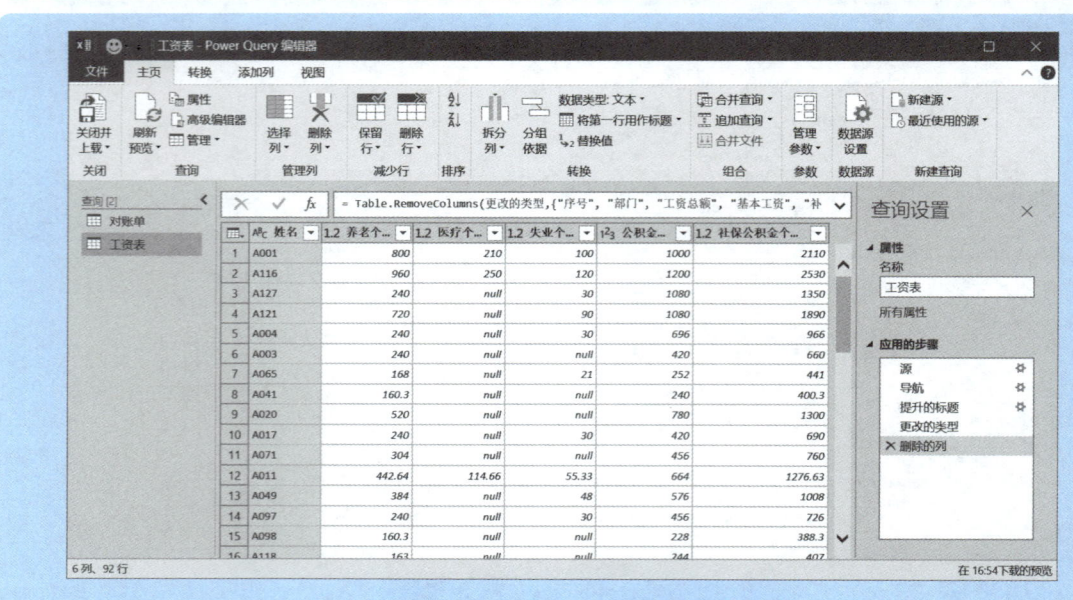

图 5-123　删除"工资表"表中不需要的列

2. 查询"工资表"中有而"对账单"中没有的数据

在 Power Query 编辑器左侧的"查询"窗格中选择"工资表",然后执行"将查询合并为新查询"命令,如图 5-124 所示。

打开"合并"对话框,在下面的表中选择"对账单",分别选择上下两个表中的"姓名"列,然后在"联接种类"下拉框中选择"左反(仅限第一个中的行)",如图 5-125 所示。

图 5-124 "将查询合并为新查询"命令

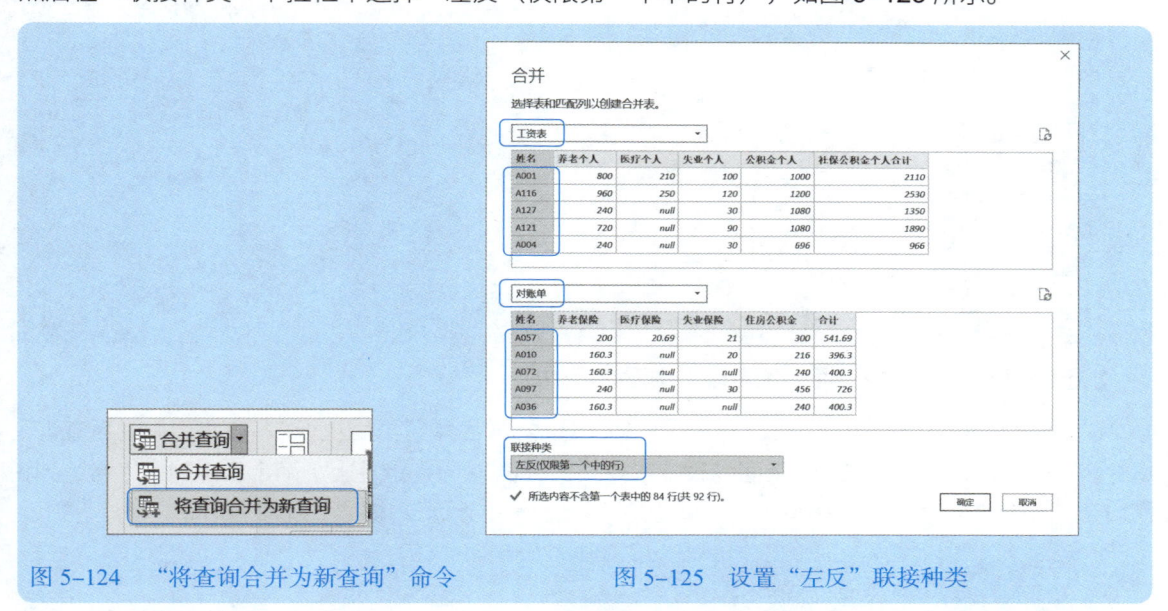

图 5-125 设置"左反"联接种类

单击"确定"按钮,就得到了"工资表"中有而"对账单"中没有的数据,如图 5-126 所示。

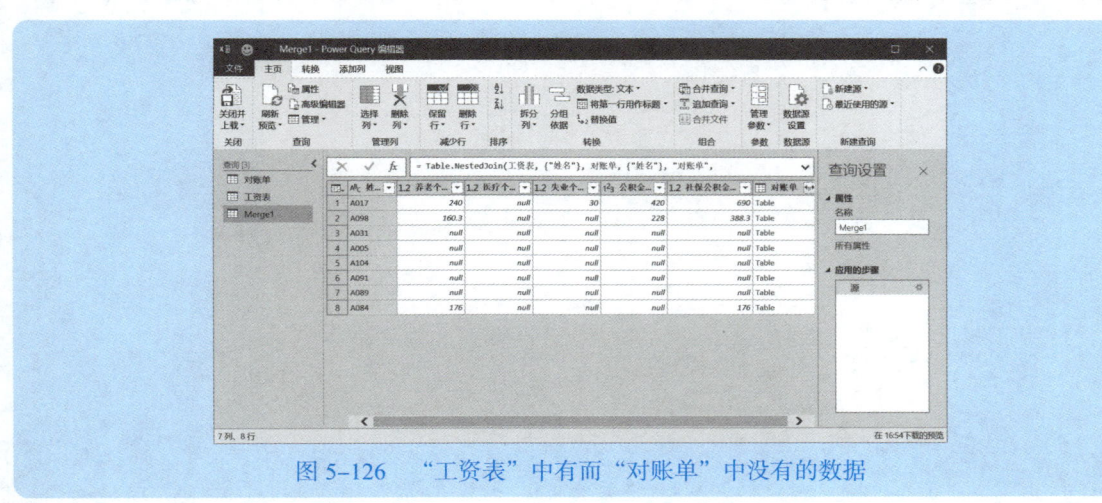

图 5-126 "工资表"中有而"对账单"中没有的数据

最后一列是无数据的项目，需要删除，然后将默认的查询名 Merge1 重命名为"工资表有对账单无"，如图 5-127 所示。

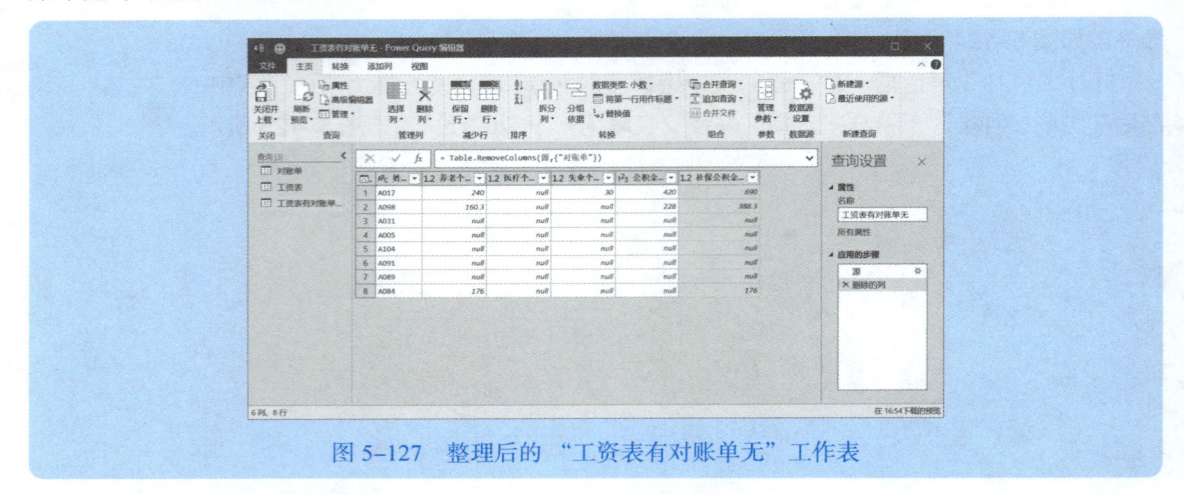

图 5-127　整理后的"工资表有对账单无"工作表

3. 查询"对账单"中有而"工资表"中没有的数据

在 Power Query 编辑器左侧的"查询"窗格中选择"对账单"，然后执行"将查询合并为新查询"命令，打开"合并"对话框，在下面的表中选择"工资表"，分别选择上下两个表中的"姓名"列，然后在"联接种类"下拉框中选择"左反（仅限第一个中的行）"，如图 5-128 所示。

图 5-128　设置"左反"联接种类

单击"确定"按钮,就得到了"对账单"中有而"工资表"中没有的数据,如图 5-129 所示。

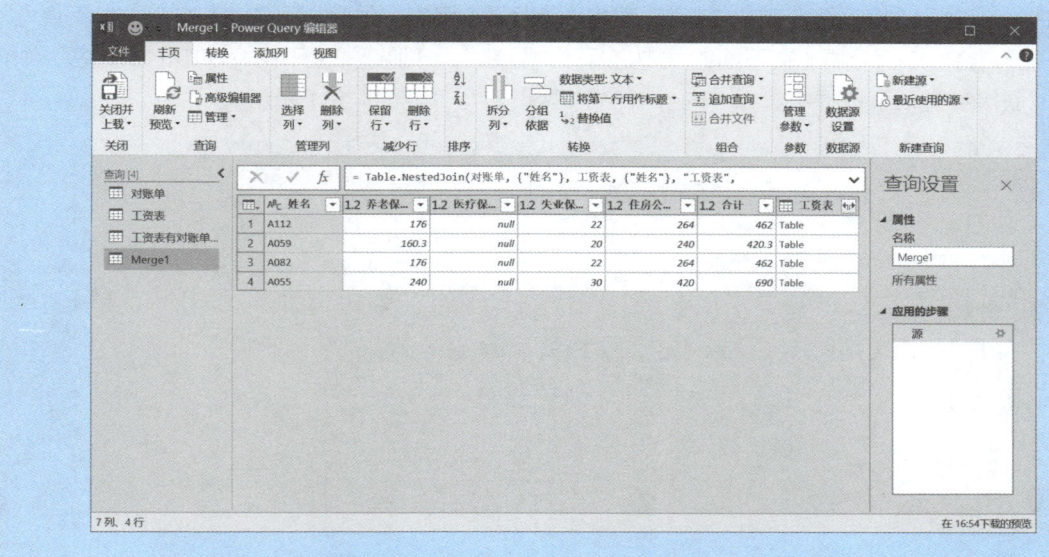

图 5-129 "对账单"中有而"工资表"中没有的数据

删除最后一列,将默认的查询名 Merge1 重命名为"对账单有工资表无",如图 5-130 所示。

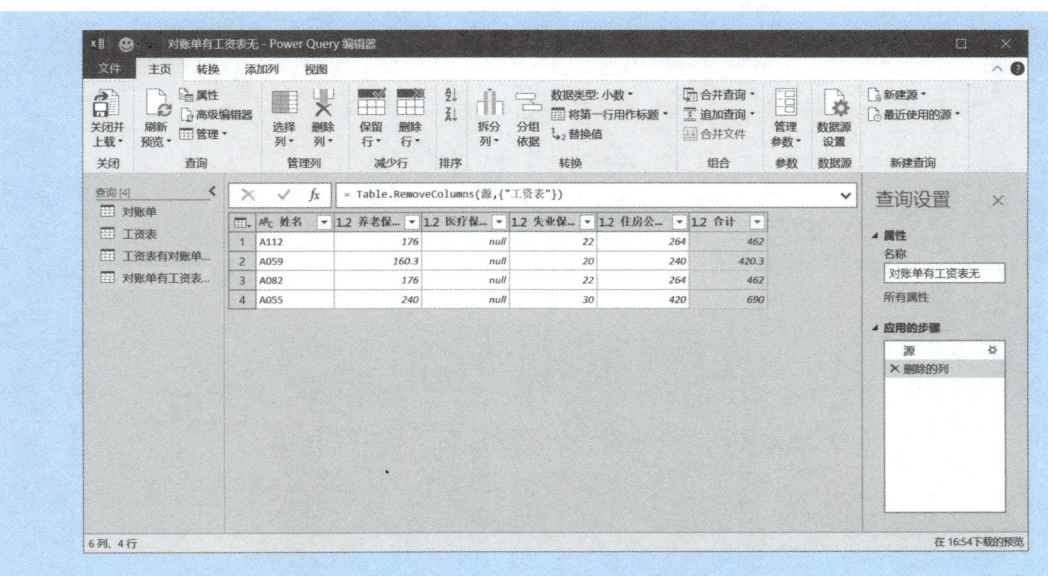

图 5-130 整理后的"对账单有工资表无"工作表

4. 查询两个表中都有，但总金额对不上的数据

在 Power Query 编辑器左侧的"查询"窗格中选择"工资表"，然后执行"将查询合并为新查询"命令，打开"合并"对话框，在下面的表中选择"对账单"，分别选择上下两个表中的"姓名"列，然后在"联接种类"下拉框中选择"内部（仅限匹配行）"，如图 5-131 所示。

合并

选择表和匹配列以创建合并表。

工资表

姓名	养老个人	医疗个人	失业个人	公积金个人	社保公积金个人合计
A001	800	210	100	1000	2110
A116	960	250	120	1200	2530
A127	240	null	30	1080	1350
A121	720	null	90	1080	1890
A004	240	null	30	696	966

对账单

姓名	养老保险	医疗保险	失业保险	住房公积金	合计
A057	200	20.69	21	300	541.69
A010	160.3	null	20	216	396.3
A072	160.3	null	null	240	400.3
A097	240	null	30	456	726
A036	160.3	null	null	240	400.3

联接种类

内部(仅限匹配行)

✓ 所选内容匹配第一个表中的 84 行(共 92 行)，和第二个表中的 84 行(共 88...

图 5-131　设置"内部"联接种类

单击"确定"按钮，就得到了两个表中都有的数据，如图 5-132 所示。

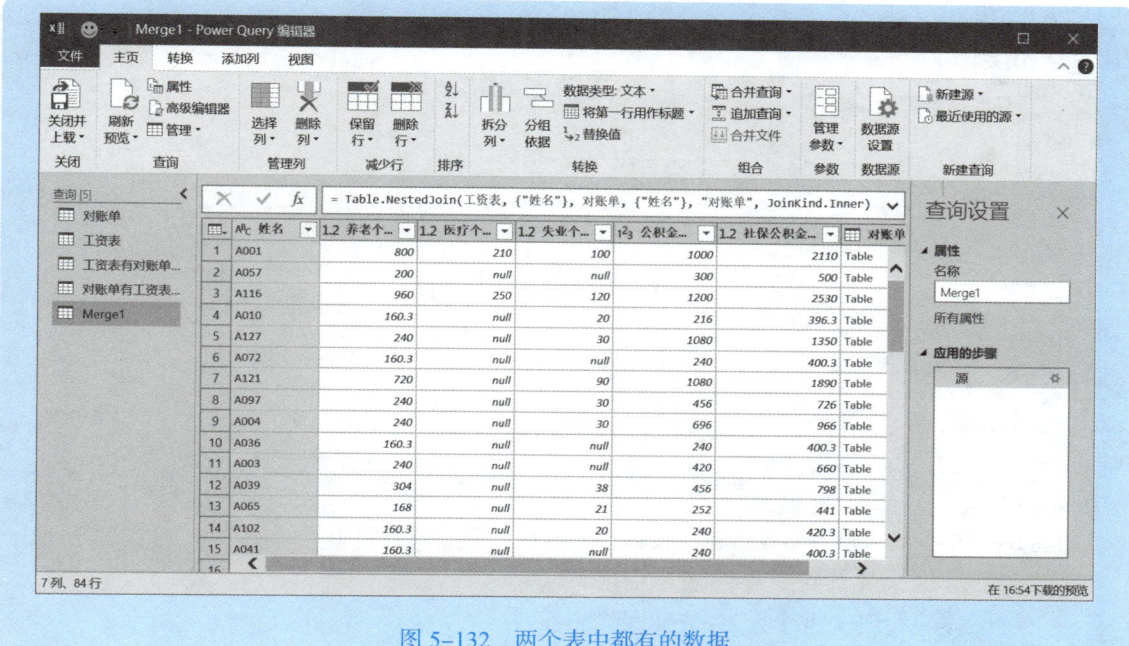

图 5-132 两个表中都有的数据

首先将默认的查询名 Merge1 重命名为"两个表都有但对不上",然后展开最后一列,取消勾选"姓名"复选框,如图 5-133 所示。

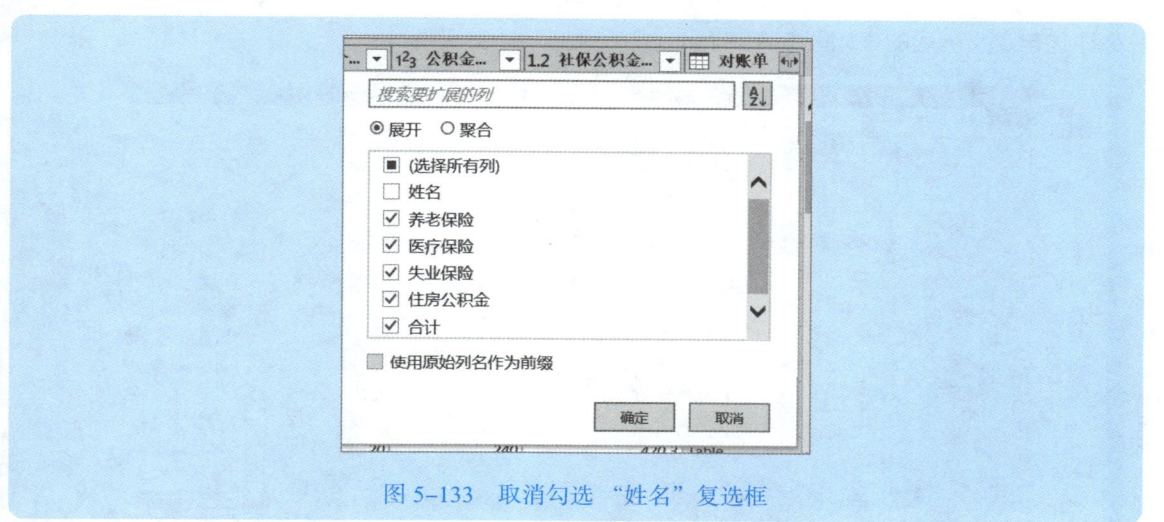

图 5-133 取消勾选"姓名"复选框

单击"确定"按钮,就得到了如图 5-134 所示的表。

图 5-134 展开的两个表的数据对比

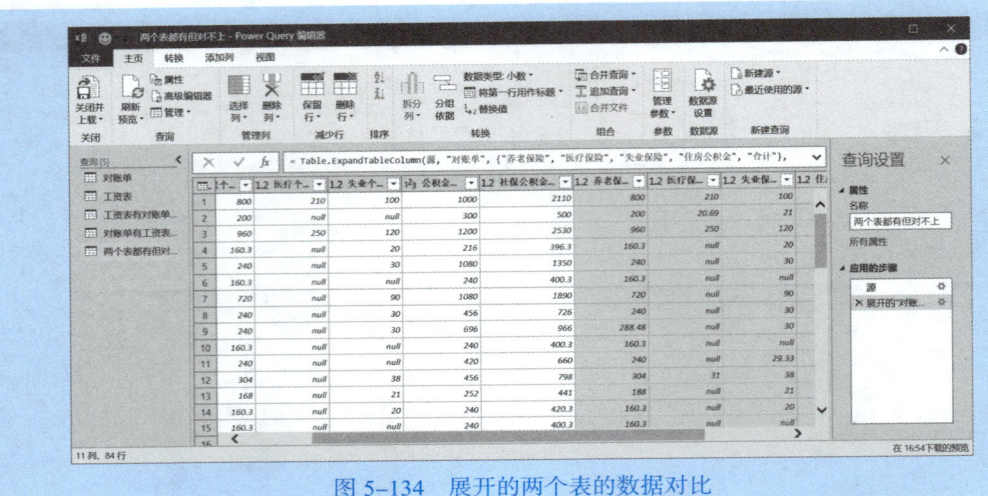

为图 5-134 所示的表添加 5 个自定义列，列名和计算公式分别如下：

◎ "养老差异"：= [养老个人]–[养老保险]
◎ "失业差异"：= [失业个人]–[失业保险]
◎ "医疗差异"：= [医疗个人]–[医疗保险]
◎ "公积金差异"：= [公积金个人]–[住房公积金]
◎ "总金额差异"：= [社保公积金个人合计]–[合计]

添加自定义列后的表如图 5-135 所示。

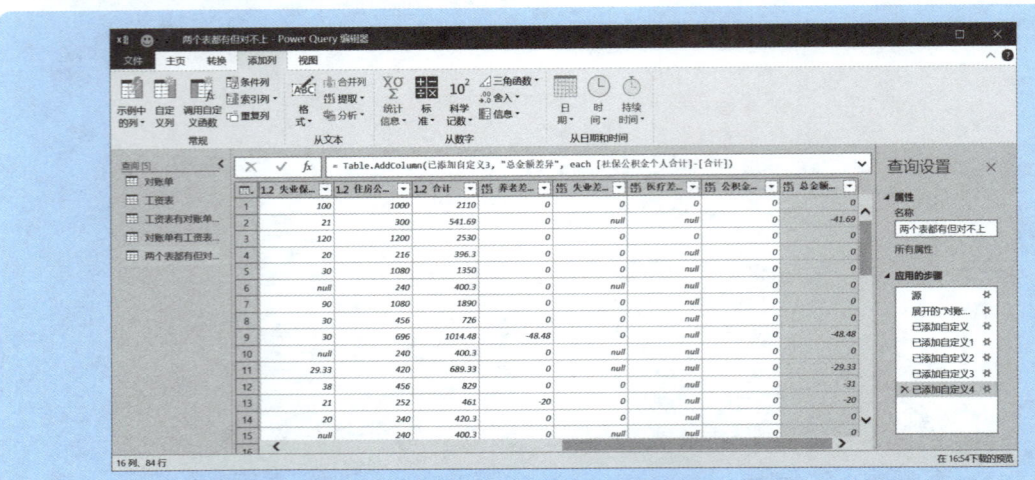

图 5-135 添加自定义列后的表

从"总金额差异"列中,将不是 0 的数据筛选出来,就得到了两个表中都有,但总金额对不上的数据,如图 5-136 所示。

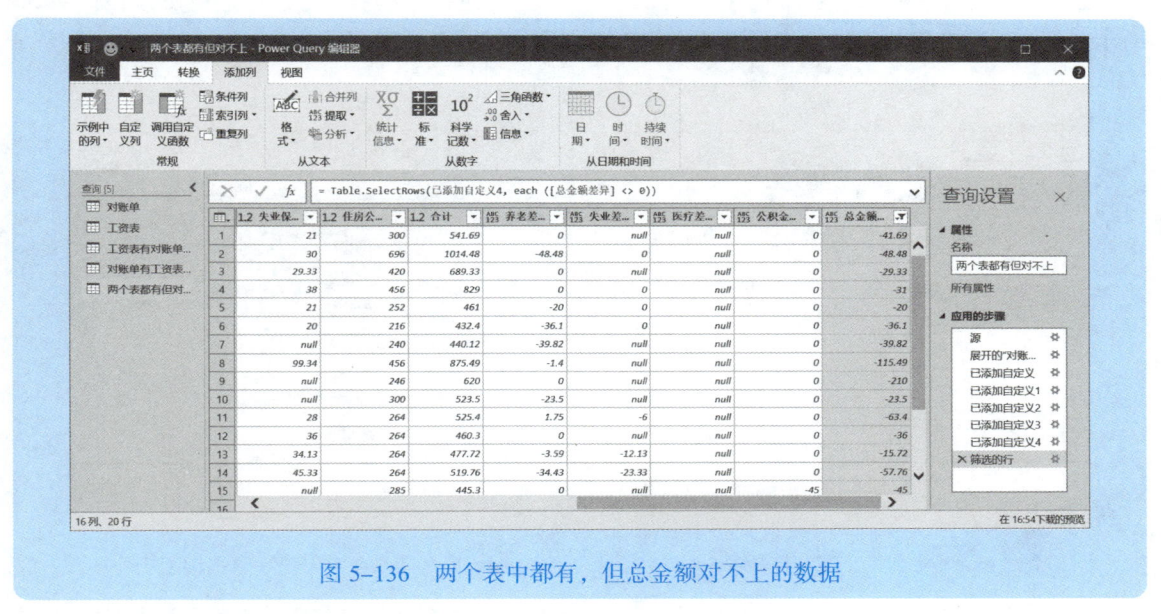

图 5-136 两个表中都有,但总金额对不上的数据

调整各列的次序,修改列标题,便于查看和比较,如图 5-137 所示。

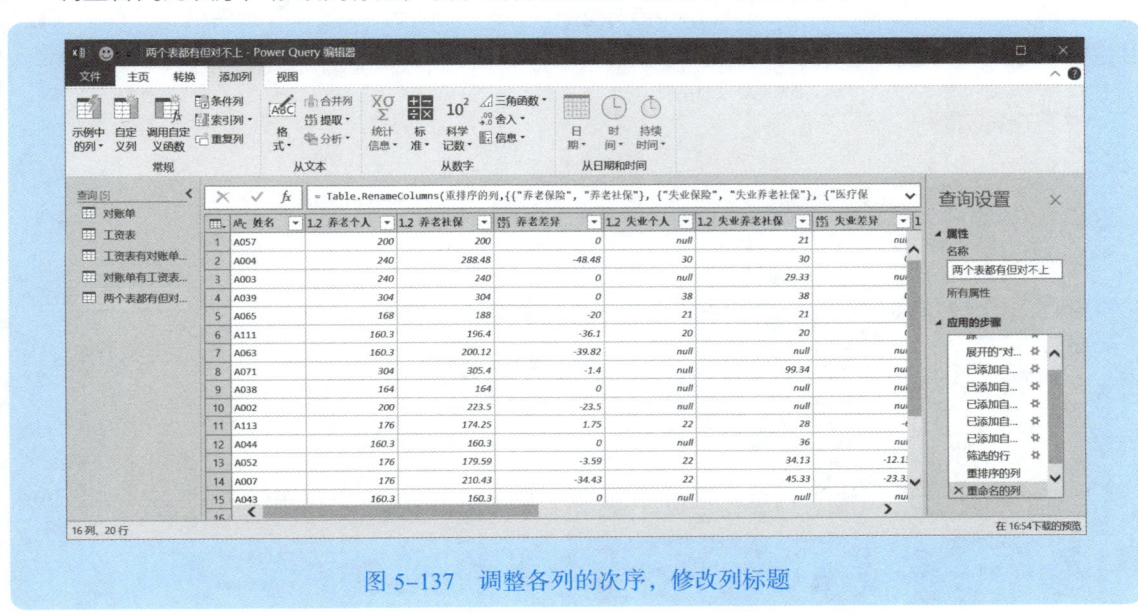

图 5-137 调整各列的次序,修改列标题

5. 导出数据

首先执行"关闭并上载至"命令，打开"加载到"对话框，选中"仅创建连接"单选按钮，如图 5-138 所示。那么，就在工作表右侧出现了建立的查询列表，如图 5-139 所示。

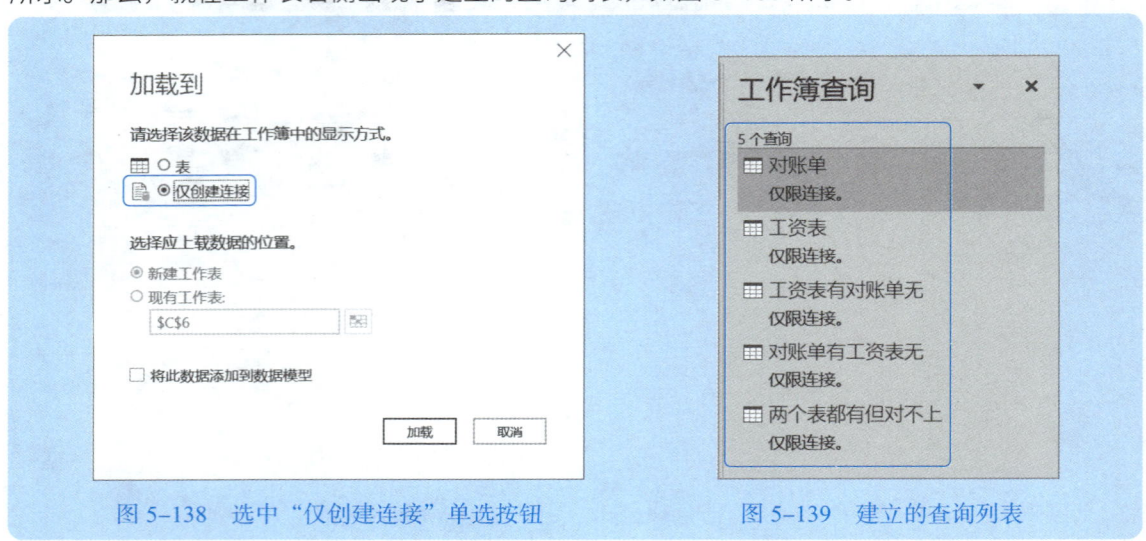

图 5-138　选中"仅创建连接"单选按钮　　　　图 5-139　建立的查询列表

新建一个工作表，重命名为"核对结果"，然后在工作表右侧的"工作簿查询"窗格中，右击某个查询，执行"加载到"命令，如图 5-140 所示。打开"加载到"对话框，选中"表"单选按钮，并指定上载数据的位置，如图 5-141 所示。

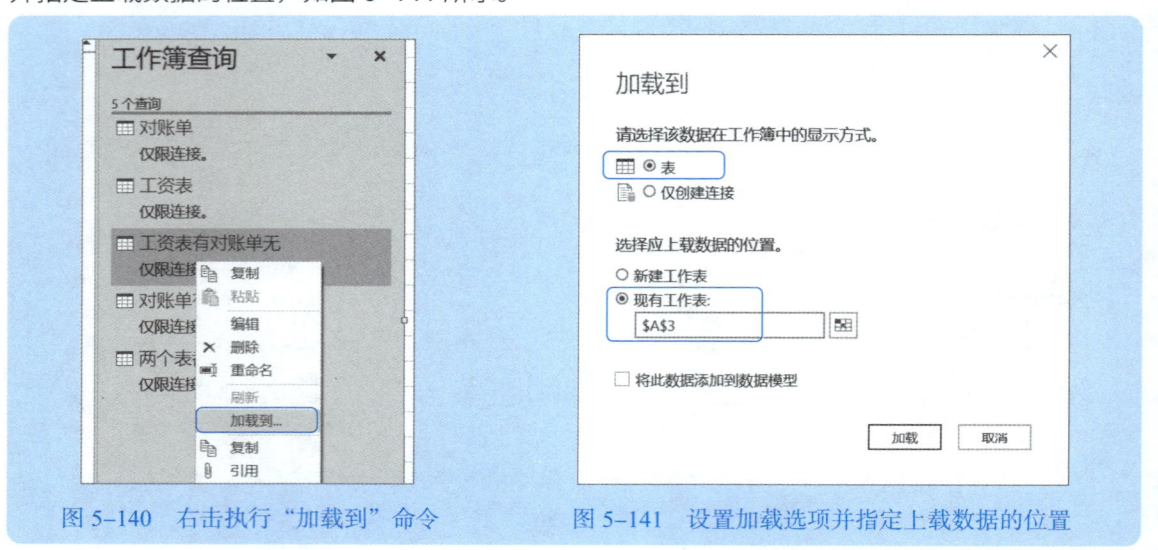

图 5-140　右击执行"加载到"命令　　　　图 5-141　设置加载选项并指定上载数据的位置

这样，就在工作表中的指定位置保存了核对结果。

图 5-142 所示是将核对的三个表导出的情况，这里添加了说明性文字。

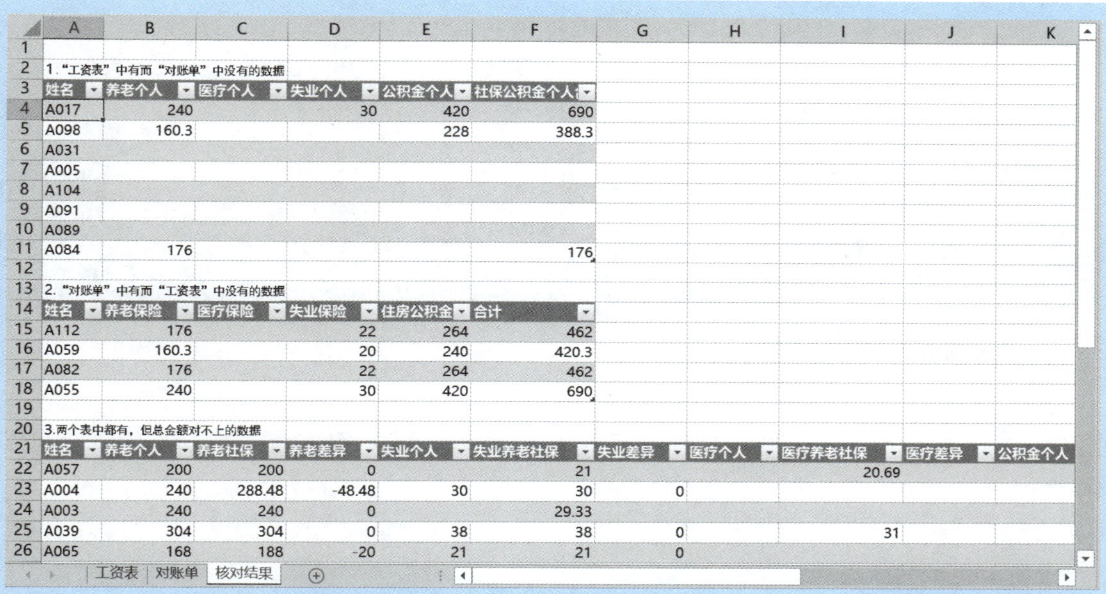

1. “工资表”中有而“对账单”中没有的数据

姓名	养老个人	医疗个人	失业个人	公积金个人	社保公积金个人合
A017	240		30	420	690
A098	160.3			228	388.3
A031					
A005					
A104					
A091					
A089					
A084	176				176

2. “对账单”中有而“工资表”中没有的数据

姓名	养老保险	医疗保险	失业保险	住房公积金	合计
A112	176		22	264	462
A059	160.3		20	240	420.3
A082	176		22	264	462
A055	240		30	420	690

3. 两个表中都有，但总金额对不上的数据

姓名	养老个人	养老社保	养老差异	失业个人	失业养老社保	失业差异	医疗个人	医疗养老社保	医疗差异	公积金个人
A057	200	200	0		21			20.69		
A004	240	288.48	-48.48	30	30	0				
A003	240	240	0		29.33					
A039	304	304	0	38	38	0		31		
A065	168	188	-20	21	21	0				

工资表　对账单　核对结果

图 5-142　核对结果

5.5.3　提取新入职员工名单和离职员工名单

老板说：“小刘，帮我做两个表，一个表是今年新入职的员工数据，一个是今年离职的员工数据。”

案例5-14

扫一扫，看视频

如果有两个从系统导出的表：年初信息表和年末信息表，如图 5-143 所示。那么可以使用 Power Query 工具快速制作下面的两个表：

（1）新进员工表：所谓新进员工表，就是年末信息表中有，年初信息表中没有的数据。

（2）离职人员表：所谓离职人员表，就是年初信息表中有，年末信息表中没有的数据。

图 5-143 年初信息表和年末信息表

1. 建立基本查询

执行"数据"→"新建查询"→"从文件"→"从工作簿"命令，按照向导操作，打开"导航器"对话框，如图 5-144 所示。然后勾选"选择多项"复选框，勾选"年初信息表"和"年末信息表"复选框。

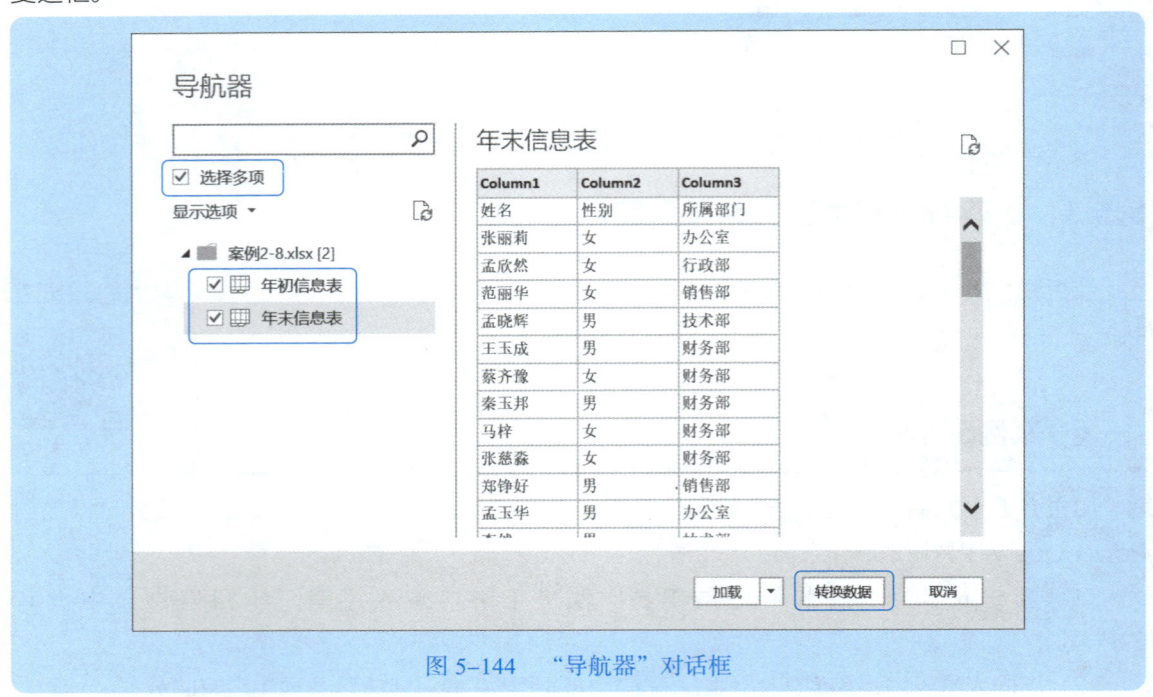

图 5-144 "导航器"对话框

单击"转换数据"按钮，打开 Power Query 编辑器，如图 5-145 所示。

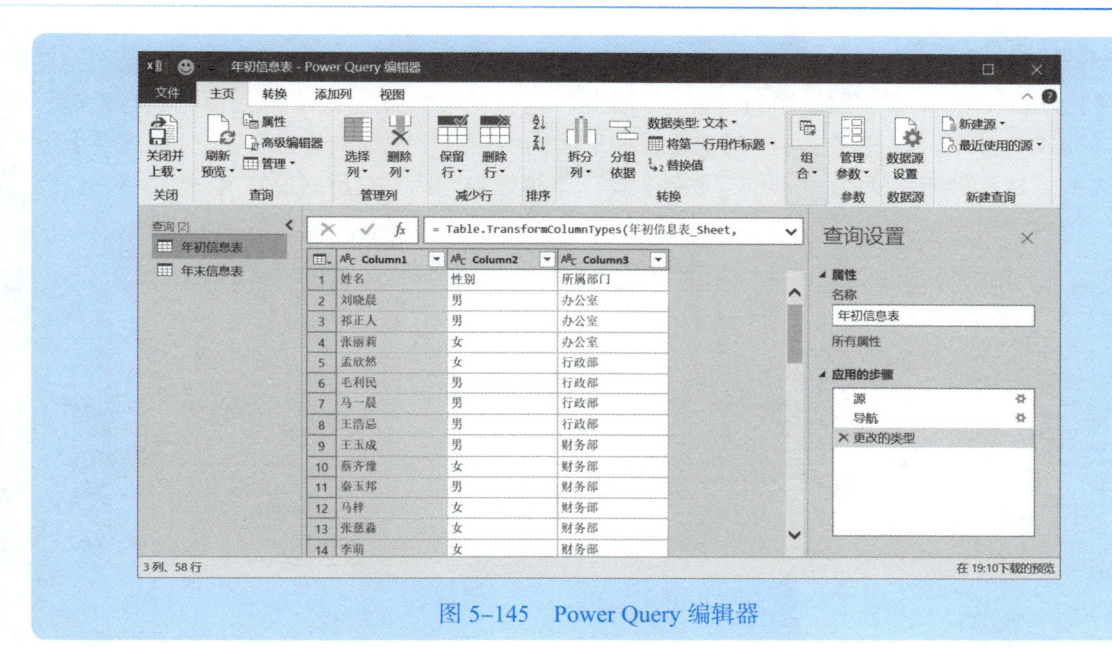

图 5-145 Power Query 编辑器

这两个表的默认标题不是原始表的标题，因此在 Power Query 编辑器左侧的"查询"窗格中，分别选择这两个表，执行"将第一行用作标题"命令，提升标题，如图 5-146 所示。

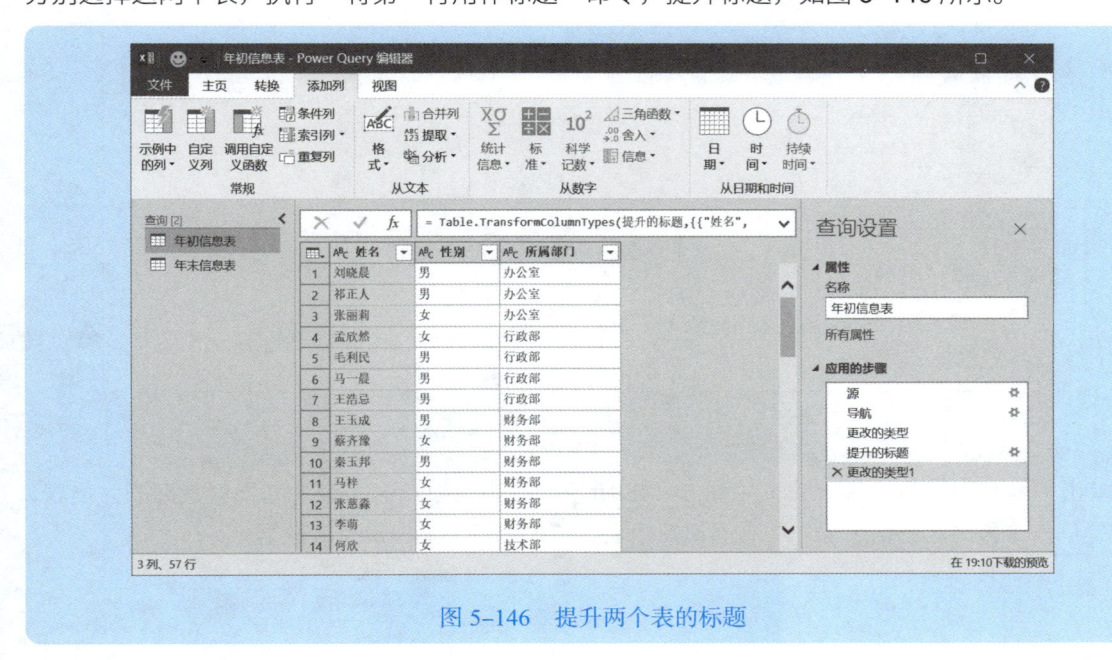

图 5-146 提升两个表的标题

2. 制作离职人员表

在 Power Query 编辑器左侧的"查询"窗格中选择"年初信息表",然后执行"将查询合并为新查询"命令,打开"合并"对话框,在下面的表中选择"年末信息表",分别选择上下两个表的"姓名"列,然后在底部的"联接种类"下拉框中选择"左反(仅限第一个中的行)",如图 5-147 所示。

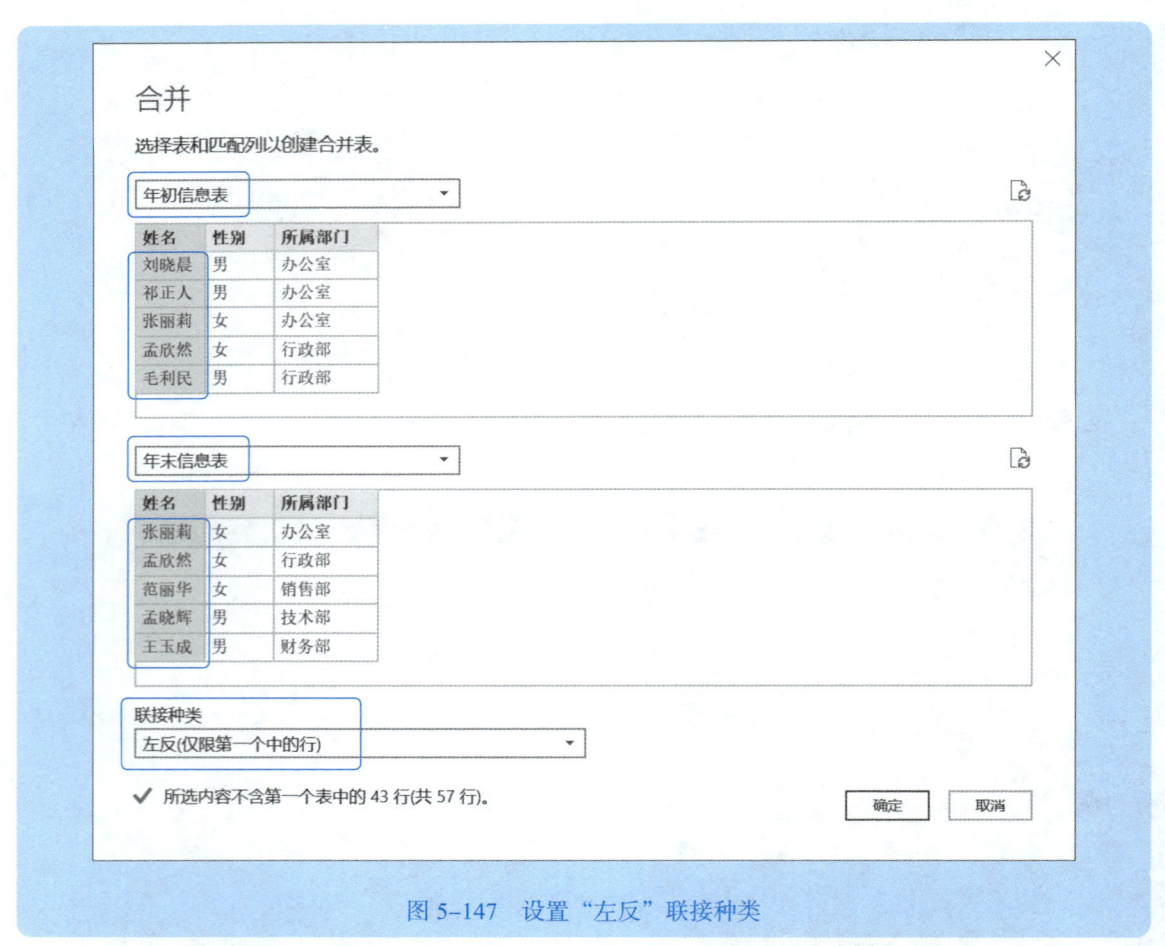

图 5-147 设置"左反"联接种类

单击"确定"按钮,就得到了如图 5-148 所示的查询结果,这个查询结果就是离职人员表,也就是第一个表(年初信息表)中有而第二个表(年末信息表)中没有的数据。

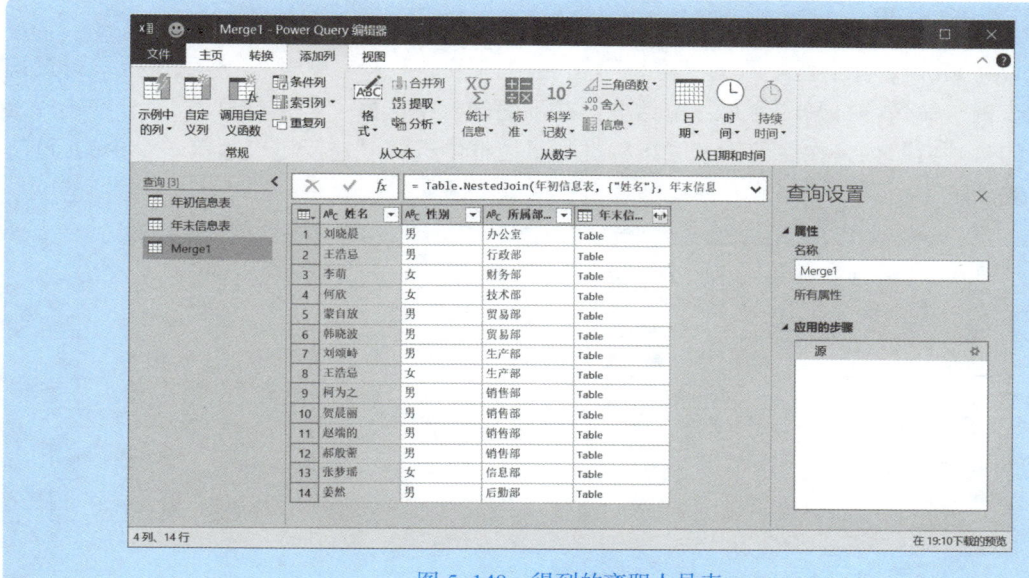

图 5-148 得到的离职人员表

离职人员表的最后一列是空值，可以将其删除，然后在 Power Query 编辑器右侧的"查询设置"窗格中，将查询名称 Merge1 重命名为"离职人员"，如图 5-149 所示。

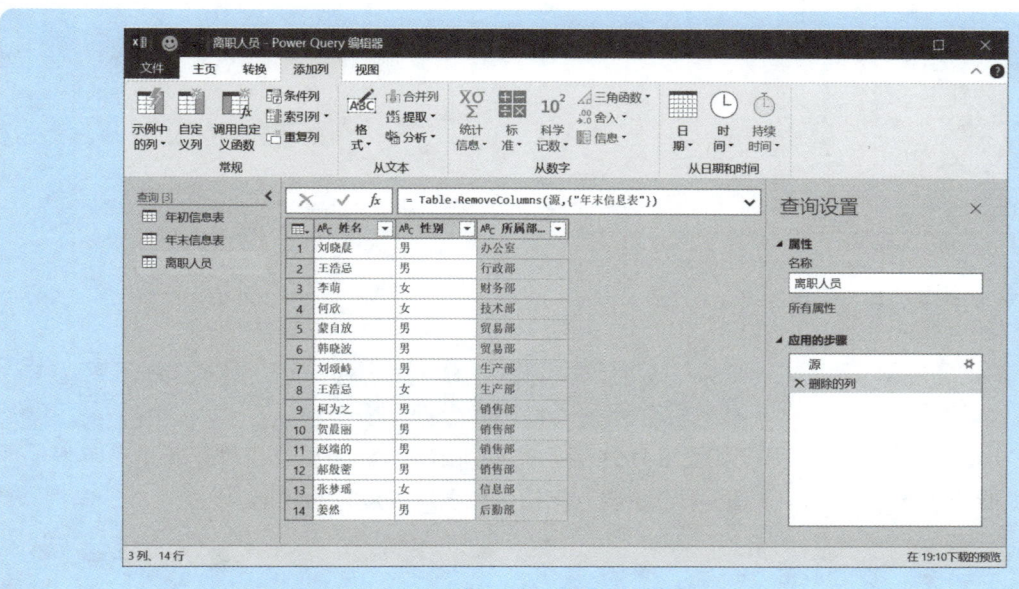

图 5-149 离职人员表

3. 制作新进员工表

在 Power Query 编辑器左侧的"查询"窗格中选择"年末信息表",然后执行"将查询合并为新查询"命令,打开"合并"对话框,在下面的表中选择"年初信息表",分别选择上下两个表的"姓名"列,在底部的"联接种类"下拉框中选择"左反(仅限第一个中的行)",如图 5-150 所示。

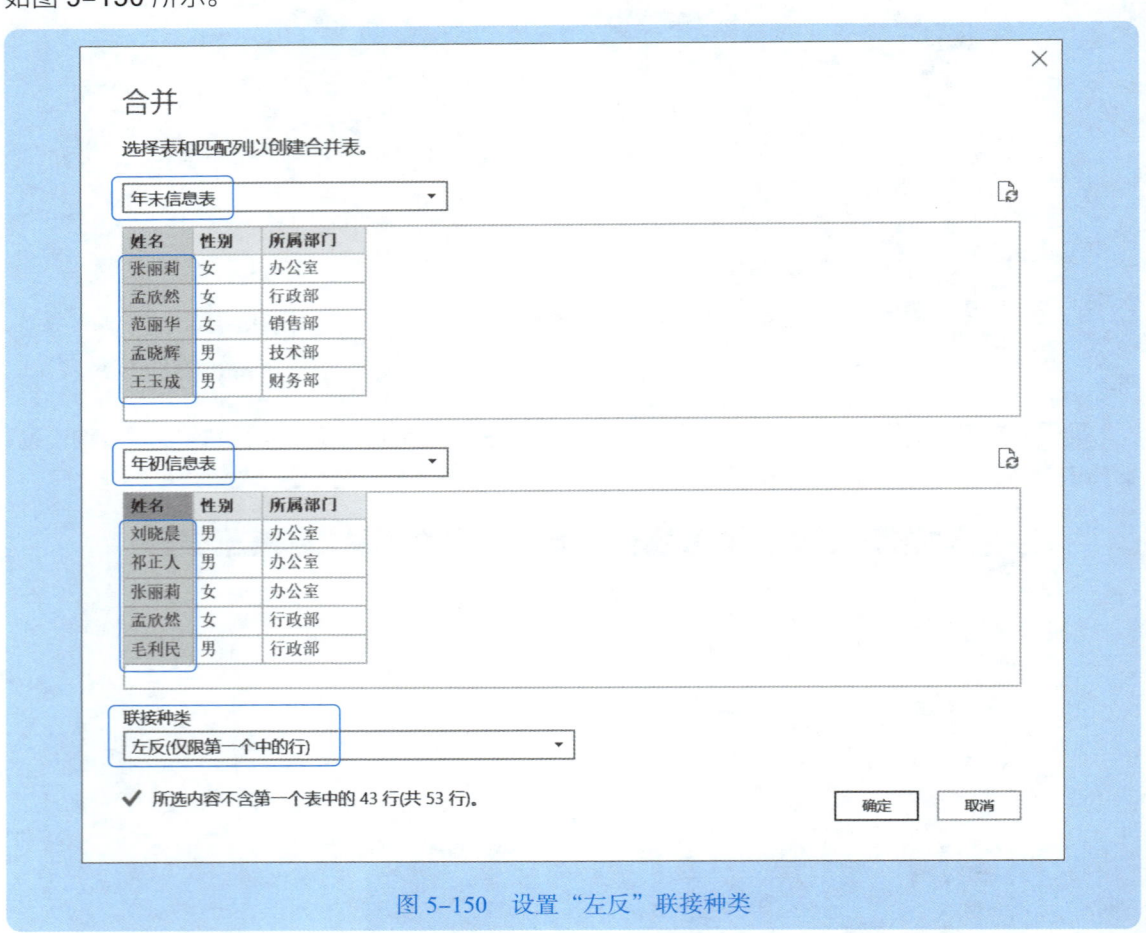

图 5-150 设置"左反"联接种类

单击"确定"按钮,就得到了如图 5-151 所示的查询结果。该查询结果就是新进员工表,也就是第一个表(年末信息表)中有而第二个表(年初信息表)中没有的数据。

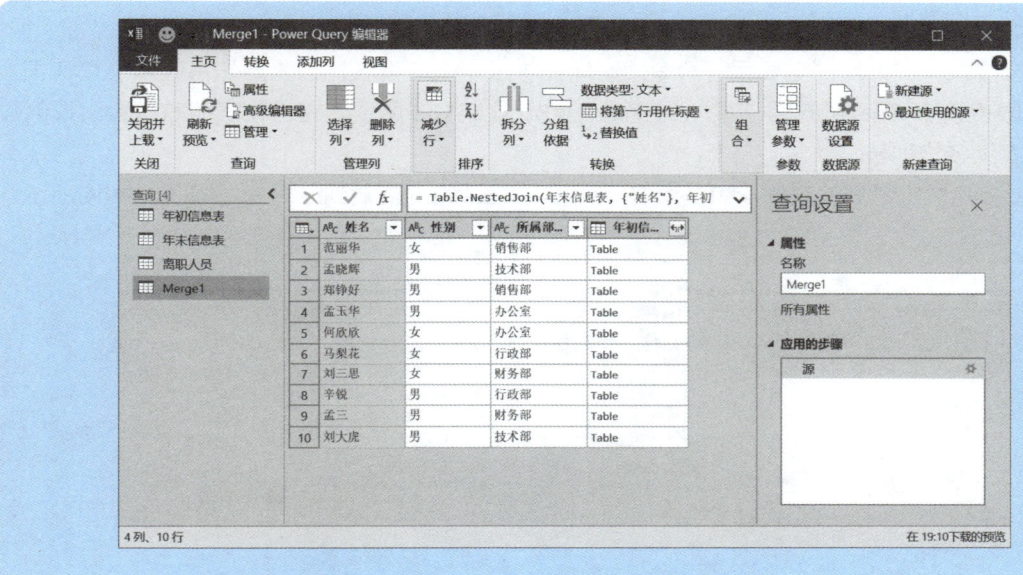

图 5-151 得到的新进员工表

新进员工表的最后一列也是空值，可以将其删除，然后在 Power Query 编辑器右侧的"查询设置"窗格中，将查询名称 Merge1 重命名为"新进员工"，如图 5-152 所示。

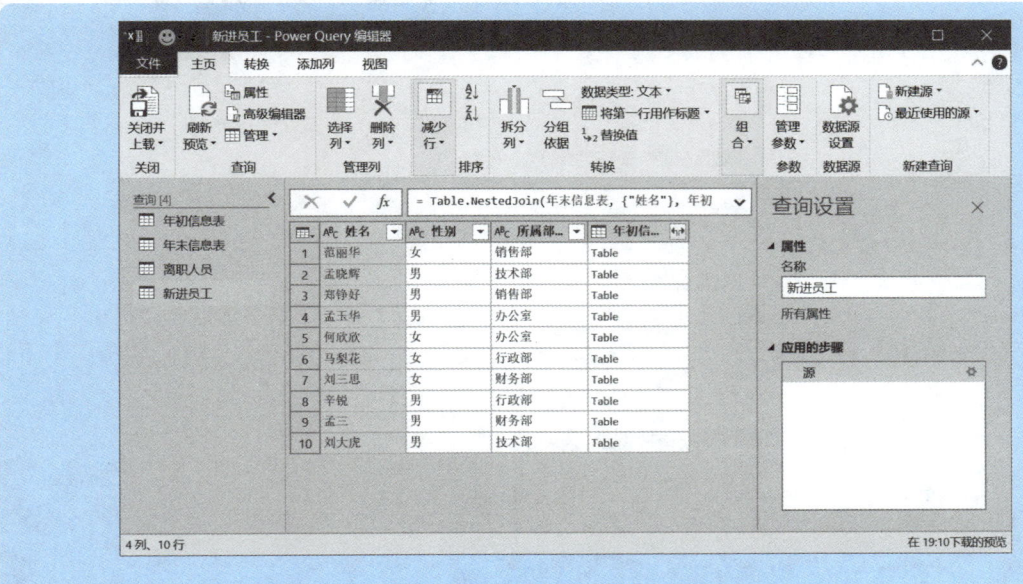

图 5-152 新进员工表

4. 上载导出数据

不能直接执行"关闭并上载至"命令，这样会导出 4 个查询表，因此要先将这 4 个查询表上载为"仅限连接"，得到"仅限连接"的查询表，如图 5-153 所示，在工作表的右侧会出现创建的工作簿查询名称列表。

右击要单独导出数据的查询，如"离职人员"，右击执行"加载到"命令，如图 5-154 所示。

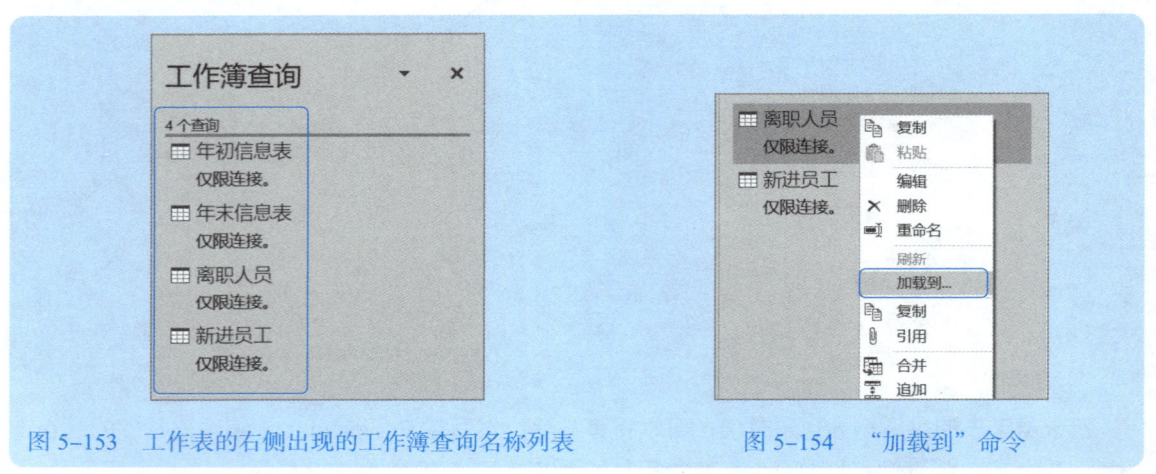

图 5-153　工作表的右侧出现的工作簿查询名称列表

图 5-154　"加载到"命令

打开"加载到"对话框，选中"表"和"新建工作表"单选按钮，如图 5-155 所示。

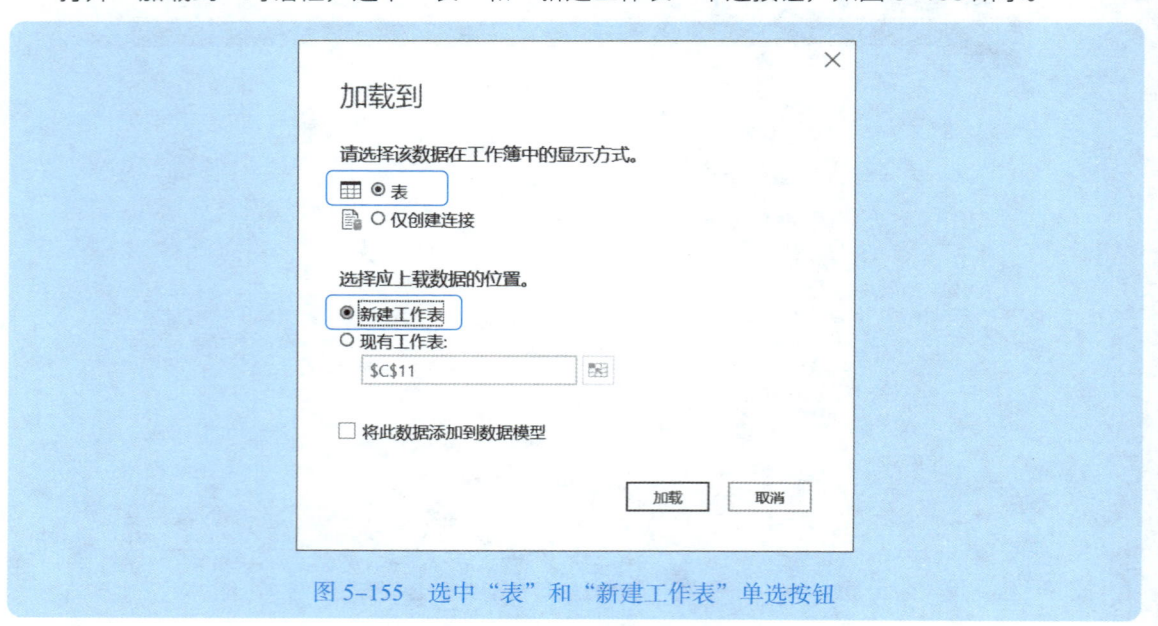

图 5-155　选中"表"和"新建工作表"单选按钮

单击"加载"按钮，就将离职人员的信息导入到 Excel 工作表中，如图 5-156 所示。采用相同的方法，将新进员工的信息导入到 Excel 工作表中，如图 5-157 所示。

姓名	性别	所属部门
刘晓晨	男	办公室
王浩忌	男	行政部
李萌	女	财务部
何欣	女	技术部
蒙自放	男	贸易部
韩晓波	男	贸易部
刘颂峙	男	生产部
王浩忌	女	生产部
柯为之	男	销售部
贺晨丽	男	销售部
赵端的	男	销售部
郝般蕊	男	销售部
张梦瑶	女	信息部
姜然	男	后勤部

图 5-156　离职人员的信息

姓名	性别	所属部门
范丽华	女	销售部
孟晓辉	男	技术部
郑铮好	男	销售部
孟玉华	男	办公室
何欣欣	女	办公室
马梨花	女	行政部
刘三思	女	财务部
辛锐	男	行政部
孟三	男	财务部
刘大虎	男	技术部

图 5-157　新进员工的信息

第 6 章 分析员工信息数据

在人力资源管理中，首先要建立一个科学的员工信息管理表，然后以此表中的数据为基础，对员工信息进行多维度分析，建立自动化的人事月报、属性分析报告、流动性分析报告、离职分析报告等。

这些数据的分析报告可以使用函数来制作，也可以使用数据透视表来制作，还可以使用 Power Query 工具建立个性化的人力资源数据分析仪表盘。

6.1 员工属性分析报告

员工属性分析报告包括部门人数分布、性别分布、学历分布、年龄分布、工龄分布等。

这些报告的制作并不难,下面介绍几种制作方法。大家可以根据实际情况,将此报告的制作思路和方法应用起来。

案例6-1

图 6-1 所示是员工信息表,这个数据是从系统导出的截止到指定时间的所有在职员工的基本信息。从系统导出的数据,往往会存在很多问题,如非法日期以及与员工属性分析无关的数据等,需要进行整理(图 6-1 所示是已经整理好的数据)。

	A	B	C	D	E	F	G	H	I	J	K
1	员工编号	员工姓名	入职日期	工龄	身份证号码	出生日期	年龄	性别	部门	最高学历	地区类别
2	G0001	A1198	1994-11-16	23	******************	1978-4-16	39	男	物流部	大专	本地
3	G0002	A1182	1995-2-8	23	******************	1966-11-7	51	男	质量部	大专	本地
4	G0003	A1188	1995-2-12	23	******************	1967-7-3	50	女	人力资源部	本科	本地
5	G0004	A1177	1995-2-20	23	******************	1964-10-28	53	男	质量部	本科	本地
6	G0005	A1275	1995-3-13	22	******************	1975-11-30	42	男	工程部	本科	本地
7	G0006	A1251	1995-4-6	22	******************	1961-2-22	57	男	三分厂	大专	本地
8	G0007	A1241	1995-4-10	22	******************	1962-11-1	55	男	工程部	技校	本地
9	G0008	A1273	1995-4-23	22	******************	1976-10-30	41	男	人力资源部	大专	本地
10	G0009	A1204	1995-5-7	22	******************	1974-10-17	43	男	质量部	大专	本地
11	G0010	A1178	1995-5-23	22	******************	1962-7-13	55	男	质量部	大专	本地
12	G0011	A1180	1995-6-2	22	******************	1967-4-24	50	男	质量部	大专	本地
13	G0012	A1254	1995-6-9	22	******************	1976-5-2	41	女	三分厂	本科	本地
14	G0013	A1262	1995-6-9	22	******************	1972-6-1	45	男	四分厂	大专	本地
15	G0014	A1255	1995-6-14	22	******************	1971-11-26	46	男	物流部	技校	本地
16	G0015	A1256	1995-6-14	22	******************	1961-8-13	56	男	物流部	大专	本地

图 6-1 在职员工的基本信息

6.1.1 设计员工属性分析报表

仔细阅读图 6-1,先弄明白要分析哪些维度,将那些需要分析的字段摘取出来,设计如图 6-2 所示的员工属性分析报表架构。

部门	总人数	地区类别		性别		学历						年龄					工龄			
		本地	外地	男	女	硕士	本科	大专	中专	技校	高中	初中	25岁及以下	26~35岁	36~45岁	46~55岁	56岁及以上	5年及以下	6-10年	11~15年	16~20年	20年以上
人力资源部																					
财务部																					
质量部																					
工程部																					
研发部																					
物流部																					
一分厂																					
二分厂																					
三分厂																					
四分厂																					
五分厂																					
合计																					

图 6-2 员工属性分析报表架构

这个员工属性分析表，实质上是条件计数，因此使用 COUNTIF 函数和 COUNTIFS 函数即可。

需要注意的是，当表格中使用了大量的 COUNTIF 和 COUNTIFS 函数公式，并且选择的统计区域是整列时，计算速度会下降。因此，统计区域建议选择一个固定区域，可以估计一下最多的行数。

下面是人力资源部的各个单元格的计算公式，其他各部门的公式可以通过复制得到。

（1）单元格 C5：

=COUNTIF(员工信息 !$I$2:$I$2000,B5)

（2）单元格 D5（单元格 E5 可以向右复制得到）：

=COUNTIFS(员工信息 !$I$2:$I$2000,$B5, 员工信息 !$K$2:$K$2000,D$4)

（3）单元格 F5（单元格 G5 可以向右复制得到）：

=COUNTIFS(员工信息 !$I$2:$I$2000,$B5, 员工信息 !$H$2:$H$2000,F$4)

（4）单元格 H5（单元格 I5:N5 可以向右复制得到）：

=COUNTIFS(员工信息 !$I$2:$I$2000,$B5, 员工信息 !$J$2:$J$2000,H$4)

（5）单元格 O5：

=COUNTIFS(员工信息 !$I$2:$I$2000,$B5, 员工信息 !$G$2:$G$2000,"<=25")

（6）单元格 P5：

=COUNTIFS(员工信息 !$I$2:$I$2000,$B5, 员工信息 !$G$2:$G$2000,">=26", 员工信息 !$G$2:$G$2000,"<=35")

（7）单元格 Q5：

=COUNTIFS(员工信息 !$I$2:$I$2000,$B5, 员工信息 !$G$2:$G$2000,">=36", 员工信息 !$G$2:$G$2000,"<=45")

（8）单元格 R5：

=COUNTIFS(员工信息 !$I$2:$I$2000,$B5, 员工信息 !$G$2:$G$2000,">=46", 员工信息 !$G$2:$G$2000,"<=55")

（9）单元格 S5：

=COUNTIFS(员工信息 !$I$2:$I$2000,$B5, 员工信息 !$G$2:$G$2000,">=56")

（10）单元格 T5：

=COUNTIFS(员工信息!$I$2:$I$2000,$B5,员工信息!$D$2:$D$2000,"<=5")

（11）单元格 U5：

=COUNTIFS(员工信息!$I$2:$I$2000,$B5,员工信息!$D$2:$D$2000,">=6",员工信息!$D$2:$D$2000,"<=10")

（12）单元格 V5：

=COUNTIFS(员工信息!$I$2:$I$2000,$B5,员工信息!$D$2:$D$2000,">=11",员工信息!$D$2:$D$2000,"<=15")

（13）单元格 W5：

=COUNTIFS(员工信息!$I$2:$I$2000,$B5,员工信息!$D$2:$D$2000,">=16",员工信息!$D$2:$D$2000,"<=20")

（14）单元格 X5：

=COUNTIFS(员工信息!$I$2:$I$2000,$B5,员工信息!$D$2:$D$2000,">20")

最后得到如图 6-3 所示的统计计算结果。

部门	总人数	地区类别		性别		学历						年龄					工龄				
		本地	外地	男	女	硕士	本科	大专	中专	技校	高中	初中	25岁及以下	26~35岁	36~45岁	46~55岁	56岁及以上	5年及以下	6-10年	11~15年	16~20年	20年以上
人力资源部	34	28	6	22	12	5	26	2	1	0	0	0	16	9	3	4	2	22	4	2	2	4
财务部	20	19	1	12	8	1	18	1	0	0	0	0	1	10	6	3	0	9	5	2	2	2
质量部	63	53	10	44	19	3	31	18	4	1	4	2	2	21	22	15	3	14	17	4	12	16
工程部	98	78	20	90	8	8	35	22	15	9	9	0	3	42	30	11	12	29	23	9	19	18
研发部	73	46	27	61	12	16	44	8	3	0	2	0	3	41	26	3	0	30	18	19	4	2
物流部	60	50	10	51	9	0	14	16	9	8	9	4	3	12	24	12	9	22	8	3	15	12
一分厂	161	66	95	100	61	0	3	11	39	7	83	18	23	68	62	8	0	79	57	23	0	2
二分厂	55	6	49	51	4	0	1	3	14	7	27	3	9	39	6	1	0	50	3	1	1	0
三分厂	276	78	198	274	2	0	2	13	60	26	160	15	52	141	69	11	3	217	29	9	9	12
四分厂	112	48	64	61	51	0	0	7	17	9	66	13	12	56	39	5	0	62	30	17	2	1
五分厂	93	29	64	61	32	0	2	6	17	7	59	2	10	53	28	1	1	58	27	3	1	4
合计	1045	501	544	827	218	33	176	107	179	74	419	57	134	492	315	74	30	592	221	92	67	73

图 6-3　统计计算结果

这个表的阅读性比较差，因为有很多 0 在干扰，因此需要设置单元格格式使单元格中的 0 不显示，结果如图 6-4 所示。

Excel 人力资源管理与数据分析

******公司 员工属性分析报告

部门	总人数	地区类别		性别		学历						年龄				工龄				
		本地	外地	男	女	硕士	本科	大专	中专	技校	高中	初中	25岁及以下	26~35岁	36~45岁	46~55岁	56岁以上	5年及以下	6~10年	11~15年	16~20年	20年以上
人力资源部	34	28	6	22	12	5	26	2	1				16	9	3	4	2	22	4	2	2	4
财务部	20	19	1	12	8	1	18	1					1	10	6	3		9	5	2	2	2
质量部	63	53	10	44	19	3	31	18	4	1	4	2	2	21	22	15	3	14	17	4	12	16
工程部	98	78	20	90	8	8	35	22	15	9	9		3	42	30	11	12	29	23	9	19	18
研发部	73	46	27	61	12	16	44	8	3		2		3	41	26	3		30	18	19	4	2
物流部	60	50	10	51	9		14	16	9	8	9	4	1	12	24	12	9	26	8	15	6	12
一分厂	161	66	95	100	61		3	11	39	7	83	18	23	68	62	8		79	57	23		3
二分厂	55	6	49	51	4		1	3	14	7	27	3	9	39	6	1		50	3	1	1	
三分厂	276	78	198	274	2		2	13	60	26	160	15	52	141	69	11	3	217	29	9	9	12
四分厂	112	48	64	61	51			7	17	9	66	13	12	56	39	5		62	30	17	2	1
五分厂	93	29	64	61	32		2	6	17	7	59	2	10	53	28	1		58	27	3	1	4
合计	1045	501	544	827	218	33	176	107	179	74	419	57	134	492	315	74	30	592	221	92	67	73

图 6–4　设置单元格格式后的员工属性分析报表

尽管上述报表已经显示了我们需要的结果，但是一个最大的问题是表的阅读性不强，如果想要了解具体的人数分布，这个表看起来非常不直观，因此需要将这个表进行可视化处理，也就是绘制员工分析图表。

上述报表是多维度的分析结果，可以绘制动态图表来分析指定部门中各类别的人数分布，或者分析指定类别指定项目下各个部门的人数分布。

6.1.2　分析指定部门中各类别的人数分布

分析的切入点之一是，分析指定部门中各类别的人数分布。

例如，领导会问这些问题：工程部中本地人数和外地人数的占比如何，男女比例如何，学历分布如何，年龄分布如何，工龄分布如何？

这种分析，就是指定要分析的部门，然后查看该部门中各类别的人数分布。

在工作表中插入一个列表框，右击该列表框，执行快捷菜单中的"设置控件格式"命令，打开"设置控件格式"对话框，进行如下设置，如图 6–5 所示。

（1）在"数据源区域"中选择单元格区域 $B$5:$B$16。

（2）在"单元格链接"中选择单元格 $C$19。

注意：选择单元格区域后对话框的名称会变为"设置对象格式"。

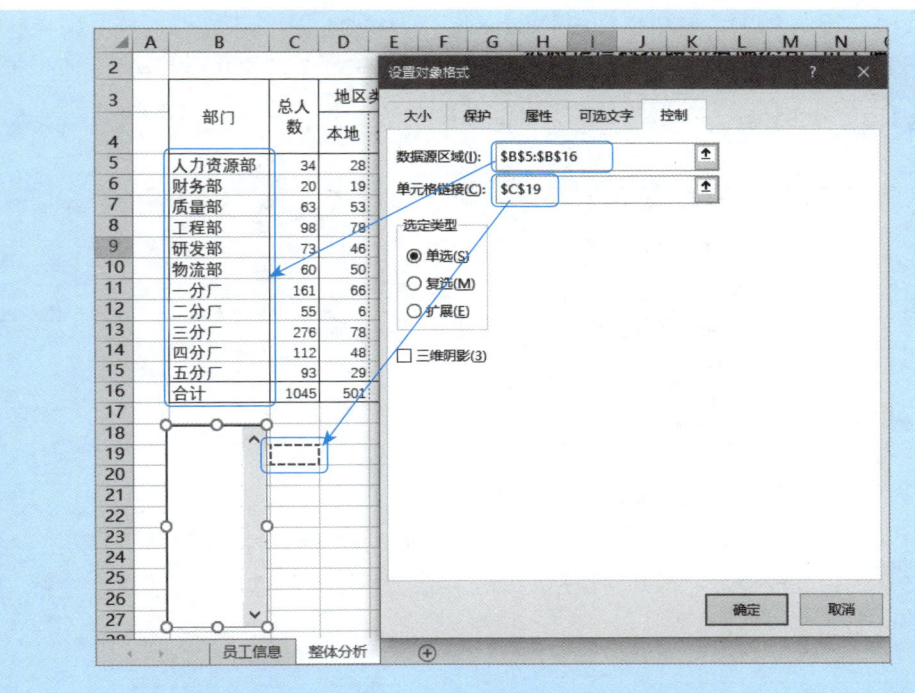

图 6-5 插入列表框，设置其"控制"属性

单击列表框以外的任意单元格，解除列表框的编辑状态，就可以从列表框中选择某个部门了。

从列表框中选择不同的部门，单元格 C19 中就会出现不同的值，而这个值就是我们选择某个项目的顺序号，如图 6-6 所示，例如：

（1）研发部是第 5 个，故单元格 C19 的值是 5。

（2）四分厂是第 10 个，故单元格 C19 的值是 10。

图 6-6 从列表框中选择不同的部门，单元格 C19 中就会出现不同的值

有了单元格 C19 中的值，就可以利用 INDEX 函数把该部门中各类别的人数取出来，保存到一个辅助区域，如图 6-7 所示。其中，单元格 C22 中的公式如下（其他单元格的公式向右复制即可）：

=INDEX(C5:C16,$C$19)

图 6-7 设计辅助区域，查找指定部门中各类别的人数

对地区类别和性别两组数据绘制饼图，对其他类别数据则绘制柱形图，对图表进行格式化，将各个图表放置到合适的位置，得到各类别的动态人数分析图，将这几个图表组合起来，放到辅助区域的位置，如图 6-8 所示。

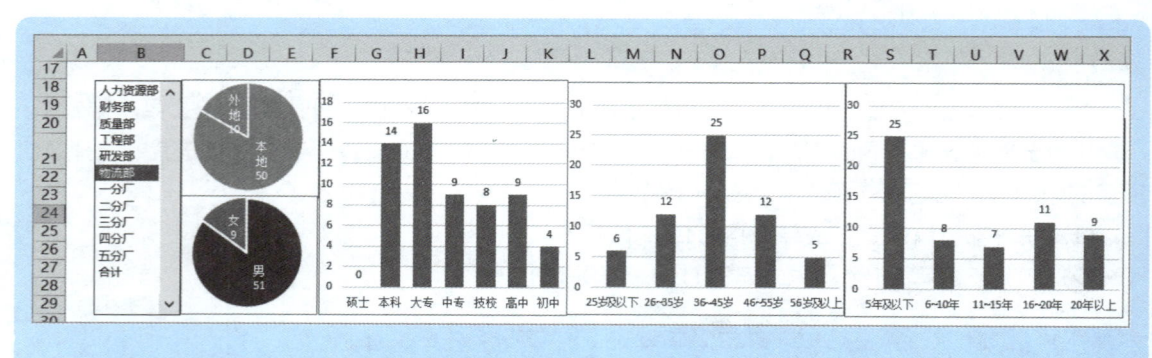

图 6-8 分析指定部门中各类别的人数分布

6.1.3 分析指定类别指定项目下各部门的人数分布

由于类别比较多，可以用两个图表来分析这些数据：一个是各部门的总人数分布，一个是指定类别指定项目下各部门的人数分布。后者使用两个列表框来分别选择类别和该类别下的项目。

首先绘制各部门的总人数分布图表，如图 6-9 所示。

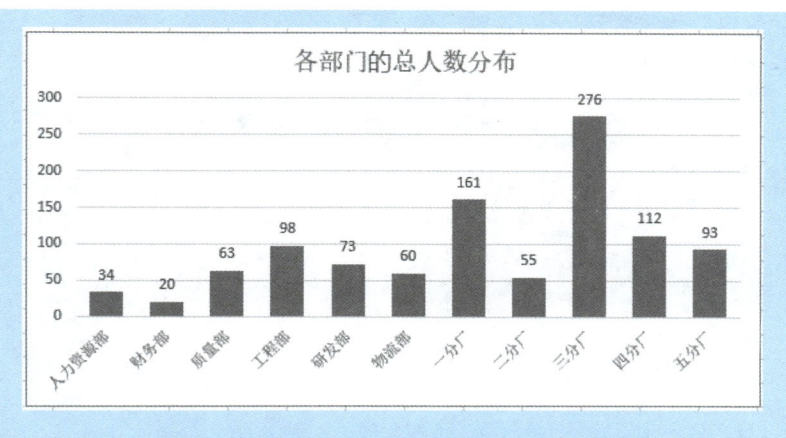

图 6-9 各部门的总人数分布

整理各类别的名称，按列保存，然后插入一个列表框，引用这个区域，"单元格链接"是 $B$33，如图 6-10 所示。

再整理各类别下的项目名称，也按列保存，如图 6-11 所示。

图 6-10 整理各类别的名称并设计列表框

图 6-11 整理各类别下的项目名称

定义一个名称"项目"，其引用公式如下：

```
=IF($B$33=1,$G$34:$G$35,
  IF($B$33=2,$H$34:$H$35,
  IF($B$33=3,$I$34:$I$40,
  IF($B$33=4,$J$34:$J$38,$K$34:$K$38))))
```

该公式使用了 IF 函数，也可以使用 CHOOSE 函数进行简化，简化后的公式如下：

`=CHOOSE($B$33,$G$34:$G$35,$H$34:$H$35,$I$34:$I$40,$J$34:$J$38,$K$34:$K$38)`

关于 CHOOSE 函数的用法，请参阅该函数的帮助信息。

插入一个列表框，其"控制"属性的设置如下（见图 6-12）：

(1)"数据源区域"为"项目"。
(2)"单元格链接"为 $L$33。

图 6-12　设置列表框的"控制"属性

这样,当在第一个列表框中选择某个类别时,那么第二个列表框中会显示该类别下的项目名称,如图 6-13 所示,从而使两个列表框实现联动效果。

设计辅助区域,如图 6-14 所示。根据第二个列表框中的项目链接单元格中的值,取出该项目的各部门的人数,单元格 P34 中的公式如下:

=VLOOKUP(O34,$B$5:$X$15,MATCH(INDEX(项目 ,$L$33),$B$4:$X$4,0),0)

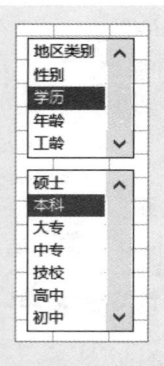

图 6-13　两个联动的列表框　　　图 6-14　辅助区域

根据这个辅助区域绘制柱形图，并进行格式化。把两个列表框组合在一起，放到图表的左侧，就得到了可以选择任意类别及其下的某个项目的各部门人数分布动态图，如图 6-15 所示。

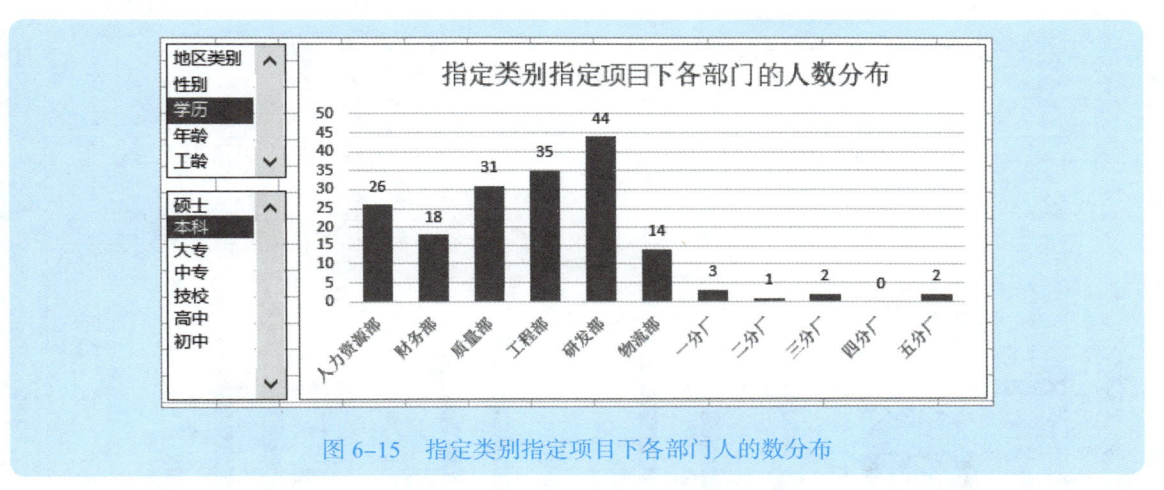

图 6-15 指定类别指定项目下各部门人的数分布

最后将各部门的总人数分布图和这个动态图排列在一起，得到了指定类别指定项目下各部门的人数分布分析图表，如图 6-16 所示。

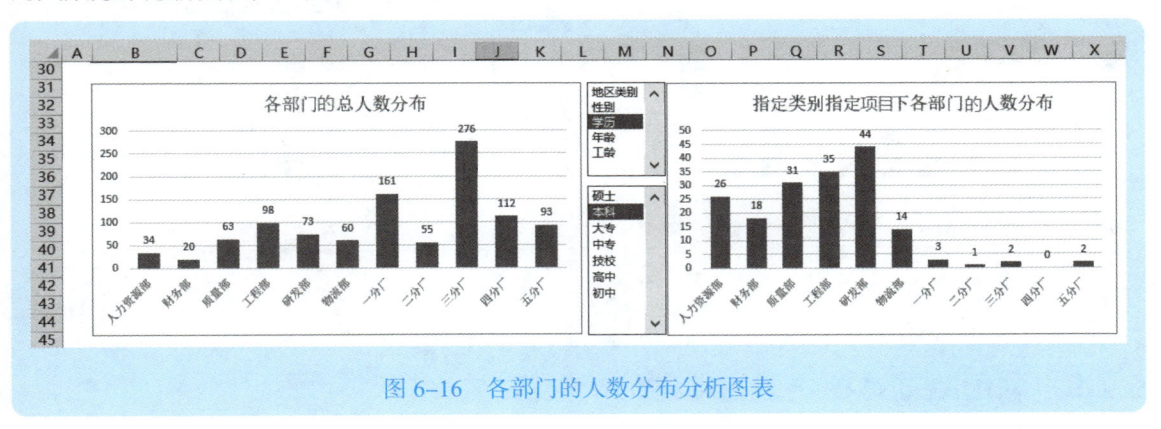

图 6-16 各部门的人数分布分析图表

6.1.4 完整的员工属性分析报告——有表、有图、有真相

将报表和图表放置在合适位置，就得到了如图 6-17 所示的完整的员工属性分析报告。

Excel 人力资源管理与数据分析

******公司 员工属性分析报告

部门	总人数	地区类别		性别		学历						年龄				工龄				
		本地	外地	男	女	硕士	本科	大专	中专	技校	高中	初中	25岁及以下	26~35岁	36~45岁	46~55岁	56岁及以上	5年及以下	6~10年	11~15年	16~20年	20年以上
人力资源部	34	28	6	22	12	5	26	2	1				16	9	3	4	2	22	4	2	2	4
财务部	20	19	1	12	8	1	18	1					1	10	6	3		9	5	2	2	2
质量部	63	53	10	44	19	3	31	18	4	1	4	2	2	21	22	15	3	14	17	4	12	16
工程部	98	78	20	90	8	8	35	22	15	9	9		3	42	30	11	12	29	23	9	19	18
研发部	73	46	27	61	12	16	44	8	3		2		3	41	26	3		30	18	19	4	2
物流部	60	50	10	51	9		14	16	9	8	9	4	2	12	24	12	9	22	8	3	15	12
一分厂	161	66	95	100	61		3	11	39	7	83	18	23	68	62	8		79	57	23		2
二分厂	55	6	49	51	4		1	3	14	7	27	3	9	39	6	1		50	3	1	1	
三分厂	276	78	198	274	2		2	13	60	26	160	15	52	141	69	11	3	217	29	9	9	12
四分厂	112	48	64	61	51			7	17	9	66	13	12	56	39	5		62	30	17	2	1
五分厂	93	29	64	61	32		2	6	17	7	59	2	10	53	28	1	1	58	27	3	1	4
合计	1045	501	544	827	218	33	176	107	179	74	419	57	134	492	315	74	30	592	221	92	67	73

图 6-17　完整的员工属性分析报告

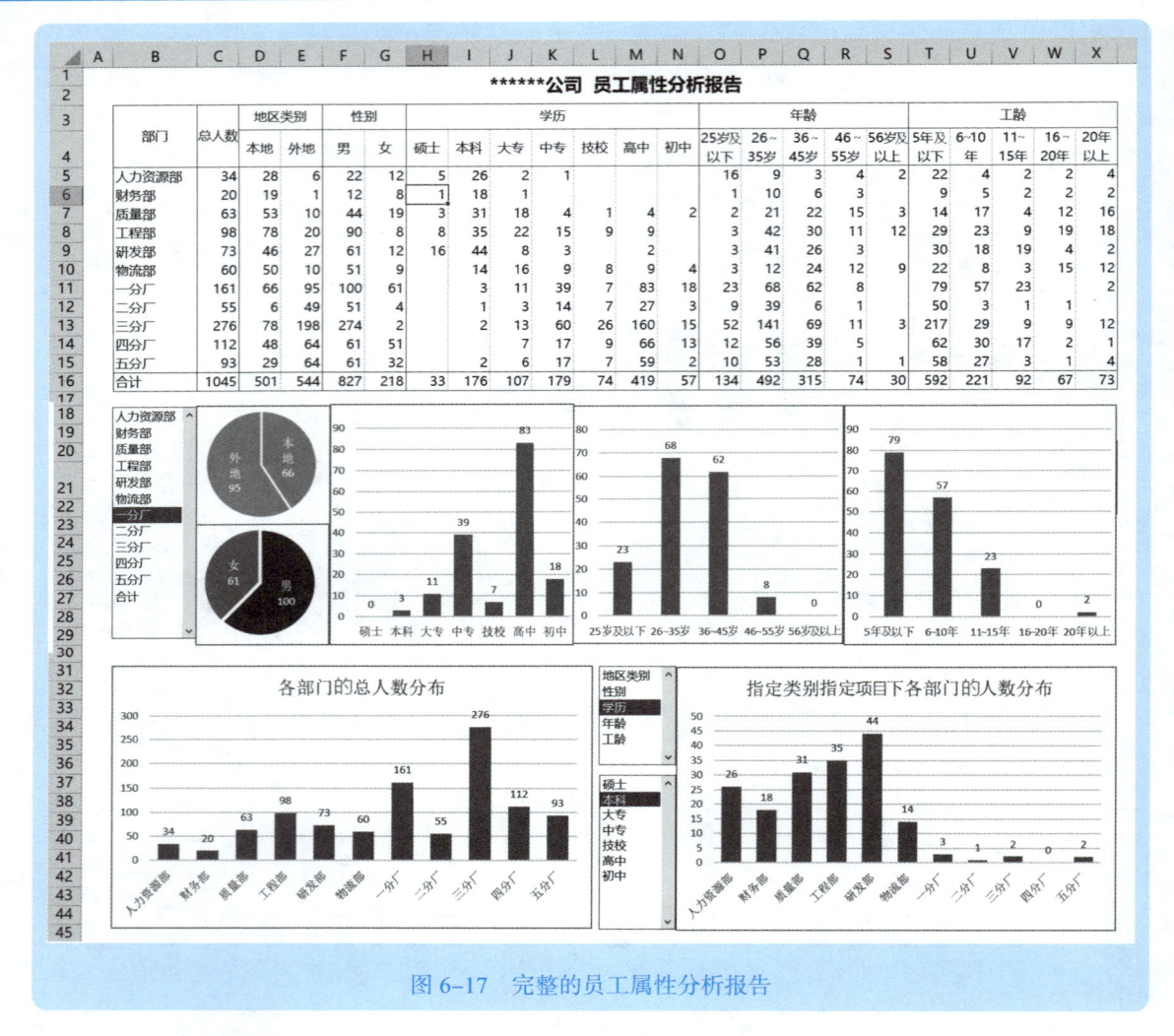

6.1.5　利用数据透视表建立动态分析报告

前面介绍的是利用函数制作分析报告。如果需要更灵活地分析数据，制作任意组合的分析报告，使用数据透视表无疑是最简单、最方便的方法，而且还可以使用切片器来快速筛选分析数据，使得报告的展示更加多样化。图 6-18 所示就是一个示例。

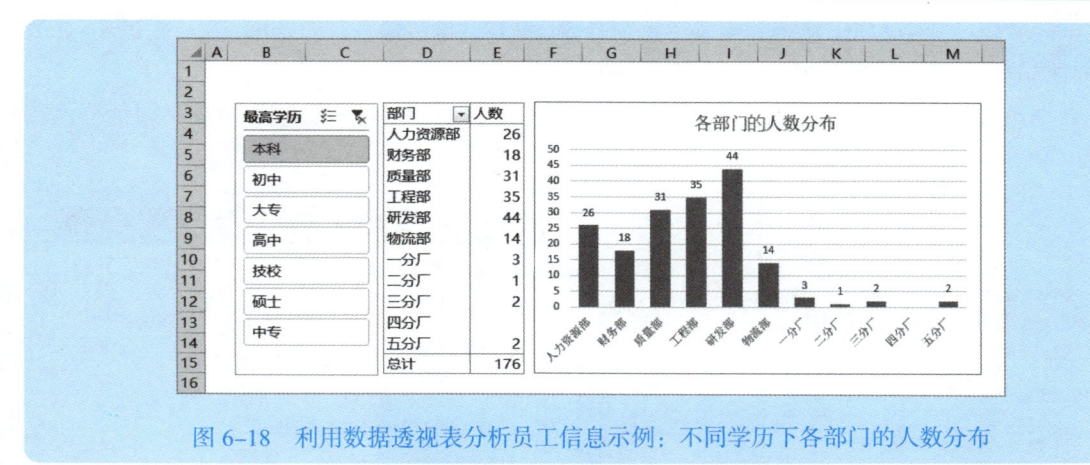

图 6-18　利用数据透视表分析员工信息示例：不同学历下各部门的人数分布

在这个报告中，利用切片器选择要分析的学历名称，从而控制数据透视表和数据透视图的显示。这个报告制作起来非常简单。

首先对员工信息创建一个数据透视表，并进行美化。

然后执行"分析"→"插入切片器"命令，如图 6-19 所示。

打开"插入切片器"窗格，选择要插入切片器的字段（一次可以插入多个切片器），如图 6-20 所示。

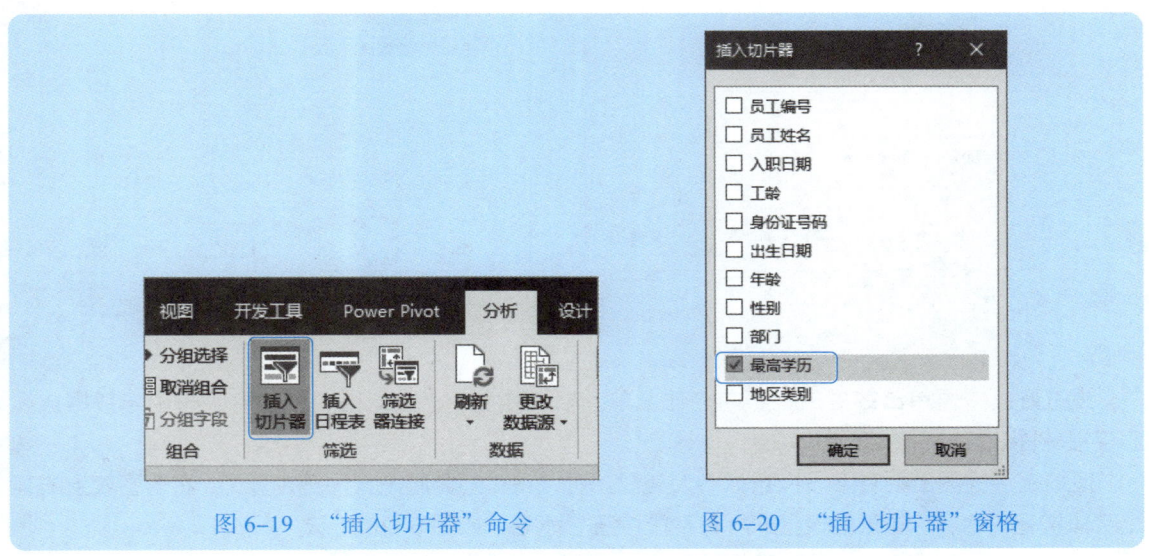

图 6-19　"插入切片器"命令　　　　图 6-20　"插入切片器"窗格

由于在默认情况下，如果字段下某个项目没有数据，就不会再显示，同时数据透视表的列宽也会随着筛选而自动调整，因此需要设置字段和数据透视表，以保证格式统一。

在字段"部门"中右击,执行"字段设置"命令,打开"字段设置"对话框,在"布局和打印"选项卡中勾选"显示无数据的项目"复选框,如图 6-21 所示。

在数据透视表中右击,执行"数据透视表选项"命令,打开"数据透视表选项"对话框,取消勾选"更新时自动调整列宽"复选框,如图 6-22 所示。

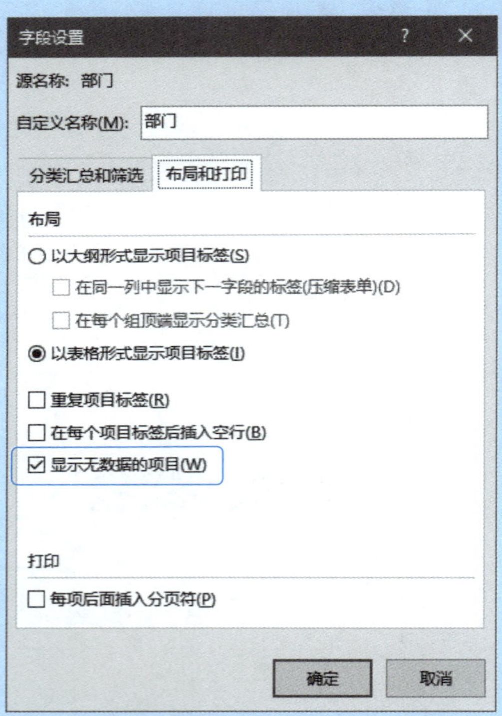

图 6-21 设置字段,显示无数据的项目

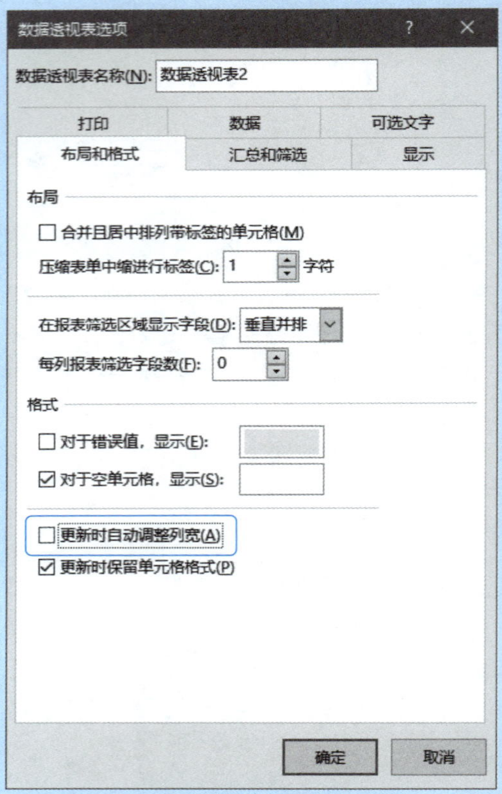

图 6-22 设置数据透视表选项,当数据透视表更新时不自动调整列宽

设置好后,再单击数据透视表内的任意单元格,插入一个柱形图,就得到了一个与数据透视表连接的图表,称为数据透视图。

但数据透视图上会有字段按钮,不太美观,可以将其隐藏起来,隐藏步骤为:右击图表上的某个字段按钮,执行"隐藏图表上的所有字段按钮"命令,如图 6-23 所示。

图 6-24 中插入了 3 个切片器来控制数据透视表和数据透视图,分别选择性别、地区类别和年龄,从而进行更加灵活的筛选分析。

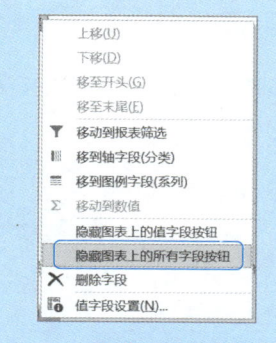

图 6-23　隐藏图表上的所有字段按钮

图 6-24　用 3 个切片器来分析指定性别、地区类别、年龄下部门的人数分布

6.2　员工流动性分析报告

领导可能会问这些问题：这个月新入职了几名员工，是哪几个部门的；离职了几名员工，是哪几个部门的，都是什么原因离职的，在公司工作了多长时间后离职的？这些问题，需要 HR 人员来解决，更需要 HR 人员来回答。

一般企业中，会将离职员工和在职员工处理为两个表格，在职员工是一个表，离职员工是另外一个表，这种处理方法并不方便。

一个比较科学的方法是，不论是在职员工还是离职员工，均保存在一个总表上，设置两个字段：离职时间和离职原因。如果某名员工离职，就记录其离职时间和离职原因。

案例6-2

图 6-25 所示就是这样的表格结构，后面将以这个表格为基础，来分析员工的流动性。

图 6-25　基本信息

6.2.1 各部门各月新进人数和离职人数统计报表

设计如图 6–26 所示的各部门各月新进人数和离职人数统计报表，其中单元格 C2 用于指定要分析的年份，按部门统计各月的新进人数和离职人数。

分析年份：2021

部门	1月		2月		3月		4月		5月		6月		7月		8月		9月		10月		11月		12月		合计	
	新进	离职	新进	离职	新进	离职	新进	离职	新进	离职	新进	离职	新进	离职	新进	离职	新进	离职	新进	离职	新进	离职	新进	离职	新进	离职
总经办					1	1																			1	1
人力资源部				1								1														2
财务部	1								2	1		1													3	2
生产部		1				1	2																		2	2
销售部	1			1						1		2													1	4
市场部																				1						1
信息部																										
贸易部									1	1															1	1
技术部					1																				1	
质检部																										
后勤部																										
合计	2	1		2	2	2	2		3	3		4								1					9	13

图 6–26 各部门各月新进人数和离职人数统计报表

这个表格的计算公式并不复杂，使用 SUMPRODUCT 函数即可。其中，单元格 C6 和 D6 的公式如下（向右复制即可得到其他月份的结果）：

（1）单元格 C6：

```
=SUMPRODUCT((基本信息!$C$2:$C$1000=$B6)*1,
            (YEAR(基本信息!$J$2:$J$1000)=$C$2)*1,
            (TEXT(基本信息!$J$2:$J$1000,"m月")=C$4)*1)
```

（2）单元格 D6：

```
=SUMPRODUCT((基本信息!$C$2:$C$1000=$B6)*1,
            (YEAR(基本信息!$L$2:$L$1000)=$C$2)*1,
            (TEXT(基本信息!$L$2:$L$1000,"m月")=C$4)*1)
```

公式并不难理解，是三个条件下的计数问题。

6.2.2 分析指定部门中各月的入职和离职情况

制作一个动态图表，分析指定部门中各月的入职和离职情况，如图 6–27 所示。

在这个图表中，使用列表框选择要分析的部门，向上的箭头表示入职人数，向下的箭头表示离职人数，在每个箭头的顶端显示人数，如果人数是 0 就不显示。

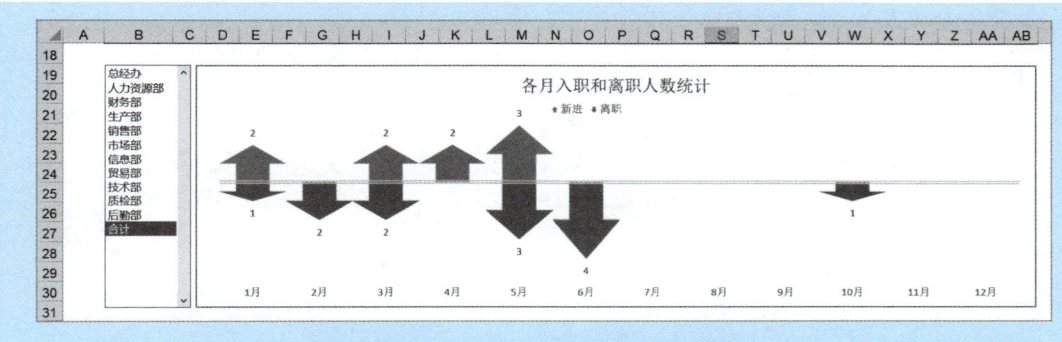

图 6-27 分析指定部门中各月的入职和离职情况

步骤 01 在工作表中插入一个列表框，设置"控制"属性，如图 6-28 所示，其中：

（1）"数据源区域"为 $B$6:$B$17。

（2）"单元格链接"为 $D$20。

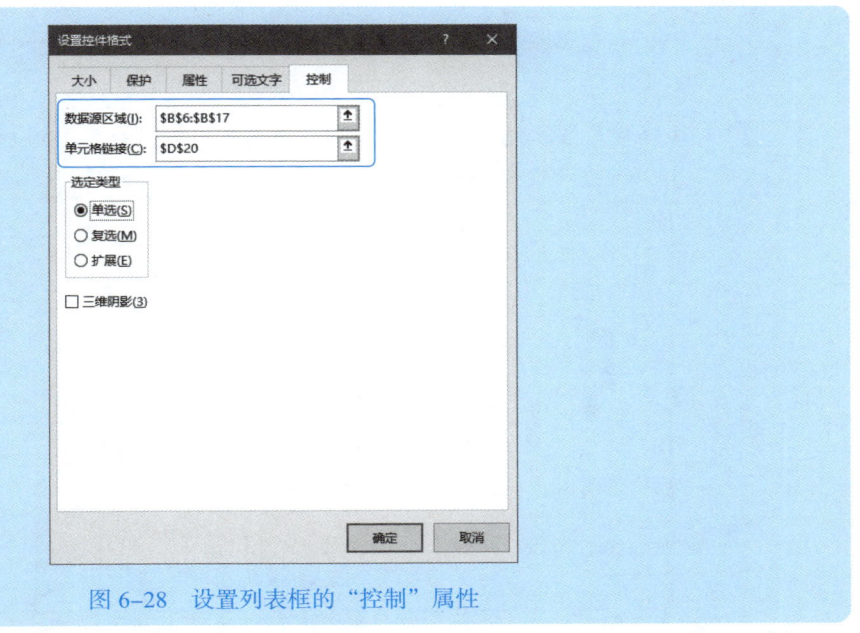

图 6-28 设置列表框的"控制"属性

步骤 02 设计辅助区域，根据单元格 D20 的值查询指定部门新进人数和离职人数，如图 6-29 所示。各单元格中的公式如下：

（1）单元格 E22：

=INDEX($C$6:$Z$17,$D$20,MATCH(E$21,$C$4:$Z$4,0))

(2) 单元格 F22：

=-INDEX($C$6:$Z$17,$D$20,MATCH(E$21,$C$4:$Z$4,0)+1)

说明：将离职人数查询出来后变为负数，是为了绘制向下的箭头。

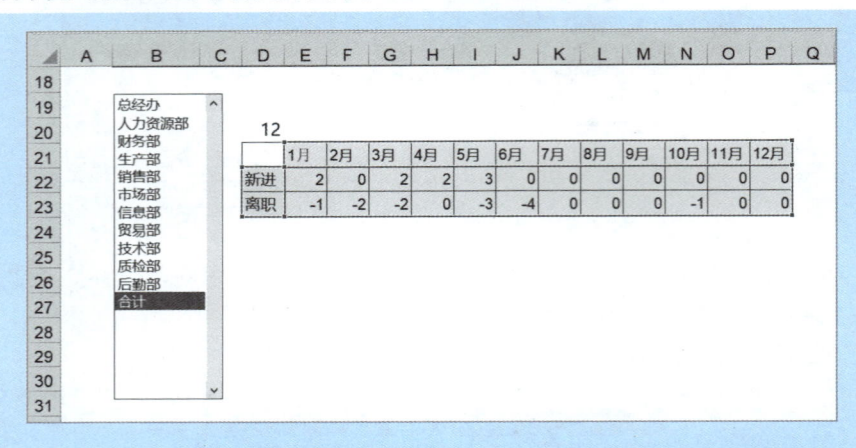

图 6-29 设计辅助区域，准备绘图

步骤 03 选择单元格区域 D21:P23，绘制基本的柱形图，如图 6-30 所示。

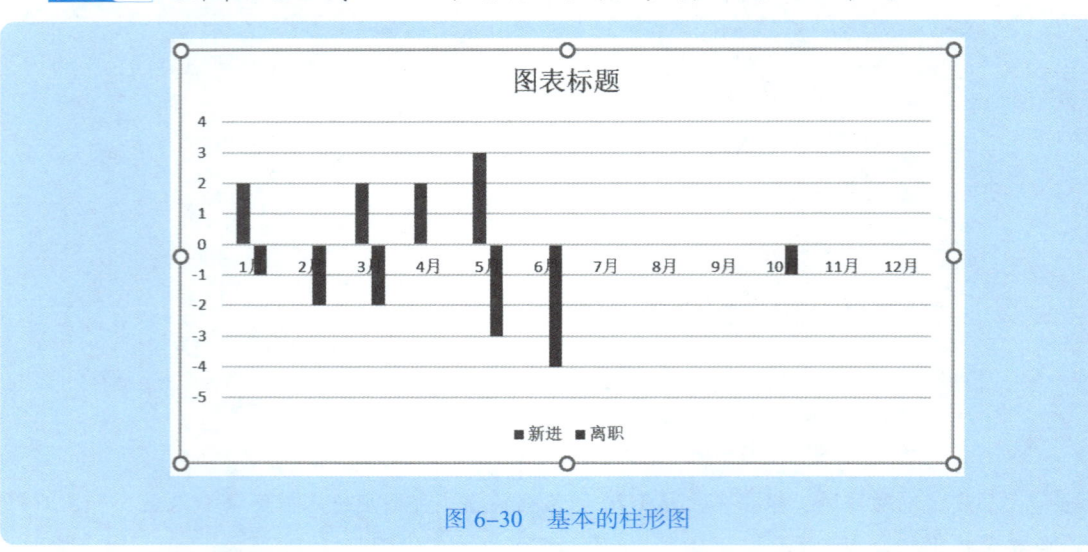

图 6-30 基本的柱形图

步骤 04 打开"设置数据系列格式"窗格，将"系列重叠"设置为 100%，将"间隙宽度"设置为 0%，如图 6-31 所示。图表就变成了如图 6-32 所示的样子。

图 6-31 设置"系列重叠"和"间隙宽度"

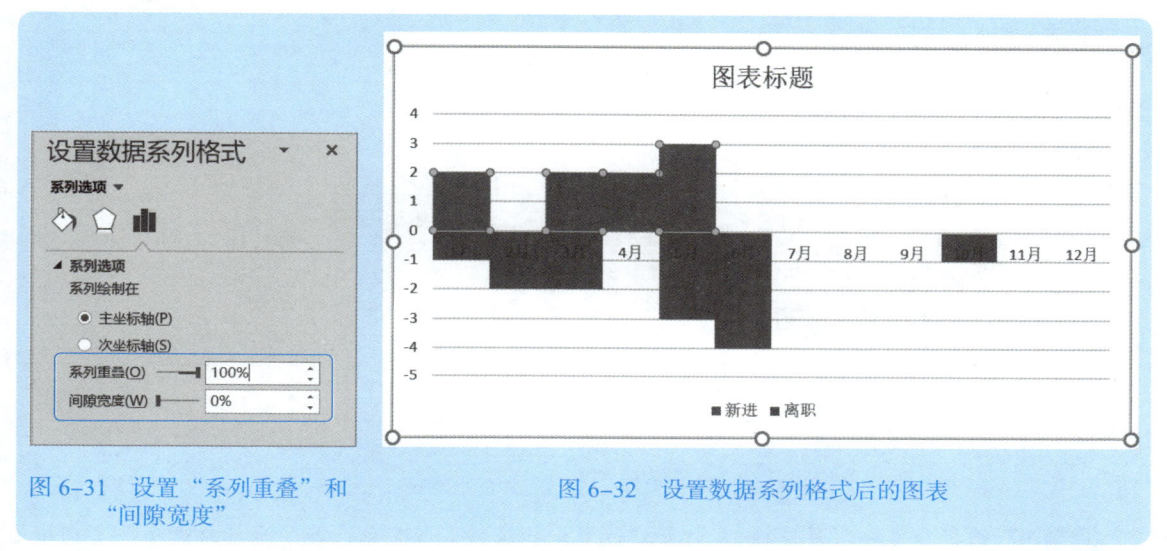

图 6-32 设置数据系列格式后的图表

步骤 05 在工作表空白位置插入一个向上的箭头形状，设置填充颜色为绿色、边框颜色为无，复制这个箭头（按 Ctrl+C 快捷键），再在图表上选择"新进"柱形，按 Ctrl+V 快捷键，就将"新进"柱形变为了向上的箭头，如图 6-33 所示。

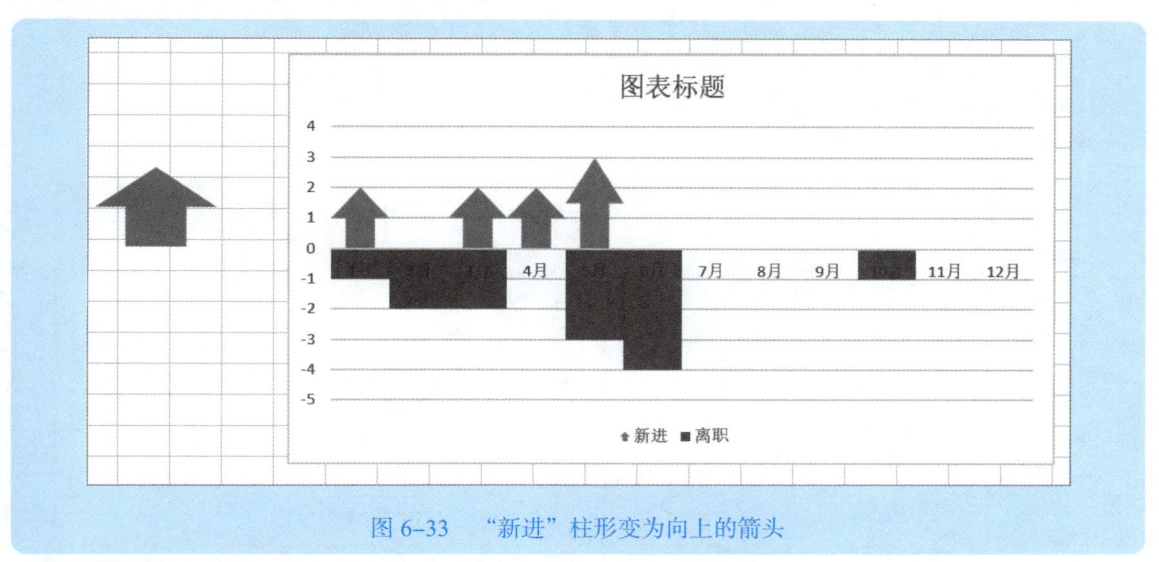

图 6-33 "新进"柱形变为向上的箭头

步骤 06 采用相同的方法，将"离职"柱形变为向下的箭头，如图 6-34 所示。

图 6-34 "离职"柱形变为向下的箭头

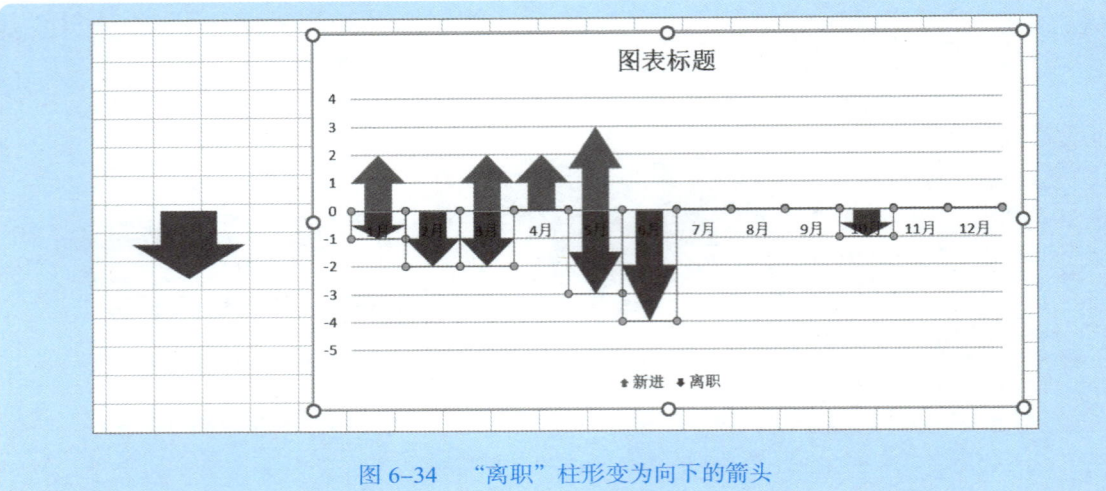

步骤 07 选择分类轴（月份轴），打开"设置坐标轴格式"窗格，在"坐标轴选项"类别中，选择"标签"，然后设置"标签位置"为"低"，如图 6-35 所示。这样，分类轴（月份轴）的标签就显示在了图表的底部，如图 6-36 所示。

步骤 08 选择图表，执行"设计"→"添加图表元素"→"数据标签"→"数据标签外"命令，如图 6-37 所示。为上下箭头添加数据标签，显示人数，如图 6-38 所示。

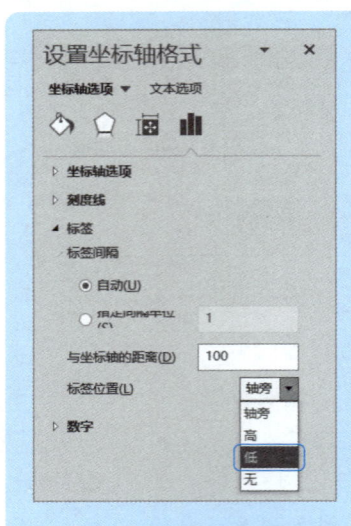

图 6-35 "设置坐标轴格式"窗格

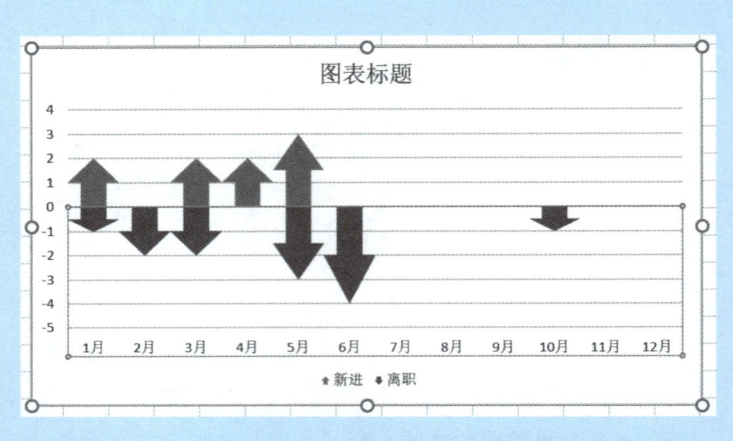

图 6-36 分类轴（月份轴）的标签显示在图表的底部

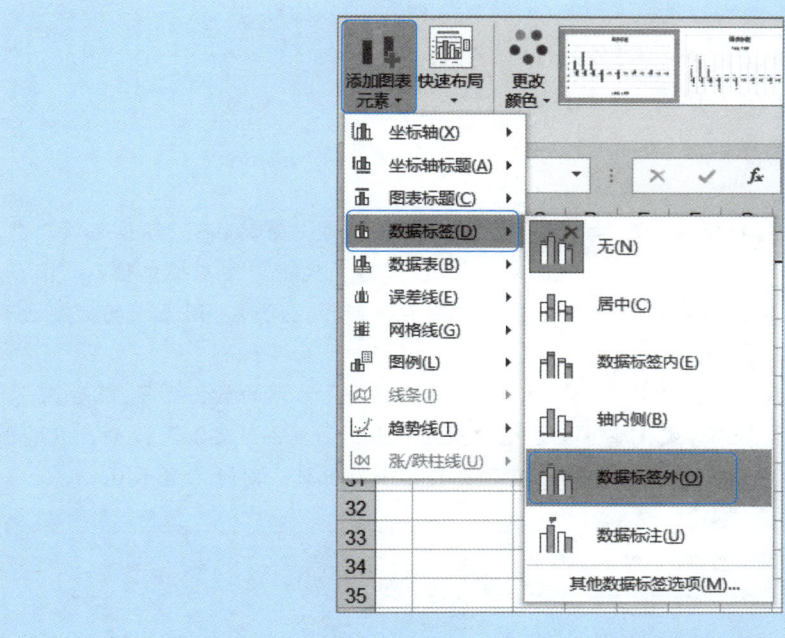

图 6-37 "数据标签外"命令

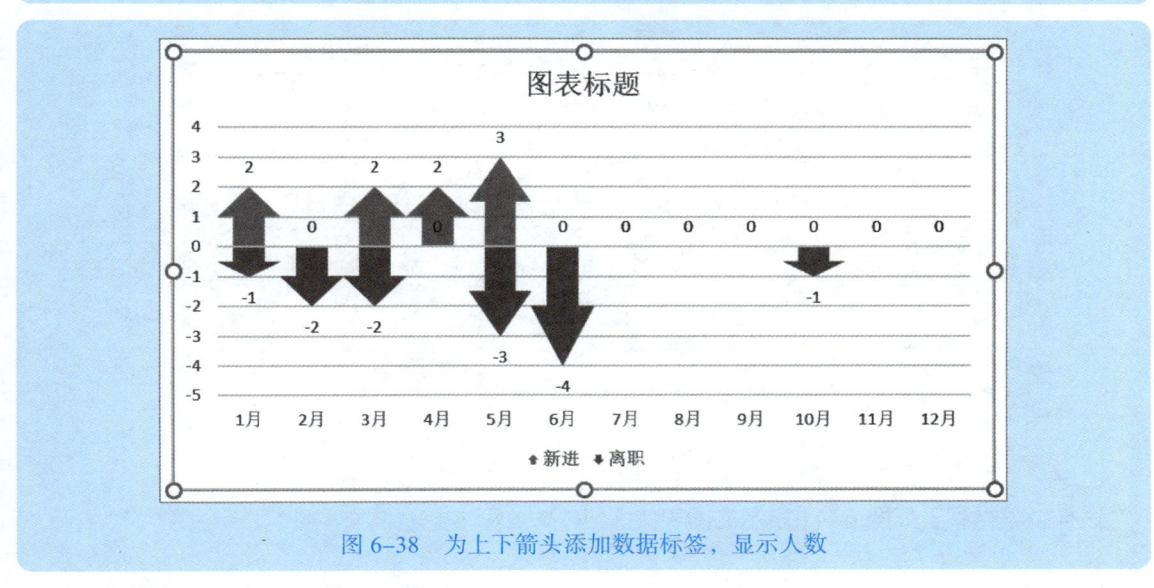

图 6-38 为上下箭头添加数据标签，显示人数

这个数据标签有以下两个问题：

(1) 人数为 0 时会显示 0。

(2) 向下箭头的数字是负数（因为原本是用负数画的图）。

因此需要对数据标签设置格式，达到以下目的：

(1) 不显示 0。

(2) 把负数显示为正数。

步骤 09 选择"新进"系列的数据标签，打开"设置数据标签格式"窗格，在"标签选项"中，展开"数字"选项，在"类别"下拉框中选择"自定义"，在"格式代码"文本框中输入"0;;;"，单击"添加"按钮，就将该自定义格式添加到图表中，如图 6-39 所示。同时，图表上的标签也不显示 0 了。

步骤 10 不要关闭"设置数据标签格式"窗格，单击图表上"离职"系列的数据标签，然后在"类别"下拉框中选择"自定义"，在"格式代码"文本框中输入";0;;"，单击"添加"按钮，就将该自定义格式添加到图表中，如图 6-40 所示。这样，就将负数显示为正数，同时不显示 0。

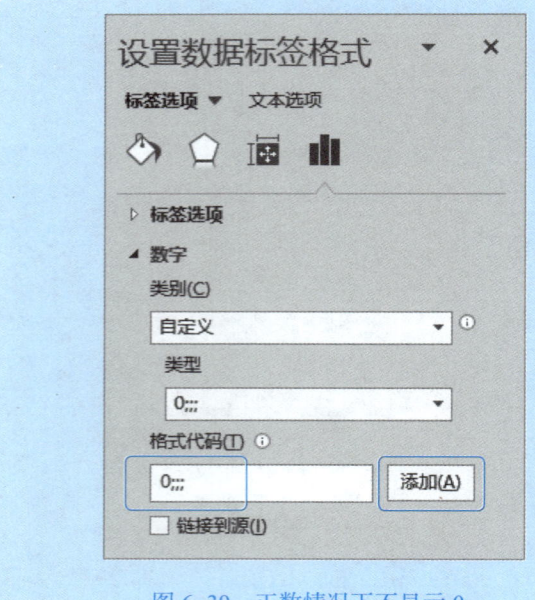

图 6-39　正数情况下不显示 0，自定义格式代码为"0;;;"

图 6-40　负数显示为正数，不显示 0，自定义格式代码为";0;;"

这样，就得到了如图 6-41 所示的图表。

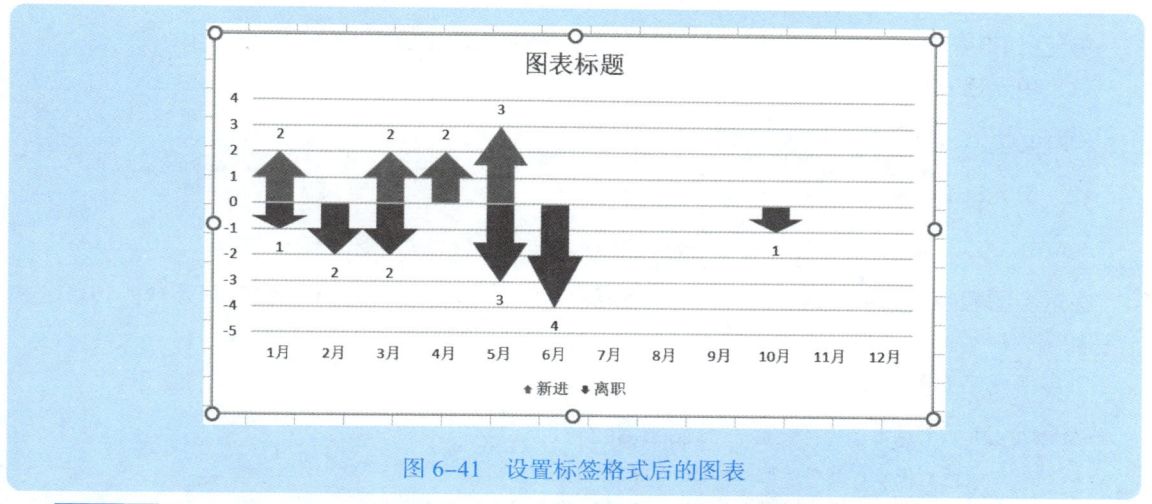

图 6-41 设置标签格式后的图表

步骤 11 输入图表标题，调整图例位置，调整图表大小，将列表框和图表布局在一起，就得到了可以分析指定部门中各月的新进人数和离职人数的动态图表。

6.2.3 分析指定月份下各部门的入职和离职情况

6.2.2 小节中分析的是指定部门各月的入职和离职情况。本小节将要分析指定月份下各部门的员工流动情况，以及截止到某月，各部门累计的入职人数和离职人数。

图 6-42 所示就是这样的一个图表。

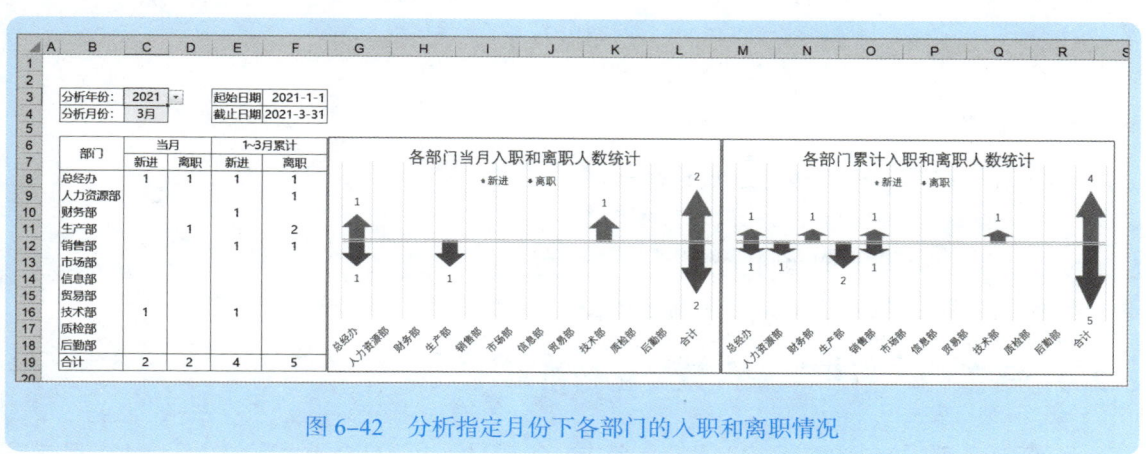

图 6-42 分析指定月份下各部门的入职和离职情况

在这个图表中，单元格 C3 和 C4 分别用于选择要分析的年份和月份。

单元格 F3 和 F4 自动计算出这个时间段的起始日期和截止日期，公式分别如下：

（1）单元格 F3：

```
=DATE(C3,1,1)
```

（2）单元格 F4：

```
=DATE(C3,SUBSTITUTE(C4," 月 ","")+1,0)
```

在这个图表中，各部门的当月新进人数和离职人数以及累计新进人数和离职人数的计算公式分别如下：

（1）单元格 C8：

```
=SUMPRODUCT(( 基本信息 !$C$2:$C$1000=$B8)*1,
            (YEAR( 基本信息 !$J$2:$J$1000)=$C$3)*1,
            (TEXT( 基本信息 !$J$2:$J$1000,"m 月 ")=$C$4)*1)
```

（2）单元格 D8：

```
=SUMPRODUCT(( 基本信息 !$C$2:$C$1000=$B8)*1,
            (YEAR( 基本信息 !$L$2:$L$1000)=$C$3)*1,
            (TEXT( 基本信息 !$L$2:$L$1000,"m 月 ")=$C$4)*1)
```

（3）单元格 E8：

```
=COUNTIFS( 基本信息 !$C$2:$C$1000,$B8,
          基本信息 !$J$2:$J$1000,">="&$F$3,
          基本信息 !$J$2:$J$1000,"<="&$F$4)
```

（4）单元格 F8：

```
=COUNTIFS( 基本信息 !$C$2:$C$1000,$B8,
          基本信息 !$L$2:$L$1000,">="&$F$3,
          基本信息 !$L$2:$L$1000,"<="&$F$4)
```

最后设计辅助绘图数据区域，采用前面介绍的方法绘制上下箭头形状的图表。

6.2.4 各部门年初和年末人数变化分析

今年年初各部门的人数是多少？截止到年末，各部门新进了几个人，离职了几个人，目前还有几个人？图 6-43 所示就是一个这样的分析报告。

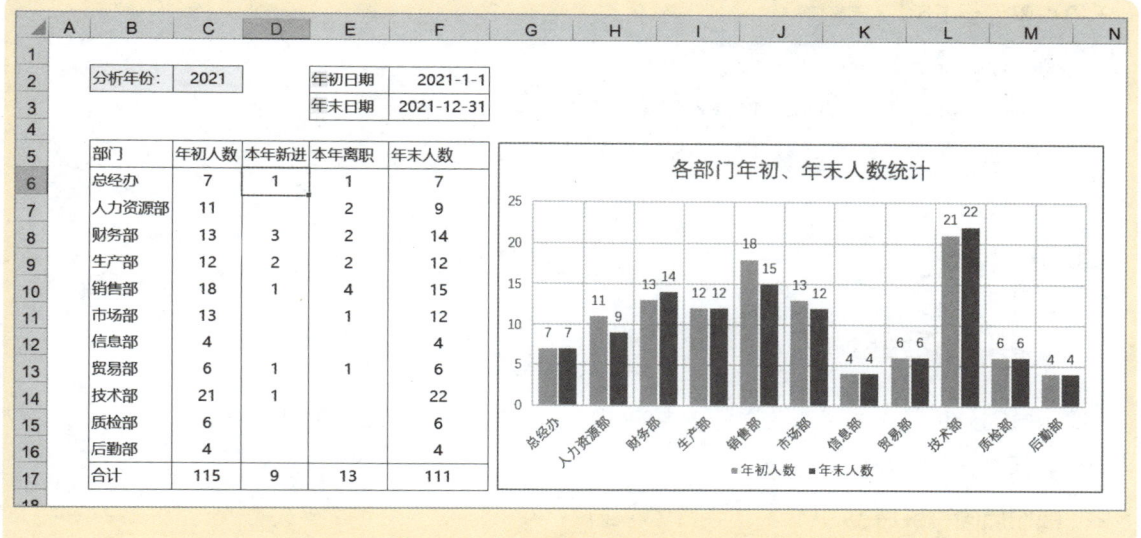

图 6-43 各部门本年人数变化报告

在这个报告中，单元格 C2 用于指定要分析的年份，单元格 F2 和 F3 分别用于自动显示出年初日期和年末日期，公式如下：

（1）单元格 F2：

=DATE(C2,1,1)

（2）单元格 F3：

=DATE(C2,12,31)

各部门人数变化的计算公式分别如下：
（1）单元格 C6：

=COUNTIFS(基本信息 !$C$2:$C$1000,$B6,
        基本信息 !$J$2:$J$1000,"<"&$F$2,
        基本信息 !$L$2:$L$1000,"")

（2）单元格 D6：

=COUNTIFS(基本信息 !$C$2:$C$1000,$B6,
        基本信息 !$J$2:$J$1000,">="&$F$2,
        基本信息 !$J$2:$J$1000,"<="&$F$3)

（3）单元格 E6：

```
=COUNTIFS( 基本信息 !$C$2:$C$1000,$B6,
           基本信息 !$L$2:$L$1000,">="&$F$2,
           基本信息 !$L$2:$L$1000,"<="&$F$3)
```

（4）单元格 F6：

```
=C6+D6-E6
```

6.2.5　离职原因分析

离职原因分析是人力资源数据分析中的一项重要内容，分析员工为什么离职，以便于今后改进管理、增强员工的黏性。

1. 离职原因分析报表

离职原因分析报表如图 6-44 所示。

分析年份	2021
分析部门	销售部

离职原因	1月	2月	3月	4月	5月	6月	7月	8月	9月	10月	11月	12月	合计
合同到期但个人不愿续签													
合同到期但公司不愿续签													
因个人原因辞职						1							1
因公司原因辞职													
违反公司规定辞退						1							1
生产任务变化辞退					1								1
考核不合格辞退		1											1
退休													
死亡													
其他													
合计		1			1	2							4

图 6-44　离职原因分析报表

在这个报表中，在单元格 C2 中指定要分析的年份，在单元格 C3 中指定要分析的部门，即可查看各月因各种离职原因离职的人数。

单元格 C6 中的计算公式如下：

```
=IF($C$3=" 合计 ",
    SUMPRODUCT((YEAR( 基本信息 !$L$2:$L$1000)=$C$2)*1,
               (TEXT( 基本信息 !$L$2:$L$1000,"m 月 ")=C$5)*1,
```

```
            ( 基本信息 !$M$2:$M$1000=$B6)*1),
  SUMPRODUCT(( 基本信息 !$C$2:$C$1000=$C$3)*1,
            (YEAR( 基本信息 !$L$2:$L$1000)=$C$2)*1,
            (TEXT( 基本信息 !$L$2:$L$1000,"m 月 ")=C$5)*1,
            ( 基本信息 !$M$2:$M$1000=$B6)*1)
  )
```

2. 离职原因分析

从离职原因角度对离职情况进行分析，制作动态图表。这里使用组合框选择离职原因，然后绘制柱形图。

步骤 01 插入一个组合框，设置"控制"属性，"数据源区域"是 $B$6:$B$16，"单元格链接"是 $C$19，如图 6-45 所示。

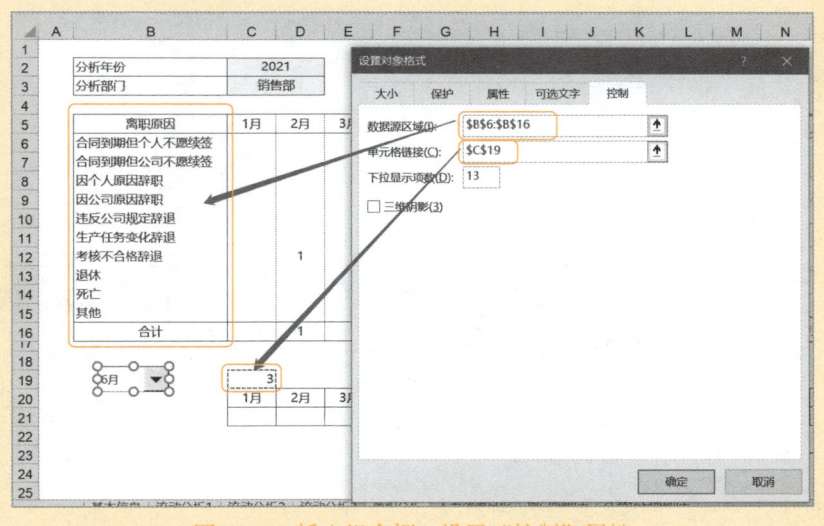

图 6-45 插入组合框，设置"控制"属性

步骤 02 设计辅助绘图数据区域，如图 6-46 所示。单元格 C21 中的公式如下：

=INDEX(C6:C16,$C$19)

图 6-46 辅助绘图数据区域

步骤 03 以这个数据区域为基础绘制柱形图并美化，最后将控件放置于图表的上方，将图表置于底层，就完成了离职原因分析图表，如图6-47所示。

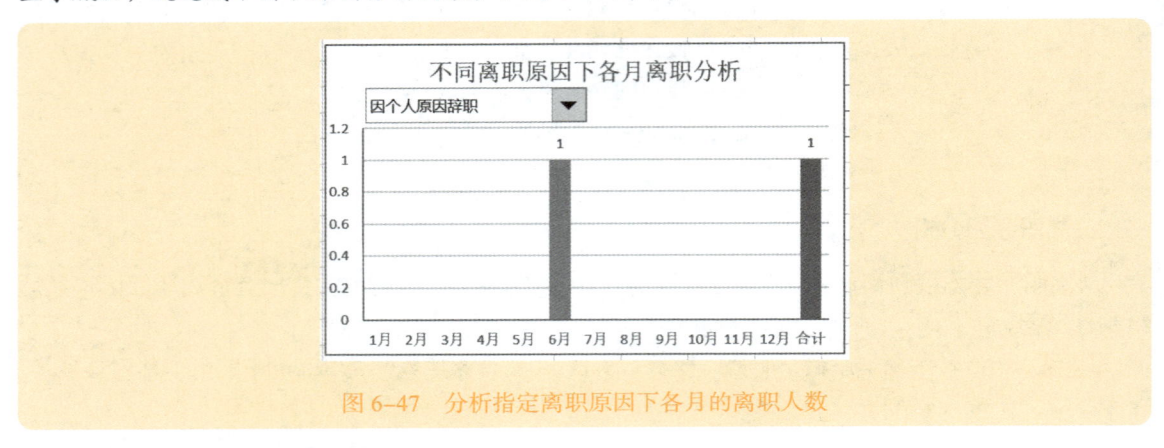

图6-47 分析指定离职原因下各月的离职人数

3. 指定月份的各种离职原因分析

从月份角度对离职情况进行分析，制作动态图表。这里也使用组合框来选择月份，然后绘制条形图，因为离职原因较长。

步骤 01 在某列输入月份，插入一个组合框，设置"控制"属性，"数据源区域"是 $F$34:$F$46，"单元格链接"是 $F$33，如图6-48所示。

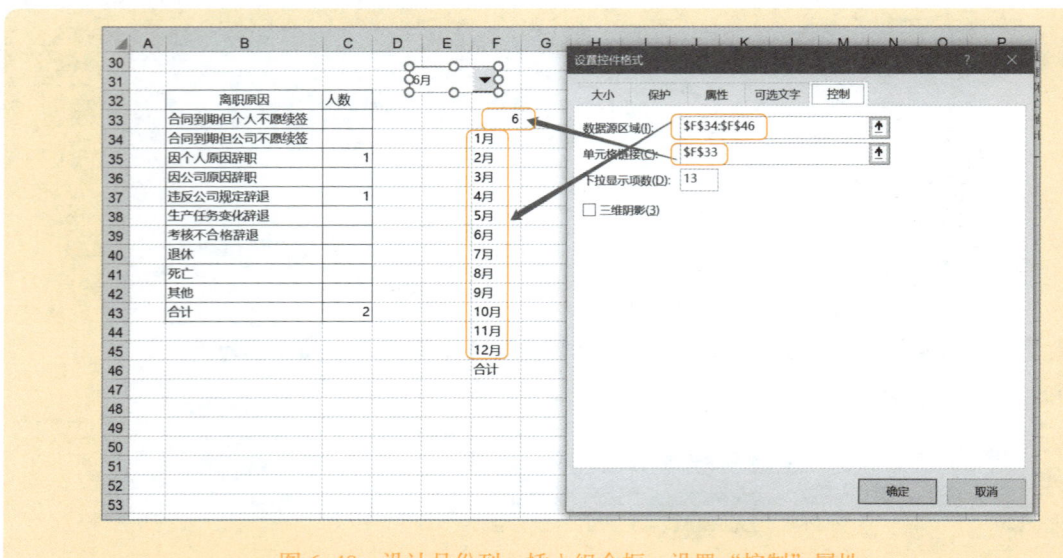

图6-48 设计月份列，插入组合框，设置"控制"属性

步骤 02 设计辅助绘图数据区域,如图 6-49 所示。单元格 C33 中的公式如下:

=INDEX(C6:O6,,$F$33)

步骤 03 以这个数据区域为基础绘制条形图并美化,最后将控件放置于图表的上方,将图表置于底层,就完成了指定月份下因各种原因离职的人数分析图表,如图 6-50 所示。

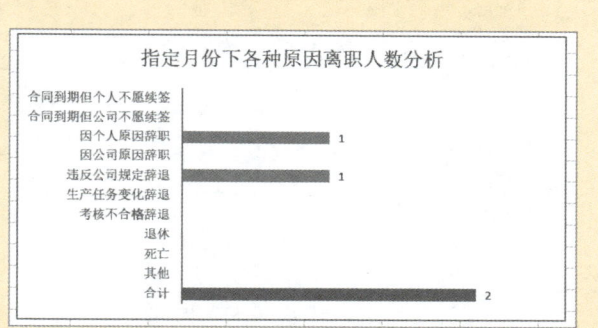

图 6-49 辅助绘图数据区域

图 6-50 分析指定月份下因各种原因离职的人数

步骤 04 将上述的汇总报表和两个图表组合在一起,就得到了离职原因分析报告,如图 6-51 所示。

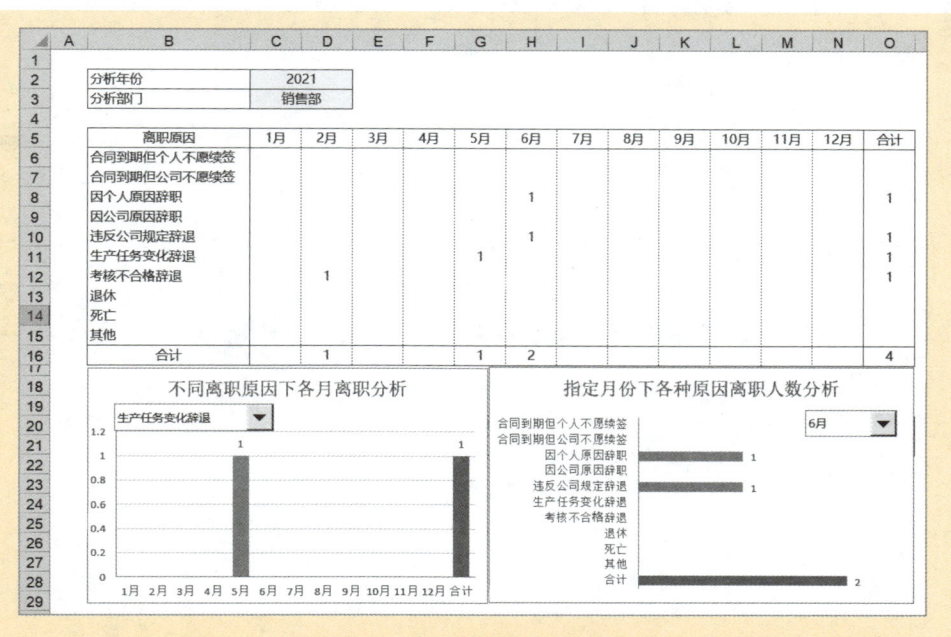

图 6-51 离职原因分析报告

6.3 制作人力资源月报

本节根据员工基本信息表，利用函数来制作动态的人力资源月报。

6.3.1 人力资源月报的结构

图 6-52 所示是一个人力资源月报示例，单元格 C2 用于选择要分析的年份，单元格 C3 用于选择要分析的月份，按部门统计上月末人数、本月末人数、本月新进人数、本月离职人数以及各个类别下的本月末在职人数。

部门	上月末人数	本月末人数	本月新进人数	本月离职人数	性别		学历				年龄				工龄				
					男	女	硕士	本科	大专	中专	高中	25岁以下	26-35岁	36-45岁	46-55岁	56岁以上	5年以下	6-10年	11-15年	16-20年	20年以上
总经办	8	8			6	2	3	5					3	2	3		3	1	2		2
人力资源部	11	11			6	5		9			1		2	7	2			2	5	2	2	
财务部	15	16	2	1	9	7	4	12					3	8	4	1		8	4			4
生产部	14	14			8	6	8						5	6	2	1		3	7		4	2
销售部	19	18		1	14	4	5	10		2	1		8	7	3			5	7		4	2
市场部	13	13			11	2		7	2	2		4							4	4	5	
信息部	4	4			1	3								3					1	3		
贸易部	7	7	1		4	3	2	3				1	3				2	3	1		1	
技术部	22	22			7	14	7	14				8	2			9	9		4		1	
质检部	6	6			4	2		3						3			2	4				
后勤部	4	4			4				2	1	1			3		1		2				
合计	123	123	3	3	80	43	32	78	3	7	2	34	56	27	6	32	40	15	19	17		

图 6-52 人力资源月报

6.3.2 创建计算公式

上述月报中，各个单元格中的公式使用了 COUNTIFS 函数和 SUMPRODUCT 函数，具体如下：

（1）单元格 I2：

=DATE(C2,SUBSTITUTE(C3,"月",""),1)

（2）单元格 I3：

=DATE(C2,SUBSTITUTE(C3,"月","")+1,0)

（3）单元格 C7：

=COUNTIFS(基本信息 !$C$2:$C$1000,$B7,

```
            基本信息!$J$2:$J$1000,"<"&$I$2,
            基本信息!$L$2:$L$1000,"")+F7
```

（4）单元格 D7：

```
=COUNTIFS(基本信息!$C$2:$C$1000,$B7,
            基本信息!$J$2:$J$1000,"<="&$I$3,
            基本信息!$L$2:$L$1000,"")
```

（5）单元格 E7：

```
=SUMPRODUCT((基本信息!$C$2:$C$1000=$B7)*1,
            (YEAR(基本信息!$J$2:$J$1000)=$C$2)*1,
            (TEXT(基本信息!$J$2:$J$1000,"m月")=$C$3)*1)
```

（6）单元格 F7：

```
=SUMPRODUCT((基本信息!$C$2:$C$1000=$B7)*1,
            (YEAR(基本信息!$L$2:$L$1000)=$C$2)*1,
            (TEXT(基本信息!$L$2:$L$1000,"m月")=C$3)*1)
```

（7）单元格 G7：

```
=COUNTIFS(基本信息!$C$2:$C$1000,$B7,
            基本信息!$J$2:$J$1000,"<="&$I$3,
            基本信息!$L$2:$L$1000,"",
            基本信息!$G$2:$G$1000,G$6)
```

（8）单元格 H7：由 G7 复制得到。

（9）单元格 I7：

```
=COUNTIFS(基本信息!$C$2:$C$1000,$B7,
            基本信息!$J$2:$J$1000,"<="&$I$3,
            基本信息!$L$2:$L$1000,"",
            基本信息!$E$2:$E$1000,I$6)
```

（10）单元格 J7:M7：由 I7 复制得到。

（11）单元格 N7：

```
=COUNTIFS(基本信息!$C$2:$C$1000,$B7,
            基本信息!$J$2:$J$1000,"<="&$I$3,
            基本信息!$L$2:$L$1000,"",
```

基本信息!$I$2:$I$1000,"<=25")

（12）单元格 O7：

=COUNTIFS(基本信息!$C$2:$C$1000,$B7,
          基本信息!$J$2:$J$1000,"<="&$I$3,
          基本信息!$L$2:$L$1000,"",
          基本信息!$I$2:$I$1000,">=26",
          基本信息!$I$2:$I$1000,"<=35")

（13）单元格 P7：

=COUNTIFS(基本信息!$C$2:$C$1000,$B7,
          基本信息!$J$2:$J$1000,"<="&$I$3,
          基本信息!$L$2:$L$1000,"",
          基本信息!$I$2:$I$1000,">=36",
          基本信息!$I$2:$I$1000,"<=45")

（14）单元格 Q7：

=COUNTIFS(基本信息!$C$2:$C$1000,$B7,
          基本信息!$J$2:$J$1000,"<="&$I$3,
          基本信息!$L$2:$L$1000,"",
          基本信息!$I$2:$I$1000,">=46",
          基本信息!$I$2:$I$1000,"<=55")

（15）单元格 R7：

=COUNTIFS(基本信息!$C$2:$C$1000,$B7,
          基本信息!$J$2:$J$1000,"<="&$I$3,
          基本信息!$L$2:$L$1000,"",
          基本信息!$I$2:$I$1000,">=56")

（16）单元格 S7：

=COUNTIFS(基本信息!$C$2:$C$1000,$B7,
          基本信息!$J$2:$J$1000,"<="&$I$3,
          基本信息!$L$2:$L$1000,"",
          基本信息!$K$2:$K$1000,"<=5")

（17）单元格 T7：

=COUNTIFS(基本信息!$C$2:$C$1000,$B7,

```
            基本信息!$J$2:$J$1000,"<="&$I$3,
            基本信息!$L$2:$L$1000,"",
            基本信息!$K$2:$K$1000,">=6",
            基本信息!$K$2:$K$1000,"<=10")
```

（18）单元格 U7：

```
=COUNTIFS(基本信息!$C$2:$C$1000,$B7,
            基本信息!$J$2:$J$1000,"<="&$I$3,
            基本信息!$L$2:$L$1000,"",
            基本信息!$K$2:$K$1000,">=11",
            基本信息!$K$2:$K$1000,"<=15")
```

（19）单元格 V7：

```
=COUNTIFS(基本信息!$C$2:$C$1000,$B7,
            基本信息!$J$2:$J$1000,"<="&$I$3,
            基本信息!$L$2:$L$1000,"",
            基本信息!$K$2:$K$1000,">=16",
            基本信息!$K$2:$K$1000,"<=20")
```

（20）单元格 W7：

```
=COUNTIFS(基本信息!$C$2:$C$1000,$B7,
            基本信息!$J$2:$J$1000,"<="&$I$3,
            基本信息!$L$2:$L$1000,"",
            基本信息!$K$2:$K$1000,">20")
```

6.4 制作动态明细表

当需要查看指定部门、指定学历、指定年龄段、指定工龄段的在职员工明细时，常见的方法是筛选，很不方便。其实，可以使用函数来制作动态明细表，这种方法是联合使用 INDIRECT 函数和 MATCH 函数进行滚动查找，实现指定项目的所有数据的查询。

6.4.1 制作任意指定部门的在职员工明细表

下面以案例 6-2 中的数据为例，制作可以任意指定部门的在职员工明细表，具体步骤如下：

步骤 01 新建一个工作表，重命名为"部门明细"。

步骤 02 在单元格 B2 设置数据验证，用于快速选择要制作在职员工明细表的部门。

步骤 03 设计第一个辅助列，如将 N 列作为辅助列，用于保存判断指定部门的员工是否在职，在单元格 N2 中输入下面的公式：

=(基本信息!C2=$B$2)*(基本信息!L2="")

这里要注意，公式的起始行要与基础表单的起始行对应。在基本信息表中，是从第 2 行开始保存员工信息的，因此辅助列的公式也要从第 2 行开始设置。

步骤 04 将这个公式向下复制到一定的行（以大于实际人数为准）。

N 列的各单元格中的公式的结果不是 1 就是 0。如果是 1，表明是指定部门的在职员工；如果是 0，表明不是指定部门的员工，或者不是在职员工。

步骤 05 设计第二个辅助列，如将 O 列作为辅助列，用于定位 N 列中 1 出现的位置。为了以后设置取数公式方便，这个列的公式从本表标题的下一行开始，这里是从第 5 行开始。各个单元格中的公式如下：

（1）单元格 O5：

=MATCH(1,N:N,0)

（2）单元格 O6：

=MATCH(1,INDIRECT("N"&O5+1&":N10000"),0)+O5

将单元格 O6 公式向下复制到一定的行。

两个辅助列的结果如图 6-53 所示。

	A	B	C	D	E	F	G	H	I	J	K	L	M	N	O	P
1														是否在职		
2	选择部门	人力资源部												0		
3														0		
4	工号	姓名	部门	岗位	学历	身份证号码	性别	出生日期	年龄	入职日期	司龄			0	位置	
5														0	28	
6														0	39	
7														0	53	
8														0	57	
9														0	69	
10														0	75	
11														0	87	
12														0	103	
13														0	110	
14														0	130	
15														0	#N/A	
16														0	#N/A	
17														0	#N/A	
18														0	#N/A	

图 6-53 设计辅助列

步骤 06 根据 O 列定位出的指定部门在基本信息表中的实际位置，利用 INDEX 函数取数，利用 IFERROR 函数屏蔽错误值。

单元格 A5 的公式如下（向右复制并向下复制到一定的行）：

=IFERROR(INDEX(基本信息 !A:A,$O5),"")

注意：如果数据是日期，用 INDEX 函数取的是数值，而不是日期，因此需要把出生日期和入职日期的单元格格式设置为短日期。最后得到如图 6-54 所示的查找结果。

	A	B	C	D	E	F	G	H	I	J	K
1											
2	选择部门	人力资源部									
3											
4	工号	姓名	部门	岗位	学历	身份证号码	性别	出生日期	年龄	入职日期	司龄
5	G027	A0012	人力资源部	主管	本科	430124197509106274	男	1975-9-10	44	2003-5-22	17
6	G038	A0007	人力资源部	主管	本科	110108196609102222	女	1966-9-10	53	2005-3-9	15
7	G052	A0011	人力资源部	主管	本科	421022198503126013	男	1985-3-12	35	2007-10-15	12
8	G056	A0013	人力资源部	专员	本科	340621198201048935	男	1982-1-4	38	2008-10-12	11
9	G068	A0008	人力资源部	专员	本科	320503198504172517	男	1985-4-17	35	2012-4-19	8
10	G074	A0009	人力资源部	副经理	硕士	341181198801035617	男	1988-1-3	32	2013-1-26	7
11	G086	B0230	人力资源部	专员	高中	110108198709152329	女	1987-9-15	32	2013-10-19	6
12	G102	BB02	人力资源部	主管	本科	420625198504220010	男	1985-4-22	35	2014-9-12	5
13	G109	CC27	人力资源部	主管	本科	110108197606288181	女	1976-6-28	43	2015-5-2	5
14	G129	CC12	人力资源部	主管	本科	110108198203043628	女	1982-3-4	38	2018-2-16	2
15	G143	AA15	人力资源部	主管	本科	322749198601069283	女	1986-1-6	34	2019-11-3	0
16											

图 6-54 制作任意指定部门的在职员工明细表

步骤 07 把辅助列隐藏起来。

步骤 08 为了使查询出的明细表更加清楚，可以使用条件格式为查到的数据区域自动加边框，步骤如下（见图 6-55）：

（1）选择单元格区域 A4:K1000（或指定的行）。

（2）执行"开始"→"条件格式"→"新建规则"命令。

（3）打开"新建格式规则"对话框。

（4）选择"使用公式确定要设置格式的单元格"规则类型。

（5）输入条件格式公式"=$A4<>"""。

（6）当步骤（5）中的条件满足时，设置单元格边框。

图 6-55 设置条件格式，为查到的数据区域自动加边框

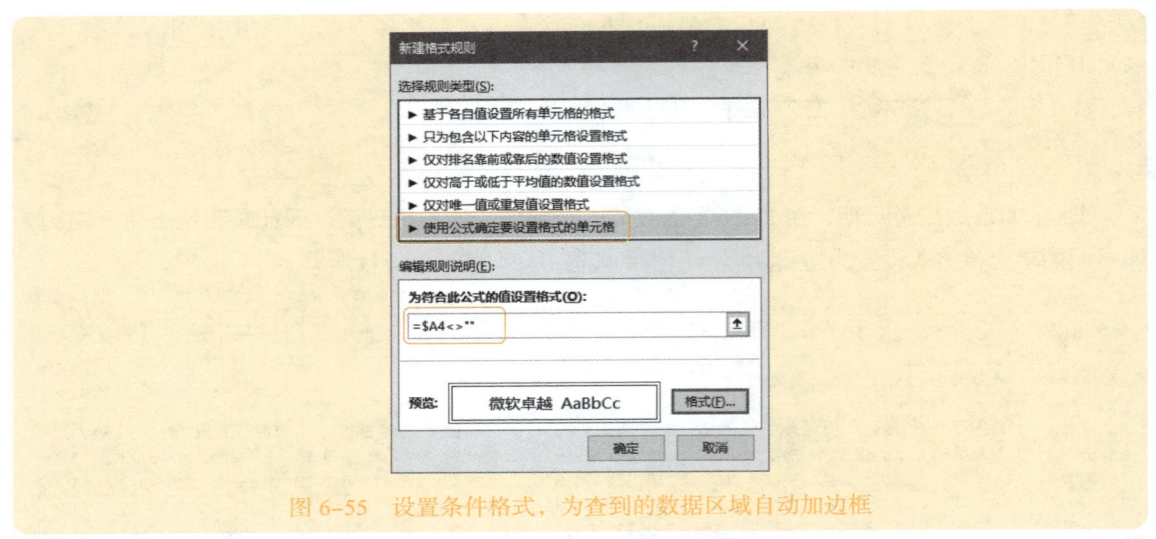

步骤 09 取消显示工作表的网格线。这样，就得到了任意指定部门的在职员工明细表，如图 6-56 所示。

	A	B	C	D	E	F	G	H	I	J	K
1											
2	选择部门	人力资源部									
3											
4	工号	姓名	部门	岗位	学历	身份证号码	性别	出生日期	年龄	入职日期	司龄
5	G027	A0012	人力资源部	主管	本科	430124197509106274	男	1975-9-10	44	2003-5-22	17
6	G038	A0007	人力资源部	主管	本科	110108196609102222	女	1966-9-10	53	2005-3-9	15
7	G052	A0011	人力资源部	主管	本科	421022198503126013	男	1985-3-12	35	2007-10-15	12
8	G056	A0013	人力资源部	专员	本科	340621198201048935	男	1982-1-4	38	2008-10-12	11
9	G068	A0008	人力资源部	专员	本科	320503198504172517	男	1985-4-17	35	2012-4-19	8
10	G074	A0009	人力资源部	副经理	硕士	341181198801035617	男	1988-1-3	32	2013-1-26	7
11	G086	B0230	人力资源部	专员	高中	110108198709152329	女	1987-9-15	32	2013-10-19	6
12	G102	BB02	人力资源部	主管	本科	420625198504220010	男	1985-4-22	35	2014-9-12	5
13	G109	CC27	人力资源部	主管	本科	110108197606288181	女	1976-6-28	43	2015-5-2	5
14	G129	CC12	人力资源部	主管	本科	110108198203043628	女	1982-3-4	38	2018-2-16	2
15	G143	AA15	人力资源部	主管	本科	322749198601069283	女	1986-1-6	34	2019-11-3	0
16											

图 6-56 任意指定部门的在职员工明细表

6.4.2 制作任意指定字段下指定项目的在职员工明细表

所谓制作任意指定字段下指定项目的在职员工明细表，就是指可以任意指定字段，并制作该字段下的某个项目的明细表。

例如：

（1）指定了字段"部门"，就可以制作某个部门的明细表。

（2）指定了字段"学历"，就可以制作某个学历的明细表。

(3) 指定了字段"性别",就可以制作男员工或女员工明细表。

这个明细表的制作比较复杂,因为这种明细表的制作又增加了一个难度。如果要寻找指定字段的位置,可以先使用 MATCH 函数来定位出指定字段在哪列,再使用 INDIRECT 函数的 R1C1 引用方式引用某列单元格进行判断。

首先设置字段和项目变量的单元格,然后设置字段和项目的列表,批量定义每个字段下的项目名称,如图 6-57 所示。

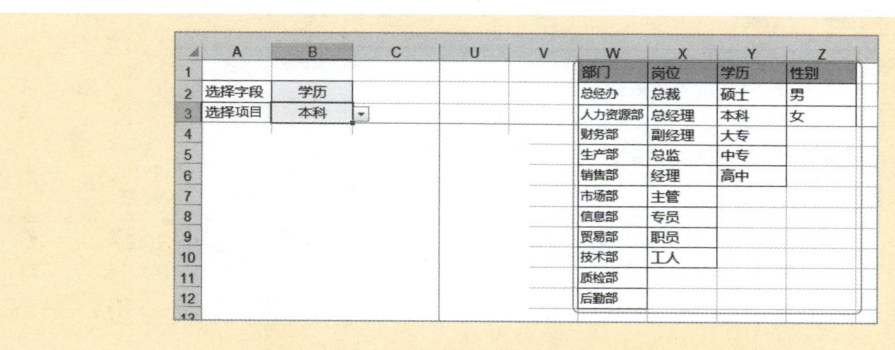

图 6-57 设置字段和项目变量的单元格

设置单元格 B2 和 B3 的数据验证,分别如图 6-58 和图 6-59 所示。

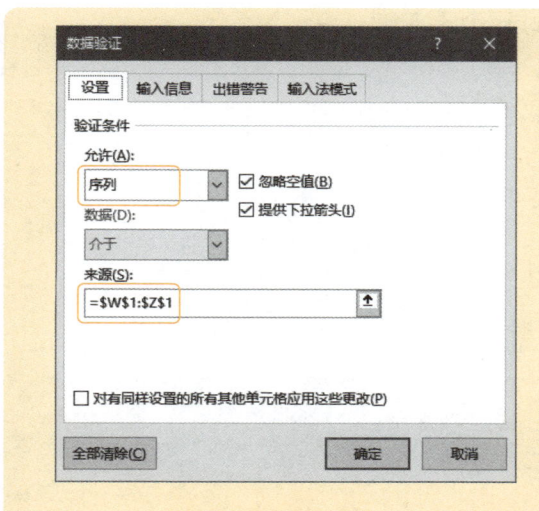

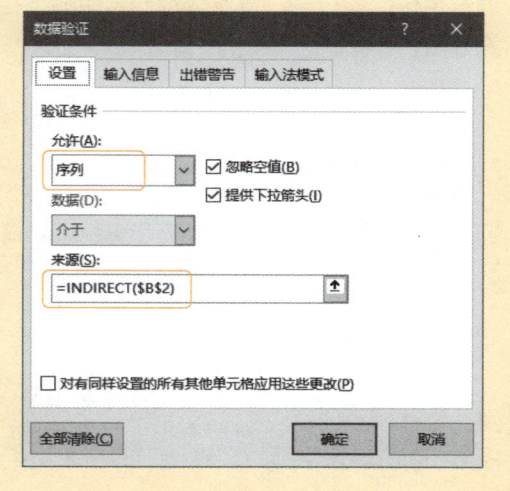

图 6-58 单元格 B2 的数据验证:选择字段　　图 6-59 单元格 B3 的数据验证:选择字段下的项目

定位指定项目位置的辅助列及其公式的设计思路,与 6.4.1 小节介绍的一样。不过,定位满足条件数据位置的公式发生了重大变化,如图 6-60 所示。单元格 N2 的公式如下:

```
=(INDIRECT(" 基本信息 !R"&ROW(A2)
&"C"&MATCH($B$2, 基本信息 !$A$1:$K$1,0),FALSE)=$B$3)
*( 基本信息 !L2="")
```

图 6-60　设计辅助列

通过定位出的行号，就可以取出该字段下指定项目的所有数据。

图 6-61 所示是信息部的在职员工明细表。

图 6-61　信息部的在职员工明细表

图 6-62 所示是学历为"硕士"的在职员工明细表。

	A	B	C	D	E	F	G	H	I	J	K
1											
2	选择字段	学历									
3	选择项目	硕士									
4											
5	工号	姓名	部门	岗位	学历	身份证号码	性别	出生日期	年龄	入职日期	司龄
6	G003	A0002	总经办	总裁	硕士	131182196906114415	男	1969-6-11	51	1986-1-8	34
7	G004	A0001	总经办	总经理	硕士	320504197010062010	男	1970-10-6	49	1986-4-8	34
8	G007	A0052	销售部	经理	硕士	320924198008252511	男	1980-8-25	39	1992-8-25	27
9	G019	A0033	贸易部	经理	硕士	131182196906064454	男	1969-6-6	51	2000-12-26	19
10	G020	A0053	销售部	职员	硕士	370126198709176812	男	1987-9-17	32	2001-12-10	18
11	G028	A0026	技术部	经理	硕士	320323196911265416	男	1969-11-26	50	2003-9-7	16
12	G030	A0028	技术部	主管	硕士	320501197609085521	女	1976-9-8	43	2004-4-8	16
13	G032	A0054	信息部	经理	硕士	131127197710174374	男	1977-10-17	42	2004-6-3	16
14	G043	A0042	生产部	总监	硕士	131126197907020084	女	1979-7-2	40	2006-10-3	13
15	G048	A0031	质检部	经理	硕士	370126198609036812	男	1986-9-3	33	2007-4-26	13
16	G055	A0063	质检部	经理	硕士	130433196912293868	女	1969-12-29	50	2008-8-1	11
17	G064	A0021	技术部	经理	硕士	341022198002133119	男	1980-2-13	40	2011-5-24	9
18	G069	A0022	技术部	经理	硕士	341181198711246023	女	1987-11-24	32	2012-8-14	7
19	G074	A0009	人力资源部	副经理	硕士	341181198801035617	男	1988-1-3	32	2013-1-26	7
20	G076	A0038	生产部	副经理	硕士	370126198812216819	男	1988-12-21	31	2013-3-1	7
21	G077	A0039	质检部	副经理	硕士	340223198806101426	女	1988-6-10	32	2013-4-25	7
22	G083	A0085	财务部	副经理	硕士	420622197202075432	男	1972-2-7	48	2013-8-1	6
23	G095	HREIG	技术部	主管	硕士	422823198606230228	女	1986-6-23	33	2014-3-31	6

图 6-62 学历为"硕士"的在职员工明细表

第 7 章
分析工资与人工成本

工资与人工成本分析是人力资源部门最重要的工作之一。每个月人力资源部门都要计算员工的工资，并将工资条打印出来发给员工，或者将电子工资条发给员工；要统计并分析公司的人工成本及其预算执行情况，找出预算有偏差的原因；制作人工成本同比分析表，分析近两年的成本增长情况等。

可以使用 Excel 的相关工具对工资和人工成本进行分析。

7.1 工资和人工成本的深度灵活分析

每个月的工资表的背后秘密你了解多少？每个部门的领薪人数是多少？人均工资是多少？部门人均工资是多少？不同工资区间的分布如何？这些问题，使用简单的数据透视表和图表，就能作出明确的回答。

案例 7-1

图 7-1 所示是月度工资示例数据。本节的所有分析，都将以这个数据为源数据。

图 7-1 月度工资示例数据

7.1.1 工资的基本汇总分析

对工资表数据进行分析的最实用工具是数据透视表，因为使用数据透视表可以对项目进行灵活组合和统计分析。

首先创建一个数据透视表，进行简单的布局并美化，图 7-2 所示就是一个汇总每个部门的个人所得税、社保和住房公积金的数据透视表。

图 7-2 创建的基本数据透视表

图 7-3 所示是各部门的人均成本对比，这里插入了一个数据透视图，让数据更加清晰。

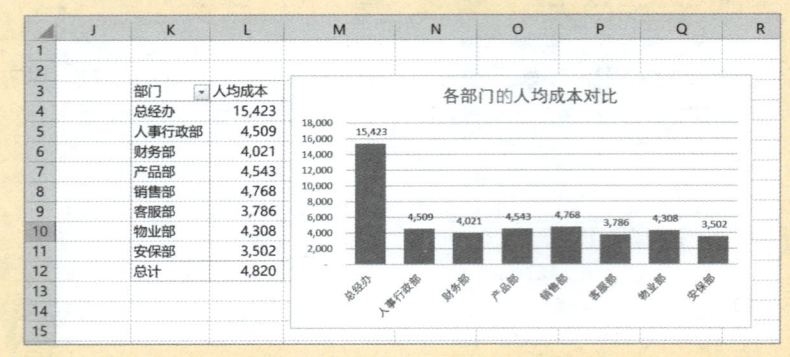

图 7-3　各部门的人均成本对比

7.1.2　工资的浮动分析

将图 7-2 中的数据透视表复制一份（或者重新制作一份），进行重新布局，分析各部门的最低工资、最高工资和人均工资，并绘制一个薪浮图，如图 7-4 所示。

从这个图表可以看出，哪些部门的最低工资和最高工资之间差距最大，人均工资处于什么水平。

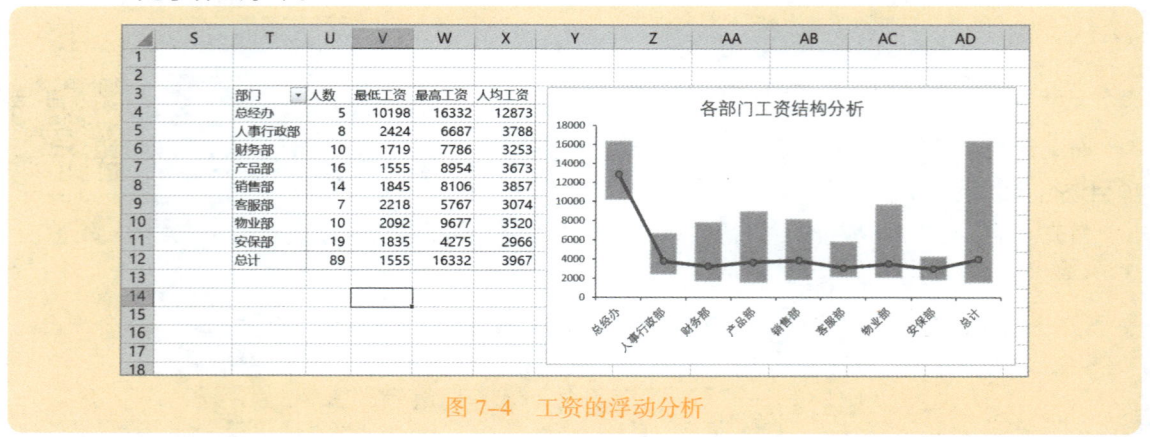

图 7-4　工资的浮动分析

这个报表并不难，拖动 3 个"应发合计"到数据透视表，分别将计算依据修改为最小值、最大值和平均值即可。

制作薪浮图则稍微需要一些技巧，薪浮图的制作步骤如下：

步骤 01 在远离数据区域的空白单元格中执行"插入"→"图表"→"折线图"命令，得到一个没有数据的空白图表，如图 7-5 所示。

图7-5 插入一个没有数据的空白图表（无数据点的折线图）

步骤 02 右击图表，执行快捷菜单中的"选择数据"命令，打开"选择数据源"对话框，如图7-6所示。

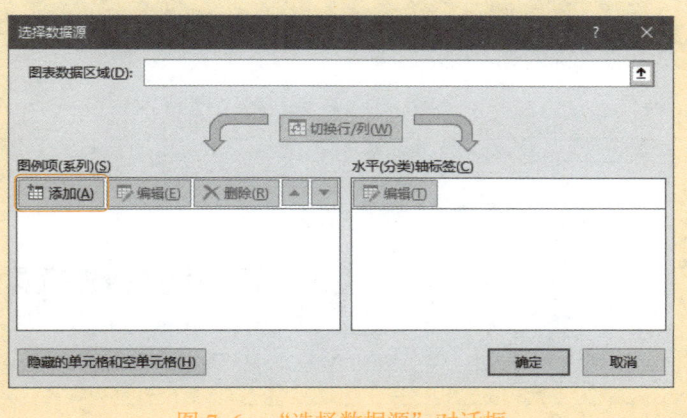

图7-6 "选择数据源"对话框

步骤 03 单击"添加"按钮，打开"编辑数据系列"对话框，选择输入"系列名称"和"系列值"，如图7-7所示，即可添加最低工资的数据。

图7-7 "编辑数据系列"对话框

步骤 04 单击"确定"按钮，返回"选择数据源"对话框，单击右侧的"水平（分类）轴标签"下的"编辑"按钮，如图7-8所示。

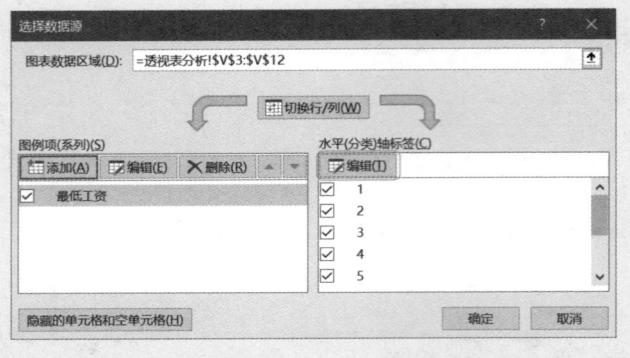

图7-8 添加系列完毕，准备添加分类轴标签

步骤 05 打开"轴标签"对话框，为图表添加分类轴（即横轴）的标签，如图7-9所示。

图7-9 添加分类轴的标签

步骤 06 使用相同方法，将最高工资、人均工资的数据添加到图表中，并调整三个数据系列的先后次序为：最低工资→人均工资→最高工资，如图7-10所示。

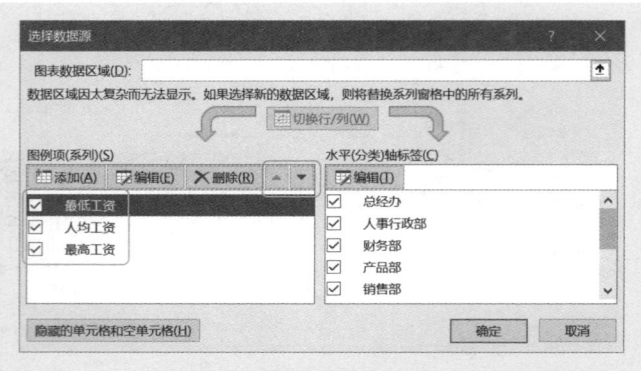

图7-10 添加数据完毕，调整三个系列的先后次序

第 7 章　分析工资与人工成本

步骤 07 单击"确定"按钮,就得到了如图 7-11 所示的折线图。

步骤 08 执行"设计"→"添加图表元素"→"涨/跌柱线"→"涨/跌柱线"命令,如图 7-12 所示。为图表添加最低工资与最高工资之间的涨柱线,如图 7-13 所示。

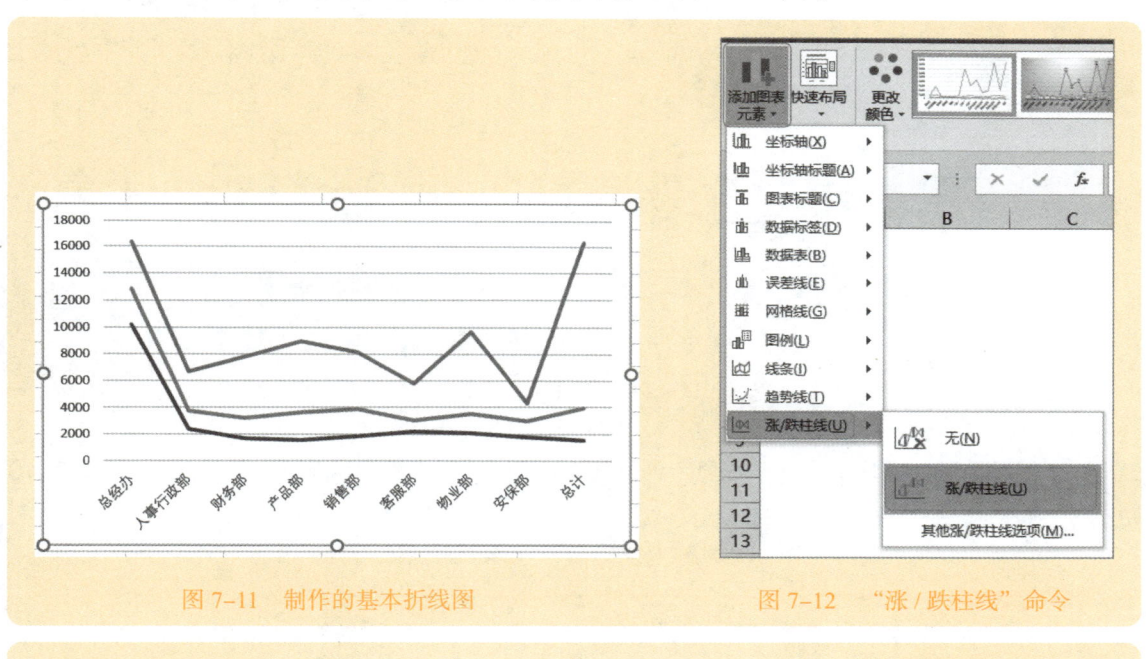

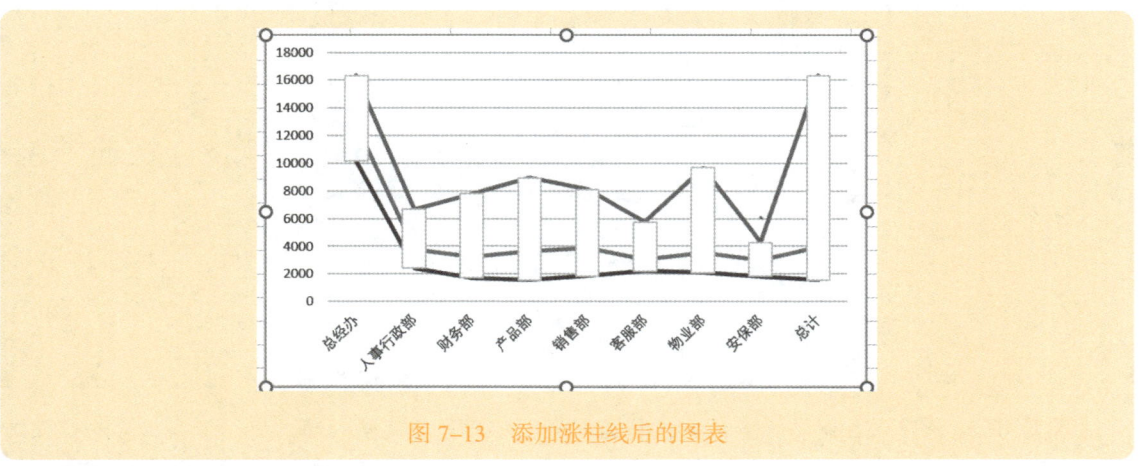

图 7-11　制作的基本折线图

图 7-12　"涨/跌柱线"命令

图 7-13　添加涨柱线后的图表

步骤 09 将涨柱线填充为合适的颜色。

步骤 10 分别选择"最低工资"和"最高工资"系列,将其线条颜色设置为无颜色,同时将其分类间距设置为一个合适的比例(如 70%),就得到了如图 7-14 所示的图表。

步骤 11 选择"人均工资"系列,打开"设置数据系列格式"窗格,选中"次坐标轴"单选按钮,将其绘制到次坐标轴上,如图 7-15 所示。

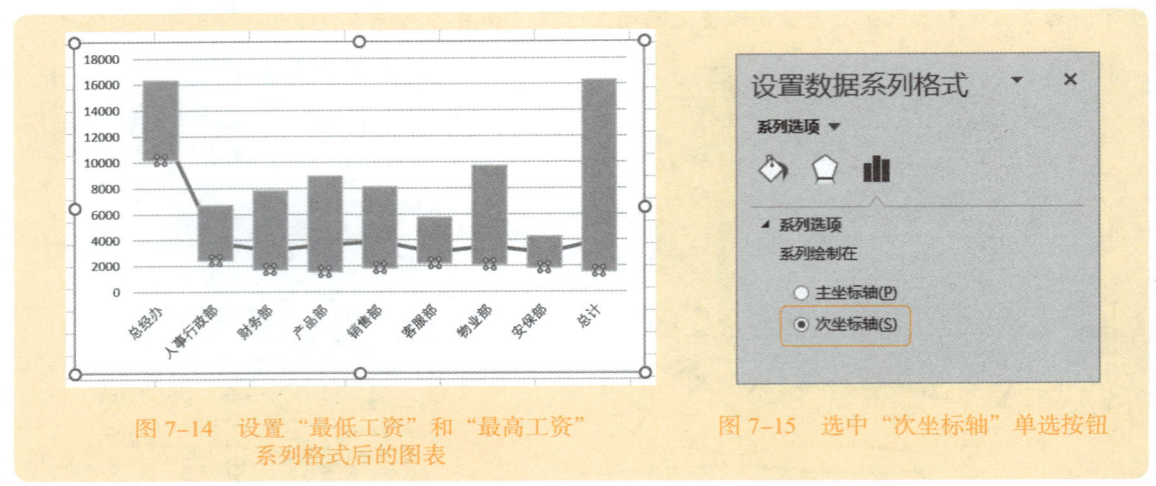

图 7-14 设置"最低工资"和"最高工资"系列格式后的图表

图 7-15 选中"次坐标轴"单选按钮

这么做是为了让人均工资这条线显示到前面来,否则柱形会挡住这条线,不太美观,如图 7-16 所示。

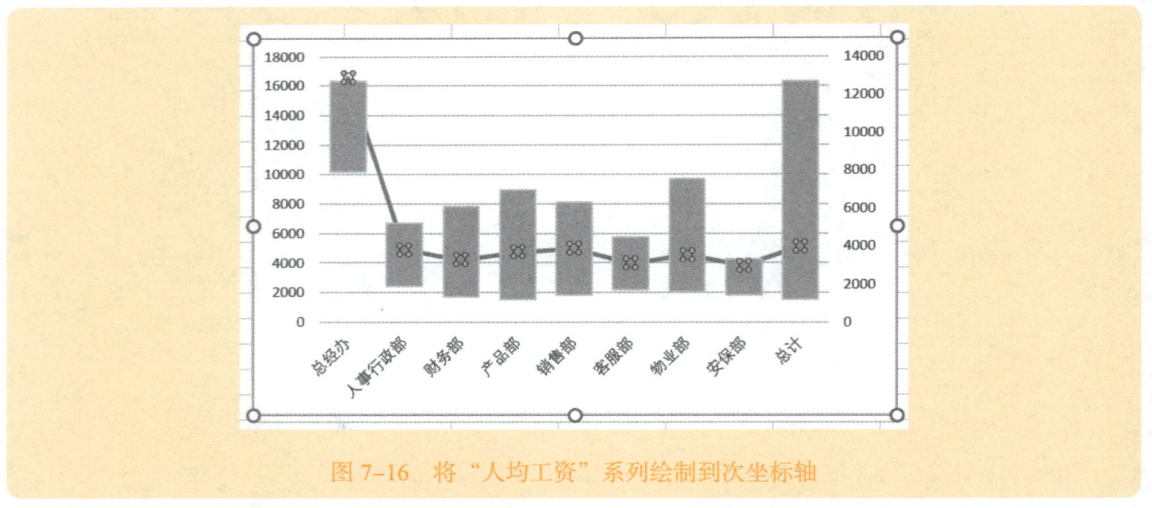

图 7-16 将"人均工资"系列绘制到次坐标轴

步骤 12 选择图表右侧的次数值轴,将其删除,从而自动调整人均工资、最高工资和最低工资在一个坐标刻度上。

步骤 13 选择"人均工资"系列,设置线条颜色和数据点标记,就得到了如图 7-17 所示的图表。

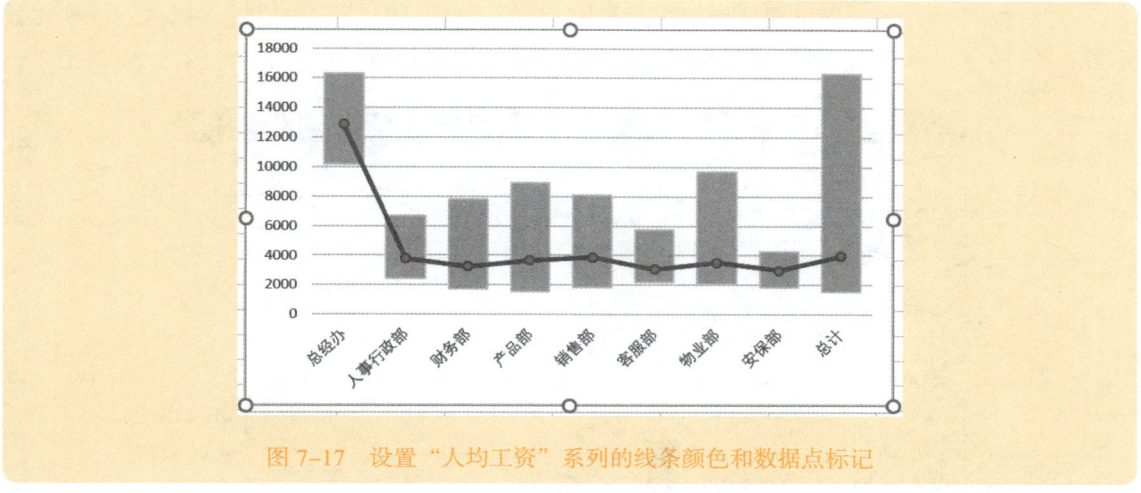

图 7-17 设置"人均工资"系列的线条颜色和数据点标记

步骤 14 为图表添加标题，设置坐标轴线条颜色，删除网格线，等等。最终就得到了需要的分析图表。

7.1.3 工资的四分位数分析

工资的四分位数分析图，是分析公司薪酬制度的一个重要方法和工具。四分位数图需要在图表上绘制出某数据列的最小值、第一个四分位数（25% 处的值）、中分位数（50% 处的值）、第三个四分位数（75% 处的值）和最大值。

如果使用的是 Excel 2016，可以直接使用原始数据绘制此类图表，这类图表被称为"箱形图"，如图 7-18 所示。

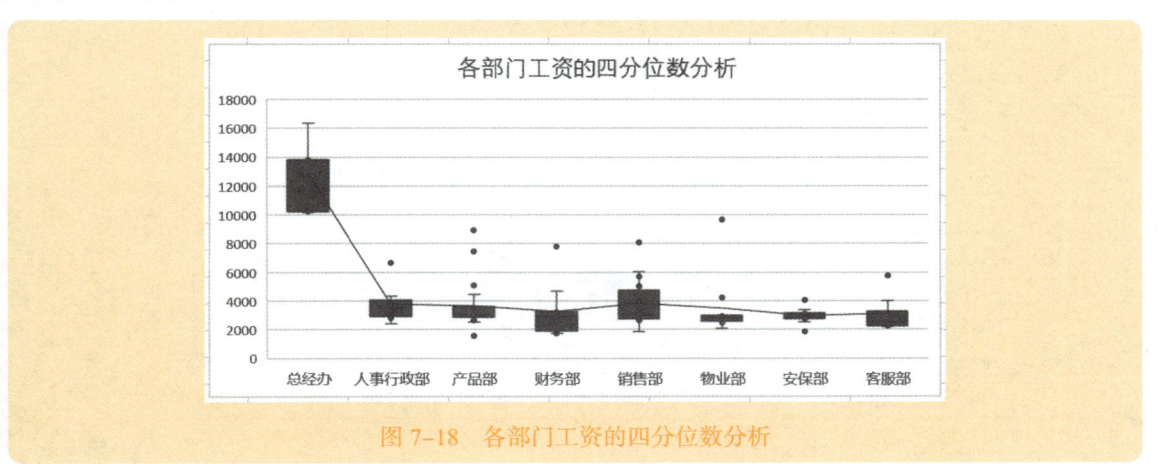

图 7-18 各部门工资的四分位数分析

这个图表的绘制并不难，选择原始工资表中的"部门"列和"应发合计"列，插入箱形图，如图 7-19 所示。这样，就得到了基本的四分位数图表，如图 7-20 所示。

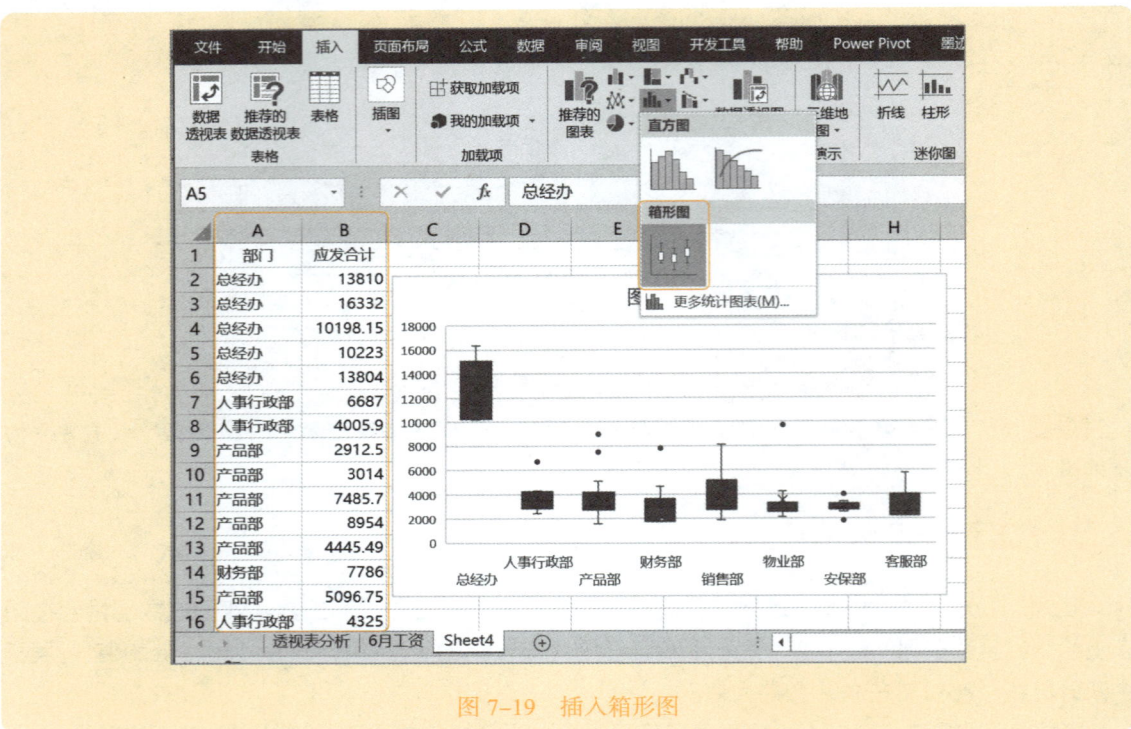

图 7-19　插入箱形图

图 7-20　基本的四分位数图表

选择数据系列，设置其"系列选项"，如图 7-21 所示，可以进一步调整图表，以便能够更清楚地反映信息。

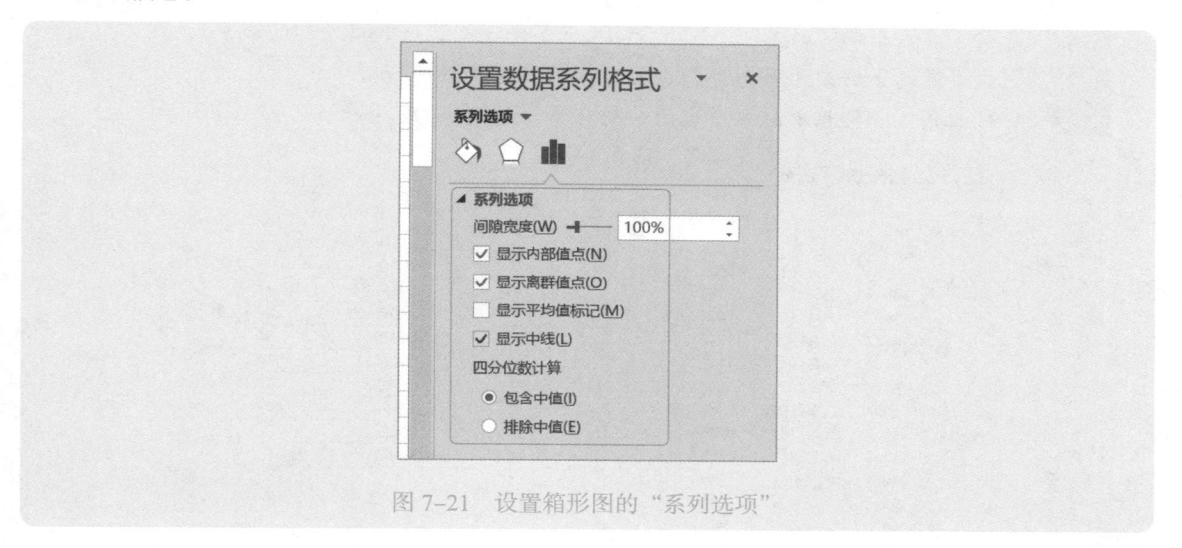

图 7-21 设置箱形图的"系列选项"

7.1.4 工资的点状分布分析

通过 7.1.3 小节中的工资的四分位数分析，可以看出工资的结构，但无法观察每个部门中所有员工的工资分布点，此时需要绘制各部门工资的点状分布图，其效果如图 7-22 所示。

从图 7-22 中可以非常清楚地查看每个部门的员工工资分布，如大部分散落在哪个区间，或者哪个部门有工资特别高的员工。

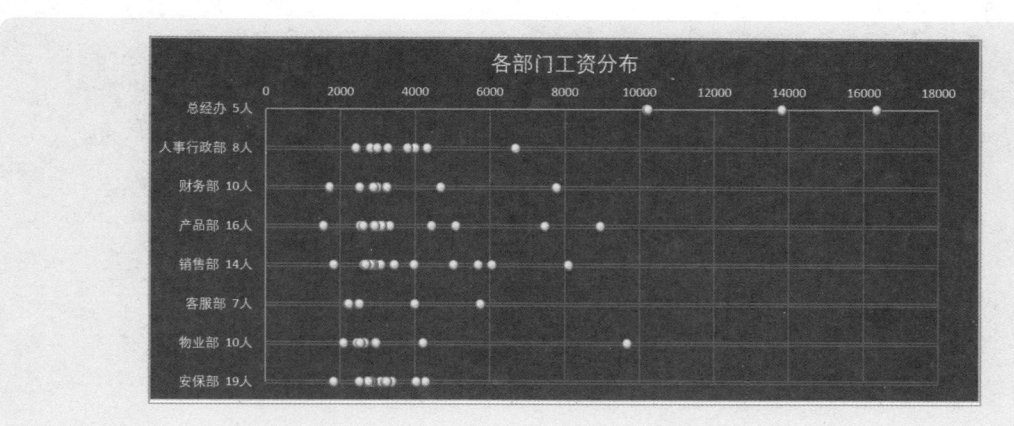

图 7-22 各部门工资的点状分布图

这个图表制作起来比较复杂，其详细制作步骤和技巧如下：

步骤 01 插入一个新工作表。

步骤 02 将工资表中的"姓名""部门"和"应发合计"三列数据复制过来。

步骤 03 设计辅助区域，为每个部门分配序号，如图7-23所示。

步骤 04 对原始工资数据中的每个部门匹配序号，单元格D2中的公式如下：

=VLOOKUP(B2,$G$2:$H$9,2,0)

图 7-23 设计辅助区域，分配序号

步骤 05 选择C列和D列，绘制XY散点图，如图7-24所示。

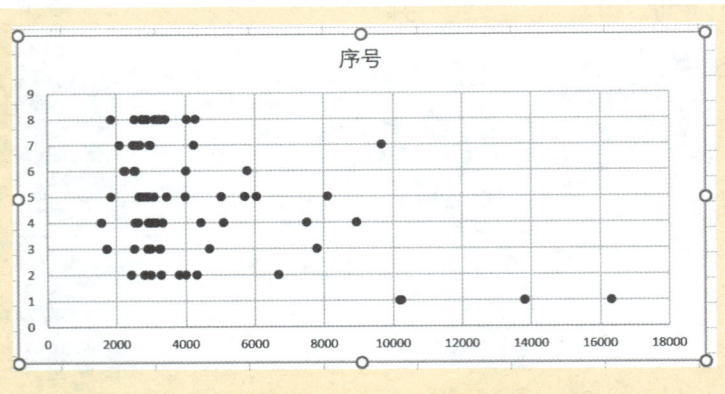

图 7-24 XY散点图

步骤 06 选择左侧垂直数值轴，打开"设置坐标轴格式"窗格，设置坐标轴选项。

(1) 将"最小值"设置为 1.0,"最大值"设置为 8.0(因为有 8 个部门),将"单位"中的"大"设置为 1.0,如图 7-25 所示。

(2) 勾选"逆序刻度值"复选框,如图 7-26 所示。

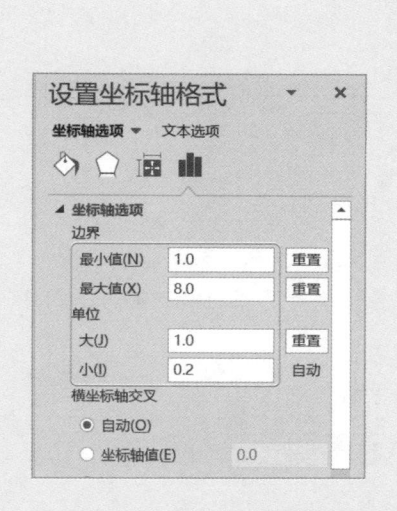

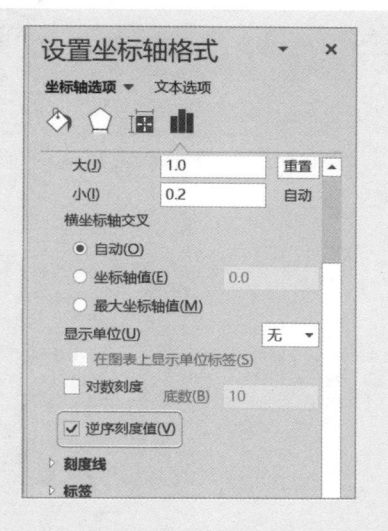

图 7-25　设置坐标轴选项　　　　图 7-26　勾选"逆序刻度值"复选框

(3) 将坐标轴的"标签位置"设置为"无",如图 7-27 所示。

图 7-27　设置"标签位置"为"无"

这样，就得到如图 7-28 所示的图表。

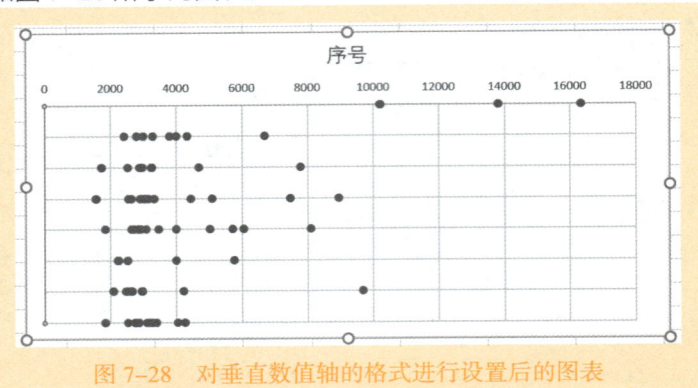

图 7-28　对垂直数值轴的格式进行设置后的图表

步骤 07 继续设计辅助区域，如图 7-29 所示，在"序号"列的右侧输入一列 0，同时在 K 列中设计坐标轴标题数据，单元格 K2 中的公式如下：

=G2&"　"&TEXT(COUNTIF(B:B,G2),"0人")

图 7-29　继续设计辅助区域

步骤 08 右击图表，执行"选择数据"命令，打开"选择数据源"对话框，单击"添加"按钮。打开"编辑数据系列"对话框，为图表添加新系列"辅助列"，如图 7-30 所示。

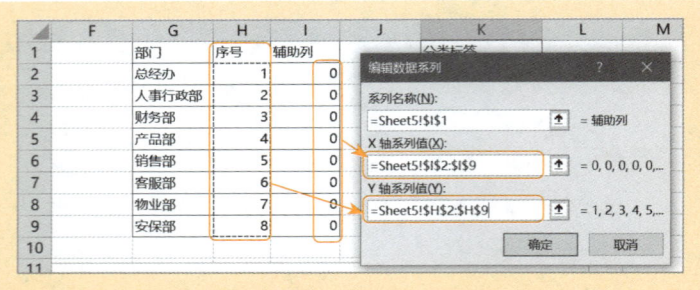

图 7-30　添加新系列"辅助列"

步骤 09 选择"辅助列"系列,设置其格式,主要设置如下:

(1) 不显示线条和标记(见图 7-31 (a))。
(2) 将系列绘制在次坐标轴上(见图 7-31 (b))。
(3) 将次数值轴设置为逆序刻度值(见图 7-31 (c))。

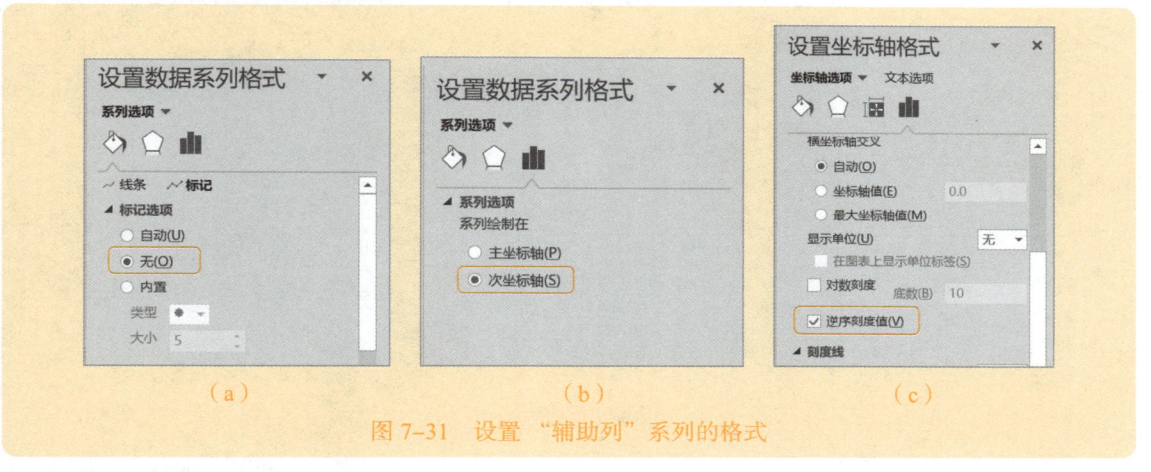

图 7-31 设置"辅助列"系列的格式

步骤 10 删除图表右侧的次数值轴,就得到了如图 7-32 所示的图表。

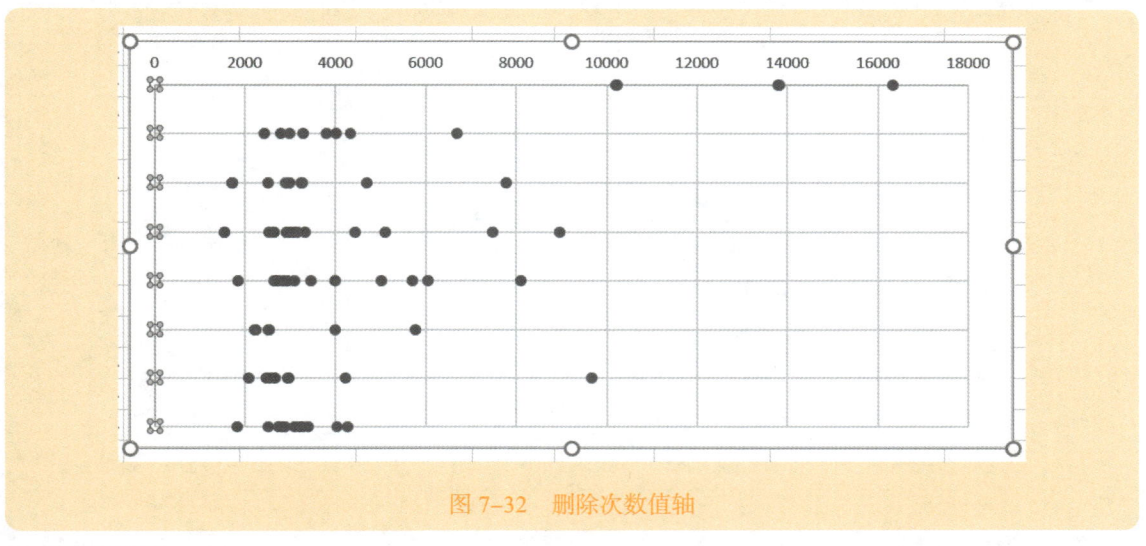

图 7-32 删除次数值轴

步骤 11 选择"辅助列"系列,在公式编辑栏中,将 SERIES 函数中的 Sheet5!$I$2:$I$9 修改为 Sheet5!$K$2:$K$9(见图 7-33),然后按 Enter 键。

步骤 12 选择"辅助列"系列,设置数据标签格式,在"标签包括"选项组中勾选"X值"复选框,在"标签位置"选项组中选中"靠左"单选按钮,如图7-34所示。然后调整绘图区大小,让标签完整显示出来,如图7-35所示。

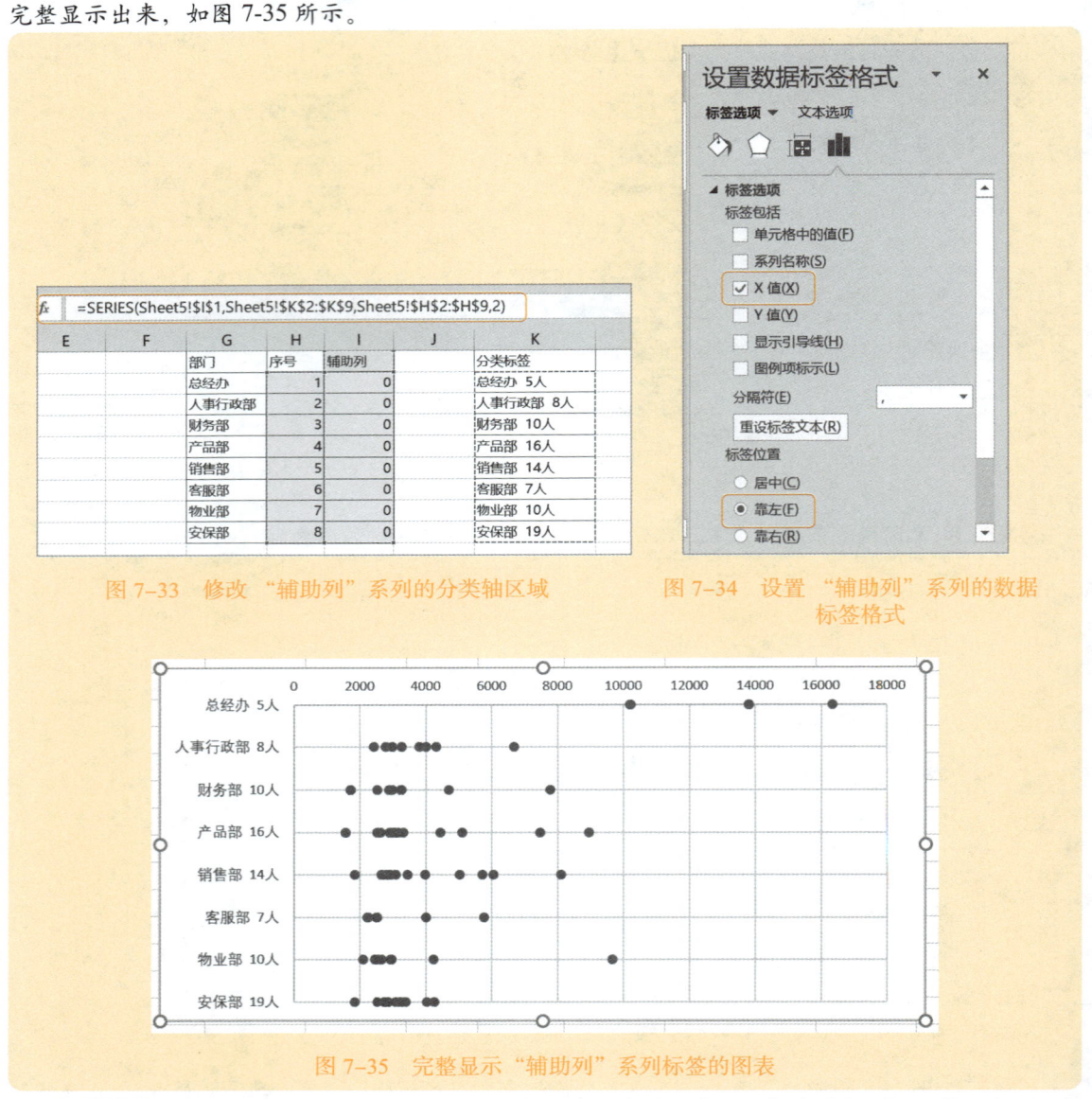

图7-33 修改"辅助列"系列的分类轴区域

图7-34 设置"辅助列"系列的数据标签格式

图7-35 完整显示"辅助列"系列标签的图表

步骤 13 选择图表中的水平网格线,设置其格式。在"复合类型"中选择"双线",并设置合适的宽度,就得到了如图7-36所示的图表。

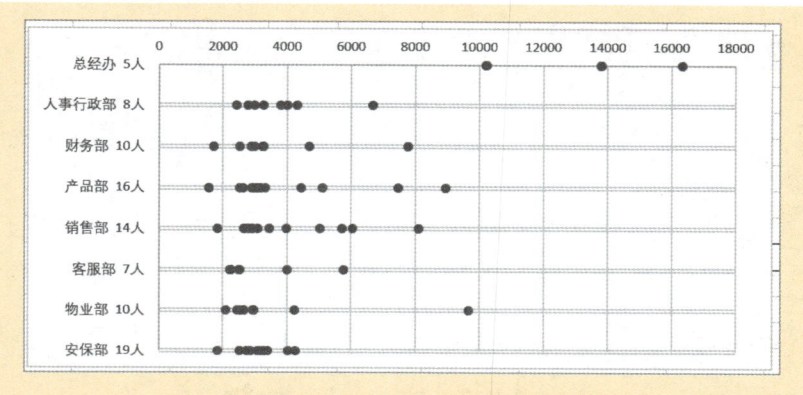

图 7-36 设置水平网格线后的图表

步骤 14 选择绘制工资数据点的数据系列,设置数据标记的填充颜色、边框颜色、大小。

步骤 15 为图表添加标题。

这样,图表就绘制完成了。绘制的过程比较烦琐,但是并不难,熟练后就好了。

7.1.5 工资区间人数统计分析

领导可能会问这样的问题:工资 3000 元以下的员工有多少人,占比是多少?工资 10000 元以上的员工有多少人,又占多大比例?这样的问题,可以使用数据透视表快速解决。

图 7-37 所示就是一个报告示例。

这里,将字段"应发合计"拖到"行"窗格中,并进行组合;向"值"窗格中拖动两个"姓名"字段,将一个的值汇总方式设置为"计数",将另一个的值显示方式设置为"列汇总的百分比"。最后修改标题,就统计出每个工资区间的人数及人数占比。

为了更加清楚地显示分析结果,还可以绘制两轴图表:人数为柱形,人数占比为折线。

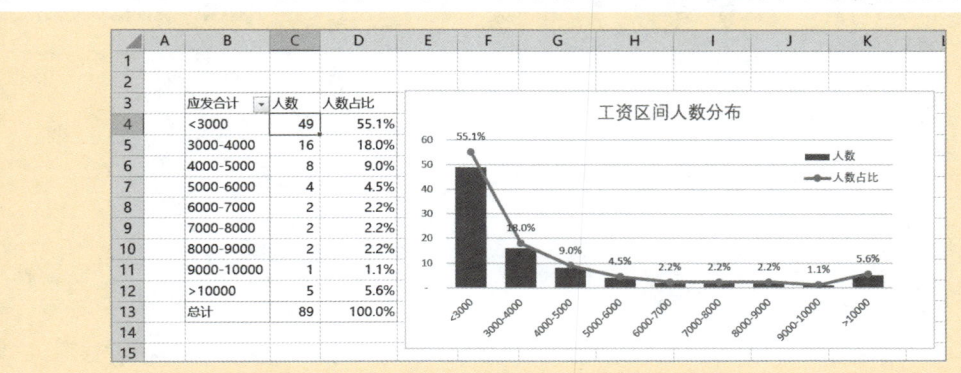

图 7-37 工资区间人数分布分析

7.2 全年工资的汇总与统计分析

到年底时，需要将全年 12 个月的工资信息汇总起来，并将各个分公司的工资信息汇总起来，然后制作各种统计分析报表。

此时，可以先使用第 5 章介绍的 Power Query 工具或现有连接 +SQL 语句来汇总，然后使用数据透视表进行各种统计分析。

7.2.1 制作每个员工的年度工资表

利用 Power Query 工具或现有连接 +SQL 语句将 12 个月的工资信息先汇总起来，并制作数据透视表，然后布局数据透视表，取消分类汇总，以表格形式显示报表，并清除报表样式，接着插入切片器用于选择员工姓名，就会得到任意指定员工的年度工资表，如图 7-38 所示。

姓名	月份	基本工资	岗位津贴	福利津贴	出勤工资	应发工资	公积金	社保金	四金合计	个人所得税	实发工资
蔡齐豫	1月	5040	192	0	4810.91	10042.91	369.6	554.4	924	1505.73	7613.18
陈安	2月	5040	182.4	0	4352.72	9575.12	369.6	554.4	924	1388.78	7262.34
陈嘉璐	3月	5040	182.4	0	5040	10262.4	369.6	554.4	924	1560.6	7777.8
陈建华	4月	5040	201.6	0	4820.87	10062.47	369.6	554.4	924	1510.62	7627.85
陈玲	5月	5040	288	0	3374.75	8702.75	369.6	554.4	924	1185.55	6593.2
陈琦安	6月	5040	211.2	0	4820.87	10072.07	369.6	554.4	924	1513.02	7635.05
陈业成	7月	5040	211.2	0	5040	10291.2	369.6	554.4	924	1567.8	7799.4
陈羽晞	8月	10080	384	0	9860.87	20324.87	739.2	1108.8	1848	3071.22	15405.65
陈允清	10月	5040	153.6	0	4320	9513.6	369.6	554.4	924	1373.4	7216.2
	11月	5040	211.2	0	5040	10291.2	369.6	554.4	924	1567.8	7799.4
	12月	5040	211.2	0	5040	10291.2	369.6	554.4	924	1567.8	7799.4
	总计	60480	2428.8	0	56520.99	119429.79	4435.2	6652.8	11088	17812.32	90529.47

图 7-38 制作每个员工的年度工资表

7.2.2 制作各个部门实发工资的年度汇总表

对数据透视表进行重新布局，插入"部门"切片器，就得到了如图 7-39 所示的各个部门、各个员工、各个月份的实发工资汇总表。

	A	B	C	D	E	F	G	H	I	J	K	L	M	N
1	部门						≡							
2														
3		财务部		人力资源部		销售部		质量部		总经办				
4														
5	实发工资	月份												
6	姓名	1月	2月	3月	4月	5月	6月	7月	8月	10月	11月	12月		总计
7	陈安					11142.3								11142.3
8	刘晓晨	13539.14	12821.1	13748.76	13423.96		13423.96	13717.44	27134.2	12724.35	13717.44	13717.44		147967.79
9	马一晨	8704.74	8289.43	8898										25892.17
10	祁正人	7746.38	7337.94	7860.6	7710.65		7710.65	7812.6	15489.65	7272.6	7841.4	7834.2		84616.67
11	王斌					7664.4								7664.4
12	肖铁					13358.34								13358.34
13	张丽莉	11183.29	10637.08	11442	11202.05		11202.05	11456.4	22651.25	10591.89	11456.4	11456.4		123278.81
14	总计	41173.55	39085.55	41949.36	32336.66	32165.04	32336.66	32986.44	65275.1	30588.84	33015.24	33008.04		413920.48

图 7-39 各个部门实发工资的年度汇总表

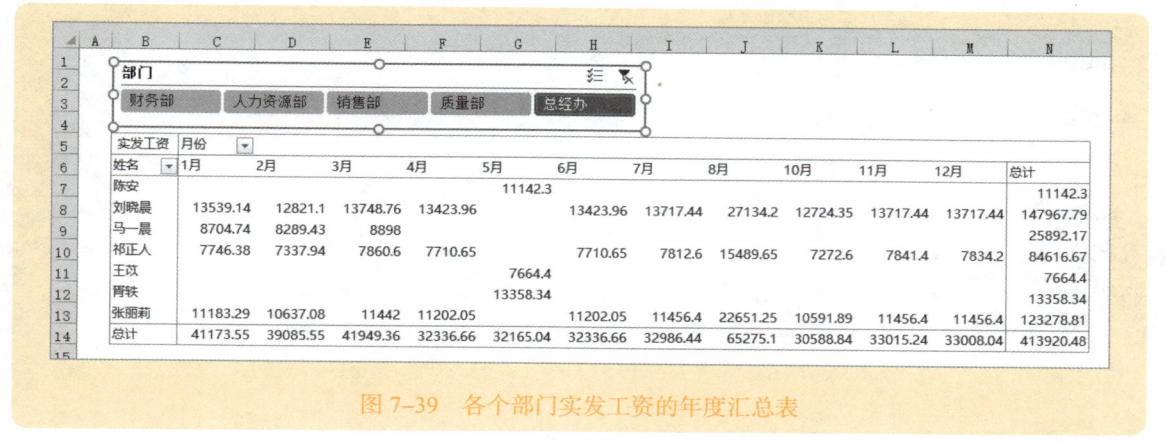

7.2.3 制作各个分公司的工资汇总表

在第 5 章中,使用 Power Query 工具将 8 个分公司各个月的数据进行了汇总,得到了一个汇总明细表。

其实,也可以不制作这个明细表,而是把查询的结果加载为数据模型,然后利用 Power Pivot 工具以这个数据模型进行各种统计分析。

图 7-40 所示是一个各个分公司的实发工资汇总表。

	A	B	C	D	E	F	G	H	I	J
1	实发工资	分公司								
2	月份	分公司A	分公司B	分公司C	分公司D	分公司E	分公司F	分公司G	分公司H	总计
3	1月	197146.65	161452.45	105903.35	113756.05	149699.80	173394.25	102033.55	145039.20	1148425.30
4	2月	200174.20	167883.75	83707.85	122756.95	152752.45	165668.70	109623.85	136356.90	1138924.65
5	3月	205240.90	186831.40	97463.75	130593.40	152383.85	168814.15	126266.50	133559.50	1201153.45
6	4月	214407.30	167097.50	92823.45	136875.70	160049.20	181659.30	111555.10	134464.35	1198931.90
7	5月	210635.30	165165.90	103574.70	132819.60	140874.65	150161.80	123112.80	128175.20	1154519.95
8	6月	233003.80	189177.85	89194.35	136039.90	164994.05	162439.10	106877.95	140631.60	1222358.60
9	7月	205403.55	177386.10	103162.10	131171.25	167416.60	182670.35	108217.80	133948.80	1209376.55
10	8月	225624.00	169641.15	121182.75	124220.30	154873.60	168479.40	119098.00	145883.05	1229002.25
11	9月	226407.45	162867.85	99234.00	127915.20	153904.45	140505.15	93248.90	145324.05	1144268.90
12	10月	210864.75	171972.85	103147.20	131724.35	154004.65	164321.75	115278.75	115843.20	1167158.10
13	11月	226377.70	163119.80	94270.30	134806.90	158270.85	151190.15	112166.25	136281.50	1176483.55
14	12月	212391.00	169218.95	110459.10	145498.50	148683.15	176124.10	109942.85	131164.35	1203482.00
15	总计	2567676.60	2051815.55	1204122.90	1563039.55	1857907.30	1985428.20	1337422.40	1626672.30	14194085.20

图 7-40 各个分公司的实发工资汇总表

图 7-41 所示是各个分公司的人均工资对比表。

	A	B	C	D	E	F	G	H	I	J	K	L	M	N	O	P	Q	R
1		月份	值															
2		1月		2月		3月		4月		5月		6月		7月		8月		
3	分公司	人数	人均工资	人数	人均工资	人数	人均工资	人数	人均工资	人数	人均工资	人数	人均工资	人数	人均工资	人数	人均工资	人数
4	分公司A	30	8196	30	8387	30	8563	30	8909	30	8861	30	9744	30	8584	30	9494	30
5	分公司B	24	8328	24	8760	24	9700	24	8706	24	8645	24	9795	24	9146	24	8861	24
6	分公司C	14	9344	14	7412	14	8625	14	8389	14	9375	14	7938	14	9251	14	10779	14
7	分公司D	18	7890	18	8577	18	9109	18	9457	18	9174	18	9567	18	9325	18	8745	18
8	分公司E	22	8490	22	8665	22	8709	22	9090	22	8108	22	9506	22	9499	22	8831	22
9	分公司F	23	9491	23	9029	23	9247	23	9865	23	8224	23	8754	23	9945	23	9199	23
10	分公司G	16	7888	16	8432	16	9930	16	8659	16	9590	16	8266	16	8412	16	9325	16
11	分公司H	19	9648	19	8981	19	8677	19	8857	19	8438	19	9190	19	8762	19	9640	19
12	总计	166	8634	166	8577	166	9051	166	9022	166	8741	166	9205	166	9116	166	9301	166

图 7-41 各个分公司的人均工资对比表

7.3 两年人工成本同比分析

各个部门两年的人工成本同比增长情况如何，原因是什么？如何用可视化的图表来分析两年的增长情况？本节将介绍人工成本同比分析报表的制作方法和技巧，从而可以快捷地回答这些问题。

案例7-2

人工成本同比分析的示例数据是两年的工资表文件，保存在"两年工资"文件夹下，两年工资工作簿的文件名分别是"去年.xlsx"和"今年.xlsx"，每个工作簿中有 12 个月的工资表，如图 7-42 ～图 7-44 所示。

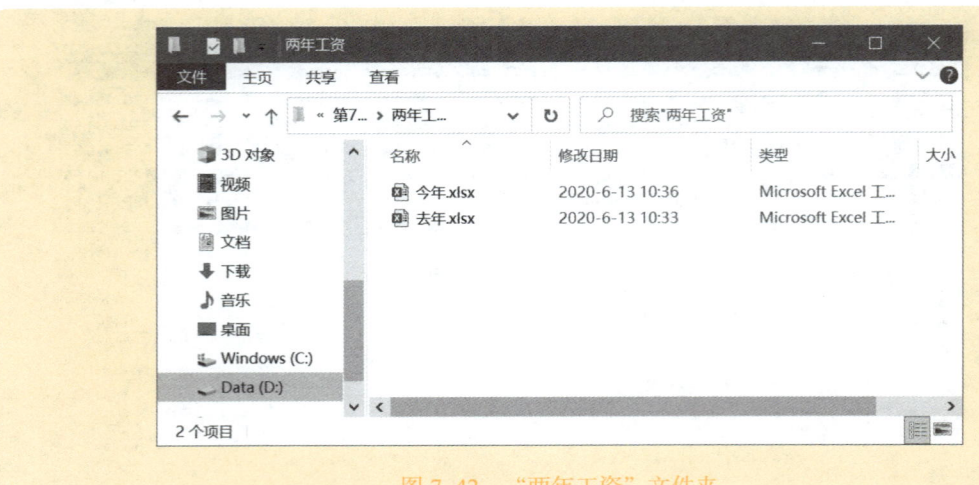

图 7-42 "两年工资"文件夹

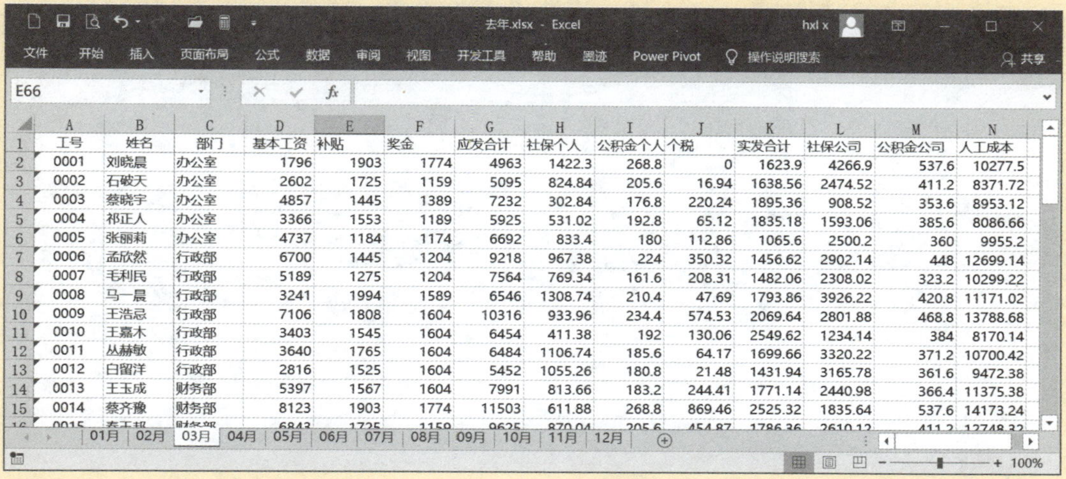

图 7-43 去年.xlsx

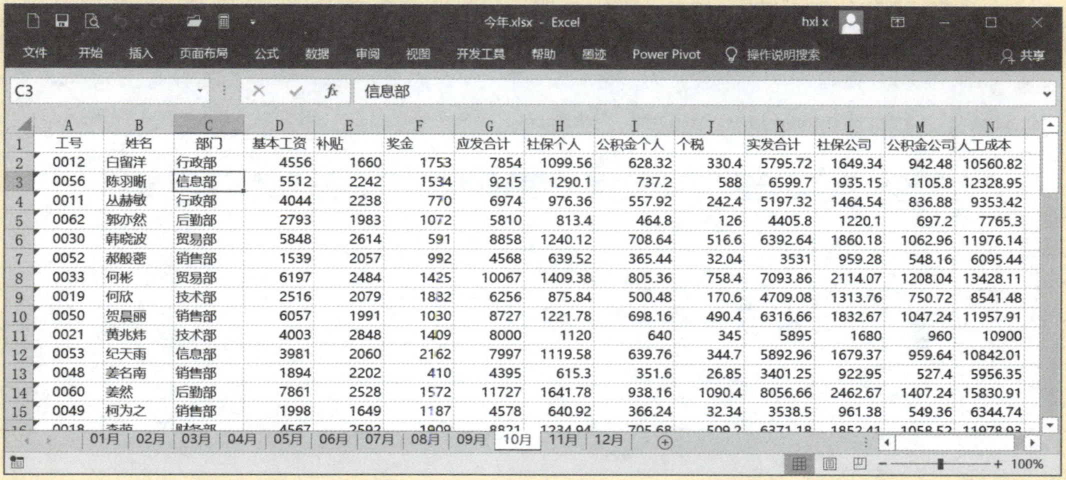

图 7-44 今年.xlsx

7.3.1 制作分析底稿

新建一个工作簿，将两个工作簿的 24 个工作表中的数据汇总到当前工作簿中，得到一个两年工资数据的分析底稿，如图 7-45 所示。

Excel 人力资源管理与数据分析

	年份	月份	姓名	部门	基本工资	补贴	奖金	社保公司	公积金公司	人工成本
37	今年	01月	何欣	技术部	1.93	1.85	1.97	1.12	0.64	7.51
38	今年	01月	刘一伯	生产部	4.34	2.16	0.42	1.38	0.79	9.1
39	今年	01月	刘冀北	生产部	1.47	1.95	2.16	1.12	0.64	7.33
40	今年	01月	刘心宇	技术部	7.87	2.48	1.43	2.4	1.37	15.55
41	今年	01月	刘晓晨	办公室	1.58	2.51	1.6	1.15	0.66	7.51
42	今年	01月	刘颐畤	生产部	1.71	1.94	1.38	1.05	0.6	6.68
43	今年	01月	吴雨平	生产部	4.13	1.88	1.32	1.51	0.86	9.71
44	今年	01月	姜健行	销售部	6.15	2.56	1.56	2.09	1.2	13.56
45	今年	01月	姜名南	销售部	1.45	2.69	1.34	1.14	0.65	7.28
46	今年	01月	姜然	后勤部	7.69	2.62	2.12	2.59	1.48	16.5
1180	去年	06月	王浩忌	行政部	7.35	1.81	1.6	3.58	0.47	14.8
1181	去年	06月	王玉成	财务部	5.43	1.57	1.6	0.93	0.37	9.9
1182	去年	06月	王雨燕	技术部	6.02	1.76	1.6	3.22	0.37	12.98
1183	去年	06月	白留洋	行政部	4.73	1.52	1.6	0.75	0.36	8.97
1184	去年	06月	石破天	办公室	4.38	1.72	1.16	0.49	0.41	8.17
1185	去年	06月	祁正人	办公室	3.3	1.55	1.19	1.44	0.39	7.87
1186	去年	06月	秦玉邦	财务部	6.87	1.72	1.16	0.88	0.41	11.04
1187	去年	06月	纪天雨	信息部	4.3	1.9	1.77	0.97	0.54	9.48
1188	去年	06月	舒思雨	技术部	7.94	1.54	1.6	3.39	0.38	14.87

图 7-45　两年工资数据的分析底稿

这个底稿可以使用 Power Query 工具来制作，为方便大家掌握这项技能，下面再次介绍一下其主要步骤，并介绍几个新的知识点。

步骤 01 执行"数据"→"新建查询"→"从文件"→"从文件夹"命令。选择要查询的文件夹，按照向导操作，打开 Power Query 编辑器，如图 7-46 所示。

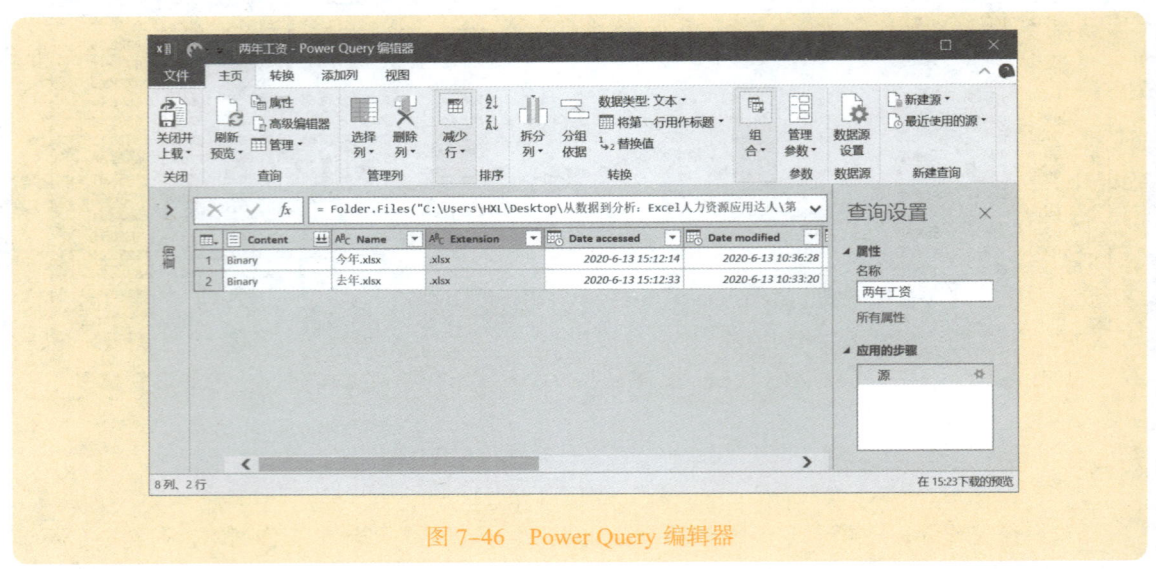

图 7-46　Power Query 编辑器

步骤 02 保留前两列，删除后面的各列，然后再添加一个"自定义"列，"自定义"列的公式如下：

```
= Excel.Workbook([Content])
```

这样就得到了一个将两个工作簿合并的表，如图 7-47 所示。

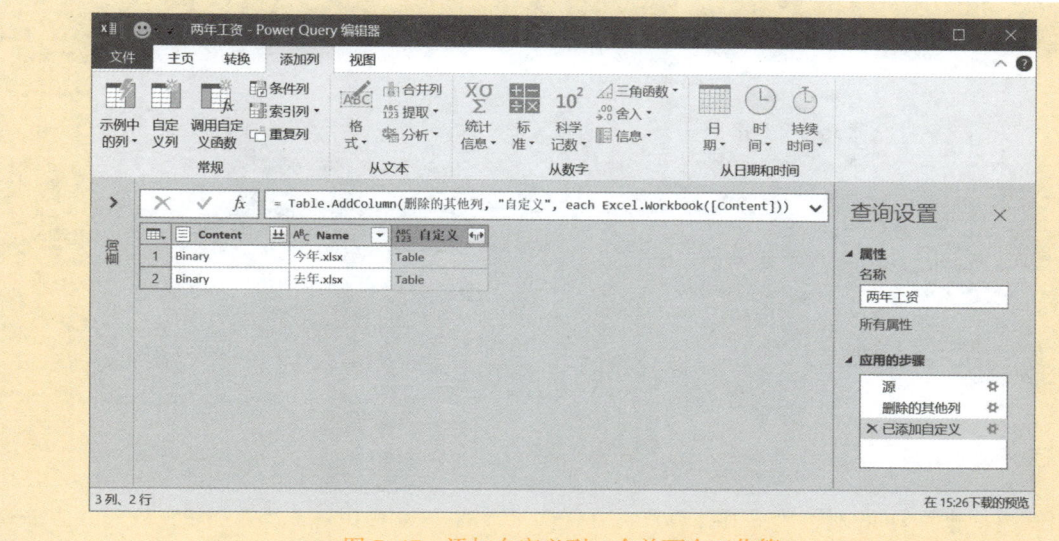

图 7-47 添加自定义列，合并两个工作簿

步骤 03 删除 Content 列，并展开"自定义"列，勾选 Name 和 Data 复选框，如图 7-48 所示。

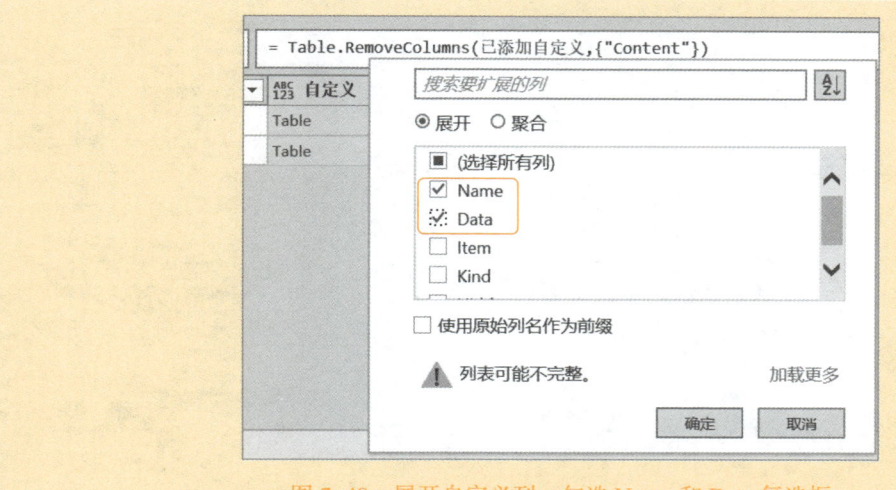

图 7-48 展开自定义列，勾选 Name 和 Data 复选框

这样，就得到了如图 7-49 所示的表。

图 7-49 展开"自定义"列后的表

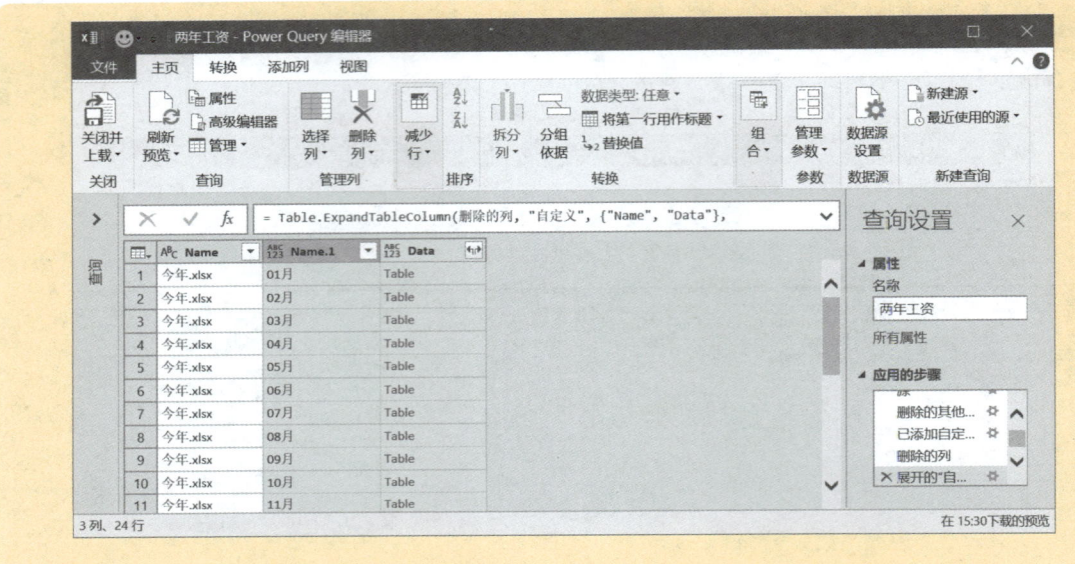

步骤 04 展开 Data 列，保留所有项目，就得到了如图 7-50 所示的表。

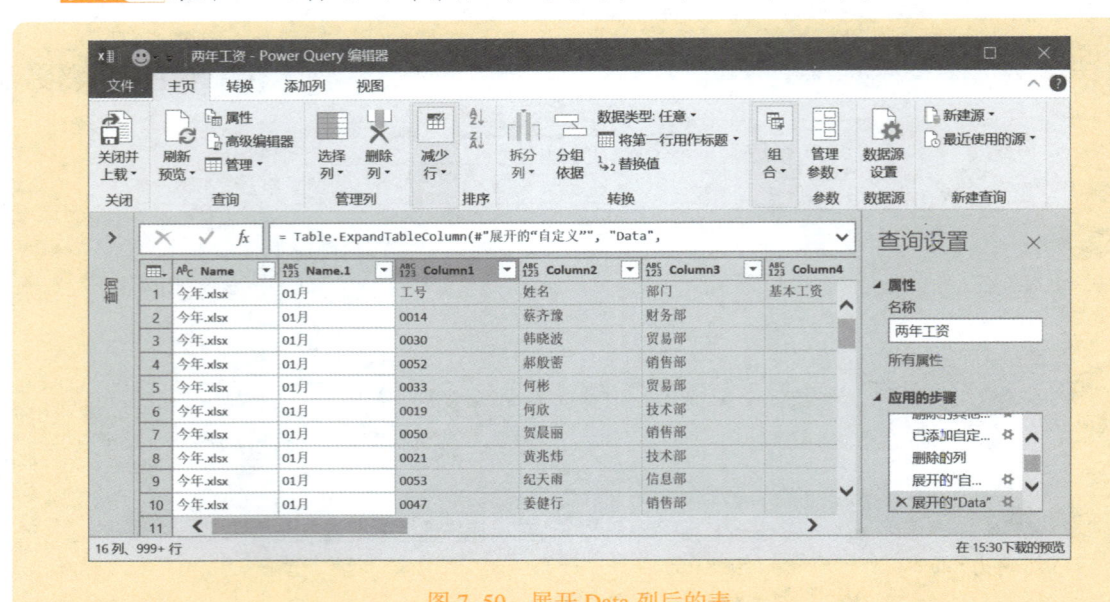

图 7-50 展开 Data 列后的表

步骤 05 提升标题，并筛选掉多余的工作表标题，就得到了如图 7-51 所示的表。

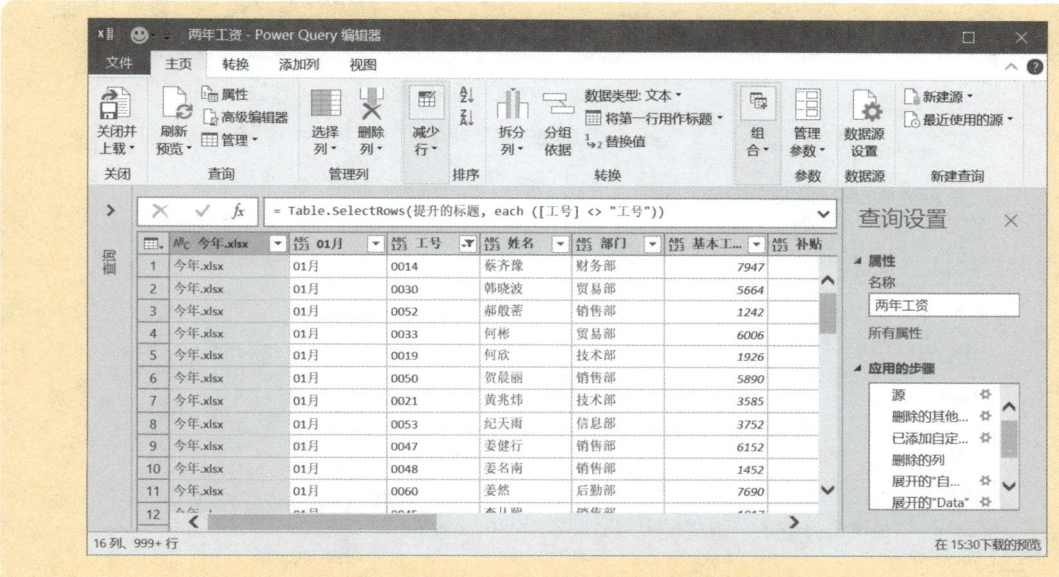

图 7-51 提升标题，筛选掉多余的工作表标题

步骤 06 修改标题名称，将"今年.xlsx"修改为"年份"，将"01月"修改为"月份"，删除不必要的列，如图 7-52 所示。

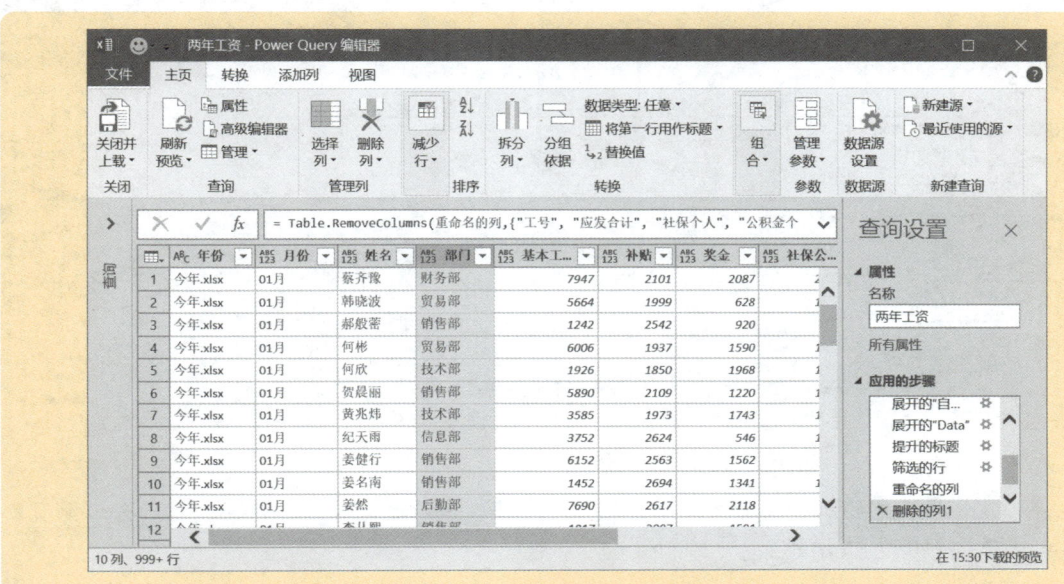

图 7-52 修改标题名称，删除不必要的列

步骤 07 选择第一列"年份",执行"转换"→"提取"→"分隔符之前的文本"命令,打开"分隔符之前的文本"对话框,在"分隔符"输入框中输入".",如图7-53所示,准备提取年份。

图 7-53 在"分隔符"输入框中输入"."

步骤 08 单击"确定"按钮,就得到了如图7-54所示的表。

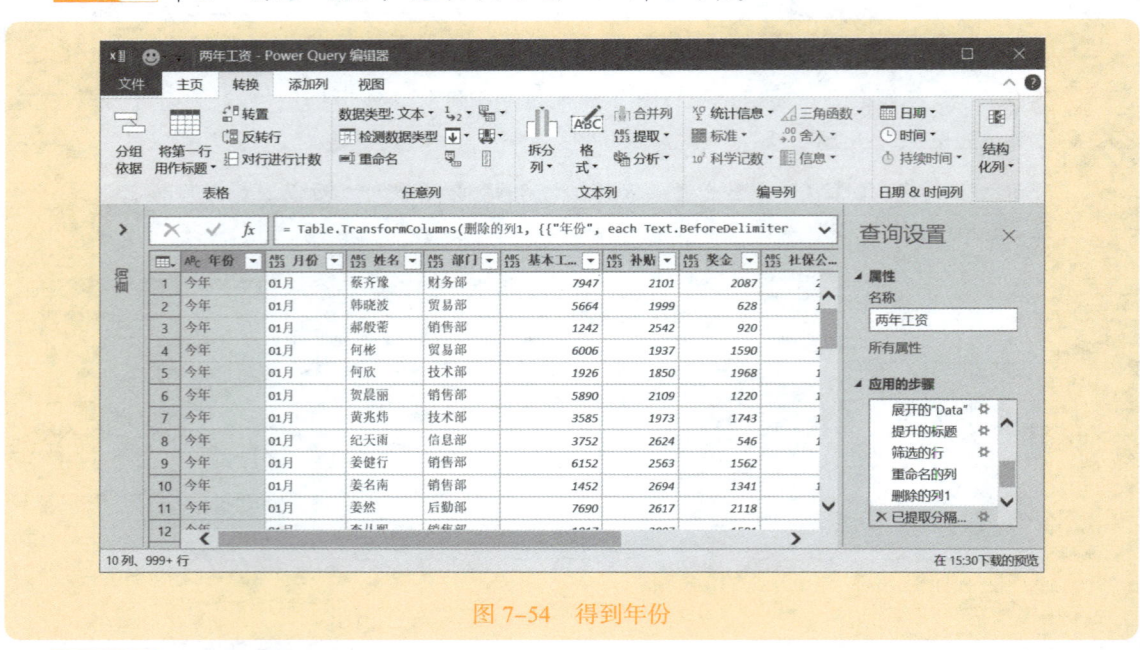

图 7-54 得到年份

步骤 09 选择表中的所有工资项目列,执行"转换"→"逆透视列"命令,对所有工资项目列进行逆透视,如图7-55所示。

图 7-55 逆透视所有工资项目列

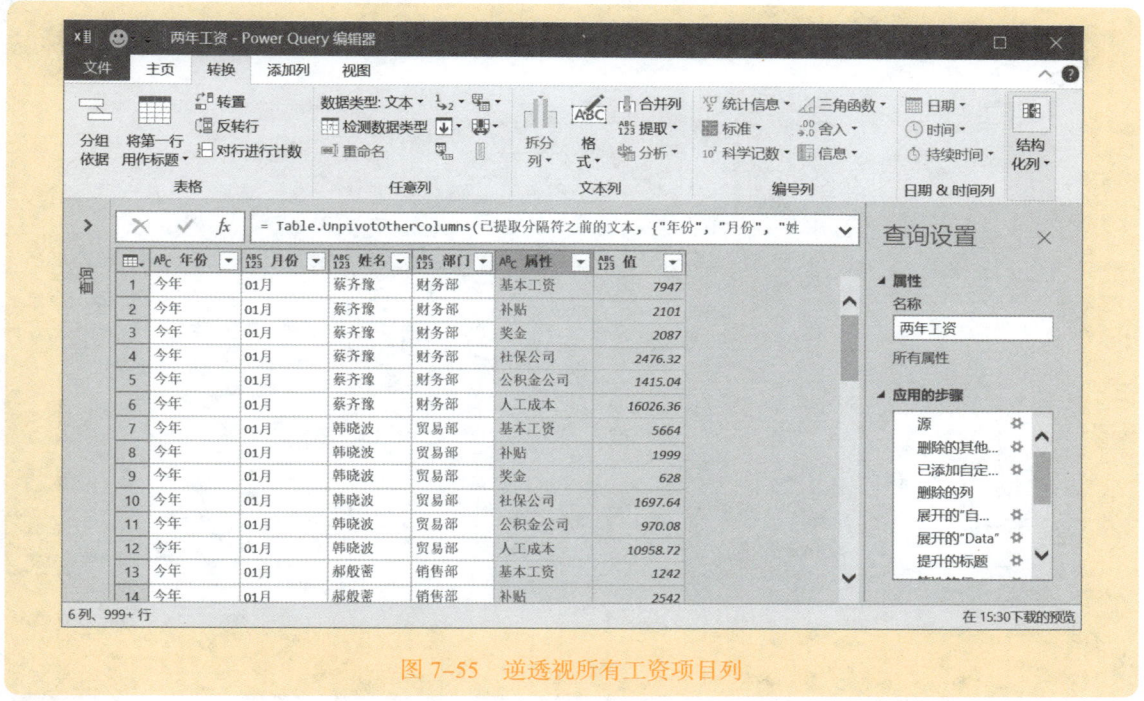

步骤 10 选择"值"列,执行"转换"→"标准"→"除"命令,如图 7-56 所示。

步骤 11 打开"除"对话框,在"值"输入框中输入 1000,如图 7-57 所示。准备把所有金额都除以 1000,变为以"千元"为单位。

图 7-56 "除"命令　　　　图 7-57 在"值"输入框中输入 1000

步骤 12 单击"确定"按钮,就得到了如图 7-58 所示的表。

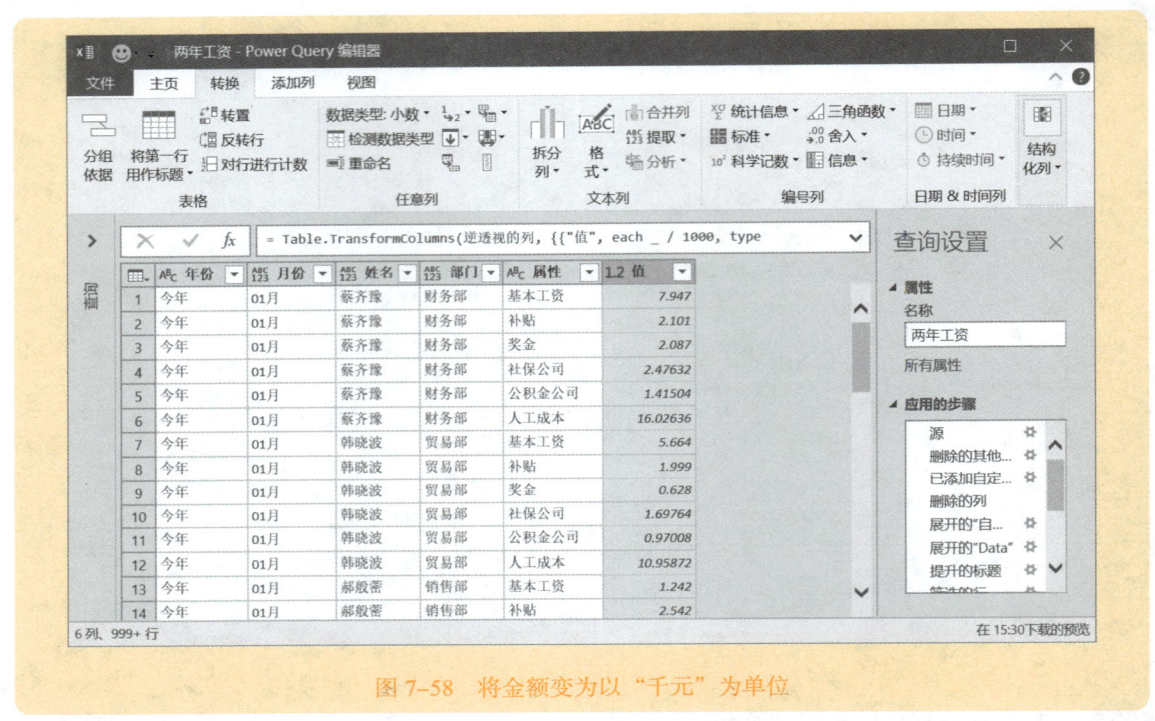

图 7-58 将金额变为以"千元"为单位

步骤 13 选择"值"列，执行"转换"→"舍入"命令，如图 7-59 所示。

步骤 14 打开"舍入"对话框，在"小数位数"输入框中输入 2，如图 7-60 所示。准备将所有金额数字保留 2 位小数。

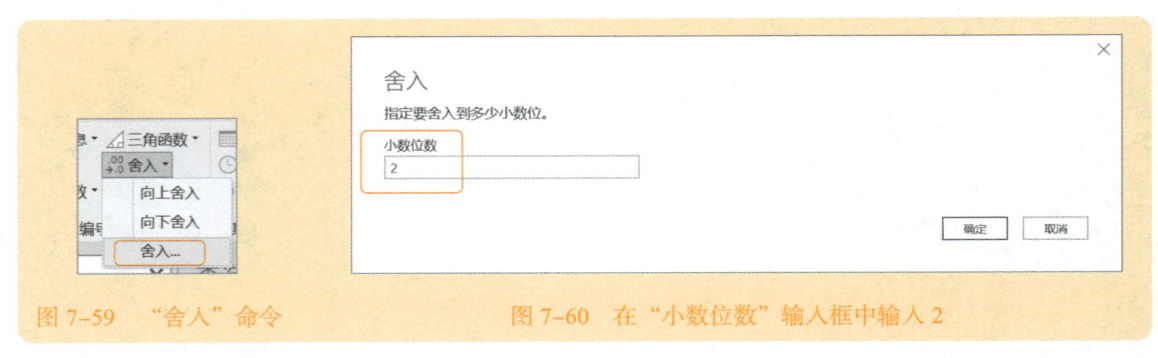

图 7-59 "舍入"命令　　　　　图 7-60 在"小数位数"输入框中输入 2

步骤 15 单击"确定"按钮，就得到了金额为 2 位小数的表，如图 7-61 所示。

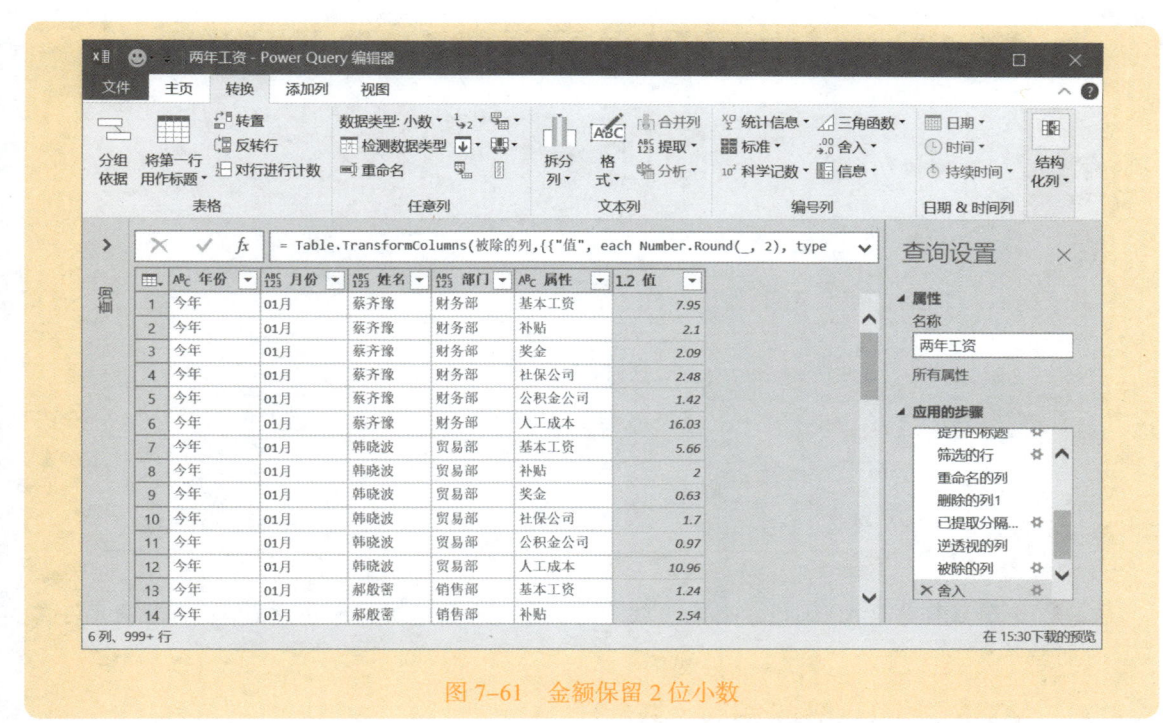

图7-61 金额保留2位小数

步骤 16 选择"属性"列,执行"转换"→"透视列"命令,打开"透视列"对话框,在"值列"下拉框中选择"值",在"聚合值函数"下拉框中选择"求和",如图7-62所示。

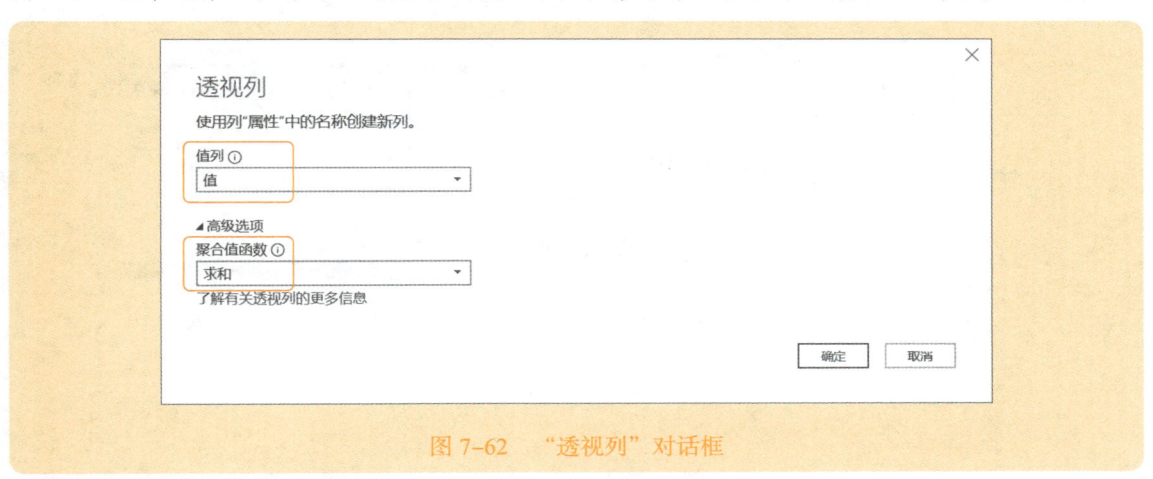

图7-62 "透视列"对话框

步骤 17 单击"确定"按钮,就得到了如图7-63所示的表。

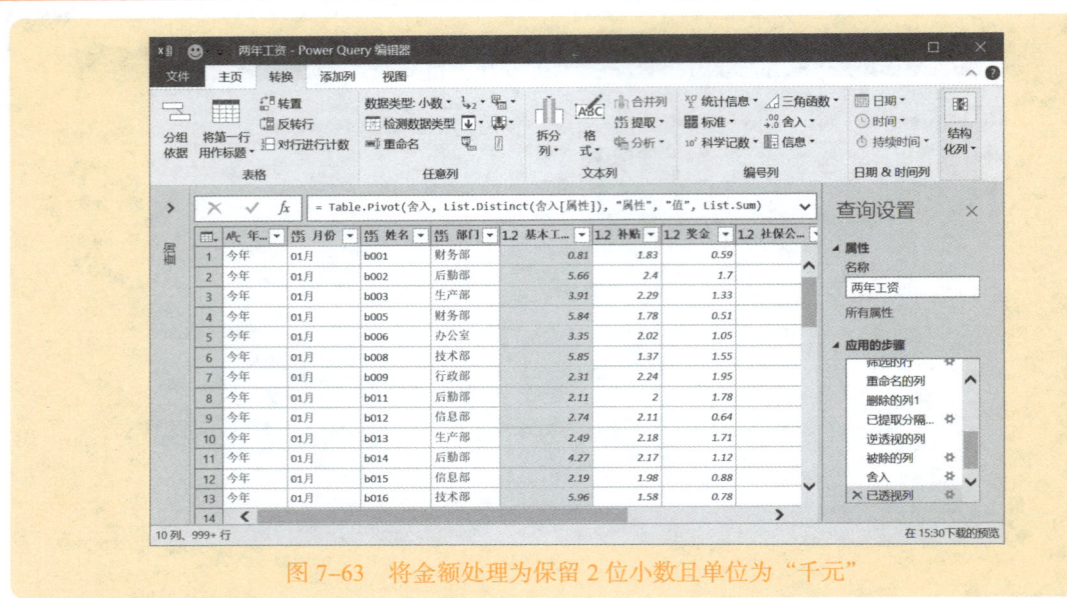

图 7-63 将金额处理为保留 2 位小数且单位为"千元"

步骤 18 将数据导出到 Excel 工作表，就完成了分析底稿的制作。分析底稿实际上是两年工资数据的合并表。

7.3.2 人工成本同比分析报表：按部门

以分析底稿为依据制作数据透视表，按部门布局，进行格式化，如图 7-64 所示。

为字段"年份"添加两个计算项："同比增减"和"同比增长率"，如图 7-65 和图 7-66 所示。

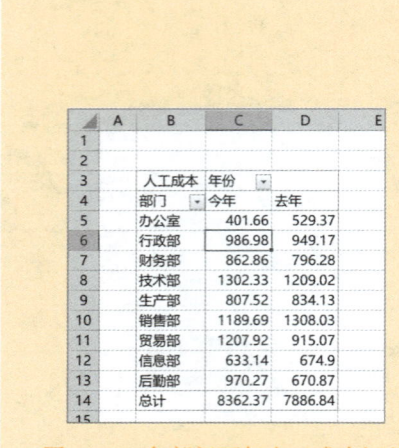

图 7-64 各部门两年人工成本汇总　　　　图 7-65 计算项"同比增减"

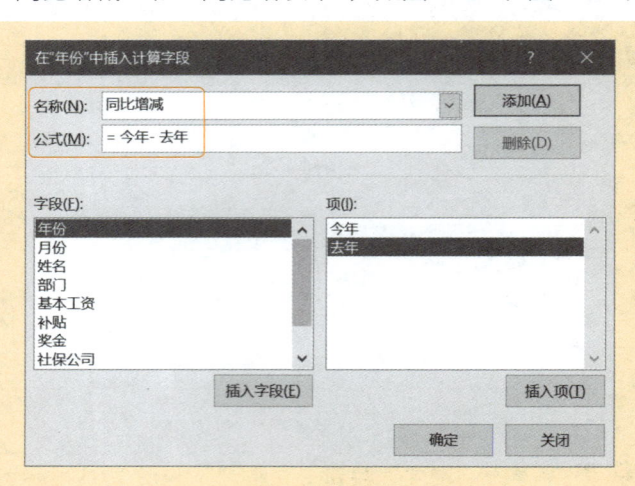

图 7-66 计算项"同比增长率"

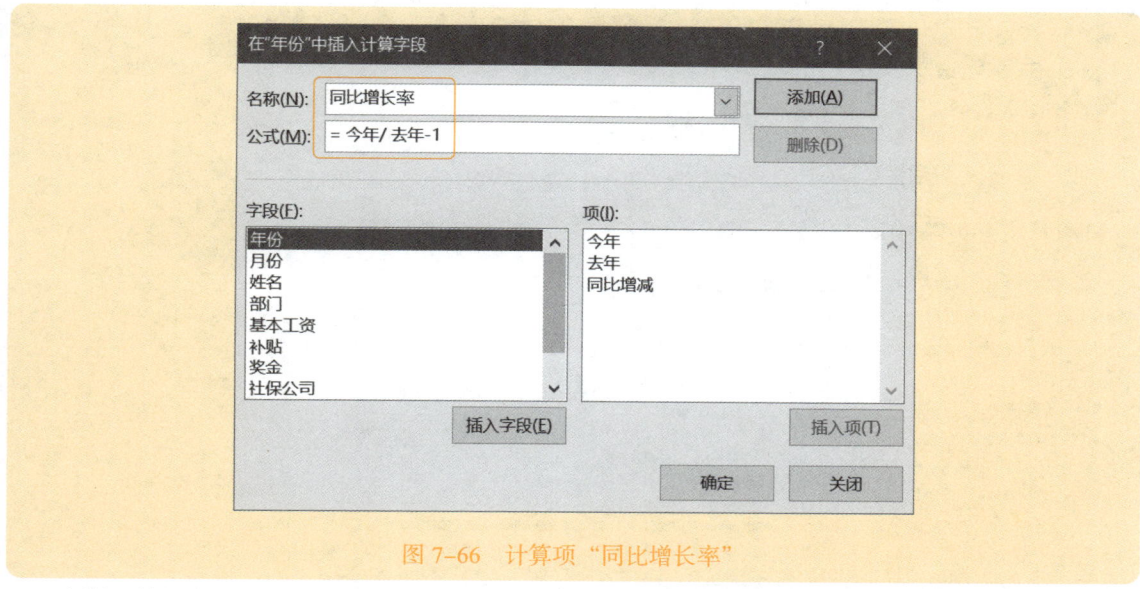

这样，就得到了各部门人工成本同比分析报表，如图 7-67 所示。**注意：这个报表中，总计的同比增长率的结果是错误的，因为它是各个部门同比增长率之合。**

可以使用添加形状的方法来显示正确的数字，也就是在其他空白单元格计算出真正的同比增长率，然后在总计单元格位置插入一个文本框，将这个文本框与计算单元格连接起来；或者使用照相机获取显示效果。图 7-68 所示就是使用照相机处理总计的同比增长率后的同比分析报表。

图 7-67 各部门人工成本同比分析报表

人工成本	年份			
部门	今年	去年	同比增减	同比增长率
办公室	401.66	529.37	-127.71	-24.12%
行政部	986.98	949.17	37.81	3.98%
财务部	862.86	796.28	66.58	8.36%
技术部	1302.33	1209.02	93.31	7.72%
生产部	807.52	834.13	-26.61	-3.19%
销售部	1189.69	1308.03	-118.34	-9.05%
贸易部	1207.92	915.07	292.85	32.00%
信息部	633.14	674.9	-41.76	-6.19%
后勤部	970.27	670.87	299.4	44.63%
总计	8362.37	7886.84	475.53	54.14%

图 7-68 处理总计的同比增长率后的报表

人工成本	年份			
部门	今年	去年	同比增减	同比增长率
办公室	401.66	529.37	-127.71	-24.12%
行政部	986.98	949.17	37.81	3.98%
财务部	862.86	796.28	66.58	8.36%
技术部	1302.33	1209.02	93.31	7.72%
生产部	807.52	834.13	-26.61	-3.19%
销售部	1189.69	1308.03	-118.34	-9.05%
贸易部	1207.92	915.07	292.85	32.00%
信息部	633.14	674.9	-41.76	-6.19%
后勤部	970.27	670.87	299.4	44.63%
总计	8362.37	7886.84	475.53	6.03%

为了便于阅读，还可以使用自定义数字格式来标识同比增减（同比增长率）的情况，也就是

为正数金额（正数百分比）和负数金额（负数百分比）分别标识不同的颜色和符号，其中：
(1) 金额的自定义数字格式代码如下：

[红色]▲0.00;[蓝色]▼0.00;0.00

(2) 百分比的自定义数字格式代码如下：

[红色]▲0.0%;[蓝色]▼0.00%;0.00%

设置格式后的报表如图 7-69 所示。

人工成本部门	年份 今年	去年	同比增减	同比增长率
办公室	401.66	529.37	▼127.71	▼24.12%
行政部	986.98	949.17	▲37.81	▲4.0%
财务部	862.86	796.28	▲66.58	▲8.4%
技术部	1302.33	1209.02	▲93.31	▲7.7%
生产部	807.52	834.13	▼26.61	▼3.19%
销售部	1189.69	1308.03	▼118.34	▼9.05%
贸易部	1207.92	915.07	▲292.85	▲32.0%
信息部	633.14	674.9	▼41.76	▼6.19%
后勤部	970.27	670.87	▲299.40	▲44.6%
总计	8362.37	7886.84	▲475.53	▲6.0%

图 7-69 设置格式后的同比分析报表

7.3.3 人工成本同比分析报表：按项目

将上述报表复制一份（把数据透视表复制一份），重新布局，就得到了按项目的人工成本同比分析报表，如图 7-70 所示。

项目	年份 今年	去年	同比增减	同比增长率
基本工资	3621.83	3545.4	▲76.43	▲2.2%
补贴	1639.74	1270.24	▲369.50	▲29.1%
奖金	1065.76	1118.22	▼52.46	▼4.69%
社保公司	1294.78	1604.23	▼309.45	▼19.29%
公积金公司	739.9	344.98	▲394.92	▲114.5%
人工成本	8362.37	7886.84	▲475.53	▲6.0%

图 7-70 按项目的人工成本同比分析报表

7.3.4 人工成本同比增减因素分析：按部门

领导有时也会问：人工成本增长是哪些部门引起的，哪个部门的影响最大？这样的分析，就需要制作部门影响分析报告及因素分析图。

设计如图 7-71 所示的辅助区域，去年成本和今年成本是实际数，各个部门是两年成本的同比增减数，数据可以直接从数据透视表引出，也可以使用 VLOOKUP 函数取出。

以这个辅助区域的数据为依据绘制瀑布图，并进行美化，就得到了人工成本两年同比增减的部门因素分析图，如图 7-72 所示。

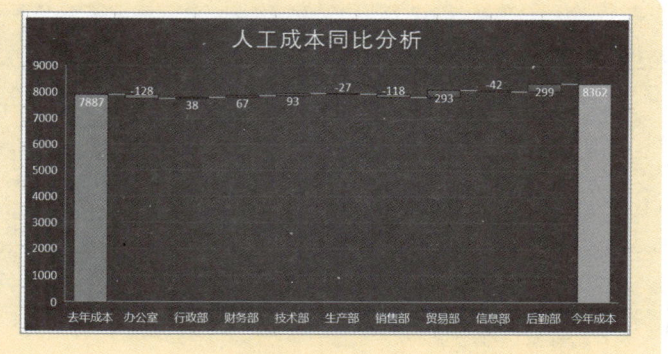

图 7-71 部门因素分析的辅助区域

图 7-72 人工成本两年同比增减的部门因素分析图

7.3.5 人工成本同比增减因素分析：按项目

也可以制作人工成本两年同比增减的项目因素分析图。

设计如图 7-73 所示的辅助区域，然后以这个辅助区域的数据为依据绘制瀑布图，如图 7-74 所示。

图 7-73 项目因素分析的辅助区域

图 7-74 人工成本两年同比增减的项目因素分析图

7.4 各月人工成本滚动跟踪分析仪表盘

在企业人力资源管理中，相对重要的是跟踪分析当年各月的人工成本变化，以及预算执行情况等。因此，需要建立一个自动化的跟踪分析仪表盘，随时查看人工成本的变化，分析产生异常偏差的原因。

案例7-3

示例数据是保存在一个工作簿中的几个基础数据表，包括全年人工成本预算表、当年各月的工资表，如图 7-75 和图 7-76 所示。

部门	项目	1月	2月	3月	4月	5月	6月	7月	8月	9月	10月	11月	12月	合计
财务部	基本工资	33123	35484	35253	35597	35449	35915	35348	35258	35488	35221	35139	35389	422664
	补贴	10601	9377	9377	9377	9377	9377	9377	9377	9377	9377	9377	9377	113748
	奖金	7065	8289	8289	8289	8289	8289	8289	8289	8289	8289	8289	8289	98244
	社保公司	4979	13966	15828	10028	9951	11165	9646	14359	10536	6843	7565	14658	129524
	公积金公司	5528	2415	2415	2415	2415	2415	2415	2415	2415	2415	2415	2415	32093
	人工成本	61296	69530	71161	65705	65479	67159	65075	69697	66106	62144	62785	70125	796262
技术部	基本工资	37834	41035	40943	40541	19569	40351	40601	55771	55777	55640	62048	55564	545674
	补贴	16663	14827	14827	14827	8067	14827	14827	18586	18586	18586	22025	20260	196908
	奖金	11955	13791	13791	13791	7205	13791	13791	16984	16984	16984	19777	18173	177017
	社保公司	7595	21824	18829	18636	9245	20789	17764	23057	26191	19560	29237	23847	236574
	公积金公司	8705	3682	3682	3682	2045	3682	3682	4474	4474	4474	5343	4972	52897
	人工成本	82751	95159	92070	91475	46131	93441	90664	118872	122011	115242	138430	122818	1209064
办公室	基本工资	8994	13959	17358	17289	16776	18978	15957	16885	17666	17181	19697	19975	200715
	补贴	5252	6257	7810	7810	7810	7810	7810	9355	9355	9355	9355	9355	97334
	奖金	3525	5496	6685	6685	6685	6685	6685	8289	8289	8289	8289	8289	83891
	社保公司	2646	8875	11744	13044	10629	4378	9501	12340	11707	14056	7822	13780	120522
	公积金公司	2823	1663	2049	2049	2049	2049	2049	2433	2433	2433	2433	2433	26896
	人工成本	23240	36249	45645	46875	43946	39899	42003	49302	49448	51313	47596	53831	529347
行政部	基本工资	20950	24237	32095	35960	33644	35032	33551	39270	40519	40245	38076	41227	414806
	补贴	7338	8537	11357	11357	11357	11357	11357	15068	15068	15068	16833	16833	151530

预算 1月 2月 3月 4月 5月 6月

图 7-75 全年人工成本预算表

工号	姓名	部门	基本工资	补贴	奖金	应发合计	社保个人	公积金个人	个税	实发合计	社保公司	公积金公司	人工成本
0063	AAA1	信息部	3902	2292	1872	7704	1078.56	616.32	315.4	5693.72	1617.84	924.48	10608.32
0067	AAA5	后勤部	2991	1981	1535	6209	869.26	496.72	165.9	4677.12	1303.89	745.08	8555.97
0068	AAA6	后勤部	4775	1569	1589	7782	1089.48	622.56	323.2	5746.76	1634.22	933.84	10501.06
0012	白留洋	行政部	3350	2192	982	6364	890.96	509.12	181.4	4782.52	1336.44	763.68	8624.12
0014	蔡齐豫	财务部	8246	2559	468	11087	1552.18	886.96	962.4	7685.46	2328.27	1330.44	14931.71
0003	蔡晓宇	办公室	2440	1619	1886	5738	803.32	459.04	118.8	4356.84	1204.98	688.56	7838.54
0059	陈琦安	后勤部	7761	1851	1900	11302	1582.28	904.16	1005.4	7810.16	2373.42	1356.24	15241.66
0056	陈羽晰	信息部	5479	1834	733	7893	1105.02	631.44	334.3	5822.24	1657.53	947.16	10650.69
0011	丛赫敏	行政部	2434	2101	1397	5566	779.24	445.28	101.6	4239.88	1168.86	667.92	7768.78
0062	郭亦然	后勤部	3122	1925	984	5643	790.02	451.44	109.3	4292.24	1185.03	677.16	7893.19
0030	韩晓波	贸易部	5856	2571	1028	9292	1300.88	743.36	603.4	6644.36	1951.32	1115.04	12521.36
0033	何彬	贸易部	6468	2077	662	9176	1284.64	734.08	580.2	6577.08	1926.96	1101.12	12235.08
0019	何欣	技术部	2403	2483	1862	6672	934.08	533.76	212.2	4991.96	1401.12	800.64	8949.76
0050	贺晨丽	销售部	6289	2195	2195	10282	1439.48	822.56	801.4	7218.56	2159.22	1233.84	14072.06
0053	纪天雨	信息部	4133	2553	1131	7730	1082.2	618.4	318	5711.4	1623.3	927.6	10367.9
0047	姜健行	销售部	6322	2237	1210	9623	1347.22	769.84	669.6	6836.34	2020.83	1154.76	12944.59

预算 1月 2月 3月 4月 5月 6月

图 7-76 当年各月的工资表

7.4.1 建立人工成本滚动汇总表

为了便于进行预算分析，首先建立一个当年各月的实际人工成本汇总表，其结构与预算表完全一样，如图 7-77 所示。

	A	B	C	D	E	F	G	H	I	J	K	L	M	N	O
1	部门	项目	1月	2月	3月	4月	5月	6月	7月	8月	9月	10月	11月	12月	合计
2	财务部	基本工资	31932	23652	23086	21934	30848	34814							166266
3		补贴	13056	9893	12555	7618	14626	13860							71608
4		奖金	8145	5837	9253	5750	10081	11299							50365
5		社保公司	10886	8050	9138	7271	11369	12341							59054.52
6		公积金公司	6220	4600	5221	4155	6496	7052							33745.44
7		人工成本	70239	52032	59253	46729	73420	79366							381039
8	技术部	基本工资	43050	59825	38289	37360	46836	48068							273428
9		补贴	22224	26689	18169	17635	19636	22118							126471
10		奖金	14188	16674	10730	13011	14577	12588							81768
11		社保公司	16203	21245	13799	13900	16678	16836							98661.36
12		公积金公司	9259	12140	7885	7943	9530	9621							56377.92
13		人工成本	104924	136573	88872	89849	107257	109231							636706.3
14	办公室	基本工资	19616	16676	15925	16096	2286	7855							78454
15		补贴	11060	6011	8210	9460	950	3931							39622
16		奖金	7574	5081	5887	7968	881	1873							29264
17		社保公司	7638	5722	6212	6842	858	2816							30087.33
18		公积金公司	4364	3270	3550	3910	490	1609							17192.76
19		人工成本	50252	36759	39784	44276	5466	18084							194620.1

图 7-77 当年各月的实际人工成本汇总表

财务部 1 月份中的各个项目的汇总公式如下（向右复制得到其他月份的数据，向下复制得到其他部门的数据）：

（1）单元格 C2：

=IFERROR(SUMIF(INDIRECT(C$1&"!C3",FALSE),$A2,INDIRECT(C$1&"!C"&MATCH($B2,INDIRECT(C$1&"!1:1"),0),FALSE)),"")

（2）单元格 C3：

=IFERROR(SUMIF(INDIRECT(C$1&"!C3",FALSE),$A2,INDIRECT(C$1&"!C"&MATCH($B3,INDIRECT(C$1&"!1:1"),0),FALSE)),"")

（3）单元格 C4：

=IFERROR(SUMIF(INDIRECT(C$1&"!C3",FALSE),$A2,INDIRECT(C$1&"!C"&MATCH($B4,INDIRECT(C$1&"!1:1"),0),FALSE)),"")

（4）单元格 C5：

=IFERROR(SUMIF(INDIRECT(C$1&"!C3",FALSE),$A2,INDIRECT(C$1&"!C"&MATCH($B5,INDIRECT(C$1&"!1:1"),0),FALSE)),"")

(5) 单元格 C6：

```
=IFERROR(SUMIF(INDIRECT(C$1&"!C3",FALSE),$A2,
INDIRECT(C$1&"!C"&MATCH($B6,INDIRECT(C$1&"!1:1"),0),FALSE)),"")
```

(6) 单元格 C7：

```
=IFERROR(SUMIF(INDIRECT(C$1&"!C3",FALSE),$A2,
INDIRECT(C$1&"!C"&MATCH($B7,INDIRECT(C$1&"!1:1"),0),FALSE)),"")
```

7.4.2 指定部门各月人工成本跟踪分析

图 7-78 所示是制作好的指定部门各月人工成本跟踪分析报表。

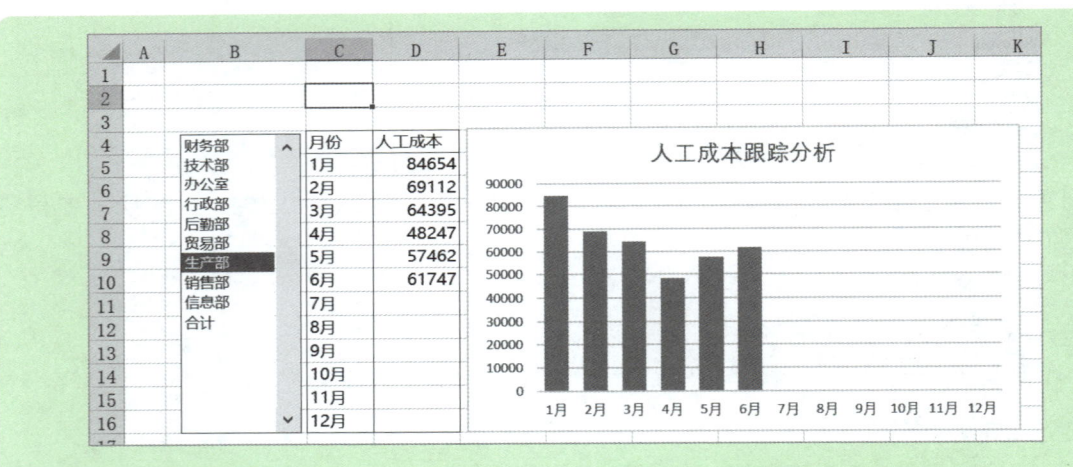

图 7-78 指定部门各月人工成本跟踪分析

在这个报表中，首先使用列表框来选择要分析的部门，然后利用列表框的返回值查找数据，最后根据查找的数据绘制柱形图。

单元格 D5 中的公式如下：

```
=HLOOKUP(C5,实际!C:N,MATCH($AK$3,实际!$A:$A,0)+5,0)
```

列表框中的"数据源区域"为 $AK$5:$AK$14，"单元格链接"是 AK4，如图 7-79 所示。
单元格中的 AK3 公式如下（根据单元格 AK4 中的值，返回选取的部门名称）：

```
=INDEX(AK5:AK14,AK4)
```

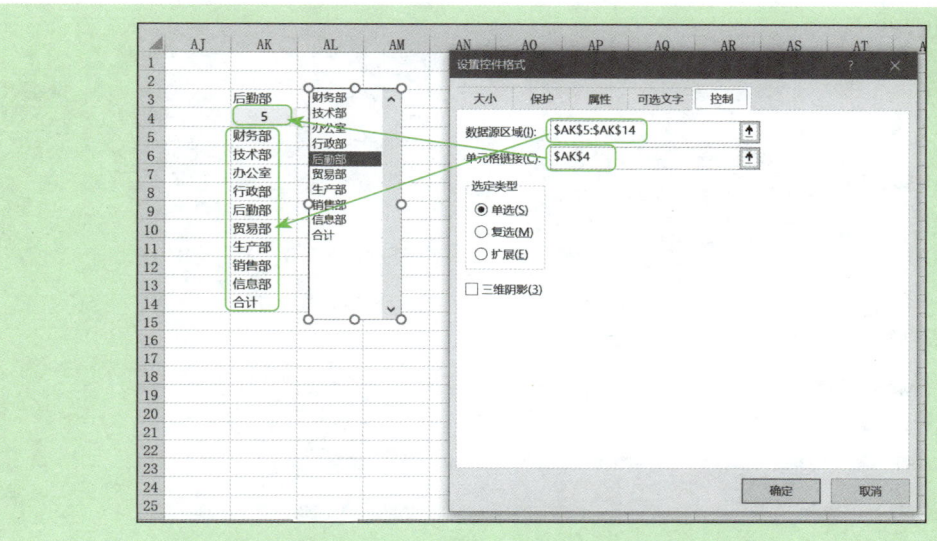

图 7-79 设置列表框的"控制"属性

7.4.3 分析某月人工成本异常的原因

通过分析各月人工成本的变化，可以发现哪个月份出现了异常。

例如，生产部 4 月份的人工成本比 1 月份低很多，下降的原因是什么？是哪个人工成本项目引起的？图 7-80 所示是分析两个月的人工成本环比增减因素的图表。

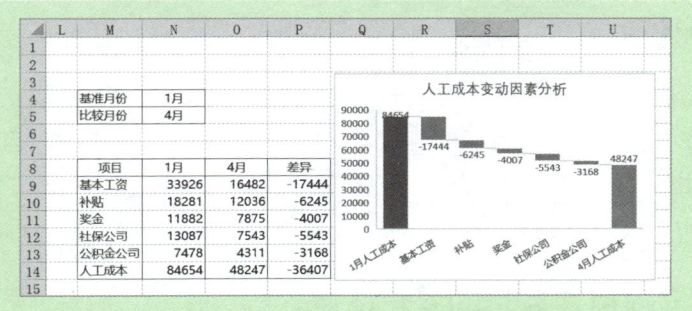

图 7-80 分析指定两个月的人工成本环比增减因素的图表

在这个图表中，单元格 N4 和 N5 用于选择要比较的两个月份，下面的表格是各个项目这两个月的数据，图表是一个瀑布图。

单元格 N4 和 N5 设计了数据验证，以便快速选择要分析的月份。各单元格中的公式如下：

（1）单元格 N8：

=N4

(2) 单元格 O8：

=N5

(3) 单元格 N9：

=HLOOKUP(N$8,
实际!$C:$N,
MATCH($AK$3,实际!$A$2:$A$61,0)+MATCH($M9,实际!$B$2:$B$7,0),
0)

(4) 单元格 O9：

=HLOOKUP(O$8,
实际!$C:$N,
MATCH($AK$3,实际!$A$2:$A$61,0)+MATCH($M9,实际!$B$2:$B$7,0)
,0)

P 列单元格是简单的引用和相减公式。

瀑布图是依据图 7-81 所示的 R 列和 S 列的辅助区域数据绘制的，数据是从 M 列至 P 列的查询结果表中引用的。

L	M	N	O	P	Q	R	S
	基准月份	1月				瀑布图数据区域	
	比较月份	4月					
						1月人工成本	84654
	项目	1月	4月	差异		基本工资	-17444
	基本工资	33926	16482	-17444		补贴	-6245
	补贴	18281	12036	-6245		奖金	-4007
	奖金	11882	7875	-4007		社保公司	-5543
	社保公司	13087	7543	-5543		公积金公司	-3168
	公积金公司	7478	4311	-3168		4月人工成本	48247
	人工成本	84654	48247	-36407			

图 7-81　R 列和 S 列的辅助区域数据，准备绘制瀑布图

7.4.4　跟踪异常项目在各月的变化情况

当发现某个月的人工成本出现较大变化的原因是某个项目时，那么这个项目是不是在其他各月中也存在问题？这个项目每个月的情况如何？这需要继续进行跟踪。

图 7-82 所示就是指定项目在各月的变化跟踪图表。

在这个分析报告中，单元格 Y4 设置了数据验证，用于快速选择要跟踪分析的项目，单元格 Y5 中的公式如下：

```
=HLOOKUP(X5,
    实际!$C:$N,
    MATCH($AK$3,实际!$A$2:$A$61,0)+MATCH($Y$4,实际!$B$2:$B$7,0),
    0)
```

图 7-82 指定项目在各月的变化跟踪图表

7.5 建立人工成本预实跟踪分析仪表盘

7.4 节中介绍的是当年各月的人工成本分析报告，跟踪分析指定部门、指定项目的各月变化。本节将以案例 7-3 中的数据为例，介绍人工成本预实分析报告。

7.5.1 预实分析报告：预实统计报表

首先设计各个部门的人工成本预实分析表，如图 7-83 所示。

当前月份：6　　　　　　　　　　　　　　　　　　　　　　千元

部门	当期累计执行情况				全年进度情况			
	预算	实际	差异	执行率	预算	实际	差异	执行率
财务部	400.33	381.04	▼19.29	▼95.18%	796.26	381.04	-415.22	47.85%
技术部	501.03	636.71	▲135.68	▲127.1%	1209.06	636.71	-572.36	52.66%
办公室	235.85	194.62	▼41.23	▼82.52%	529.35	194.62	-334.73	36.77%
行政部	394.81	538.48	▲143.67	▲136.4%	949.20	538.48	-410.72	56.73%
后勤部	295.95	516.80	▲220.85	▲174.6%	670.92	516.80	-154.12	77.03%
贸易部	409.14	599.00	▲189.87	▲146.4%	915.03	599.00	-316.03	65.46%
生产部	385.99	385.62	▼0.37	▼99.90%	834.10	385.62	-448.48	46.23%
销售部	555.00	622.30	▲67.30	▲112.1%	1308.07	622.30	-685.77	47.57%
信息部	292.19	307.41	▲15.22	▲105.2%	674.89	307.41	-367.49	45.55%
合计	3470.29	4181.97	▲711.68	▲120.5%	7886.88	4181.97	-3704.91	53.02%

图 7-83 各个部门的人工预实分析表

这个汇总表的左半部分，是截止到当前月份的累计值。例如，当前月份是 6 月，那么预算和实际都是计算 1—6 月的累计值。

汇总表的右半部分是截止到当前月份的累计值与全年预算额度的比较。例如，当前月份是 6 月，那么实际就是 1—6 月的累计值，而预算是全年的预算额度，差异则是本年度的人工成本额度还剩多少，执行率是已经花掉的额度的百分比。

首先确定目前是几月份，单元格 C3 中的公式如下：

```
=SUMPRODUCT((实际!C2:N2<>"")*1)
```

预实分析表的第 6 行各单元格中的计算公式如下：

（1）单元格 C6：

```
=SUM(OFFSET(预算!$C$1,MATCH($B6,预算!$A$2:$A$61,0)+5,,1,$C$3))/1000
```

（2）单元格 D6：

```
=SUM(OFFSET(实际!$C$1,MATCH($B6,实际!$A$2:$A$61,0)+5,,1,$C$3))/1000
```

（3）单元格 E6：

```
=D6–C6
```

（4）单元格 F6：

```
=D6/C6
```

（5）单元格 G6：

```
=INDEX(预算!O:O,MATCH(B6,预算!A:A,0)+5)/1000
```

（6）单元格 H6：

```
=D6
```

（7）单元格 I6：

```
=H6–G6
```

（8）单元格 J6：

```
=H6/G6
```

对当期累计的差异（E 列）单元格设置自定义数字格式，代码如下：

```
[红色]▲0.00;[蓝色]▼0.00;0.00
```

对当期累计的执行率（F 列）单元格设置自定义数字格式，代码如下：

[红色][>=1]▲0.0%;[蓝色][<1]▼0.00%;0.00%

这样，在该预实分析表中，可以很清楚地看出，哪些部门超预算了，哪些部门没有超预算。

7.5.2　预实分析报告：执行率监控仪表盘

有了这个预实分析表，就可以制作执行率监控仪表盘，以跟踪当期累计预算执行情况和全年预算进度情况。

首先设计列表框控件，用于选择要跟踪的部门，如图 7-84 所示，设置如下：

（1）"数据源区域"为 $T$7:$T$16。

（2）"单元格链接"为 $T$6。

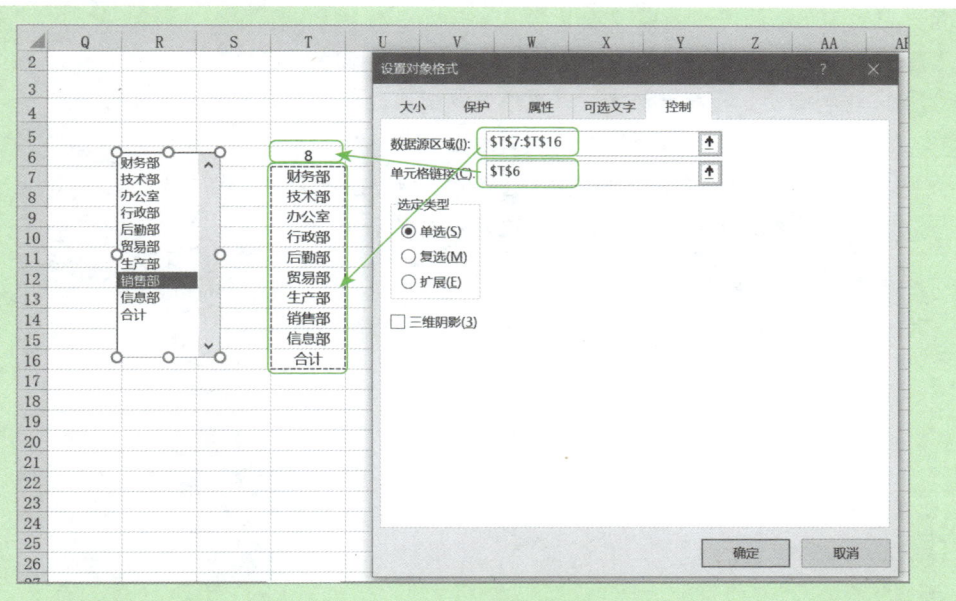

图 7-84　设置"控制"属性

设计辅助区域，根据列表框控件的链接单元格，查询指定部门的数据，如图 7-85 所示。

（1）单元格 W8 中的公式如下（向下复制得到其他数据）：

=HLOOKUP(V8,$C$5:$F$15,$T$6+1,0)

（2）单元格 W14 中的公式如下（向下复制得到其他数据）：

=HLOOKUP(V14,$G$5:$J$15,$T$6+1,0)

图7-85 设计辅助区域，准备绘制仪表盘

下面介绍如何制作执行率监控仪表盘。

仪表盘的制作比较复杂，其是由饼图或圆环图绘制并调整得到的。

步骤 01 确定仪表盘的最大刻度。这里绘制半圆形仪表盘，最大刻度是160。

步骤 02 设计绘制仪表盘需要用到的辅助绘图数据区域，如图7-86所示。

由于要绘制16等分的半圆形仪表盘，因此每个扇形是11.25（180/16）°。

步骤 03 以这个数据区域为依据绘制饼图，如图7-87所示。

图7-86 辅助绘图数据区域

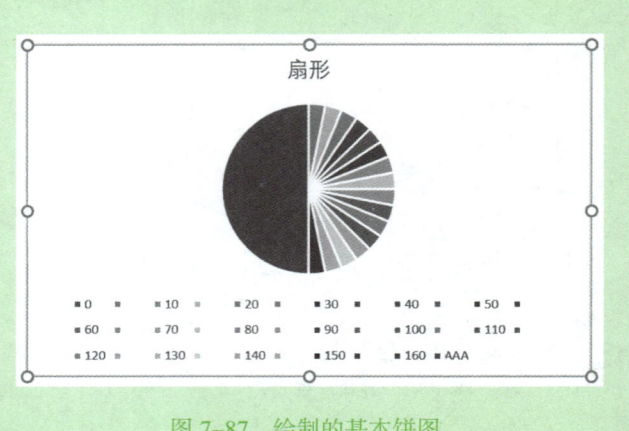

图7-87 绘制的基本饼图

步骤 04 删除图例，删除图表标题，设置饼图的数据系列格式，把"第一扇区起始角度"设置为270°，如图7-88所示。

第 7 章　分析工资与人工成本

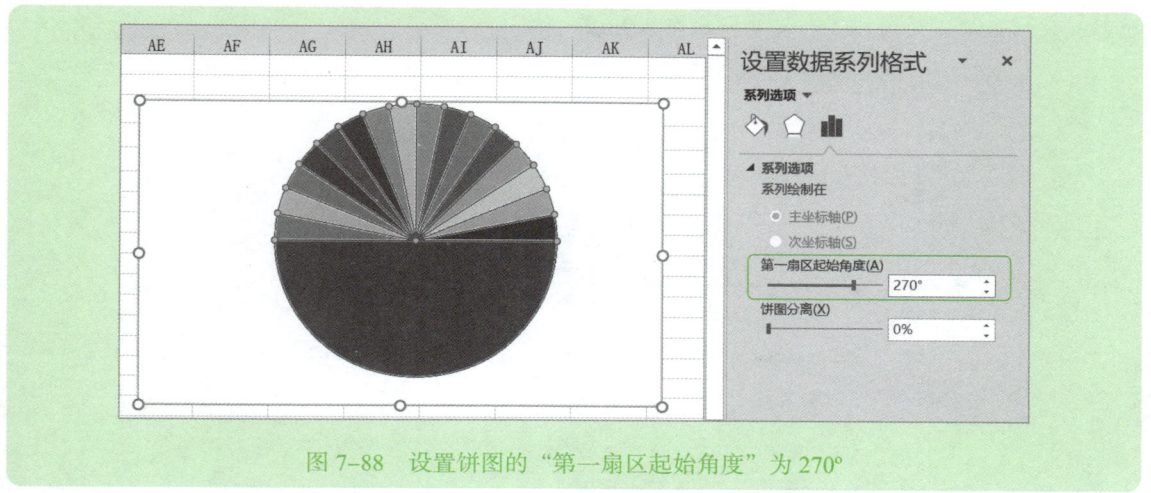

图 7-88　设置饼图的"第一扇区起始角度"为 270º

步骤 05 为饼图添加数据标签，注意要显示"类别名称"，让标签显示在外面，不显示引导线，如图 7-89 所示。

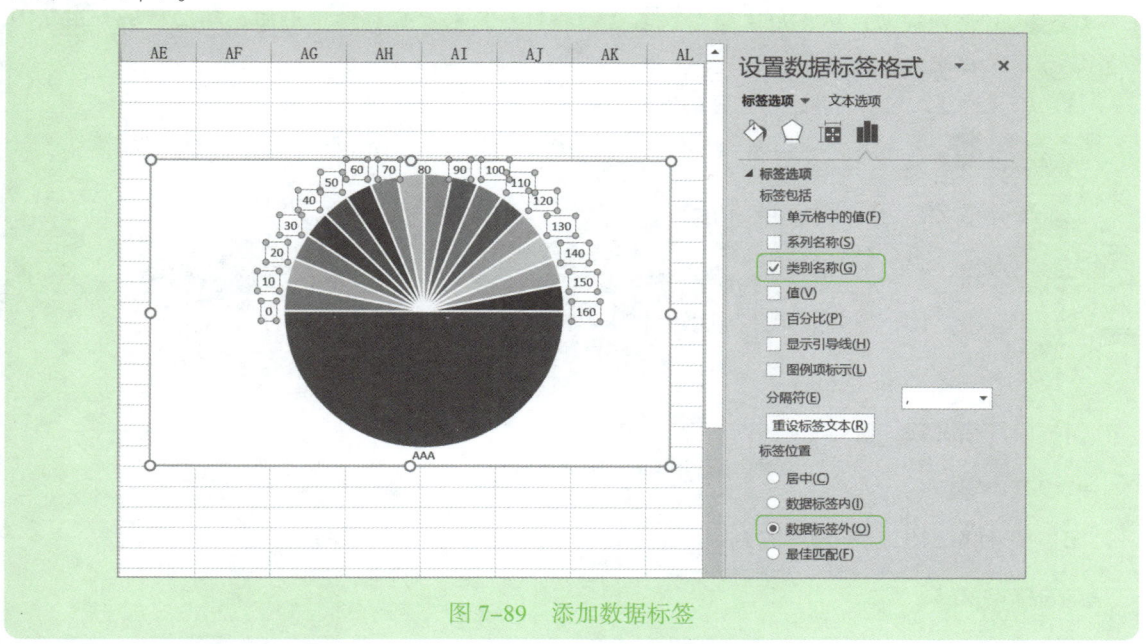

图 7-89　添加数据标签

步骤 06 将刻度区域最后一个单元格的数据标签 AAA 清除。

步骤 07 分别选择各个扇形，设置不同的填充颜色（将下半部分的半圆设置为透明无颜色，将上半部分的各个小扇形依据数据的监控重要程度设置为不同颜色），注意要重新设置扇形的边框

287

颜色和粗细，不能采用默认的线条，如图 7-90 所示。

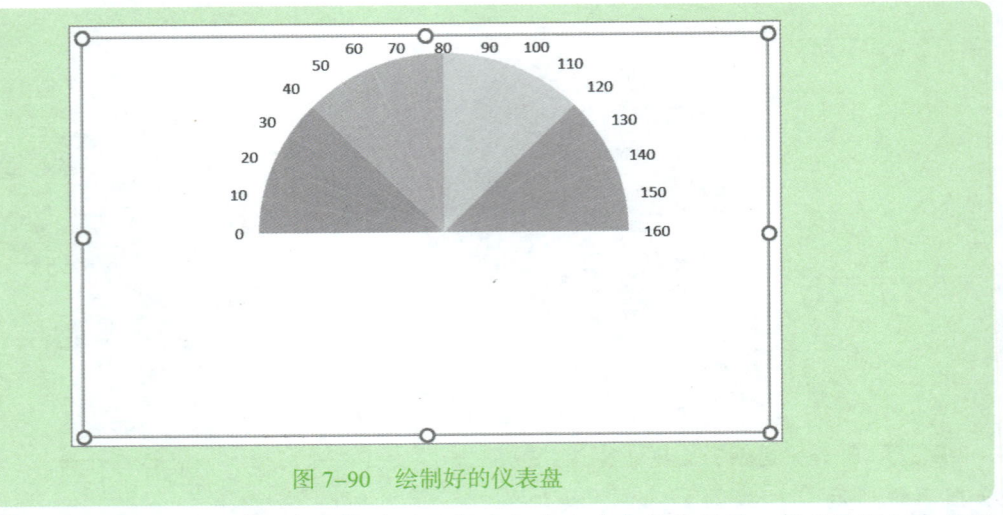

图 7-90　绘制好的仪表盘

步骤 08 设计辅助区域，用来绘制仪表盘的指针和仪表盘底部的条形图。辅助区域如图 7-91 所示，各单元格中的公式如下：

（1）单元格 Z7，当期累计的已完成度数：

=180/1.6*W10

（2）单元格 Z9，当期累计的剩余度数：

=360-Z7-Z8

（3）单元格 Z10，需要显示的当期累计的文本字符：

=V10&CHAR(10)&TEXT(W10,"0.0%")

（4）单元格 Z13，全年进度的已完成度数：

=180/1.6*W16

（5）单元格 Z15，全年进度的剩余度数：

=360-Z13-Z14

（6）单元格 Z16，需要显示的全年进度的文本字符：

=V16&CHAR(10)&TEXT(W16,"0.0%")

	U	V	W	X	Y	Z	AA
5							
6							
7		当期累计			已完成度数	126.1413963	
8		预算	555.00		指针	20	
9		实际	622.30		剩余度数	213.8586037	
10		执行率	112.1%		显示文本	执行率112.1%	
11							
12							
13		全年进度			已完成度数	53.52082037	
14		预算	1308.07		指针	20	
15		实际	622.30		剩余度数	286.4791796	
16		执行率	47.6%		显示文本	执行率47.6%	

图 7-91 绘制指针和条形图的数据区域

步骤 09 准备为仪表盘绘制指针。为便于调整图表，可以先把指针度数单元格的数字设置得稍微大一些，如 20。

步骤 10 右击图表，执行"选择数据"命令，打开"选择数据源"对话框，如图 7-92 所示。

步骤 11 单击"添加"按钮，打开"编辑数据系列"对话框，在"系列名称"输入框中输入"指针"，在"系列值"输入框中选择数据区域"=预实分析!$Z$7:$Z$9"，如图 7-93 所示。

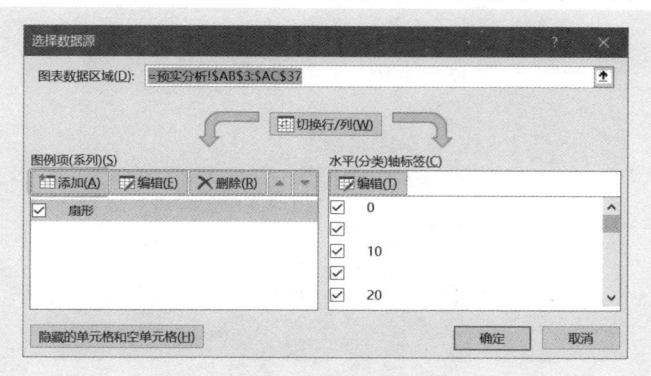

图 7-92 "选择数据源"对话框

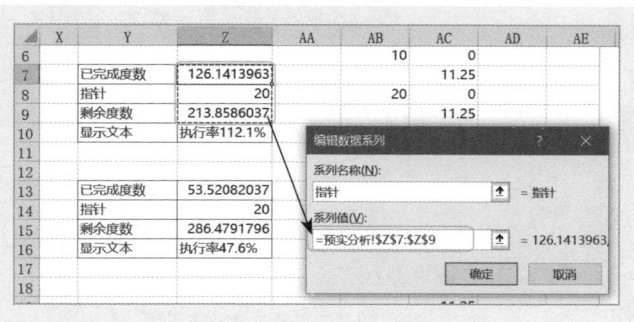

图 7-93 添加新系列"指针"

步骤 12 单击"确定"按钮,返回到"选择数据源"对话框,选择"指针"系列,单击上移按钮 ▲,将其移动到第一个系列的位置,如图7-94所示。

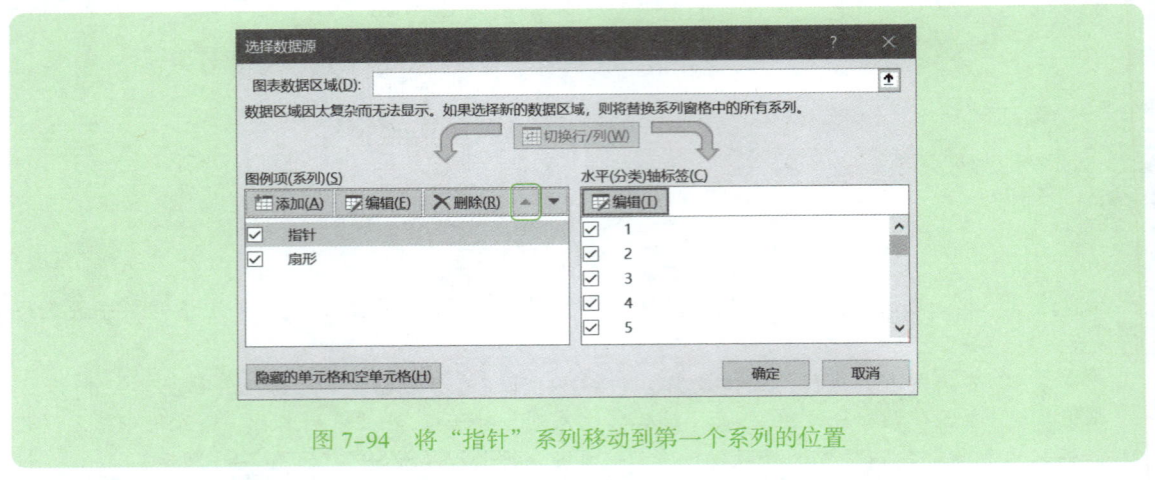

图7-94 将"指针"系列移动到第一个系列的位置

步骤 13 单击"确定"按钮,关闭"选择数据源"对话框,饼图就变为了如图7-95所示的样子。

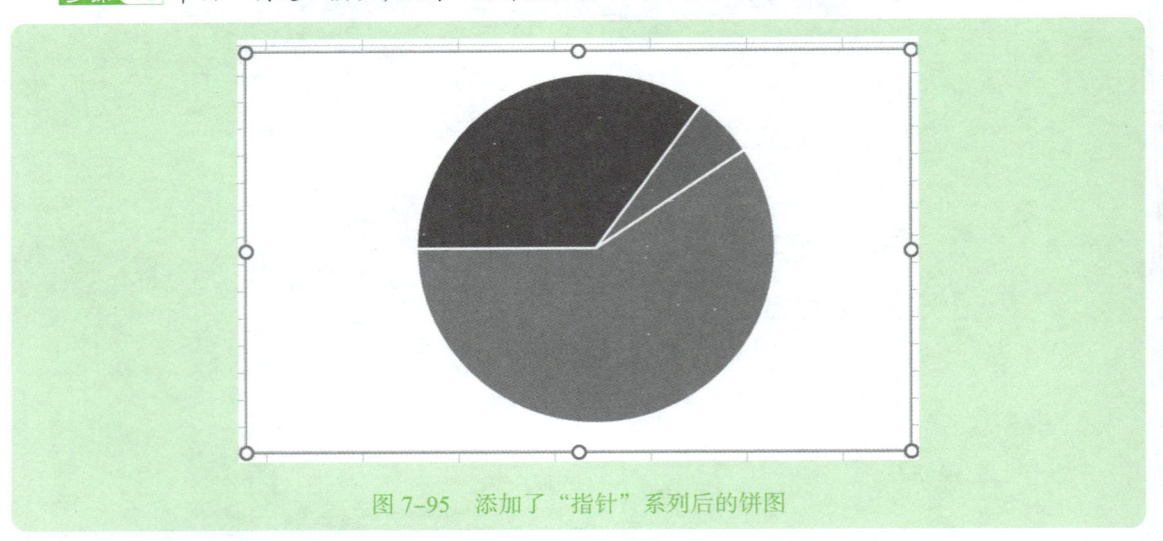

图7-95 添加了"指针"系列后的饼图

步骤 14 选择"指针"系列,打开"设置数据系列格式"窗格,进行如下设置:

(1) 选择"次坐标轴"。

(2) 将"第一扇区起始角度"设置为270º。

(3) 将"饼图分离"设置为一个合适的数字(这里为14%)。

如图 7-96 所示，可以看到，"指针"系列的扇形被分离，后面的仪表盘也被显示出来。

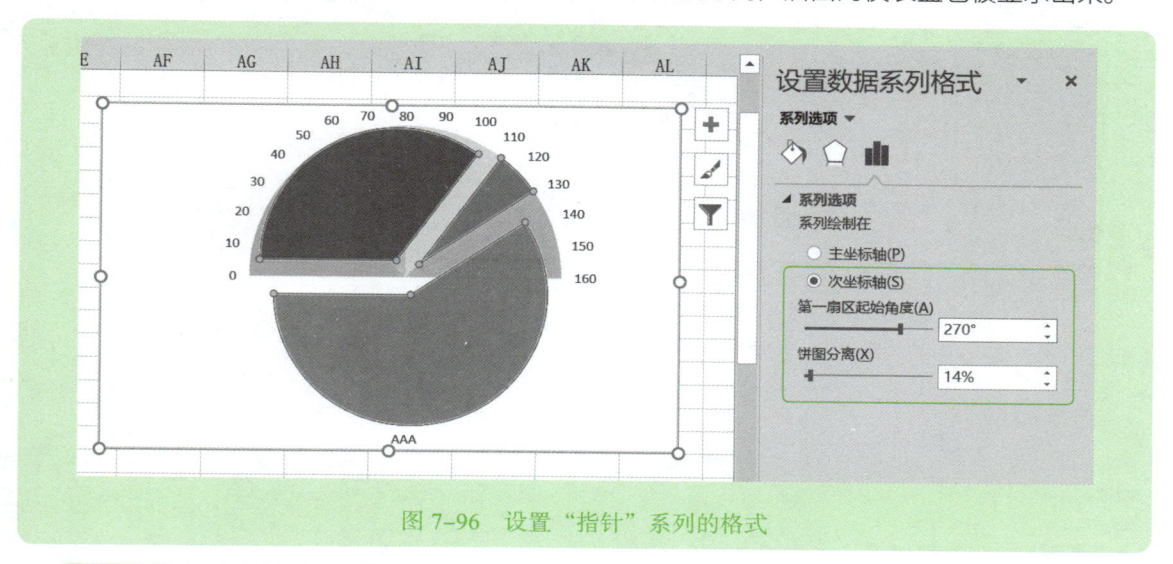

图 7-96 设置"指针"系列的格式

步骤 15 分别选择"指针"系列的三块扇形，向中心拖放，得到如图 7-97 所示的图表。

步骤 16 设置"指针"系列的边框线条颜色，分别设置三块扇形的填充颜色，然后将指针度数由 20 改为 2，就得到了如图 7-98 所示的图表。

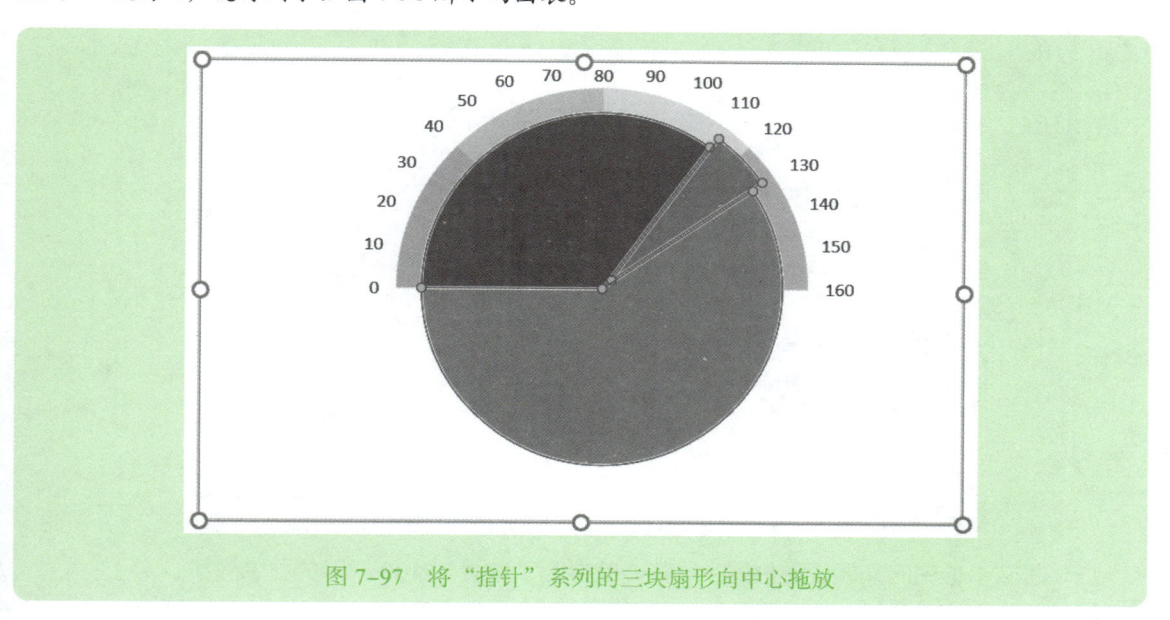

图 7-97 将"指针"系列的三块扇形向中心拖放

图 7-98 调整好的指针

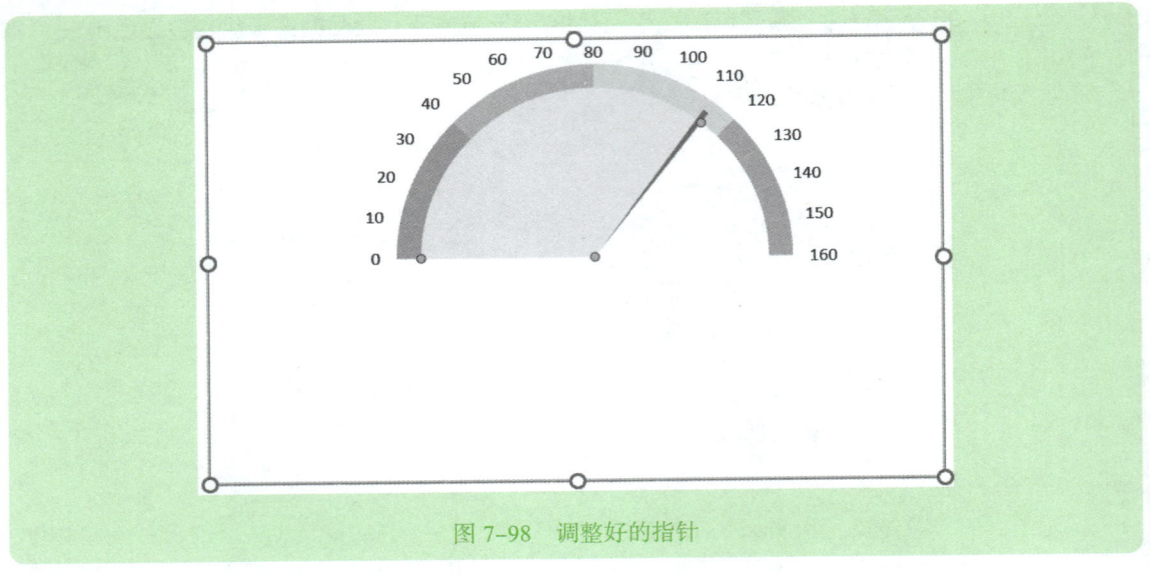

步骤 17 将执行率显示在图表上。

（1）选择图表，在图表上插入一个文本框，然后将光标移到编辑栏，输入公式"= 预实分析 !$Z$10"（先输入等号，再用鼠标选择单元格 Z10，然后按 Enter 键即可），如图 7-99 所示。

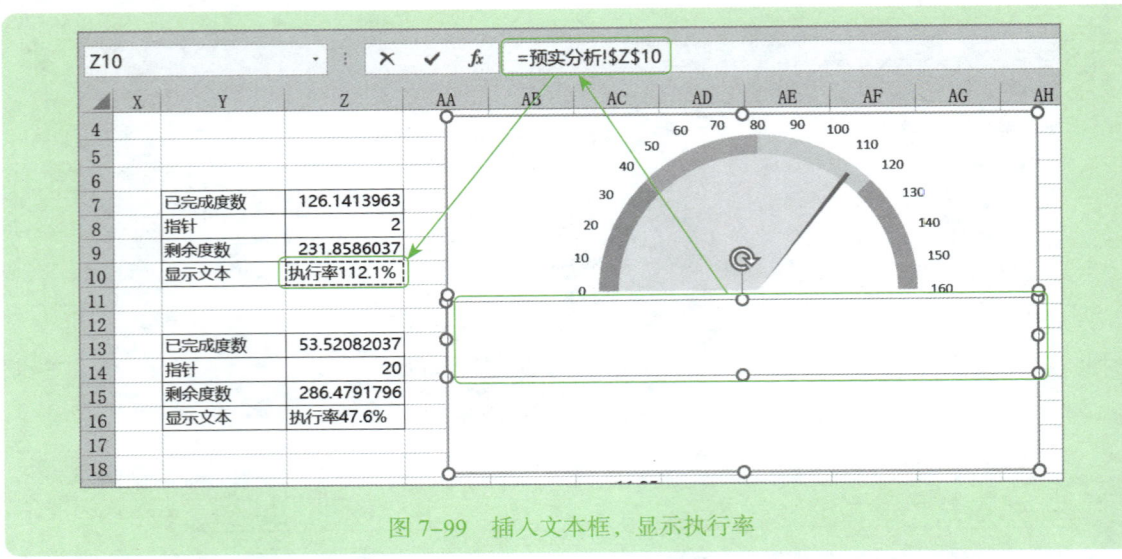

图 7-99 插入文本框，显示执行率

（2）将文本框中的文字设置为居中对齐，就得到了如图 7-100 所示的显示效果。

图 7-100 显示执行率

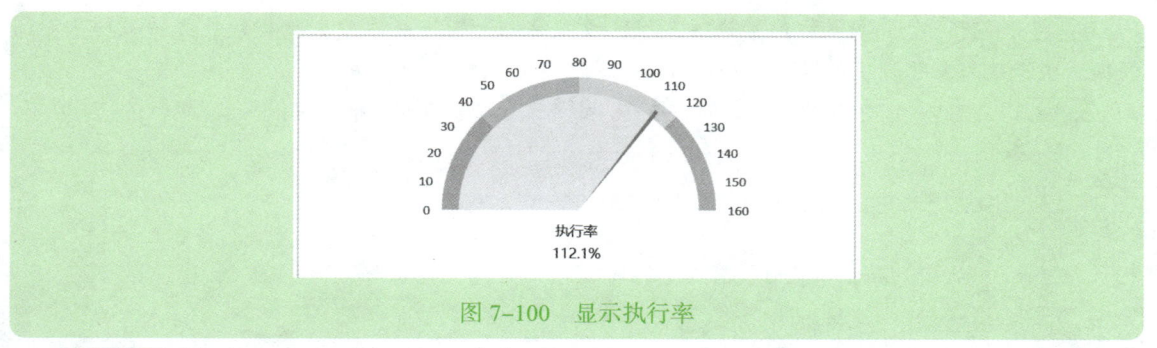

步骤 18 选择数据区域 V8:W9，绘制条形图，如图 7-101 所示。需要特别注意的是，要将条形图的数值轴刻度的最小值设置为 0，否则会造成不合理的显示。

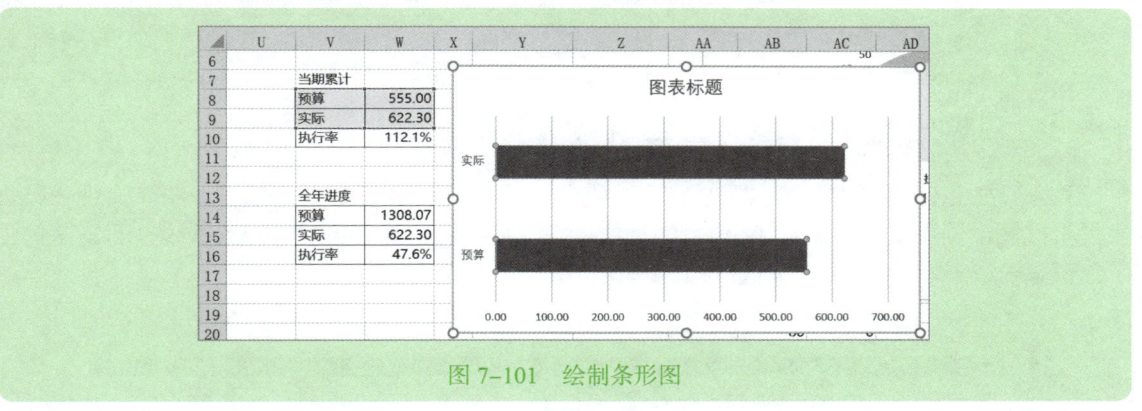

图 7-101 绘制条形图

步骤 19 对条形图进行美化，设置格式，然后放到仪表盘下面的空白处，与仪表盘图表组合起来，再根据实际情况，调整仪表盘饼图的刻度标签，添加图表说明问题，就得到了如图 7-102 所示的当期累计预算执行监控仪表盘。

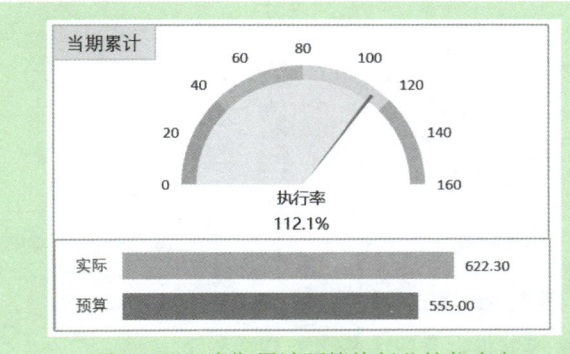

图 7-102 当期累计预算执行监控仪表盘

步骤 20 将这个当期累计预算执行监控仪表盘复制一份，然后分别把指针数据区域和条形图数据区域修改为全年进度的数据区域，即可完成预实分析的两个仪表盘。

步骤 21 对列表框和两个仪表盘进行布局，就得到了最终的执行率监控仪表盘，如图 7-103 所示。

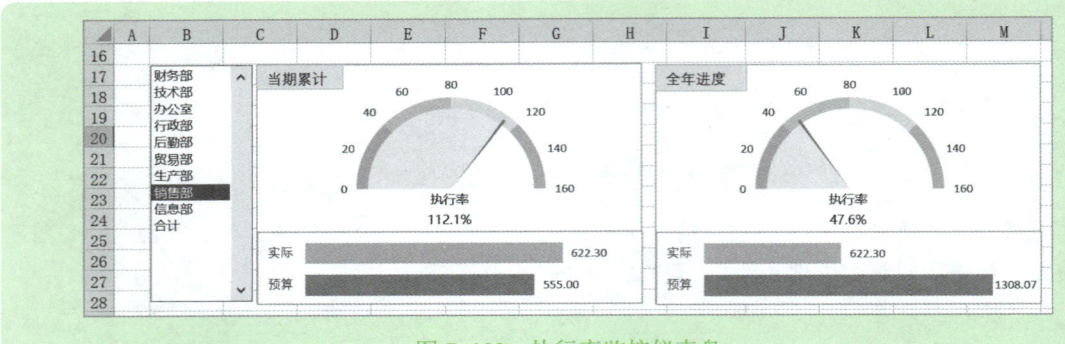

图 7-103 执行率监控仪表盘

7.5.3 预实分析报告：各月预算执行情况跟踪

了解了各个部门的预算执行率还不够，还要跟踪了解各月的预算执行情况。预算执行情况图表是折线图，预算是一条贯穿 12 个月的折线，实际仅仅是绘制到当前月份的折线，而偏差则显示在预算线和实际线的中间，如图 7-104 所示。

图 7-104 各月预算执行情况跟踪

下面介绍如何制作各月预算执行情况跟踪分析图。

步骤 01 设计报表，查询数据，各单元格中的公式如下：

（1）单元格 C31，预算：

```
=HLOOKUP(C$30,
        预算!$C:$N,
        MATCH(INDEX($T$7:$T$16,$T$6),预算!$A:$A,0)+5,
        0)/1000
```

(2) 单元格 C32，实际：

```
=IFERROR(HLOOKUP(C$30,
        实际!$C:$N,
        MATCH(INDEX($T$7:$T$16,$T$6),实际!$A:$A,0)+5,
        0)/1000,"")
```

(3) 单元格 C33，差异：

```
=IFERROR(C32-C31,"")
```

(4) 单元格 C34，执行率：

```
=IFERROR(C32/C31,"")
```

步骤 02 设计绘图数据辅助区域，如图 7-105 所示。各单元格中的公式如下：

(1) 单元格 C38，预算：

```
=IF(C31="",NA(),C31)
```

(2) 单元格 C39，实际：

```
=IF(C32="",NA(),C32)
```

(3) 单元格 C40，差异：

```
=IF(C33="",NA(),C33)
```

(4) 单元格 C41，中点：

```
=(C38+C39)/2
```

	A	B	C	D	E	F	G	H	I	J	K	L	M	N
29														
30		月份	1月	2月	3月	4月	5月	6月	7月	8月	9月	10月	11月	12月
31		预算	94.67	110.39	70.34	107.24	65.02	107.35	101.50	115.36	115.88	116.48	156.70	147.15
32		实际	73.07	117.18	105.26	113.41	105.91	107.47						
33		差异	▼21.60	▲6.78	▲34.92	▲6.17	▲40.90	▲0.12						
34		执行率	▼77.19%	▲106.1%	▲149.6%	▲105.8%	▲162.9%	▲100.1%						
35														
36		辅助区域												
37			1月	2月	3月	4月	5月	6月	7月	8月	9月	10月	11月	12月
38		预算	94.67	110.39	70.34	107.24	65.02	107.35	101.50	115.36	115.88	116.48	156.70	147.15
39		实际	73.07	117.18	105.26	113.41	105.91	107.47	#N/A	#N/A	#N/A	#N/A	#N/A	#N/A
40		差异	-21.60	6.78	34.92	6.17	40.90	0.12	#N/A	#N/A	#N/A	#N/A	#N/A	#N/A
41		中点	83.87	113.78	87.80	110.32	85.47	107.41	#N/A	#N/A	#N/A	#N/A	#N/A	#N/A

图 7-105 设计绘图数据辅助区域

这里要特别注意的是，在公式中使用了 NA 函数来产生错误值 #N/A，因为在绘制折线图时，如果单元格是空值（""）或嵌套的错误值，都会被当作 0 来处理。

步骤 03 选择单元格区域 C37:N39 和 C41:N41，绘制折线图，如图 7-106 所示。

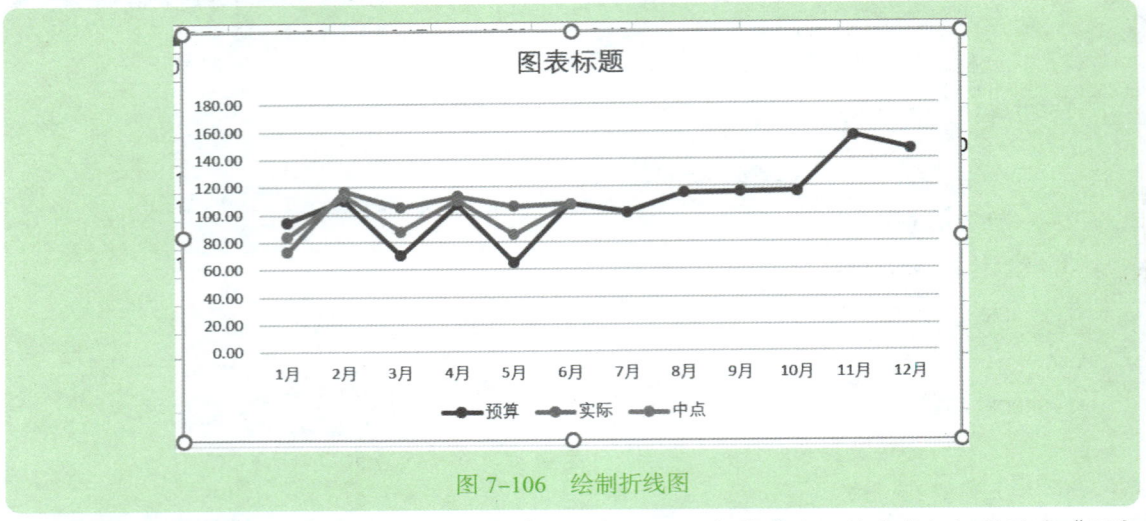

图 7-106　绘制折线图

步骤 04 选择"中点"系列，将其绘制在次坐标轴上，先将其默认的分类轴标签区域"预实分析!$C$37:$N$37"（即月份）修改为"预实分析!$C$40:$N$40"（即差异），再设置该系列的线条颜色为无线条，居中显示数据标签为"类别名称"，并删除次数值轴，就得到了如图 7-107 所示的图表。

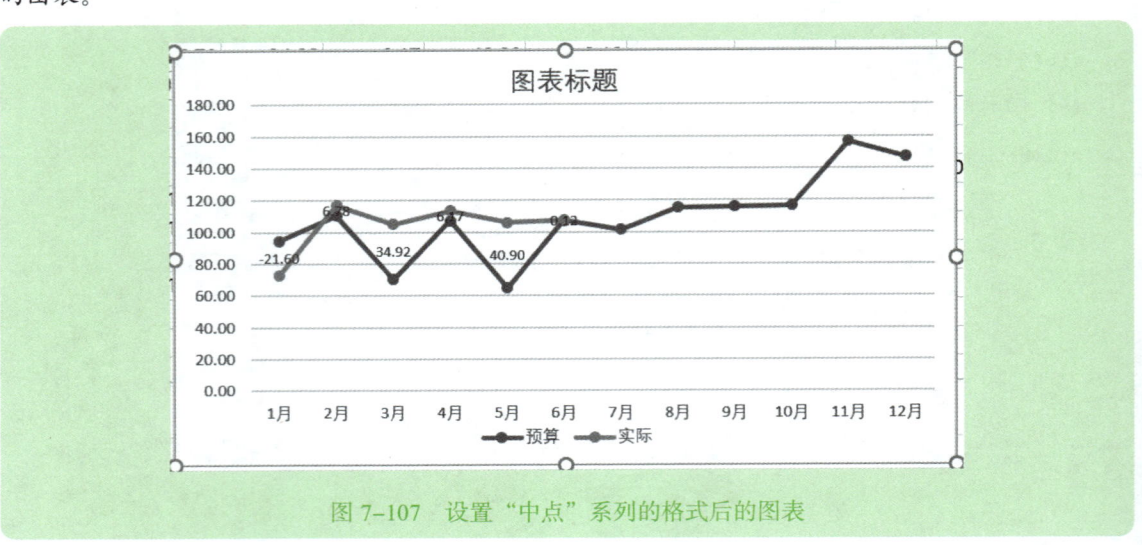

图 7-107　设置"中点"系列的格式后的图表

步骤 05 删除图例中的"中点"。
步骤 06 将预算线和实际线的线条设置为"平滑线"。
步骤 07 为图表添加"高低点连线",并设置其格式(颜色、粗细、虚实等)。
步骤 08 修改图表标题。

这样,就完成了各月预算执行情况跟踪分析图。

第 8 章
处理与统计考勤数据

几乎每家企业都安装了考勤机，不论是刷卡还是指纹识别。每个月都会从考勤机中导出该月的考勤打卡记录，然后开始整理、统计。很多主管考勤统计的 HR 人员每个月都要辛苦好几天：整理、整理、再整理，计算、计算、再计算，辛苦自不必说，往往是最后才发现统计错了，只好从头再来一遍。

考勤数据并不是大家想象得那样的复杂和困难，因为大部分从考勤机中导出的数据是非常有规律的，只要遵循这些规律，利用 Excel 工具和几个函数，就能在半小时之内搞定几百甚至上千人的考勤数据的统计汇总，而使用 Power Query 工具，则能够更加高效地处理上万行甚至数十万行考勤数据。

8.1 处理考勤数据必备的技能

要想高效处理考勤数据，必须先了解考勤数据的一些基本规则，掌握一定的数据处理技能。

8.1.1 正确认识日期和时间

日期是正整数，时间是小数，Excel 处理日期和时间的基本单位是 1 天，因为 1 天是 24 小时，1 小时就是 1/24 天，所以 1 小时就是 1/24，8：00 对应的数字就是 8/24。

图 8-1 所示就是计算每个人上班迟到的分钟数的例子。这里假定上班时间是 8:30，公式如下：

```
=IF(D2>8.5/24,(D2-8.5/24)*24*60,"")
```

	A	B	C	D	E
1	号码	姓名	日期	上班时间	迟到分钟数
2	03	张三	2020-6-16	8:42	12
3	04	李四	2020-6-16	8:13	
4	05	马六	2020-6-16	7:56	
5	06	王五	2020-6-16	9:29	59
6	07	赵琪	2020-6-16	9:06	36

图 8-1　上班迟到的分钟数

为什么要把 8:30 转换为 8.5/24？因为 D 列保存的是时间，其"本来面目"是小数，将单元格格式设置为常规，就露出其"本来面目"了，如图 8-2 所示。

	A	B	C	D	E
1	号码	姓名	日期	上班时间	迟到分钟数
2	03	张三	2020-6-16	0.36250000000	12
3	04	李四	2020-6-16	0.34236111111	
4	05	马六	2020-6-16	0.33055555556	
5	06	王五	2020-6-16	0.39513888889	59
6	07	赵琪	2020-6-16	0.37916666667	36

图 8-2　D 列的"本来面目"是小数

8:30 是 8.5 小时，8:30 对应的数字就是 8.5/24。两个时间相减后（即 D2-8.5/24），其结果仍然是小数，单位仍然是天，因此先乘以 24 将其转换为小时，再乘以 60 将其转换为分钟。

日期是正整数，时间是小数，它们都是数字，所以才能比较大小，才能进行四则运算。

8.1.2 正确区分单元格和数据

在使用 Excel 时，绝大多数人都会混淆单元格和数据这两个概念。在培训课上，经常会有人问这样的问题，每次都要花几分钟时间解释这些问题。

单元格是单元格，数据是数据，两者是截然不同的。单元格是容器，数据是容器中装的东西。单元格可以设置为各种格式（就是众所周知的"设置单元格格式"命令），但不论怎么设置，单元格中的数据是永远不变的。好比一个玻璃瓶子，可以装水，可以装酱油，可以装蜂蜜，可以在瓶子外面刷上绿漆、刷上红漆、写上字，但不论在瓶子外面刷什么漆、写什么字，瓶子里面装的仍然是原来的液体，瓶子里面的液体并不会因为瓶子外观的改变而改变。

通过"设置单元格格式"命令对单元格所做的任何设置，都是在改变单元格的格式，从而把单元格中的数字显示为不同的形式（化妆术），但单元格中的数据，仍然是原来的数据，并没有改变。换句话来说，我们改动的是单元格本身，而不是单元格中的数据。

图 8-3 所示就是通过"设置单元格格式"命令，把一个日期显示为不同的形式。

	A	B	C	D
1		原始日期	显示效果	
2		2022-3-28	44648	
3		2022-3-28	2022-03-28	
4		2022-3-28	20220328	
5		2022-3-28	2022.3.28	
6		2022-3-28	2022.03.28	
7		2022-3-28	22-3-28	
8		2022-3-28	22.3.28	
9		2022-3-28	3-28	
10		2022-3-28	3.28	
11		2022-3-28	三月二十八日	
12		2022-3-28	3月28日	
13		2022-3-28	二〇二二年三月二十八日	
14		2022-3-28	三月二十八日	
15		2022-3-28	28-Mar	
16		2022-3-28	28-Mar-22	
17		2022-3-28	28-Mar-2022	
18		2022-3-28	2022年3月	
19		2022-3-28	2022年	
20		2022-3-28	3月	
21		2022-3-28	2022年3月28日 星期一	
22		2022-3-28	星期一	
23		2022-3-28		
24		2022-3-28	March	
25		2022-3-28	Mar	
26				

图 8-3 设置单元格格式，将日期显示为不同的形式

单元格格式可以任意设置，单元格中的数据可以根据设置的条件灵活地展示为各种不同的形式，因此肉眼看到的不一定是真相和本质。

通过这种格式设置，可以制作各种重点信息突出的自动化数据分析模板，如第 7 章介绍的人工成本预实比较分析报告那样，用自定义数字格式，可以自动显示颜色和添加特殊符号等，增强了表格的可读性和可理解性；第 4 章介绍的动态考勤表也通过设置格式，使各种数据显示为不同的形式。

8.1.3　考勤机导出的数据基本上是文本型数据

绝大多数考勤机导出的日期和时间数据，都是文本型数据，这样的文本数据中的数字没有大小之分，用 Excel 计算公式无法判断迟到或早退，因此需要把该文本型数据处理为数值型数据，最简单的方法是使用“分列”工具。

图 8–4 所示就是从考勤机导出的考勤数据，D 列的日期明显是文本型数据，不是真正的数值型数据，因此无法判断大小。例如，G 列是手工输入的真正日期，两者判断的结果并不相等。

H2　=D2=G2

	A	B	C	D	E	F	G	H
1	登记号码	姓名	部门	日期	时间		真正日期	判断是否相等
2	2	A001	总公司	2012-6-14	08:09 17:37		2012-6-14	FALSE
3	2	A001	总公司	2012-6-15	08:29 17:29		2012-6-15	FALSE
4	2	A001	总公司	2012-6-18	08:09 17:37			
5	2	A001	总公司	2012-6-19	08:17 16:40			
6	2	A001	总公司	2012-6-20	08:19 17:45			
7	2	A001	总公司	2012-6-21	08:19 17:34			
8	2	A001	总公司	2012-6-25	08:31 17:38			
9	2	A001	总公司	2012-6-26	08:31 17:49			

图 8–4　导出的日期是文本型数据，不是数值型数据

8.1.4　考勤机导出的日期和时间在一个单元格

不论是单次打卡，还是重复打卡，很多考勤机导出的数据，要么日期和时间都保存在一个单元格；要么日期一列，多次打卡时间在一个单元格内。对于这种数据，必须进行分列处理，规范成日期是一列、签到时间是一列、签退时间是一列的形式，如图 8–5 所示。

	A	B	C	D	E	F	G	H	I	J	K
1	登记号码	姓名	部门	日期时间		登记号码	姓名	部门	日期	签到	签退
2	2	张三	总公司	2020-6-10 7:47:46 18:38:45		2	张三	总公司	2020-6-10	7:47:46	18:38:45
3	2	张三	总裁办	2020-6-11 7:50:58 18:10:56		2	张三	总裁办	2020-6-11	7:50:58	18:10:56
4	2	张三	人力资源部	2020-6-12 8:15:47 17:41:47		2	张三	人力资源部	2020-6-12	8:15:47	17:41:47
5	2	张三	财务部	2020-6-13 9:11:34 17:52:42		2	张三	财务部	2020-6-13	9:11:34	17:52:42
6	2	张三	策划部	2020-6-14 8:52:49 17:45:15		2	张三	策划部	2020-6-14	8:52:49	17:45:15
7	2	张三	培训部	2020-6-15 7:13:45 17:02:52		2	张三	培训部	2020-6-15	7:13:45	17:02:52
8	2	张三	新媒体部	2020-6-16 9:12:52 18:46:49		2	张三	新媒体部	2020-6-16	9:12:52	18:46:49
9											

图 8–5　日期、时间必须分列保存

8.1.5　考勤机导出的每个人的打卡数据是分成几行保存的

每个人的打卡数据分成了几行保存也是一种常见的情况，如图 8-6 所示。对于这样的数据，必须进行整理，把每个人的打卡数据挪到一行上。

	A	B	C			F	G	H	I	J
1	部门	姓名	日期时间			部门	姓名	日期	签到时间	签退时间
2	生产技术部	A001	2015-01-04 8:25:05			生产技术部	A001	2015-1-4	8:25:05	17:33:44
3	生产技术部	A001	2015-01-04 17:33:44			生产技术部	A001	2015-1-5	8:22:28	17:31:45
4	生产技术部	A001	2015-01-05 8:22:28			生产技术部	A001	2015-1-6	8:20:34	17:32:13
5	生产技术部	A001	2015-01-05 17:31:45			生产技术部	A001	2015-1-7	8:20:28	17:31:57
6	生产技术部	A001	2015-01-06 8:20:34			生产技术部	A001	2015-1-8	8:27:26	17:31:05
7	生产技术部	A001	2015-01-06 17:32:13							
8	生产技术部	A001	2015-01-07 8:20:28							
9	生产技术部	A001	2015-01-07 17:31:57							
10	生产技术部	A001	2015-01-08 8:27:26							
11	生产技术部	A001	2015-01-08 17:31:05							
12										

图 8-6　每个人的打卡数据是分成几行保存的

8.1.6　处理考勤数据的实用工具与案例：使用"分列"工具和函数

在处理考勤数据时，"分列"工具是使用最频繁的工具之一，用它可以快速地把保存在一列中的日期和时间，或者保存在一列中的几个时间分成几列，以便进一步处理。此外，对于单独一列的文本型日期或文本型时间，也可以使用"分列"工具快速转换。

如果数据量很大，可以使用 Power Query 工具及 M 函数公式快速且高效地整理考勤数据，并建立一键刷新的数据模型，那么对于下一个月数据的处理完全可以实现自动化。

在处理考勤数据时，以下函数是可能会用到的：

（1）逻辑判断函数：IF 函数及其嵌套、AND 函数、OR 函数。
（2）文本函数：LEFT 函数、RIGHT 函数、MID 函数、TEXT 函数。
（3）计数函数：COUNTIF 函数、COUNTIFS 函数。
（4）查找函数：INDEX 函数、OFFSET 函数。
（5）其他函数：MAX 函数、MIN 函数、ABS 函数等。

案例8-1

如图 8-7 所示是一个示例，日期和时间在一个单元格中，现在要求把 D 列的日期和时间处理成 3 列：日期、签到时间、签退时间。

	A	B	C	D
1	登记号码	姓名	部门	日期时间
2	3	李四	总公司	2014-03-02 08:19:47 17:30:52
3	3	李四	总公司	2014-03-03 08:21:35 17:36:46 17:36:52
4	3	李四	总公司	2014-03-04 08:16:35 17:29:27
5	3	李四	总公司	2014-03-05 08:39:03 08:39:15
6	3	李四	总公司	2014-03-06 17:19:25 17:19:38
7	3	李四	总公司	2014-03-09 08:21:14 08:21:33　17:27:16 17:27:28
8	3	李四	总公司	2014-03-10 08:21:52 17:30:13
9	3	李四	总公司	2014-03-11 08:15:12
10	3	李四	总公司	2014-03-12 08:23:51 17:29:54
11	3	李四	总公司	2014-03-14 08:18:27 17:29:11
12	3	李四	总公司	2014-03-15 08:21:37 17:28:21
13	3	李四	总公司	2014-03-19 08:18:38 17:27:15
14	3	李四	总公司	2014-03-20 08:19:09 17:29:09
15	3	李四	总公司	2014-03-21 08:26:24 17:28:54
16	3	李四	总公司	2014-03-25 08:31:59 17:30:47
17	3	李四	总公司	2014-03-27 08:16:00
18	3	李四	总公司	2014-03-28 08:26:18
19	13	刘备	总公司	2014-03-02 08:15:44

图 8-7　原始的考勤数据

使用"分列"工具整理考勤数据很简单，具体步骤如下：

步骤 01 选择 D 列。

步骤 02 执行"数据"→"分列"命令，如图 8-8 所示。

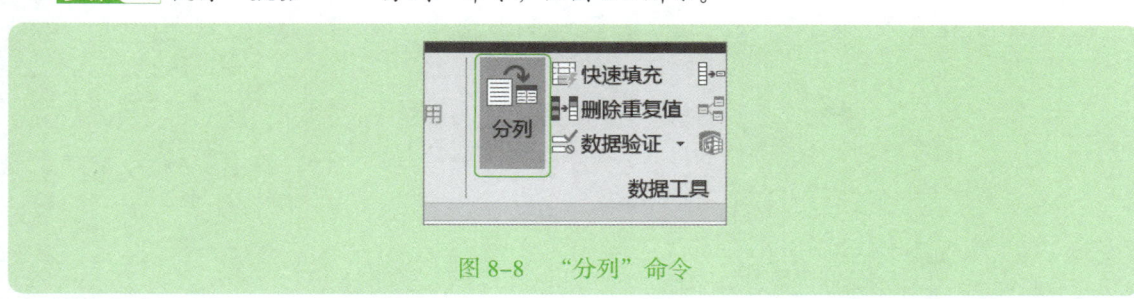

图 8-8　"分列"命令

步骤 03 打开"文本分列向导 - 第 1 步，共 3 步"对话框，根据具体情况选择合适的文件类型，这里选中"分隔符号"单选按钮，如图 8-9 所示。

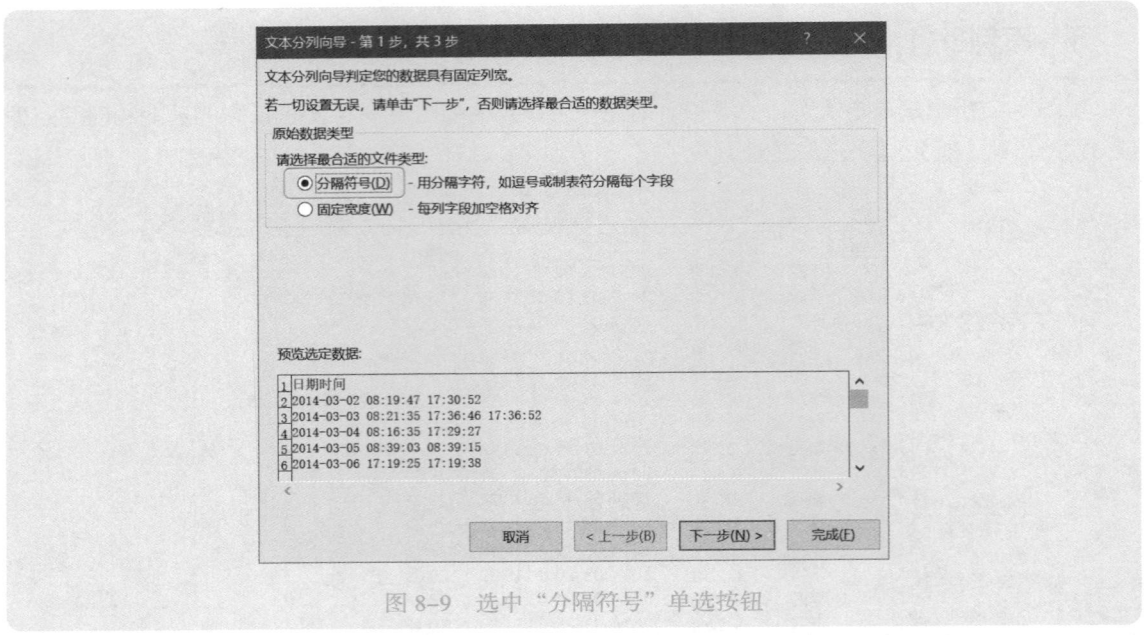

图 8-9 选中 "分隔符号" 单选按钮

步骤 04 单击 "下一步" 按钮，打开 "文本分列向导 - 第 2 步，共 3 步" 对话框，根据具体情况选择合适的分隔符号，这里勾选 "空格" 复选框，因为日期和时间是用空格隔开的，如图 8-10 所示。

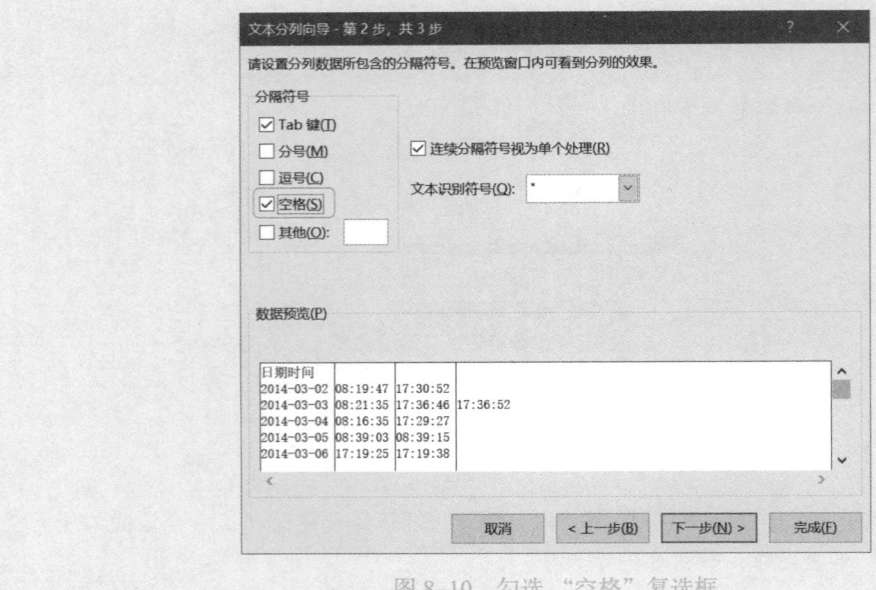

图 8-10 勾选 "空格" 复选框

步骤 05 单击"下一步"按钮,打开"文本分列向导-第3步,共3步"对话框,根据具体情况设置"列数据格式"。例如,在这个例子中,日期是文本型的,因此选中"日期"单选按钮,如图 8-11 所示。

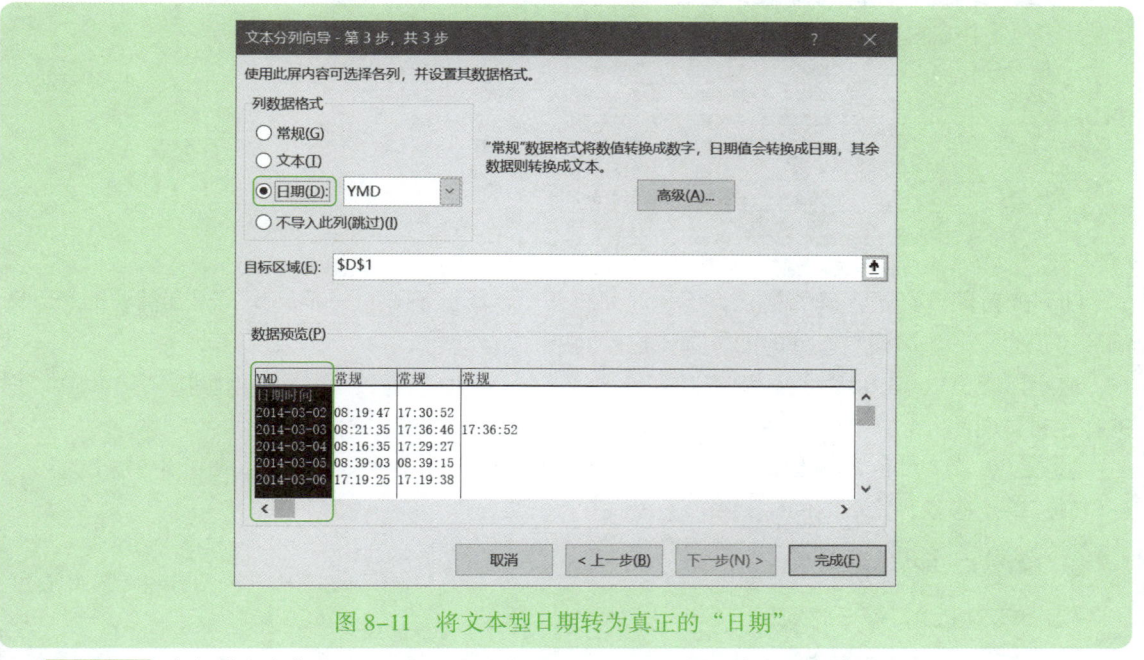

图 8-11 将文本型日期转为真正的"日期"

步骤 06 单击"完成"按钮,就得到了如图 8-12 所示的分列后的考勤数据。

图 8-12 分列后的考勤数据

步骤 07 添加列标题，如图 8-13 所示。

	A	B	C	D	E	F	G	H
1	登记号码	姓名	部门	日期	时间1	时间2	时间3	时间4
2	3	李四	总公司	2014-3-2	8:19:47	17:30:52		
3	3	李四	总公司	2014-3-3	8:21:35	17:36:46	17:36:52	
4	3	李四	总公司	2014-3-4	8:16:35	17:29:27		
5	3	李四	总公司	2014-3-5	8:39:03	8:39:15		
6	3	李四	总公司	2014-3-6	17:19:25	17:19:38		
7	3	李四	总公司	2014-3-9	8:21:14	8:21:33	17:27:16	17:27:28
8	3	李四	总公司	2014-3-10	8:21:52	17:30:13		
9	3	李四	总公司	2014-3-11	8:15:12			

图 8–13　添加列标题

D 列的日期已经是正确的格式，但是时间有多个，因此需要进一步处理，得到需要的签到时间和签退时间，如果没有签到时间，单元格就为空。

这里，假设以 14:00 为签到和签退的分水岭，在 14:00 以前的都是签到时间，在 14:00 以后的都是签退时间。

步骤 08 在 I 列和 J 列处理签到时间和签退时间，单元格中的公式如下（见图 8-14）：

（1）单元格 I2，签到时间：

```
=IF(MIN(E2:H2)<14/24,MIN(E2:H2),"")
```

（2）单元格 J2，签退时间：

```
=IF(MAX(E2:H2)>=14/24,MAX(E2:H2),"")
```

	A	B	C	D	E	F	G	H	I	J
1	登记号码	姓名	部门	日期	时间1	时间2	时间3	时间4	签到时间	签退时间
2	3	李四	总公司	2014-3-2	8:19:47	17:30:52			8:19:47	17:30:52
3	3	李四	总公司	2014-3-3	8:21:35	17:36:46	17:36:52		8:21:35	17:36:52
4	3	李四	总公司	2014-3-4	8:16:35	17:29:27			8:16:35	17:29:27
5	3	李四	总公司	2014-3-5	8:39:03	8:39:15			8:39:03	
6	3	李四	总公司	2014-3-6	17:19:25	17:19:38				17:19:38
7	3	李四	总公司	2014-3-9	8:21:14	8:21:33	17:27:16	17:27:28	8:21:14	17:27:28
8	3	李四	总公司	2014-3-10	8:21:52	17:30:13			8:21:52	17:30:13
9	3	李四	总公司	2014-3-11	8:15:12				8:15:12	
10	3	李四	总公司	2014-3-12	8:23:51	17:29:54			8:23:51	17:29:54
11	3	李四	总公司	2014-3-14	8:18:27	17:29:11			8:18:27	17:29:11
12	3	李四	总公司	2014-3-15	8:21:37	17:28:21			8:21:37	17:28:21
13	3	李四	总公司	2014-3-19	8:18:38	17:27:15			8:18:38	17:27:15
14	3	李四	总公司	2014-3-20	8:19:09	17:29:09			8:19:09	17:29:09
15	3	李四	总公司	2014-3-21	8:26:24	17:28:54			8:26:24	17:28:54
16	3	李四	总公司	2014-3-25	8:31:59	17:30:47			8:31:59	17:30:47
17	3	李四	总公司	2014-3-27	8:16:00				8:16:00	
18	3	李四	总公司	2014-3-28	8:26:18				8:26:18	
19	13	刘备	总公司	2014-3-2	8:15:44				8:15:44	

3月

图 8–14　处理后的签到时间和签退时间

步骤 09 将 I 列和 J 列粘贴成数值，然后删除 E 列至 H 列，就得到了规范的考勤数据表单，如图 8-15 所示。

图 8-15　规范的考勤数据表单

当统计下个月考勤数据时，再按照上面的操作步骤重新整理即可。

8.1.7　处理考勤数据的实用工具与案例：使用 Power Query 工具

如果公司有 1000 人，每个人的考勤数据有 23 行，那么全部数据共有 23 000 行。如果使用函数进行设置，表格就会很卡顿。

怎么办？不妨使用 Power Query 工具，它不仅可以解决卡顿的问题，还可以建立一个一键刷新的模型，当新数据被导入后，只要刷新报表即可。

以 8.1.6 小节中的考勤数据为例，使用 Power Query 工具及 M 函数公式整理考勤数据的具体步骤如下：

步骤 01 执行"数据"→"从表格"命令，如图 8-16 所示。

步骤 02 打开"创建表"对话框，勾选"表包含标题"复选框，如图 8-17 所示。

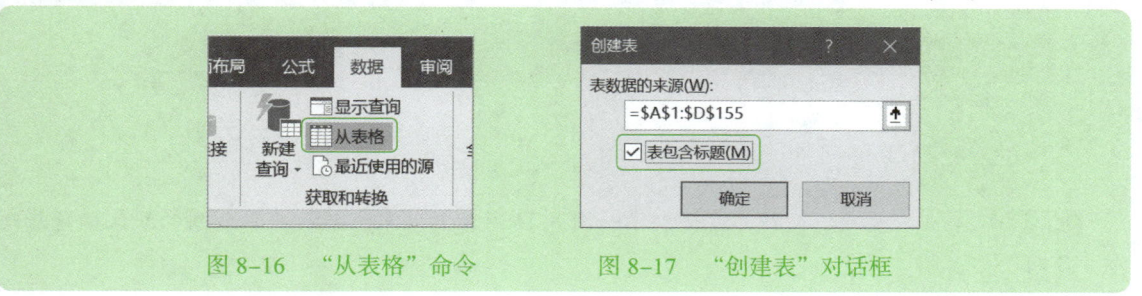

图 8-16　"从表格"命令　　　图 8-17　"创建表"对话框

步骤 03 单击"确定"按钮，打开 Power Query 编辑器，如图 8-18 所示。

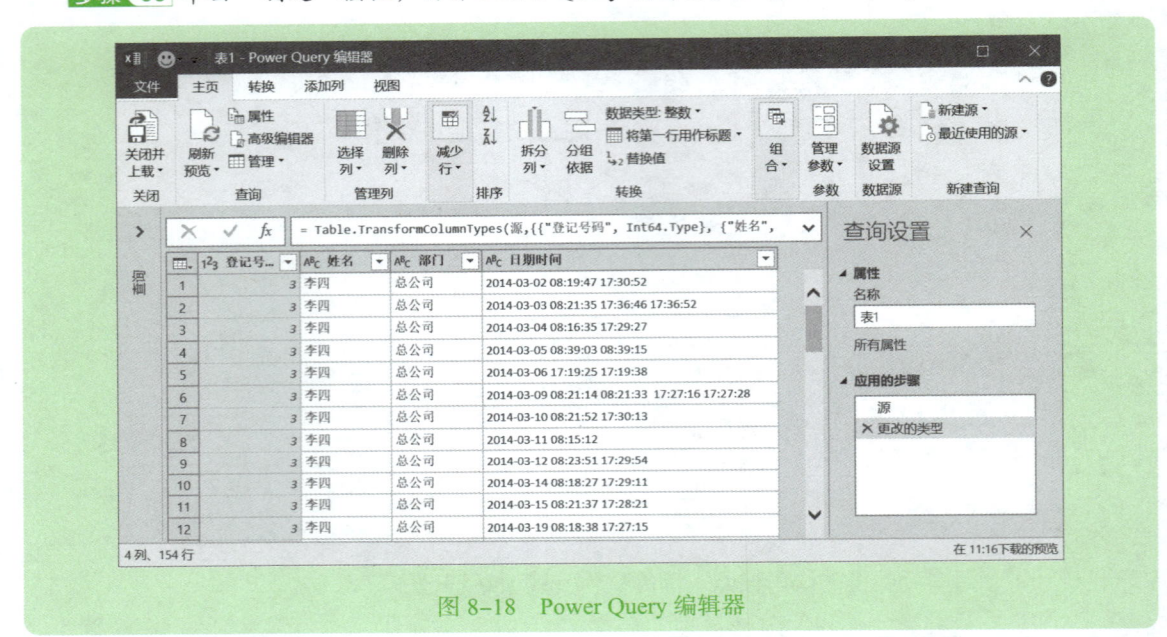

图 8-18 Power Query 编辑器

步骤 04 删除第一列。

步骤 05 选择"日期时间"列，执行"转换"→"拆分列"→"按分隔符"命令，如图 8-19 所示。

步骤 06 打开"按分隔符拆分列"对话框，选择"空格"作为分隔符，如图 8-20 所示。

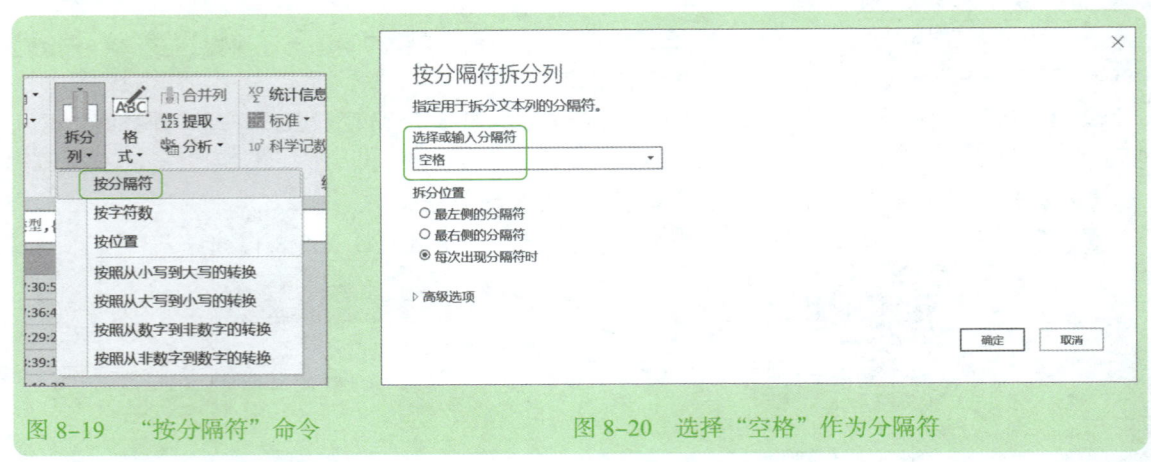

图 8-19 "按分隔符"命令

图 8-20 选择"空格"作为分隔符

步骤 07 单击"确定"按钮，就得到了如图 8-21 所示的结果。然后将第三列的默认标题修改为"日期"。

图8-21 对日期和时间进行分列

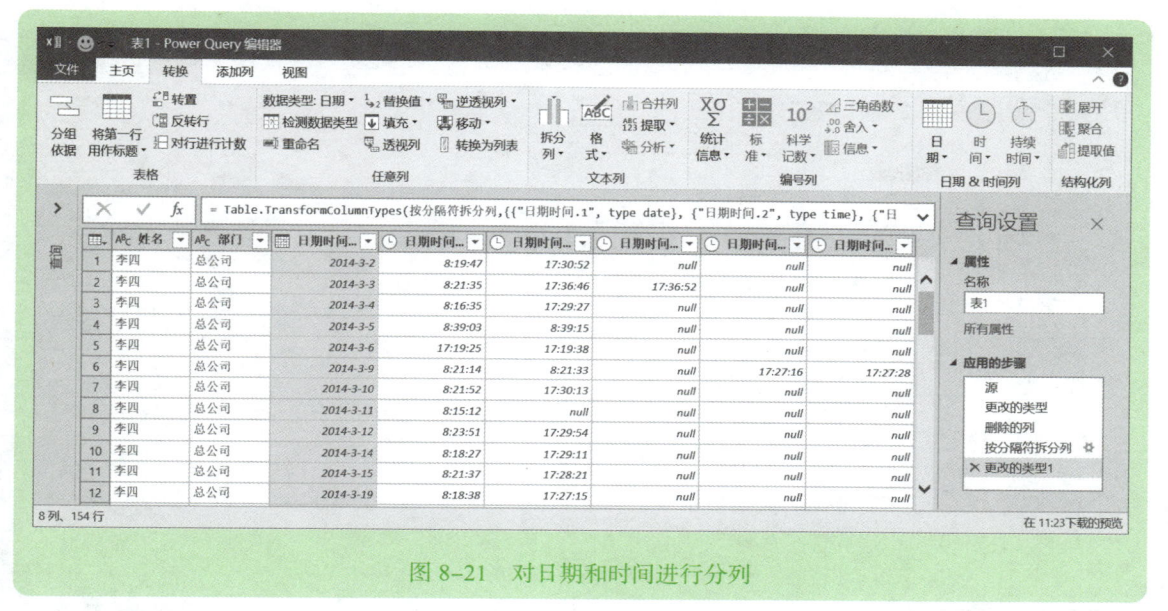

步骤 08 执行"添加列"→"自定义列"命令，如图8-22所示。

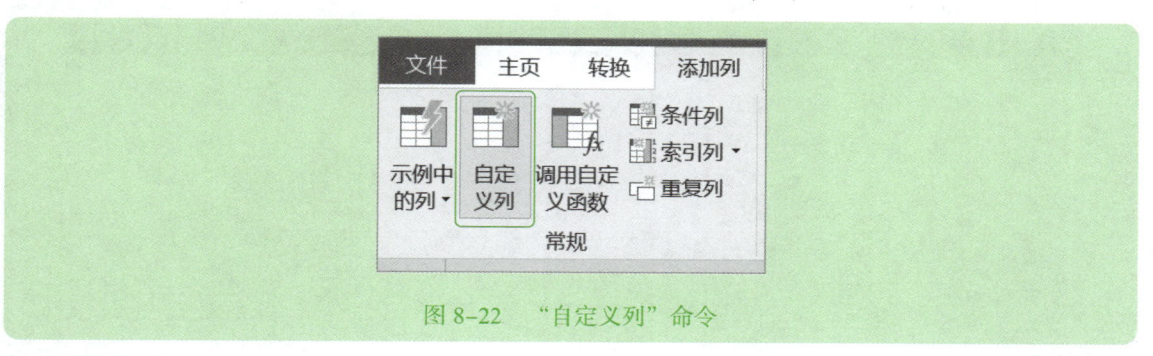

图8-22 "自定义列"命令

步骤 09 打开"自定义列"对话框，在"新列名"输入框中输入"签到时间"，在"自定义列公式"输入框中输入如下公式（见图8-23）：

```
=if List.Min({[日期时间.2],[日期时间.3],[日期时间.4],[日期时间.5],[日期时间.6]})
 <#time(14,0,0) then
     List.Min({[日期时间.2],[日期时间.3],[日期时间.4],[日期时间.5],[日期时间.6]})
     else null
```

图 8-23 自定义列"签到时间"

自定义列公式：
```
=if List.Min({[日期时间.2],[日期时间.3],[日期时间.4],[日期时间.5],[日期时间.6]})<#time(14,0,0) then List.Min({[日期时间.2],[日期时间.3],[日期时间.4],[日期时间.5],[日期时间.6]}) else null
```

步骤 10 单击"确定"按钮，就得到了一个自定义列"签到时间"，如图 8-24 所示。

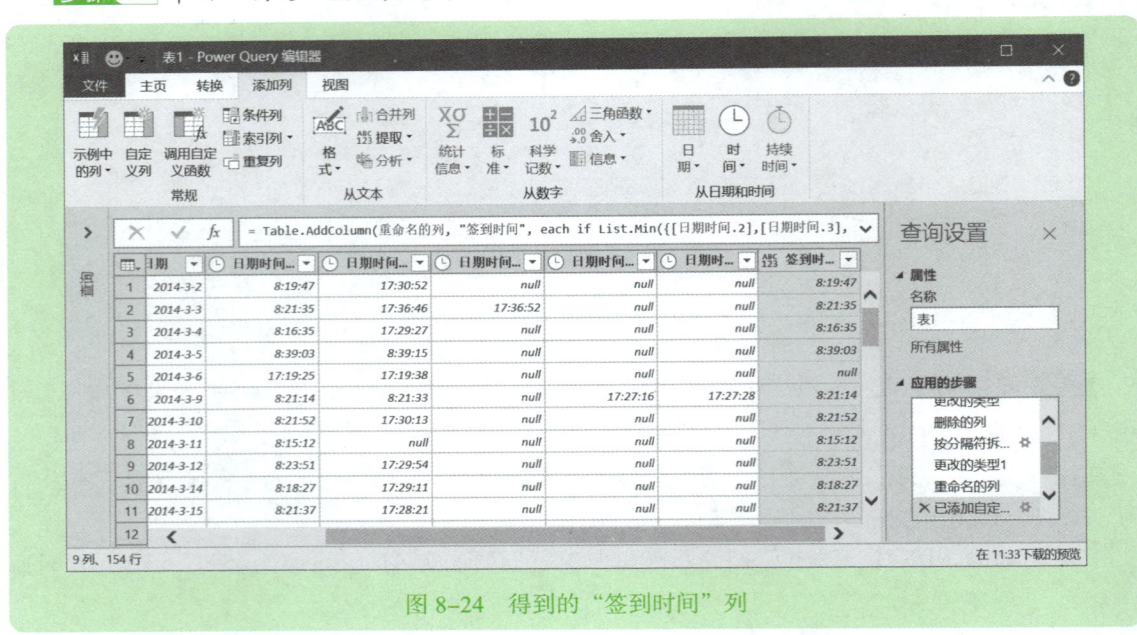

图 8-24 得到的"签到时间"列

步骤 11 采用相同的方法，添加一个自定义列"签退时间"（见图 8-25），公式如下（结果见图 8-26）：

```
=if List.Max({[日期时间.2],[日期时间.3],[日期时间.4],[日期时间.5],[日期时间.6]})>=#time(14,0,0) then
List.Max({[日期时间.2],[日期时间.3],[日期时间.4],[日期时间.5],[日期时间.6]})
else null
```

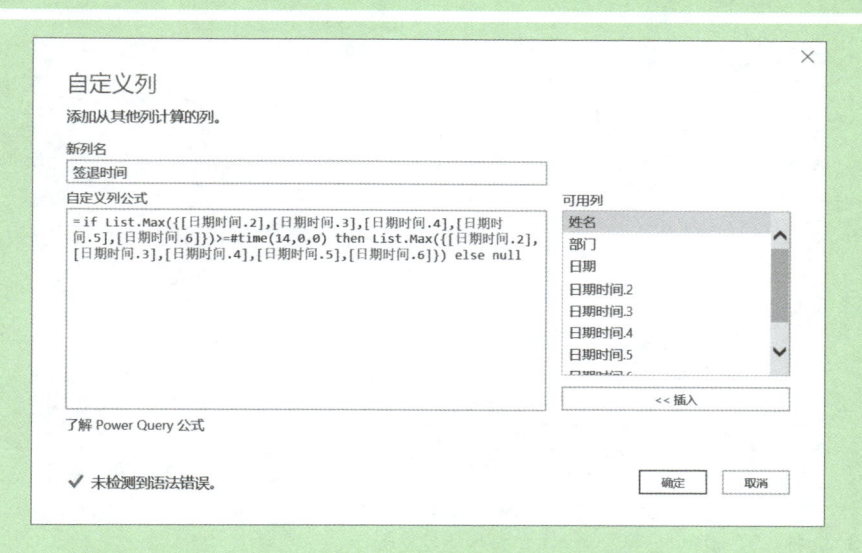

图 8-25 自定义列"签退时间"

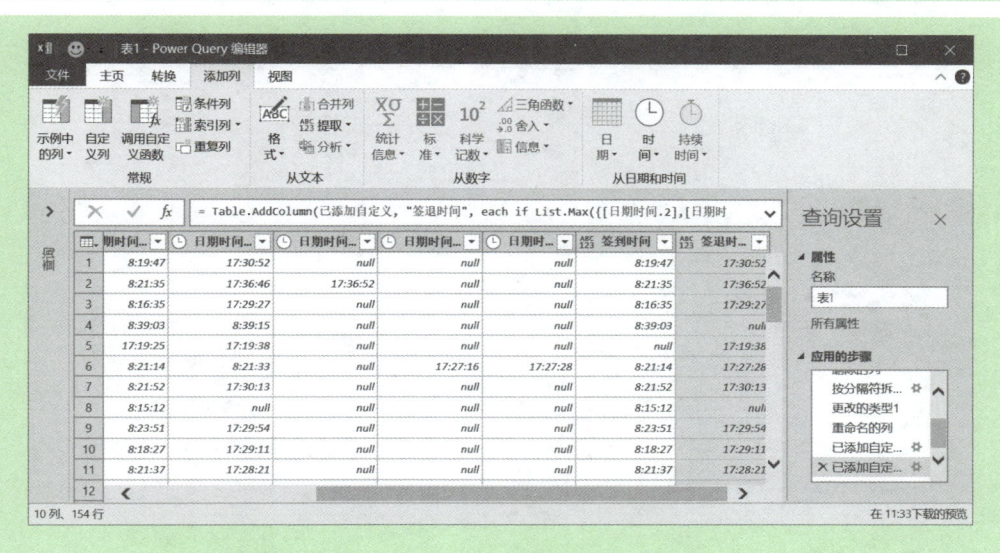

图 8-26 得到的"签退时间"列

步骤 12 删除不需要的列，保留"姓名""部门""日期""签到时间""签退时间"列，并将"签到时间""签退时间"列的数据类型设置为"时间"，得到如图 8-27 所示的结果。

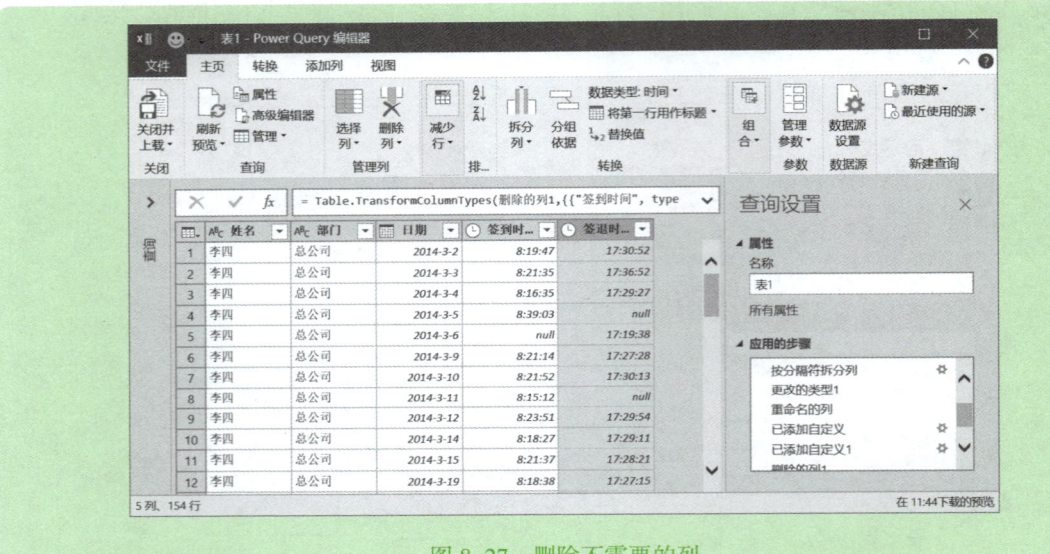

图 8-27　删除不需要的列

步骤 13 执行"关闭并上载"命令，如图 8-28 所示。

至此，就创建了一个新工作表，其中保存了整理好的考勤数据，如图 8-29 所示。

图 8-28　"关闭并上载"命令　　　　图 8-29　整理好的考勤数据

当然，也可以在 Power Query 编辑器中继续处理数据。例如，统计每个人每天的迟到分钟数、早退分钟数以及制作当月每个人的迟到早退统计报表等。

8.1.8 培养自己的表格阅读能力和逻辑思维能力

拿到一个考勤数据表时，首先是观察数据的特征、找出数据的规律，然后是寻找方法去解决考勤数据不规范的问题。如果找不出表格数据的规律，可以用什么方法来整理表格呢？

无论是使用现有的工具，还是使用函数做公式，都离不开逻辑思考。例如，为什么要用这个工具，而不能使用其他工具呢？为什么这个表格里可以使用这个公式来计算，而另外一个表格里却不能使用相同的公式呢？

对于复杂的考勤数据处理，需要绘制逻辑流程图，以便梳理清楚：如何来解决考勤数据不规范的问题？需要经过几步？每步用什么函数？每步如何处理？

案例8-2

例如，对于如图 8-30 所示的考勤数据（已经利用"分列"工具和函数公式将签到时间和签退时间处理完毕），如何判断签到情况和签退情况呢？

	A	B	C	D	E	F	G	H
1	登记号码	姓名	部门	日期	签到时间	签退时间	签到情况	签退情况
2	2	A001	总公司	2012-7-10	8:20	17:42		
3	2	A001	总公司	2012-7-11	8:18	17:50		
4	2	A001	总公司	2012-7-12	7:57			
5	2	A001	总公司	2012-7-13	8:52			
6	2	A001	总公司	2012-7-2	8:22	17:45		
7	2	A001	总公司	2012-7-6	8:53	17:44		
8	2	A001	总公司	2012-7-9		17:44		
9	3	A001	总公司	2012-6-14		17:29		
10	3	A001	总公司	2012-6-21	8:26	17:28		
11	3	A001	总公司	2012-6-25	8:31	17:30		
12	3	A001	总公司	2012-6-27	8:16			
13	3	A001	总公司	2012-6-28	8:26			
14	3	A001	总公司	2012-7-10		17:30		
15	3	A001	总公司	2012-7-11	8:15			
16	3	A001	总公司	2012-7-12	8:23	17:29		

图 8-30 处理好的考勤数据

签到情况和签退情况的具体内容如下：

（1）签到情况：如果没有签到时间，就处理为"签到异常"。如果有签到时间，就判断是否迟到，如果迟到，就处理为"迟到"；如果不迟到，就留空单元格。

（2）签退情况：如果没有签退时间，就处理为"签退异常"。如果有签退时间，就判断是否早退，如果早退，就处理为"早退"；如果不早退，就留空单元格。

在本案例中，规定上班时间为 8:30—17:30。

对于签到情况和签退情况的判断，需要使用嵌套 IF 函数来进行，其中的逻辑判断流程一定要梳理清楚，不能乱套。图 8-31 和图 8-32 所示就是签到情况和签退情况的判断流程图。

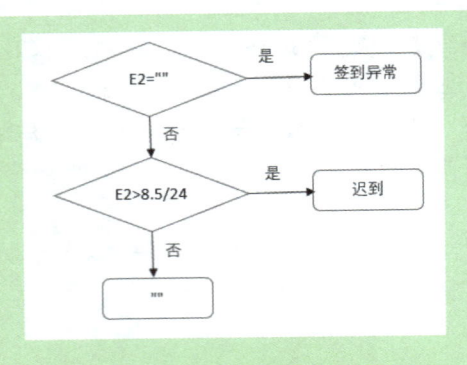

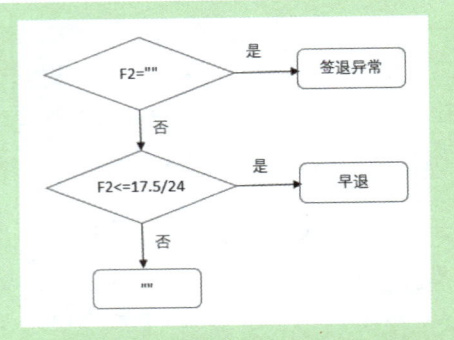

图 8-31　签到情况的判断流程图　　图 8-32　签退情况的判断流程图

根据以上清晰的判断流程图，可以很容易地设计出判断公式，并得到处理结果，如图 8-33 所示。签到情况的判断公式如下：

=IF(E2="","签到异常",IF(E2>8.5/24,"迟到",""))

签退情况的判断公式如下：

=IF(F2="","签退异常",IF(F2<17.5/24,"早退",""))

	A	B	C	D	E	F	G	H
1	登记号码	姓名	部门	日期	签到时间	签退时间	签到情况	签退情况
2	2	A001	总公司	2012-7-10	8:20	17:42		
3	2	A001	总公司	2012-7-11	8:18	17:50		
4	2	A001	总公司	2012-7-12	7:57			签退异常
5	2	A001	总公司	2012-7-13	8:52		迟到	签退异常
6	2	A001	总公司	2012-7-2	8:22	17:45		
7	2	A001	总公司	2012-7-6	8:53	17:44	迟到	
8	2	A001	总公司	2012-7-9		17:44	签到异常	
9	3	A001	总公司	2012-6-14		17:29	签到异常	早退
10	3	A001	总公司	2012-6-21	8:26	17:28		早退
11	3	A001	总公司	2012-6-25	8:31	17:30	迟到	
12	3	A001	总公司	2012-6-27	8:16			签退异常
13	3	A001	总公司	2012-6-28	8:26			签退异常
14	3	A001	总公司	2012-7-10		17:30	签到异常	
15	3	A001	总公司	2012-7-11	8:15			签退异常
16	3	A001	总公司	2012-7-12	8:23	17:29		早退

图 8-33　签到情况和签退情况的判断结果

8.1.9 了解和制定考勤处理判断规则

单独根据员工的下班时间是不能直接判断是否迟到或早退的，必须先给出一个出勤规则。

有的企业是早晚打卡两次，中间的多余的打卡记录都不必考虑；有的企业是早上打卡一次、中午打卡两次、下午打卡一次这样的出勤规则；有的企业的上班打卡时间是晚上，下班打卡时间是第二天早上，这样就存在着跨夜考勤数据的处理问题。

所有处理这些数据之前，必须先制定一个出勤规则，HR 人员根据出勤规则计算和统计员工的出勤情况。

8.2 不同考勤数据的快速整理与实际案例

由于不同考勤机导出的数据各不相同，在处理上采用的思路和方法也是不一样的，但核心点是一样的：阅读表格、逻辑判断。

本节将介绍几种常见的考勤数据的统计分析方法和技巧，以期能够训练大家的 Excel 常用工具和函数的使用能力、Power Query 工具的应用技能以及逻辑思维能力。

8.2.1 打卡日期和时间保存在一行的一个单元格中

这种情况是最常见的，打卡日期和打卡时间保存在一个单元格中，一个人一天的打卡数据是一行记录，但打卡次数不定，有的人是签到时打一次卡，签退时打一次卡；有的人是签到和签退时都打好几次卡。对于这样的数据的处理方法，在前面的案例 8-1 中进行了详细介绍。

8.2.2 打卡日期和时间保存在同一列的不同行中，有多条打卡记录

案例8-3

同一个人多次打卡是不可避免的，这就造成了上班签到和下班签退时有多条打卡记录。此外，同一天的打卡数据是分成几行保存的，如图 8-34 所示。公司是早签到晚签退制度。

图 8-34 多次打卡，分成几行保存

对于这种考勤数据的处理，可以使用函数公式，但使用 Power Query 工具是最简单的。下面是使用 Power Query 工具进行处理的主要步骤：

步骤 01 使用"从表格"命令创建查询，打开 Power Query 编辑器，如图 8-35 所示。这里，Power Query 工具自动将文本型日期和文本型时间进行了数据类型转换。

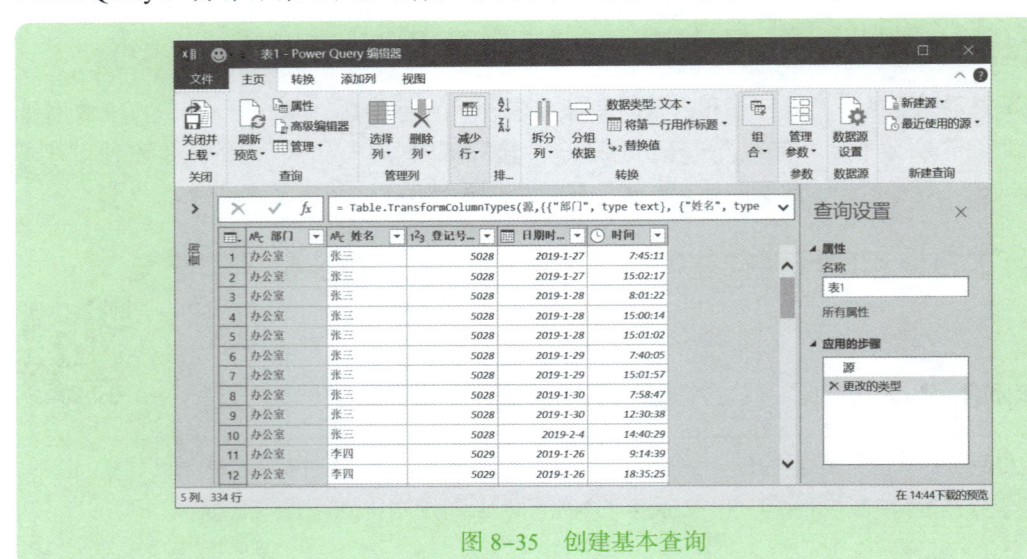

图 8-35 创建基本查询

步骤 02 执行"分组依据"命令，如图 8-36 所示。

步骤 03 打开"分组依据"对话框，进行如下设置（见图 8-37）：

（1）选中"高级"单选按钮。

(2)单击"添加分组"按钮,设置 3 个分组依据,分别选择"姓名""部门"和"日期时间"。

(3)单击"添加聚合"按钮,设置 2 个新列"最早时间"和"最晚时间",分别选择"最小值"和"最大值",选择"时间"为计算值。

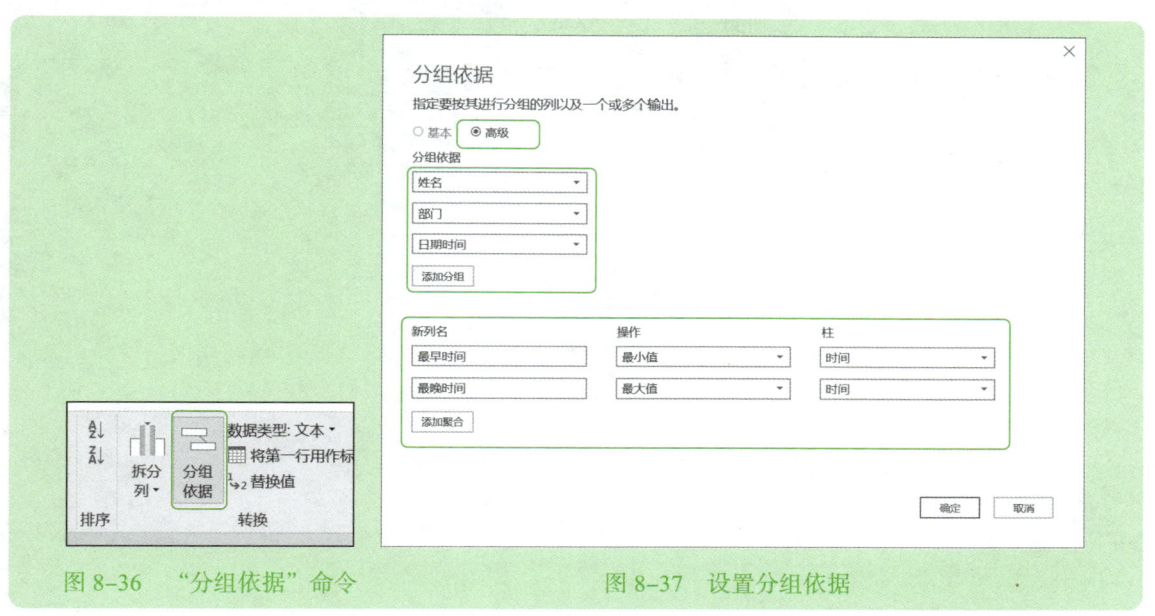

图 8-36 "分组依据"命令

图 8-37 设置分组依据

步骤 04 单击"确定"按钮,就得到了如图 8-38 所示的结果,也就是将每人每天的多条打卡记录整理成一天一行记录。

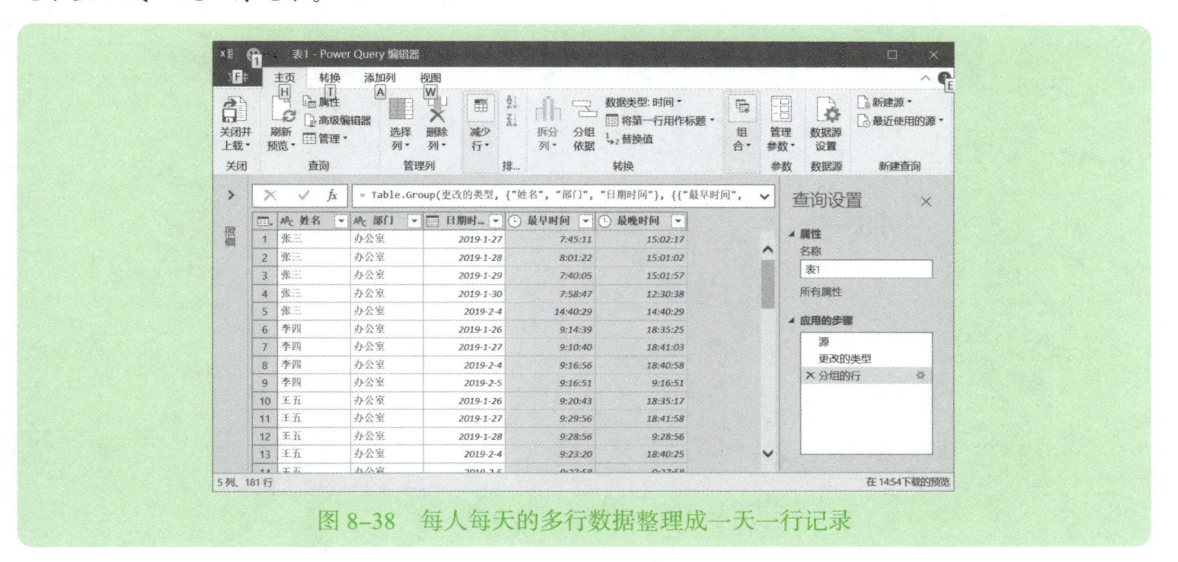

图 8-38 每人每天的多行数据整理成一天一行记录

步骤 05 根据得到的"最早时间"和"最晚时间"的逻辑关系进行判断，再得到签到时间和签退时间。假设以 14:00 为签到和签退的分界线，那么就可以通过添加自定义列来得到签到时间和签退时间。

（1）添加一个自定义列"签到时间"，自定义列公式如下（见图 8-39）：

```
= if [ 最早时间 ]<#time(14,0,0) then [ 最早时间 ] else null
```

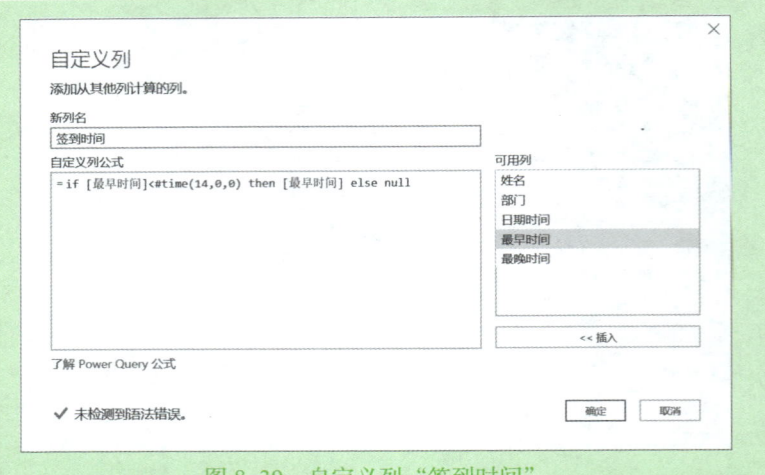

图 8-39　自定义列"签到时间"

（2）添加一个自定义列"签退时间"，自定义列公式如下（见图 8-40）：

```
= if [ 最晚时间 ]>=#time(14,0,0) then [ 最晚时间 ] else null
```

图 8-40　自定义列"签退时间"

这样，就得到了如图 8-41 所示的"签到时间"和"签退时间"列。

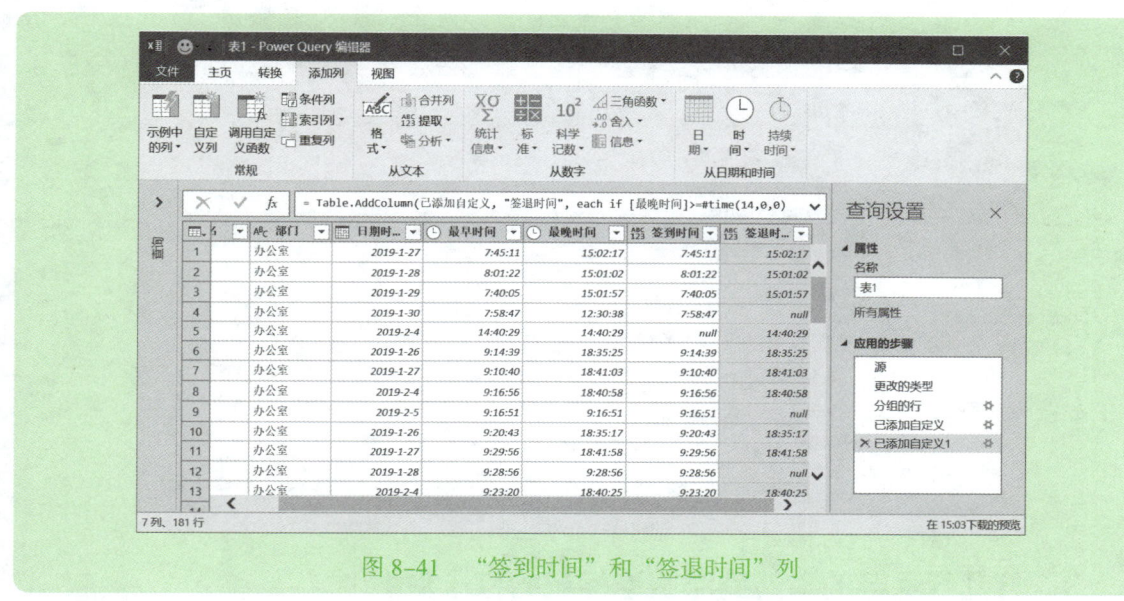

图 8-41 "签到时间"和"签退时间"列

步骤 06 保留"姓名""部门""日期""签到时间"和"签退时间"列，删除其他不需要的列，并设置"签到时间"和"签退时间"列的数据类型为"时间"，如图 8-42 所示。

图 8-42 整理好的考勤数据

步骤 07 将数据导出到 Excel 工作表，如图 8-43 所示。

图 8-43　规范的考勤数据

8.2.3　分几行保存的有签到和签退标记的打卡数据

案例8-4

有时，从考勤机中导出的数据会有签到和签退标记，但仍会有多次打卡的情况。图 8-44 所示就是从考勤机导出的数据，要求整理成如图 8-45 所示的数据。

整理图 8-44 所示的数据，相对比较简单，但仍需要进行判断。

图 8-44　有签到和签退标记的考勤打卡数据

	A	B	C	D	E	F
1	部门	姓名	日期	上班签到	下班签退	备注
2	销售部	李四	2014-11-3	8:51:15	18:08:35	
3	销售部	李四	2014-11-4	8:45:14	18:13:28	
4	销售部	李四	2014-11-5	8:53:42	18:01:26	
5	销售部	李四	2014-11-6	8:56:20	14:40:47	外出
6	销售部	李四	2014-11-10	8:47:22	18:17:25	
7	销售部	李四	2014-11-11	8:51:45	18:01:35	
8	销售部	李四	2014-11-12	8:43:41	18:09:05	
9	销售部	李四	2014-11-13	8:55:16	14:59:18	外出
10	销售部	李四	2014-11-17	8:47:09	18:07:26	
11	销售部	李四	2014-11-18	8:41:08	18:19:20	
12	销售部	李四	2014-11-19	8:42:01	18:15:43	
13	销售部	李四	2014-11-20	8:46:17	14:57:17	外出
14	销售部	李四	2014-11-24	8:48:18	18:11:56	
15	销售部	李四	2014-11-25	9:02:07	18:03:09	
16	销售部	李四	2014-11-26	8:55:45	18:08:57	
17	销售部	李四	2014-11-27	8:55:48	14:51:57	外出

图 8-45 要求整理成的数据

这个问题可以使用函数公式来解决，也可以使用 Power Query 工具来解决，下面将分别进行介绍和对比。

1. 使用函数公式

步骤 01 将 D 列的数据复制到后面，然后分列，将日期和时间分开，如图 8-46 所示。

	A	B	C	D	E	F	G	H	I	J
1	部门	姓名	考勤号码	日期时间	记录状态	机器号	编号	比对方式	日期	时间
2	销售部	李四	5000003	2014-11-3 08:51:15	上班签到	2		指纹	2014-11-3	8:51:15
3	销售部	李四	5000003	2014-11-3 08:51:18	上班签到	1		指纹	2014-11-3	8:51:18
4	销售部	李四	5000003	2014-11-3 18:08:35	下班签退	2		指纹	2014-11-3	18:08:35
5	销售部	李四	5000003	2014-11-3 18:08:41	下班签退	1		指纹	2014-11-3	18:08:41
6	销售部	李四	5000003	2014-11-4 08:45:14	上班签到	1		指纹	2014-11-4	8:45:14
7	销售部	李四	5000003	2014-11-4 18:13:28	下班签退	2		指纹	2014-11-4	18:13:28
8	销售部	李四	5000003	2014-11-4 18:13:35	下班签退	1		指纹	2014-11-4	18:13:35
9	销售部	李四	5000003	2014-11-5 08:53:42	上班签到	2		指纹	2014-11-5	8:53:42
10	销售部	李四	5000003	2014-11-5 08:53:45	上班签到	1		指纹	2014-11-5	8:53:45
11	销售部	李四	5000003	2014-11-5 18:01:26	下班签退	1		指纹	2014-11-5	18:01:26
12	销售部	李四	5000003	2014-11-6 08:56:20	上班签到	2		指纹	2014-11-6	8:56:20
13	销售部	李四	5000003	2014-11-6 08:56:28	上班签到	1		指纹	2014-11-6	8:56:28
14	销售部	李四	5000003	2014-11-6 14:40:47	外出	2		指纹	2014-11-6	14:40:47
15	销售部	李四	5000003	2014-11-6 14:40:54	外出	1		指纹	2014-11-6	14:40:54

图 8-46 将 D 列的日期时间复制并分列

步骤 02 设计辅助列，设计公式，提取签到和签退，公式如下（见图 8-47）：

（1）单元格 K2，签到：

```
=IF(COUNTIFS($B$2:B2,B2,$I$2:I2,I2)=1,IF(E2="上班签到",J2,""),"")
```

（2）单元格 L2，签退：

```
=IF(COUNTIFS($B$2:B2,B2,$I$2:I2,I2)=1,
    IF(OR(INDEX(E2:E20,COUNTIFS($B$2:B20,B2,$I$2:I20,I2))="下班签退",
    INDEX(E2:E20,COUNTIFS($B$2:B20,B2,$I$2:I20,I2))="外出"),
        INDEX(J2:J20,COUNTIFS($B$2:B20,B2,$I$2:I20,I2)),
        ""),
    "")
```

（3）单元格 M2，备注：

```
=IF(COUNTIFS($B$2:B2,B2,$I$2:I2,I2)=1,
    IF(INDEX(E2:E20,COUNTIFS($B$2:B20,B2,$I$2:I20,I2))="外出","外出",""),
    "")
```

	A	B	C	D	E	F	G	H	I	J	K	L	M
1	部门	姓名	考勤号码	日期时间	记录状态	机器号	编号	比对方式	日期	时间	签到	签退	备注
2	销售部	李四	5000003	2014-11-3 08:51:15	上班签到	2		指纹	2014-11-3	8:51:15	8:51:15	18:08:41	
3	销售部	李四	5000003	2014-11-3 08:51:18	上班签到	1		指纹	2014-11-3	8:51:18			
4	销售部	李四	5000003	2014-11-3 18:08:35	下班签退	2		指纹	2014-11-3	18:08:35			
5	销售部	李四	5000003	2014-11-3 18:08:41	下班签退	1		指纹	2014-11-3	18:08:41			
6	销售部	李四	5000003	2014-11-4 08:45:14	上班签到	2		指纹	2014-11-4	8:45:14	8:45:14	18:13:35	
7	销售部	李四	5000003	2014-11-4 18:13:28	下班签退	2		指纹	2014-11-4	18:13:28			
8	销售部	李四	5000003	2014-11-4 18:13:35	下班签退	1		指纹	2014-11-4	18:13:35			
9	销售部	李四	5000003	2014-11-5 08:53:42	上班签到	2		指纹	2014-11-5	8:53:42	8:53:42	18:01:26	
10	销售部	李四	5000003	2014-11-5 08:53:45	上班签到	1		指纹	2014-11-5	8:53:45			
11	销售部	李四	5000003	2014-11-5 18:01:26	下班签退	1		指纹	2014-11-5	18:01:26			
12	销售部	李四	5000003	2014-11-6 08:56:20	上班签到	2		指纹	2014-11-6	8:56:20	8:56:20	14:40:54	外出
13	销售部	李四	5000003	2014-11-6 08:56:28	上班签到	1		指纹	2014-11-6	8:56:28			
14	销售部	李四	5000003	2014-11-6 14:40:47	外出	2		指纹	2014-11-6	14:40:47			
15	销售部	李四	5000003	2014-11-6 14:40:54	外出	1		指纹	2014-11-6	14:40:54			
16	销售部	李四	5000003	2014-11-10 08:47:22	上班签到	2		指纹	2014-11-10	8:47:22	8:47:22	18:17:34	
17	销售部	李四	5000003	2014-11-10 08:47:26	上班签到	1		指纹	2014-11-10	8:47:26			
18	销售部	李四	5000003	2014-11-10 18:17:25	下班签退	2		指纹	2014-11-10	18:17:25			

图 8-47 处理签到、签退和备注

步骤 03 复制数据区域，粘贴成数值。

步骤 04 删除 K 列和 L 列空单元格所在的整行。

步骤 05 删除不需要的列。

这样，就得到了需要的考勤数据。

2. 使用 Power Query 工具

前面的函数公式比较复杂，当数据量大时也很容易卡顿。下面介绍如何使用 Power Query 工具快速处理这些数据。

步骤 01 使用"从表格"命令创建查询，打开 Power Query 编辑器，如图 8-48 所示。

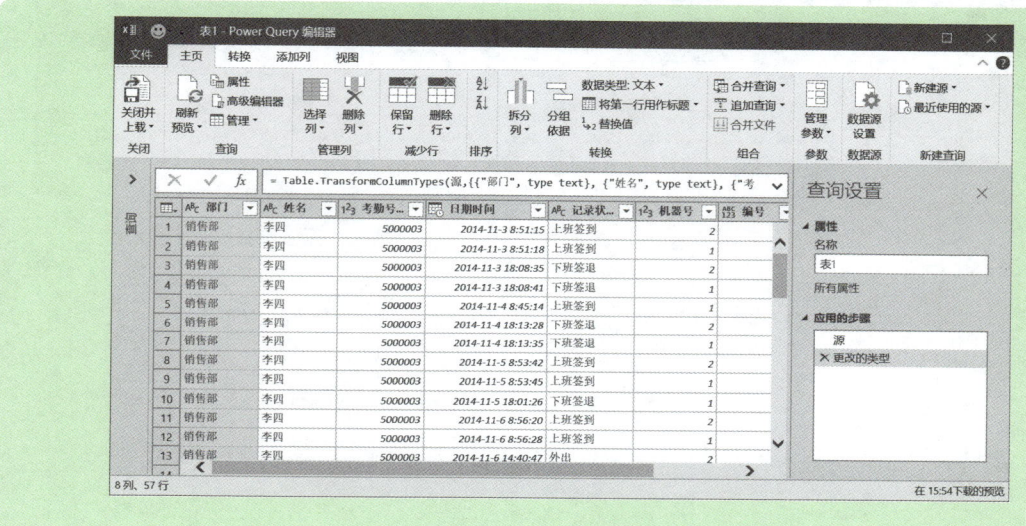

图 8-48 Power Query 编辑器

步骤 02 删除不需要的列，并将"日期时间"列的数据类型设置为"文本"，如图 8-49 所示。

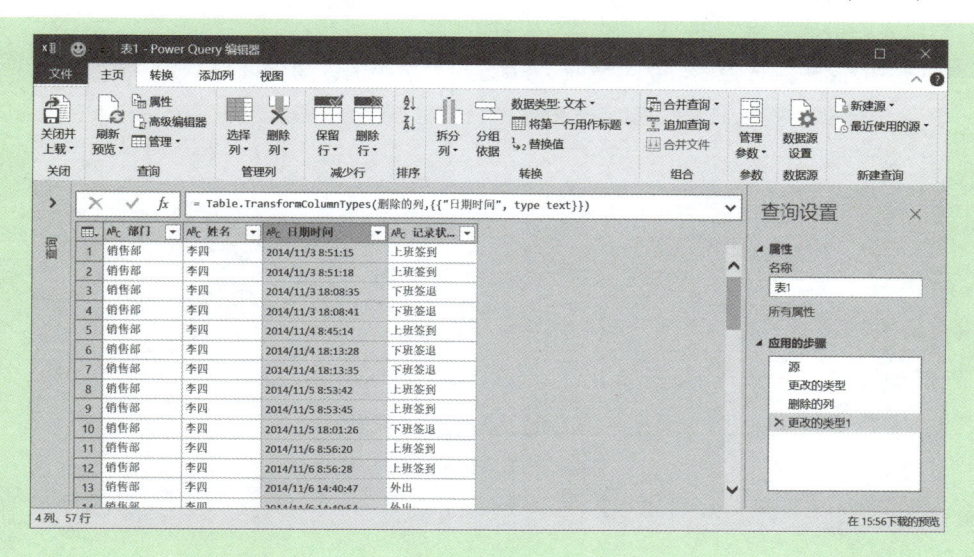

图 8-49 删除不需要的列

步骤 03 选择"日期时间"列，以空格为分隔符将其拆分成两列，并修改列名，如图 8-50 所示。

图 8-50 拆分日期和时间

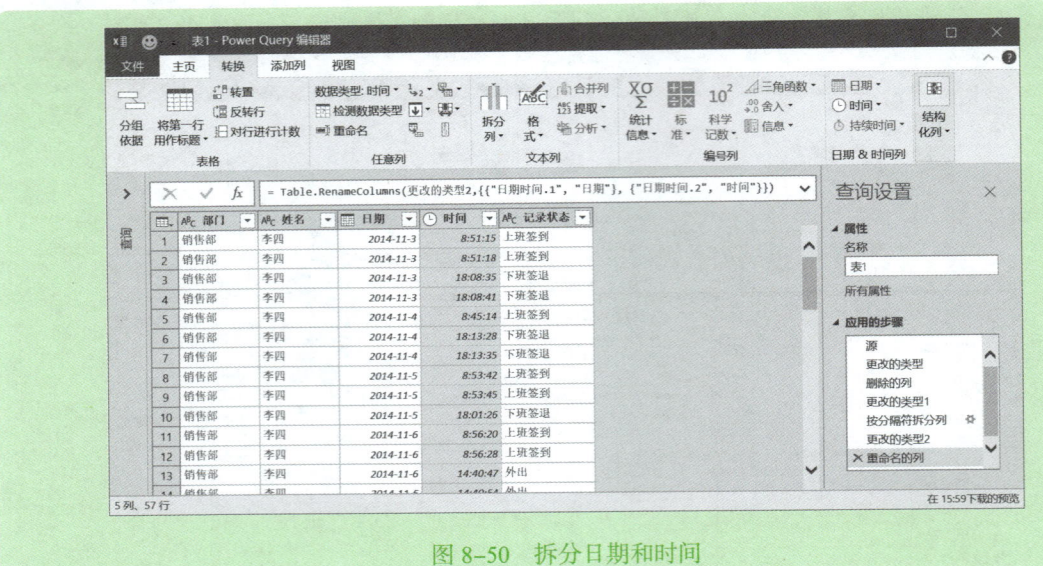

步骤 04 执行"分组依据"命令,打开"分组依据"对话框,对数据进行分组,做如下的设置(见图 8-51):

(1)添加 4 个分组依据"部门""姓名""日期"和"记录状态"。
(2)新列"时间"是计算时间的平均值(也可以是最小值、最大值)。

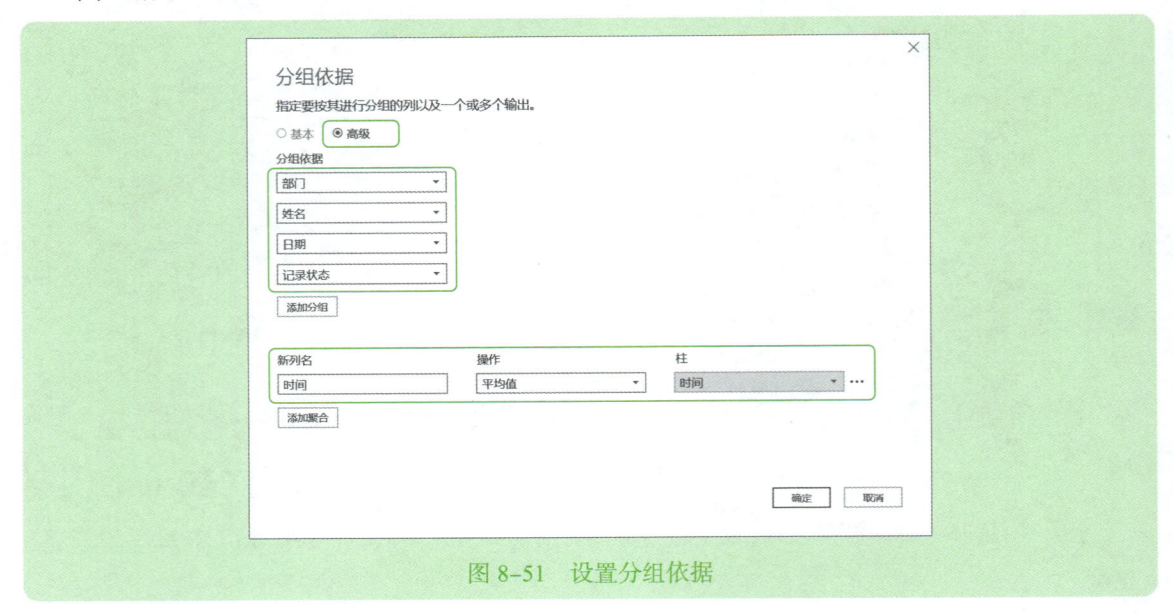

图 8-51 设置分组依据

第 8 章 处理与统计考勤数据

步骤 05 单击"确定"按钮，就得到了如图 8-52 所示的表。

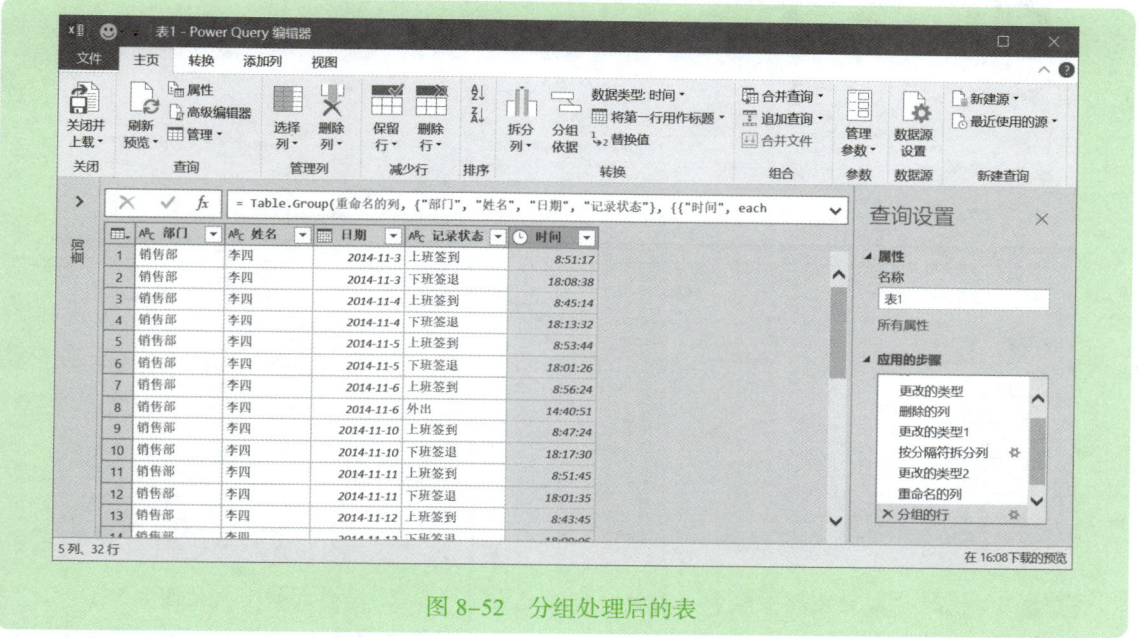

图 8-52 分组处理后的表

步骤 06 选择"记录状态"列，执行"转换"→"透视列"命令，如图 8-53 所示。

步骤 07 打开"透视列"对话框，选择"值列"为"时间"，单击"高级选项"按钮，选择"不要聚合"，如图 8-54 所示。

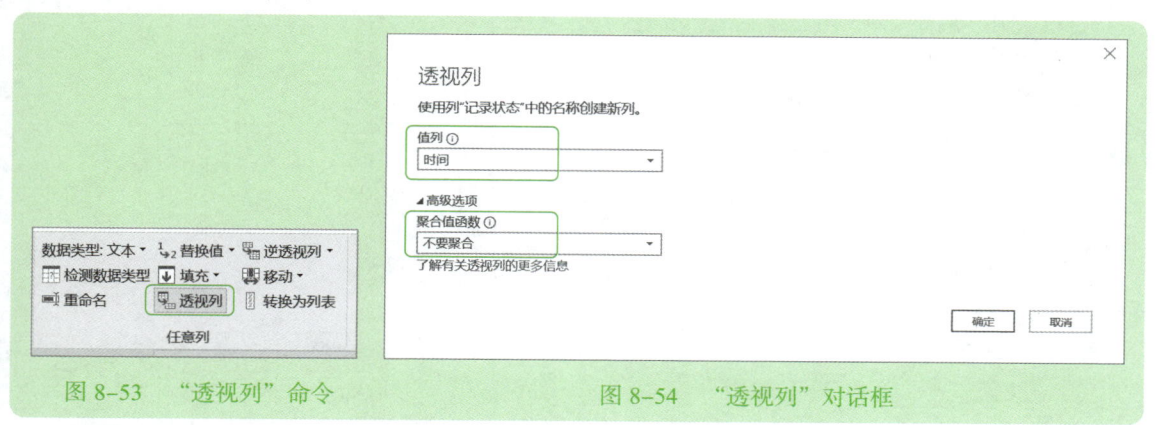

图 8-53 "透视列"命令　　　　　　图 8-54 "透视列"对话框

步骤 08 单击"确定"按钮，就得到了如图 8-55 所示的结果。

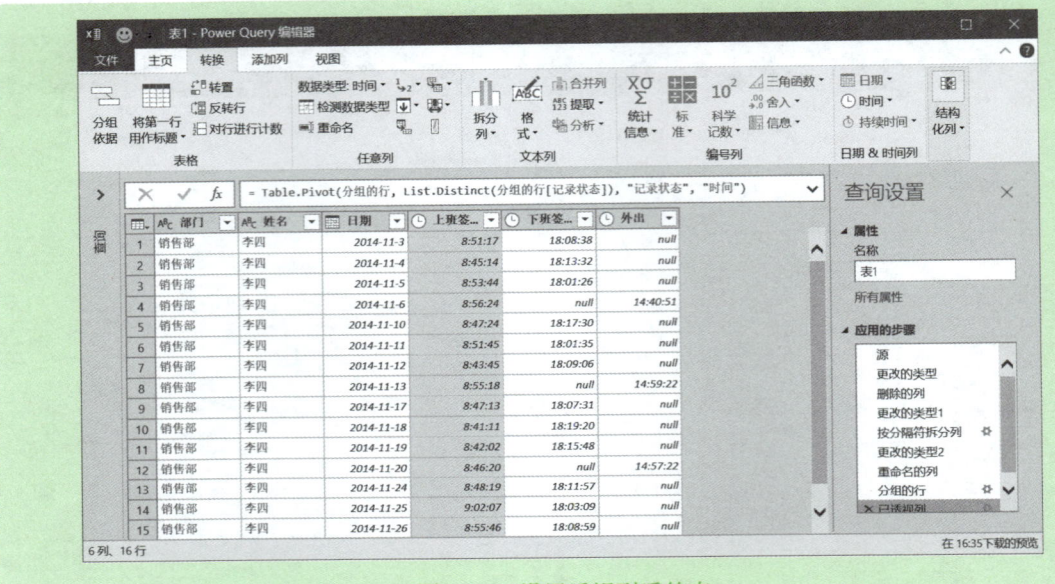

图 8-55 设置透视列后的表

步骤 09 执行"自定义列"命令，添加一个自定义列"备注"，公式如下（见图 8-56）：

= if [外出] <> null then "外出" else ""

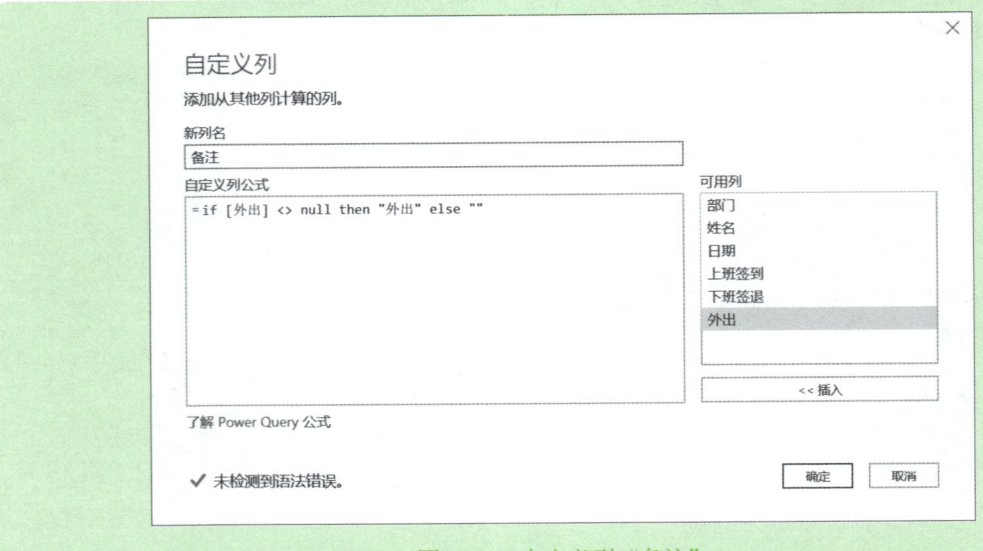

图 8-56 自定义列"备注"

这样，就得到了自定义列"备注"，标注下班时间是不是外出，如图 8-57 所示。

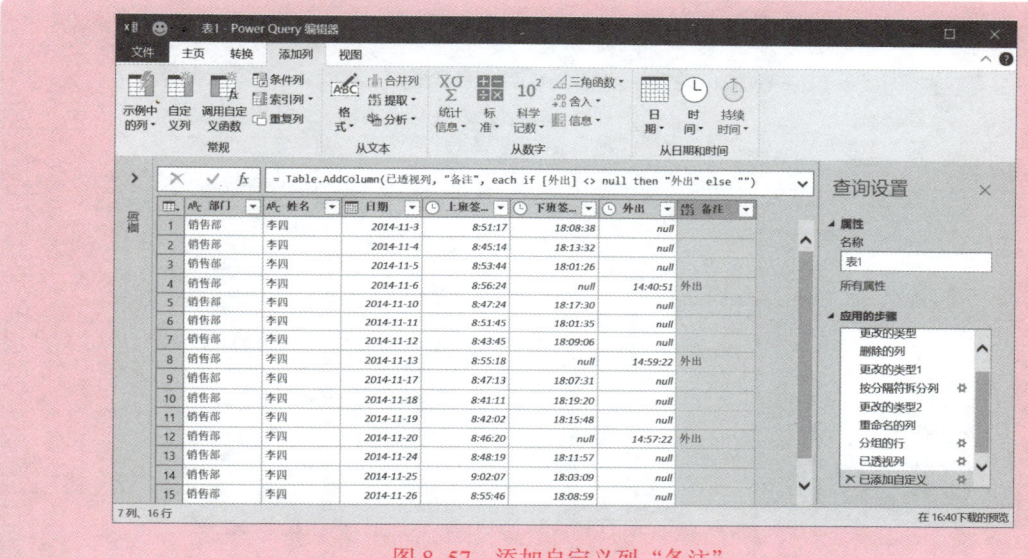

图 8-57 添加自定义列"备注"

步骤 10 将"下班签退"列和"外出"列合并成一列。执行"自定义列"命令，打开"自定义列"对话框，添加一个自定义列，公式如下（见图 8-58）：

= if [下班签退] <> null then [下班签退] else [外出]

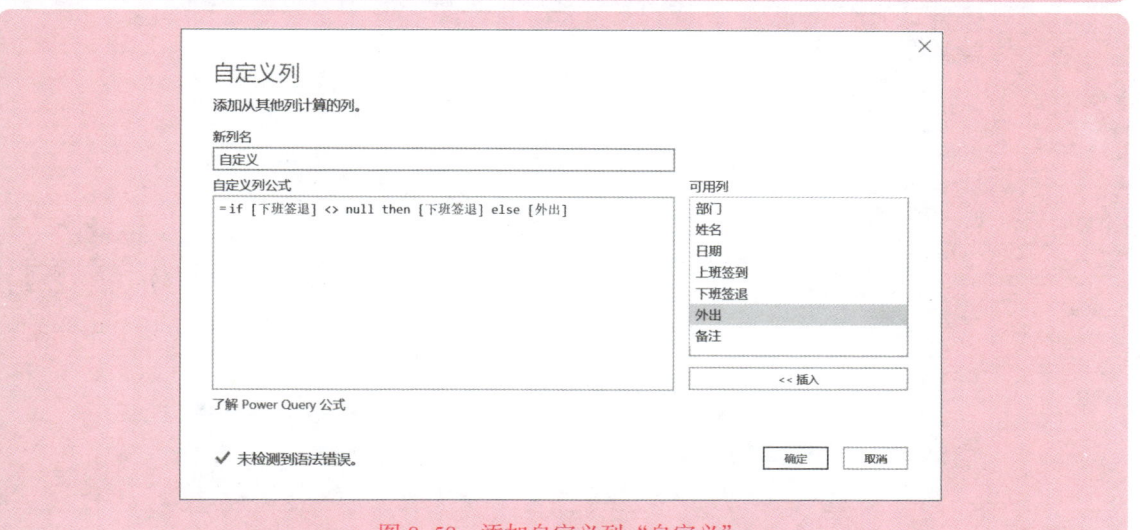

图 8-58 添加自定义列"自定义"

步骤 11 单击"确定"按钮，就得到了"自定义"列，然后将该列的数据类型设置为"时间"，如图 8-59 所示。

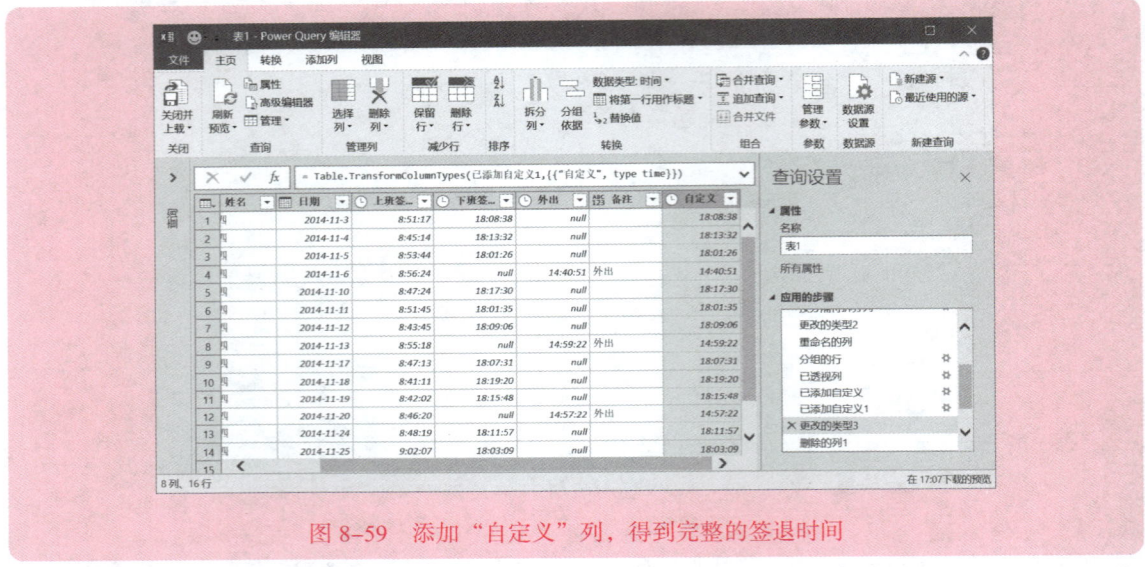

图 8-59 添加"自定义"列，得到完整的签退时间

步骤 12 删除原有的"下班签退"列和"外出"列，将新添加的自定义列改名为"下班签退"，然后调整列次序，如图 8-60 所示。

图 8-60 调整后的表

步骤 13 将数据导出到 Excel 工作表。

8.2.4 12 小时制的打卡数据

案例8-5

图 8-61 所示是打卡时间被处理为 12 小时制的考勤数据。此时，需要进行整理加工，得到每个人早签到和晚签退的时间。

图 8-61 12 小时制的打卡数据

可以使用函数进行整理，不过工作量很大，也比较麻烦，最简单的方法是使用 Power Query 工具。使用 Power Query 工具进行整理的步骤如下：

步骤 01 执行"从表格"命令，建立基本查询，如图 8-62 所示。可以看到，Power Query 工具自动对日期进行了处理，处理成了真正的日期和时间。

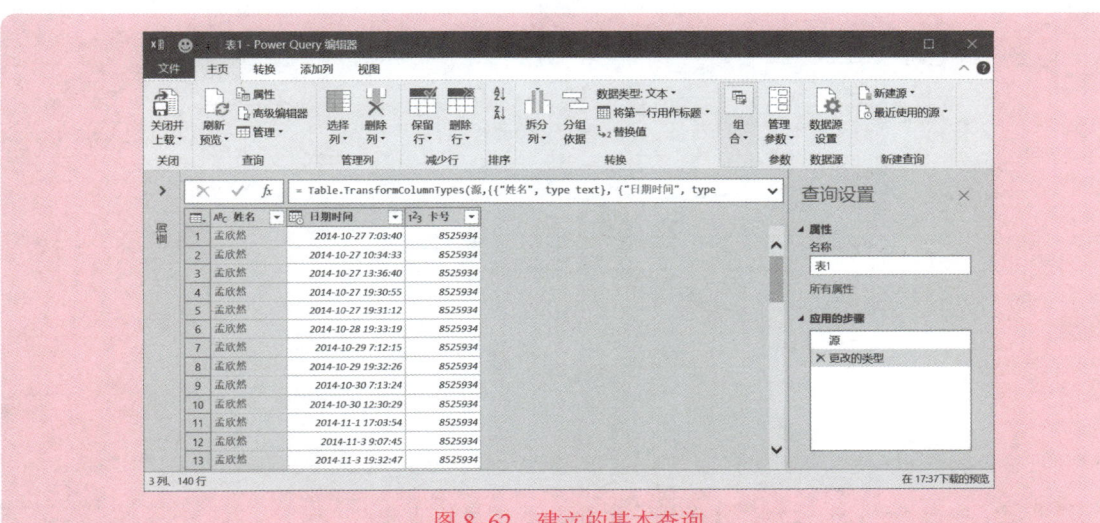

图 8-62 建立的基本查询

步骤 02 选择"日期时间"列，以"空格"为分隔符拆分日期和时间，如图8-63所示。

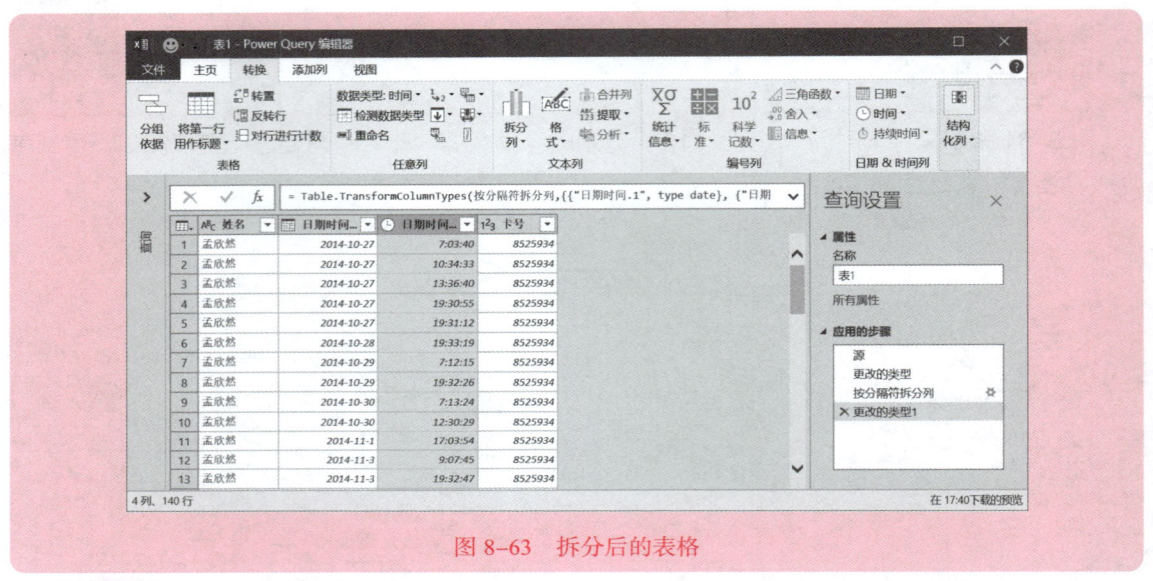

图 8-63　拆分后的表格

步骤 03 执行"分组依据"命令，打开"分组依据"对话框，对数据进行处理，如图8-64所示。这个操作用于获取每个人每天的最早时间和最晚时间。

图 8-64　设置分组依据

步骤 04 单击"确定"按钮，就得到了如图8-65所示的结果。

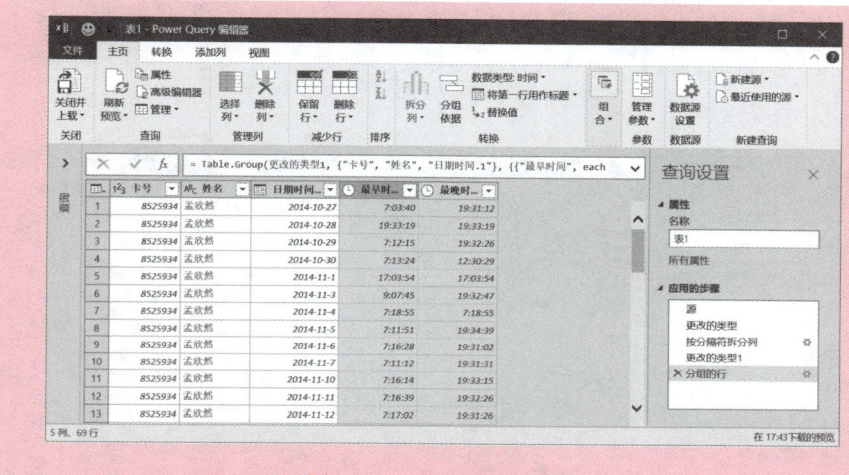

图 8-65　分组处理后的表

步骤 05 添加两个自定义列，分别获取正确的签到时间和签退时间。在这个案例中，规定 14:00 是签到和签退的判断标准。

（1）自定义列"签到时间"，公式如下：

= if [最早时间] < #time(14,0,0) then [最早时间] else null

（2）自定义列"签退时间"，公式如下：

= if [最晚时间] >= #time(14,0,0) then [最晚时间] else null

这样，就得到了如图 8-66 所示的结果。

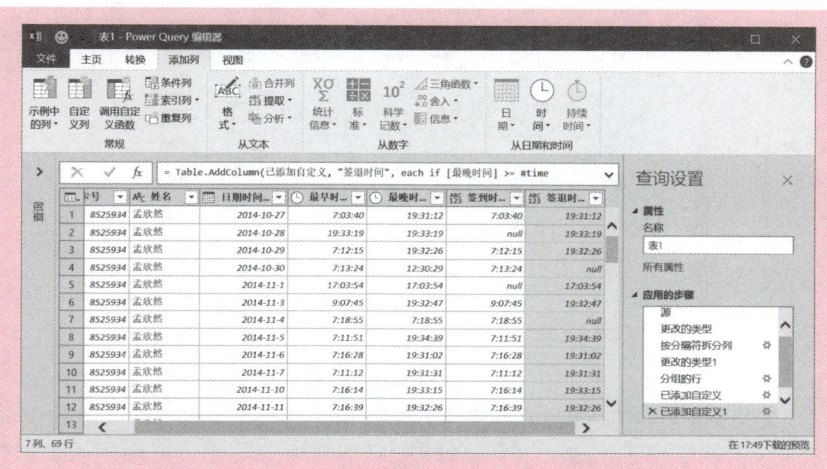

图 8-66　获取的签到时间和签退时间

步骤 06 删除不需要的"最早时间"列和"最晚时间"列，并将第一列"卡号"设置为文本类型，将"签到时间"列和"签退时间"列设置为时间类型，修改"日期时间"列的标题为"日期"，如图 8-67 所示。

图 8-67　得到的规范考勤数据

步骤 07 将数据导出到 Excel 工作表，如图 8-68 所示。

图 8-68　整理好的考勤数据

8.2.5　每天早中晚四次打卡制度，存在重复打卡的情况

很多企业是早中晚四次打卡制度：早上上班、中午下班、午后上班、晚上下班。这样的打卡数据，整理起来比较麻烦，因为必须给定一个判断区间，以判断某个时间究竟是早上上班打卡，还是中午下班打卡，或者是午后上班打卡等。

案例8-6

如图8-69所示,每个人的打卡记录正常是四次,但也有多打卡或漏打卡的情况。
从早中晚四次打卡制度的打卡数据提取四次打卡时间的步骤如下:

步骤 01 将D列的数据复制一份,进行分列,将日期和时间分开,如图8-70所示。

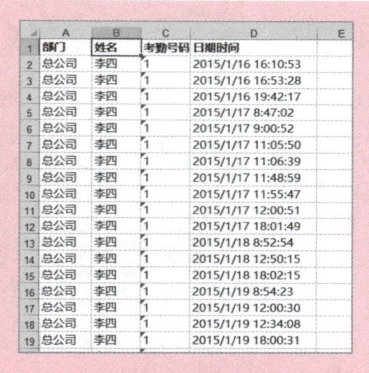

图8-69 早中晚四次打卡制度的打卡数据　　图8-70 复制D列数据,进行分列

步骤 02 将F列的时间整理到对应的行中,如图8-71所示。各单元格中的公式如下:

(1) 单元格G2:

=COUNTIFS(B:B,B2,E:E,E2)

(2) 单元格H2:

=IF(COUNTIFS($B$2:$B2,$B2,$E$2:$E2,$E2)=1,
　　IF(COLUMN(A1)<=$G2,INDEX($F2:$F100,COLUMN(A1)),""),"")

图8-71 整理打卡时间

步骤 03 由于数据量很大，先采用选择性粘贴的方法，将公式转换为数值，然后删除不需要的列，并删除 H 列中空单元格所在的整行，得到如图 8-72 所示的结果。

	A	B	C	D	E	F	G	H	I	J	K	L	M	N
1	部门	姓名	考勤号码	日期	打卡次数	第1次	第2次	第3次	第4次	第5次	第6次	第7次	第8次	第9次
2	总公司	李四	1	2015-1-16	3	16:10:53	16:53:28	19:42:17						
3	总公司	李四	1	2015-1-17	8	8:47:02	9:00:52	11:05:50	11:06:39	11:48:59	11:55:47	12:00:51	18:01:49	
4	总公司	李四	1	2015-1-18	3	8:52:54	12:50:15	18:02:15						
5	总公司	李四	1	2015-1-19	4	8:54:23	12:00:30	12:34:08	18:00:31					
6	总公司	李四	1	2015-1-21	2	8:52:43	18:19:47							
7	总公司	李四	1	2015-1-22	3	8:52:42	12:54:51	18:00:12						
8	总公司	李四	1	2015-1-23	1	8:51:03								
9	总公司	张三	2	2015-1-17	9	8:48:29	10:01:11	11:24:54	11:25:28	11:26:29	11:44:51	11:45:12	12:56:40	18:12:16
10	总公司	张三	2	2015-1-18	1	8:52:46								
11	总公司	张三	2	2015-1-20	2	8:54:37	18:19:12							
12	总公司	张三	2	2015-1-21	2	8:49:57	18:20:49							
13	总公司	张三	2	2015-1-22	2	8:50:09	18:39:02							
14	总公司	张三	2	2015-1-23	2	8:50:40	18:27:09							
15	总公司	张三	2	2015-1-24	2	8:50:19	19:07:59							
16	总公司	张三	2	2015-1-25	2	8:55:33	21:22:51							
17	总公司	王五	3	2015-1-16	2	16:10:48	18:05:09							
18	总公司	王五	3	2015-1-17	6	8:47:05	10:05:05	12:00:56	12:55:23	12:55:35	18:01:45			
19	总公司	王五	3	2015-1-18	4	8:57:13	12:04:22	12:48:31	18:04:32					
20	总公司	王五	3	2015-1-20	4	8:52:38	12:02:31	12:59:18	18:19:08					

图 8-72　将公式转换为数值，并删除 H 列中空单元格所在的整行和不必要的列

步骤 04 从每个人打卡时间中，提取四次打卡时间，如图 8-73 所示。各单元格中的公式如下：

（1）单元格 O2，数组公式：

```
=IF(MIN(IF(E2:M2<>"",E2:M2,""))<=11/24,MIN(IF(E2:M2<>"",E2:M2,"")),"")
```

（2）单元格 P2，数组公式：

```
=IFERROR(INDEX(OFFSET(F2,,,1,E2),,MATCH(TRUE,ABS(OFFSET(F2,,,1, E2)-12/24)<=1/48,0)),"")
```

（3）单元格 Q2，数组公式：

```
=IFERROR(INDEX(OFFSET(F2,,,1,E2),,MATCH(TRUE,ABS(OFFSET(F2,,,1,E2)-13/24)<=1/48,0)),"")
```

（4）单元格 R2，普通公式：

```
=IF(MAX(F2:N2)>=13/24,MAX(F2:N2),"")
```

	B	C	D	E	F	G	H	I	J	K	L	M	N	O	P	Q	R
1	姓名	考勤号码	日期	打卡次数	第1次	第2次	第3次	第4次	第5次	第6次	第7次	第8次	第9次	早上上班	中午下班	下午上班	下午下班
2	李四	1	2015-1-16	3	16:10:53	16:53:28	19:42:17										19:42:17
3	李四	1	2015-1-17	8	8:47:02	9:00:52	11:05:50	11:06:39	11:48:59	11:55:47	12:00:51	18:01:49		8:47:02	11:48:59		18:01:49
4	李四	1	2015-1-18	3	8:52:54	12:50:15	18:02:15							8:52:54		12:50:15	18:02:15
5	李四	1	2015-1-19	4	8:54:23	12:00:30	12:34:08	18:00:31						8:54:23	12:00:30	12:34:08	18:00:31
6	李四	1	2015-1-21	2	8:52:43	18:19:47								8:52:43			18:19:47
7	李四	1	2015-1-22	3	8:52:42	12:54:51	18:00:12							8:52:42		12:54:51	18:00:12
8	李四	1	2015-1-23	1	8:51:03									8:51:03			
9	张三	2	2015-1-17	9	8:48:29	10:01:11	11:24:54	11:25:28	11:26:29	11:44:51	11:45:12	12:56:40	18:12:16	8:48:29	11:44:51	12:56:40	18:12:16
10	张三	2	2015-1-18	1	8:52:46									8:52:46			
11	张三	2	2015-1-20	2	8:54:37	18:19:12								8:54:37			18:19:12
12	张三	2	2015-1-21	2	8:49:57	18:20:49								8:49:57			18:20:49
13	张三	2	2015-1-22	2	8:50:09	18:39:02								8:50:09			18:39:02
14	张三	2	2015-1-23	2	8:50:40	18:27:09								8:50:40			18:27:09
15	张三	2	2015-1-24	2	8:50:19	19:07:59								8:50:19			19:07:59
16	张三	2	2015-1-25	2	8:55:33	21:22:51								8:55:33			21:22:51
17	王五	3	2015-1-16	2	16:10:48	18:05:09											18:05:09
18	王五	3	2015-1-17	6	8:47:05	10:05:05	12:00:56	12:55:23	12:55:35	18:01:45				8:47:05	12:00:56	12:55:23	18:01:45
19	王五	3	2015-1-18	4	8:57:13	12:04:22	12:48:31	18:04:32						8:57:13	12:04:22	12:48:31	18:04:32
20	王五	3	2015-1-20	4	8:52:38	12:02:31	12:59:18	18:19:08						8:52:38	12:02:31	12:59:18	18:19:08

图 8-73　提取四次打卡时间

步骤 05 将所有公式粘贴为数值,删除不需要的列,就得到了整理好的考勤数据,如图 8-74 所示。

	B	C	D	E	F	G	H
1	姓名	考勤号码	日期	早上上班	中午下班	下午上班	下午下班
2	李四	1	2015-1-16				19:42:17
3	李四	1	2015-1-17	8:47:02	11:48:59		18:01:49
4	李四	1	2015-1-18	8:52:54		12:50:15	18:02:15
5	李四	1	2015-1-19	8:54:23	12:00:30	12:34:08	18:00:31
6	李四	1	2015-1-21	8:52:43			18:19:47
7	李四	1	2015-1-22	8:52:42		12:54:51	18:00:12
8	李四	1	2015-1-23	8:51:03			
9	张三	2	2015-1-17	8:48:29	11:44:51	12:56:40	18:12:16
10	张三	2	2015-1-18	8:52:46			
11	张三	2	2015-1-20	8:54:37			18:19:12
12	张三	2	2015-1-21	8:49:57			18:20:49
13	张三	2	2015-1-22	8:50:09			18:39:02
14	张三	2	2015-1-23	8:50:40			18:27:09
15	张三	2	2015-1-24	8:50:19			19:07:59
16	张三	2	2015-1-25	8:55:33			21:22:51
17	王五	3	2015-1-16				18:05:09
18	王五	3	2015-1-17	8:47:05	12:00:56	12:55:23	18:01:45
19	王五	3	2015-1-18	8:57:13	12:04:22	12:48:31	18:04:32
20	王五	3	2015-1-20	8:52:38	12:02:31	12:59:18	18:19:08

图 8-74 整理好后的考勤数据

8.3 考勤数据的统计分析

8.2 节中介绍了几种常见的考勤数据,以及如何将其快速整理成能够进行统计汇总的数据表。本节介绍如何进行考勤数据的统计分析。

8.3.1 判断迟到和早退

要判断迟到和早退,核心技能就是使用 IF 函数和其他函数,根据企业的出勤制度对上班时间和下班时间进行判断。

案例8-7

如图 8-75 所示,规定上班时间是 9:00—18:30。判断规则是:9:05:59 以后打卡记为迟到;18:25:59 以前打卡记为早退;如果没有打卡,则标记为异常。

	A	B	C	D	E	F
1	部门	姓名	登记号码	日期时间	签到时间	签退时间
2	办公室	张三	5028	2014-1-27	7:45:11	15:02:17
3	办公室	张三	5028	2014-1-28	8:01:22	15:01:02
4	办公室	张三	5028	2014-1-29	7:40:05	15:01:57
5	办公室	张三	5028	2014-1-30	7:58:47	未签退
6	办公室	张三	5028	2014-2-4	未签到	14:40:29
7	办公室	李四	5029	2014-1-26	9:14:39	18:35:25
8	办公室	李四	5029	2014-1-27	9:10:40	18:41:03
9	办公室	李四	5029	2014-2-4	9:16:56	18:40:58
10	办公室	李四	5029	2014-2-5	9:16:51	未签退
11	办公室	王五	5031	2014-1-26	9:20:43	18:35:17
12	办公室	王五	5031	2014-1-27	9:29:56	18:41:58
13	办公室	王五	5031	2014-1-28	9:28:56	未签退
14	办公室	王五	5031	2014-2-4	9:23:20	18:40:25
15	办公室	王五	5031	2014-2-5	9:27:58	未签退
16	办公室	马陆	5032	2014-1-26	9:24:43	18:45:26
17	办公室	马陆	5032	2014-1-27	9:30:03	18:32:15
18	办公室	马陆	5032	2014-1-28	9:30:20	18:32:45

图 8-75　考勤数据

判断迟到和早退的步骤如下：

步骤 01 在这个考勤数据的右侧添加辅助列，判断每个人的出勤情况，公式如下（见图 8-76）：

（1）单元格 G2：

```
=IF(E2="未签到","",IF(E2>TIMEVALUE("9:05:59"),1,""))
```

（2）单元格 H2：

```
=IF(F2="未签退","",IF(F2<TIMEVALUE("18:25:59"),1,""))
```

（3）单元格 I2：

```
=IF(E2="未签到",1,"")
```

（4）单元格 J2：

```
=IF(F2="未签退",1,"")
```

	A	B	C	D	E	F	G	H	I	J
1	部门	姓名	登记号码	日期时间	签到时间	签退时间	迟到	早退	未签到	未签退
2	办公室	张三	5028	2014-1-27	7:45:11	15:02:17		1		
3	办公室	张三	5028	2014-1-28	8:01:22	15:01:02		1		
4	办公室	张三	5028	2014-1-29	7:40:05	15:01:57		1		
5	办公室	张三	5028	2014-1-30	7:58:47	未签退				1
6	办公室	张三	5028	2014-2-4	未签到	14:40:29		1	1	
7	办公室	李四	5029	2014-1-26	9:14:39	18:35:25	1			
8	办公室	李四	5029	2014-1-27	9:10:40	18:41:03	1			
9	办公室	李四	5029	2014-2-4	9:16:56	18:40:58	1			
10	办公室	李四	5029	2014-2-5	9:16:51	未签退	1			1
11	办公室	王五	5031	2014-1-26	9:20:43	18:35:17	1			
12	办公室	王五	5031	2014-1-27	9:29:56	18:41:58	1			
13	办公室	王五	5031	2014-1-28	9:28:56	未签退	1			1
14	办公室	王五	5031	2014-2-4	9:23:20	18:40:25	1			
15	办公室	王五	5031	2014-2-5	9:27:58	未签退	1			1
16	办公室	马陆	5032	2014-1-26	9:24:43	18:45:26	1			
17	办公室	马陆	5032	2014-1-27	9:30:03	18:32:15	1			
18	办公室	马陆	5032	2014-1-28	9:30:20	18:32:45	1			

图 8-76　迟到和早退的判断结果

步骤 02 为考勤数据表插入数据透视表，并进行布局，就得到了如图 8-77 所示的基本数据透视表。

步骤 03 格式化数据透视表，将四个字段的汇总依据从计数修改为求和，再修改字段名称，就得到了如图 8-78 所示的每个人的统计结果。

行标签	计数项:迟到	计数项:早退	计数项:未签到	计数项:未签退
⊟办公室	19	19	19	19
李四	4	4	4	4
马陆	5	5	5	5
王五	5	5	5	5
张三	5	5	5	5
⊟财务部	44	44	44	44
董丽华	5	5	5	5
韩熙华	5	5	5	5
何新新	5	5	5	5
李秀敏	5	5	5	5
那永杰	5	5	5	5
孙平	4	4	4	4
于华	5	5	5	5
赵传亮	5	5	5	5
赵大伟	5	5	5	5
⊟人力资源部	8	8	8	8
任欣欣	2	2	2	2

图 8-77　基本数据透视表

部门	姓名	迟到次数	早退次数	未签到次数	未签退次数
办公室	李四	4			1
	马陆	5			1
	王五	5			2
	张三			4	1	1
财务部	董丽华				1
	韩熙华				1
	何新新		1		1
	李秀敏		1		1
	那永杰	1			1
	孙平				1
	于华			1	1
	赵传亮				1
	赵大伟				1
人力资源部	任欣欣			1	
	宋丽华				
	周华新				1
项目部	韩语				1
	何平				1

图 8-78　每个人的统计结果

当数据量较大时，还可以使用 Power Query 工具进行考勤数据的统计分析，主要步骤如下：

步骤 01 建立基本查询，如图 8-79 所示。

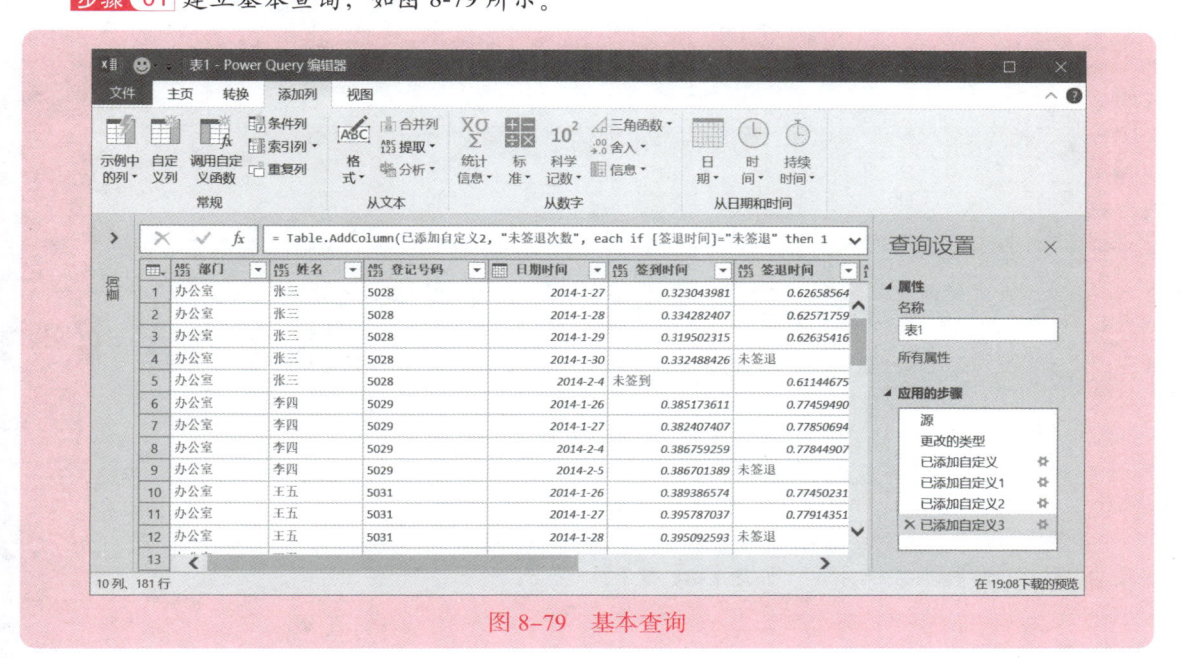

图 8-79　基本查询

步骤 02 添加 4 个自定义列，各列公式分别如下（见图 8-80）：

（1）自定义列"迟到次数"：

```
=if [ 签到时间 ]=" 未签到 " then null else if [ 签到时间 ]>(9+5/60+59/3600)/24 then 1 else null
```

（2）自定义列"早退次数"：

```
=if [ 签退时间 ]=" 未签退 " then null else if [ 签退时间 ]<(18+25/60+59/3600)/24 then 1 else null
```

（3）自定义列"未签到次数"：

```
=if [ 签到时间 ]=" 未签到 " then 1 else null
```

（4）自定义列"未签退次数"：

```
=if [ 签退时间 ]=" 未签退 " then 1 else null
```

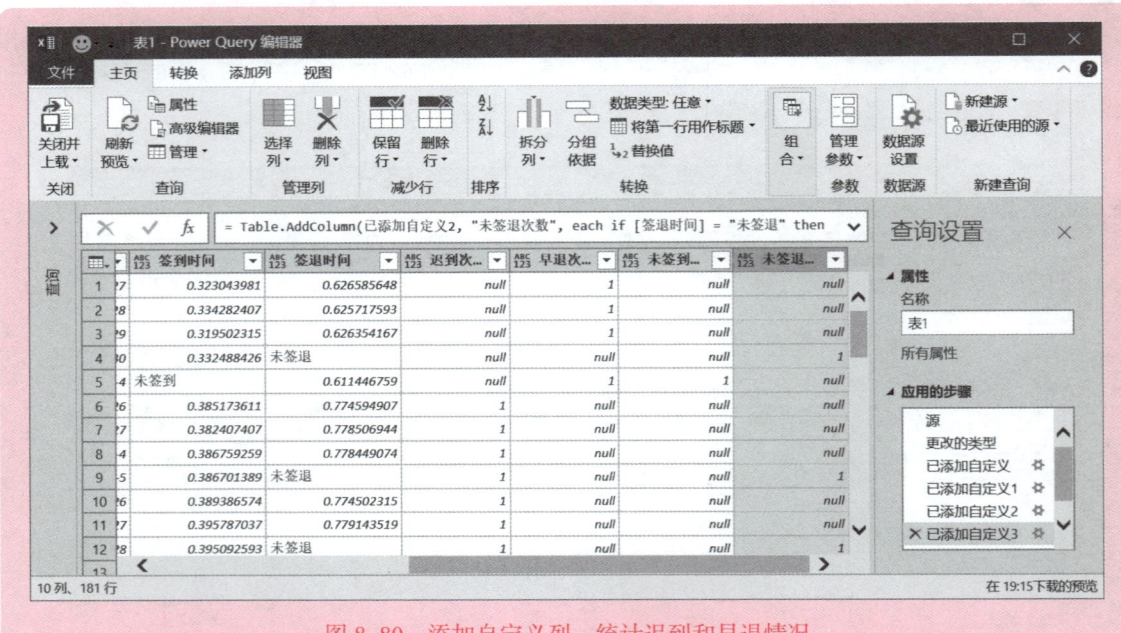

图 8-80 添加自定义列，统计迟到和早退情况

步骤 03 对数据进行分组，如图 8-81 所示。

图 8-81　对数据进行分组

步骤 04　单击"确定"按钮，就得到了如图 8-82 所示的统计结果。

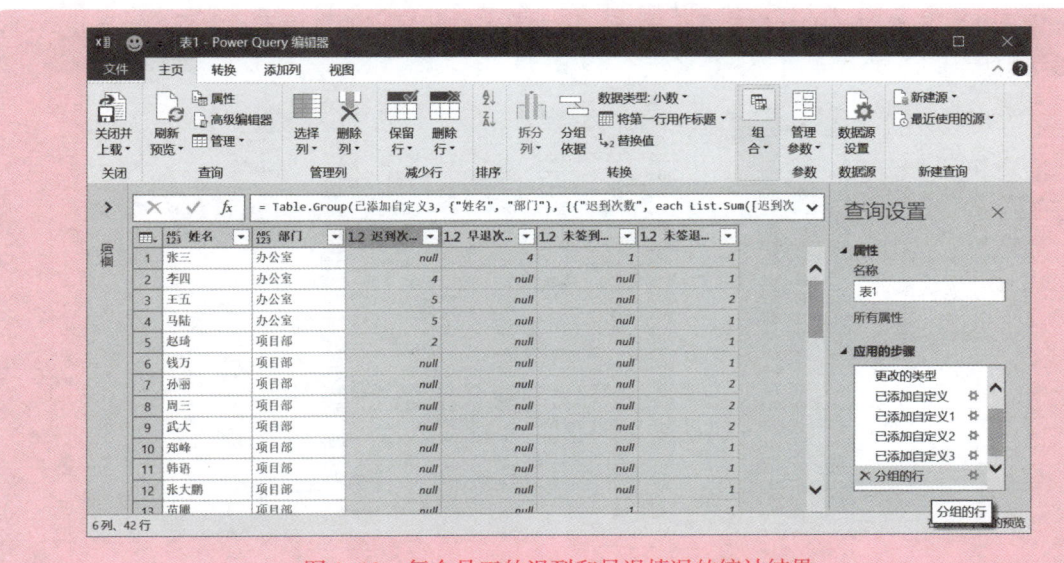

图 8-82　每个员工的迟到和早退情况的统计结果

步骤 05　将数据导出到 Excel 工作表，如图 8-83 所示。

图 8-83 员工的迟到和早退的统计结果

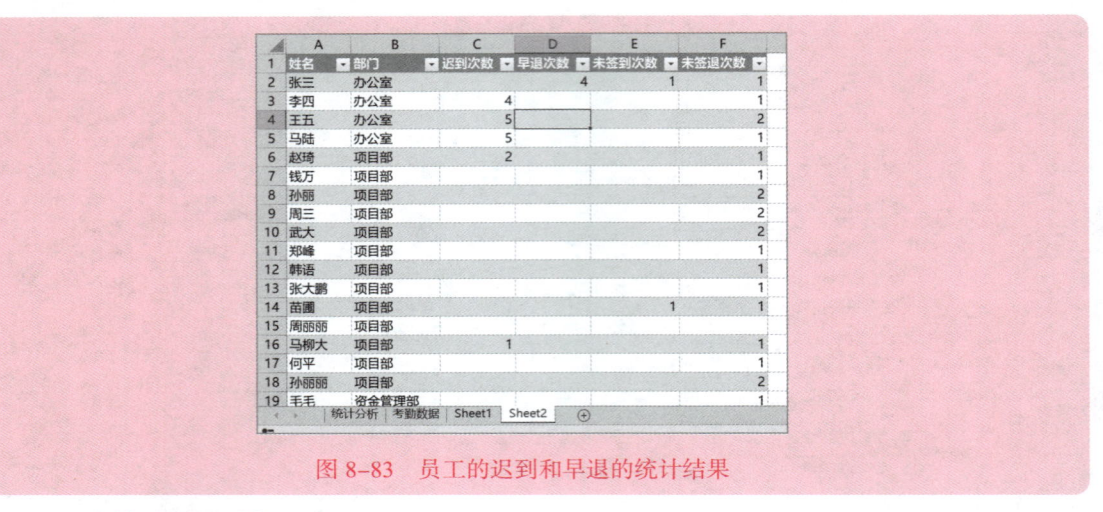

8.3.2 计算工作时长

案例8-8

工作时长的计算并不复杂，将规定的上班时间和下班时间相减，再减去吃饭时间即可。但是，在有些情况下，工作时长的计算要复杂一些，因为从考勤机导出的数据不是常规的上下班时间，如图 8-84 所示。

图 8-84 考勤数据

由于上班时间和下班时间中都有两个函数，G 列中是班次，因此可以直接根据 G 列的班次进行判断，利用公式一键完成计算，也可以先分列再计算，前者要简单一些。

第 8 章 处理与统计考勤数据

在单元格 H2 中输入下面的公式，并向下复制，就得到了每个人每天的工作时长，如图 8-85 所示。

=(SUBSTITUTE(F2,IF(G2="夜班","上午","下午"),""))+IF(G2="夜班",1,0.5))
-(SUBSTITUTE(E2,IF(G2="夜班","下午","上午"),""))+IF(G2="夜班",0.5,0))

有了工作时长，用这个表创建数据透视表，布局统计，就得到了每个人这个月的总工作时长，如图 8-86 所示。

图 8-85 计算工作时长

图 8-86 每个人的工作总工作时长

对于计算工作时长，使用 Power Query 工具是最简单的，具体步骤如下：

步骤 01 建立基本查询，如图 8-87 所示。

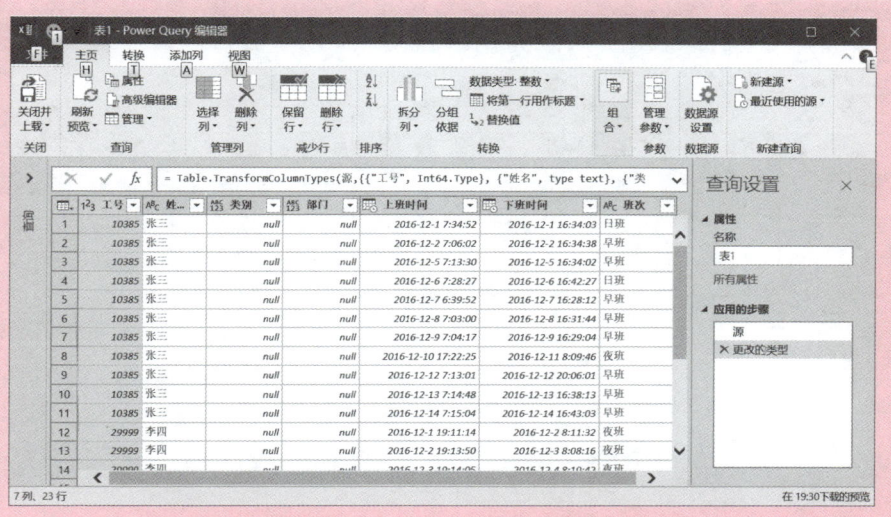

图 8-87 建立基本查询，自动转换日期时间

步骤 02 添加自定义列"出勤时间",如图 8-88 所示,自定义列的公式如下:

= [下班时间]–[上班时间]

图 8-88 自定义列"出勤时间"

步骤 03 单击"确定"按钮,就得到了如图 8-89 所示的结果。

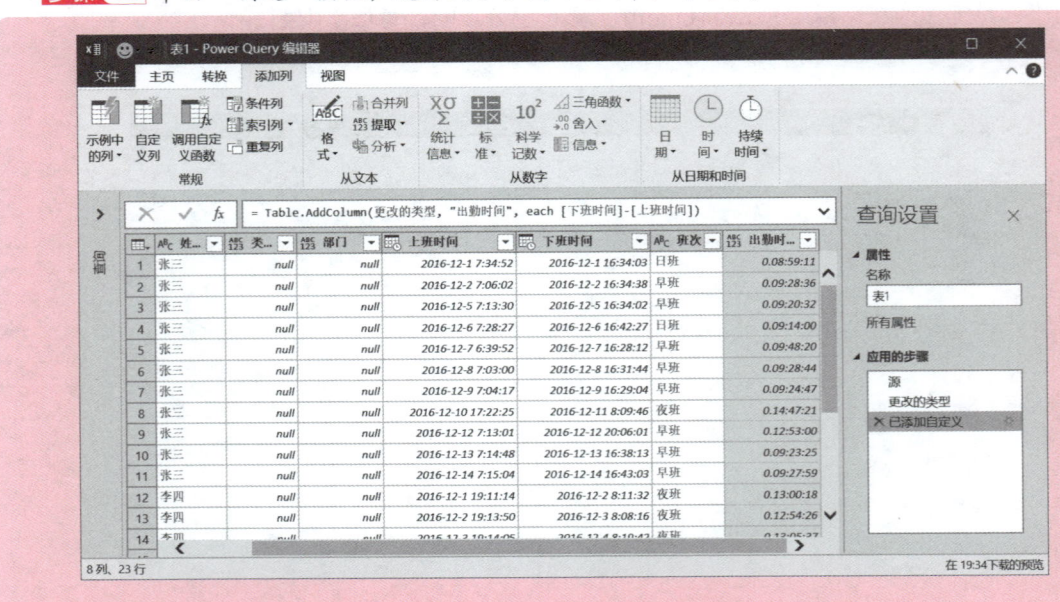

图 8-89 得到的出勤时间数据

步骤 04 对员工进行分组，就得到了每个人这个月的总出勤时间，如图 8-90 和图 8-91 所示。

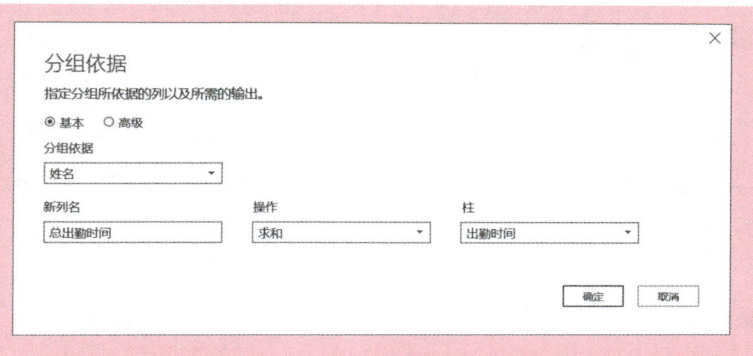

图 8-90 "分组依据"对话框

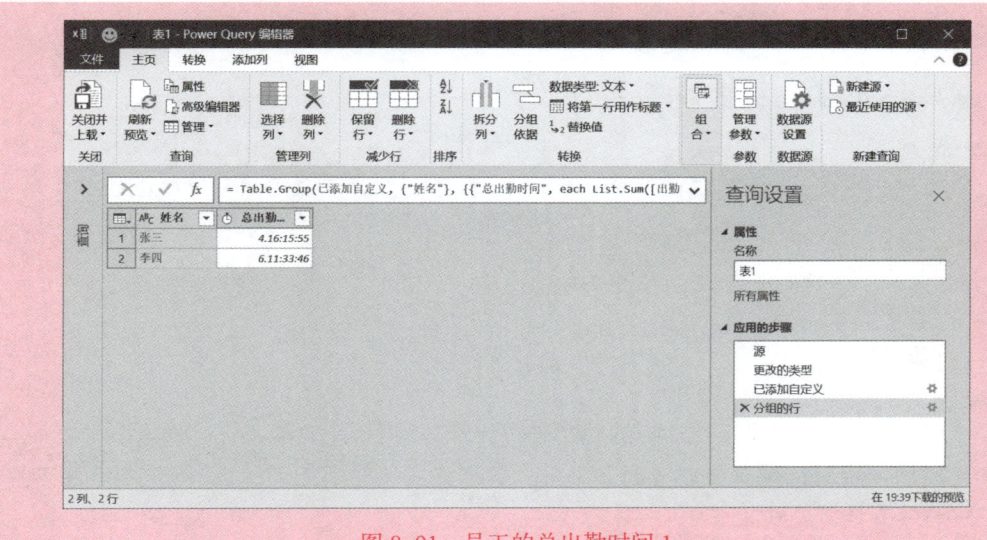

图 8-91 员工的总出勤时间 1

步骤 05 将数据导出到 Excel 工作表，如图 8-92 所示。

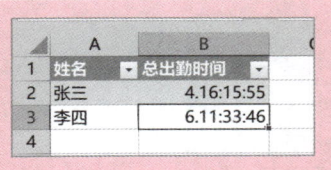

图 8-92 员工的总出勤时间 2

步骤 06 将 B 列的单元格格式设置为自定义格式 [h]:m:s，如图 8-93 所示。

那么，每个人的总出勤时间就变为了如图 8-94 所示的格式。

图 8-93　设置单元格格式

图 8-94　改变格式后的总出勤时间

8.3.3　计算加班时间

例如，公司规定加班时间按照这样的规则进行计算：不满半小时的不计、满半小时但不满一小时的按半小时计，计算结果需要以小时为单位。这样的加班时间如何计算？图 8-95 所示是一个例子，加班时间的计算公式如下：

=HOUR(D2-C2)+(MINUTE(D2-C2)>=30)*0.5

	A	B	C	D	E	F	G
1	姓名	加班日期	加班开始时间	加班结束时间	加班小时		
2	A001	2020-5-20	19:23:48	22:34:39	3.0		
3	A002	2020-5-20	18:49:10	21:37:55	2.5		
4	A003	2020-5-20	21:41:28	23:48:48	2.0		
5	A004	2020-5-20	19:39:19	22:40:22	3.0		
6	A005	2020-5-20	18:54:21	22:59:11	4.0		
7							

图 8-95　计算加班小时数

8.3.4 计算存在跨夜的加班时间

如果加班时间出现了跨夜的情况，此时需要使用 IF 函数进行判断和处理。根据 Excel 处理时间的规则，如果时间超过了 24 点，就会重新从 0 点进行计时；如果时间满 24 小时，就会自动进位 1 天。

图 8-96 所示就是一个例子，加班时间仍然按照这样的规则进行计算：不满半小时的不计、满半小时但不满一小时的按半小时计，计算结果需要以小时为单位。公式如下：

=HOUR(D2-C2+(D2<C2))+(MINUTE(D2-C2+(D2<C2))>=30)*0.5

这里使用了条件表达式"D2<C2"判断加班的结束时间是否跨夜，如果是，就加 1 天（这个表达式成立的结果是 TRUE，即 1）。

图 8-96 计算加班小时数（出现了跨夜的情况）

8.3.5 计算考虑工作日和双休日的加班时间

案例8-9

图 8-97 所示是员工的加班记录表，现在要计算每个人的工作日（平时）加班和双休日的加班时间。

这个问题的主要思路是，使用 WEEKDAY 函数判断是工作日还是双休日，然后使用 SUMPRODUCR 函数进行计算。

计算公式如下：

（1）单元格 I2：

=SUMPRODUCT(($A$2:$A$33=H2)*1,
　　　　　　(WEEKDAY($C$2:$C$33,2)<=5)*1,
　　　　　　$E$2:$E$33)

（2）单元格 J2：

```
=SUMPRODUCT(($A$2:$A$33=H2)*1,
            (WEEKDAY($C$2:$C$33,2)>=6)*1,
            $E$2:$E$33)
```

I2 =SUMPRODUCT(($A$2:$A$33=H2)*1,(WEEKDAY($C$2:$C$33,2)<=5)*1,$E$2:$E$33)

	A	B	C	D	E	F	G	H	I	J
1	姓名	部门	开始时间	结束时间	加班小时数			姓名	平时加班	双休日加班
2	蔡晓宇	总经理办公室	2020-03-01 19:23	2020-03-01 21:46	2.4			蔡晓宇	16.88	4.77
3	祁正人	总经理办公室	2020-03-02 18:23	2020-03-02 21:09	2.8			祁正人	19.25	0.00
4	毛利民	人力资源部	2020-03-03 17:23	2020-03-03 21:23	4.0			毛利民	17.90	6.67
5	刘晓晨	总经理办公室	2020-03-04 20:23	2020-03-04 23:09	2.8			刘晓晨	14.77	7.50
6	王玉成	财务部	2020-03-05 09:23	2020-03-05 15:23	6.0			王玉成	21.95	9.67
7	刘晓晨	总经理办公室	2020-03-06 09:03	2020-03-06 13:09	4.1			刘颂峙	0.00	2.83
8	刘晓晨	总经理办公室	2020-03-07 19:23	2020-03-07 21:23	2.0					
9	王玉成	财务部	2020-03-08 19:23	2020-03-08 23:09	3.8					
10	毛利民	人力资源部	2020-03-09 20:23	2020-03-09 21:23	1.0					
11	祁正人	总经理办公室	2020-03-10 18:23	2020-03-10 23:09	4.8					
12	蔡晓宇	总经理办公室	2020-03-11 19:23	2020-03-11 20:23	1.0					
13	蔡晓宇	总经理办公室	2020-03-12 09:23	2020-03-12 15:46	6.4					
14	祁正人	总经理办公室	2020-03-12 18:24	2020-03-12 22:23	4.0					

图 8–97　计算工作日和双休日的加班时间

8.3.6　按不同规则计算加班时间

案例8–10

图 8–98 所示的数据是一种比较复杂的情况，图中记录着每个人每天的出勤时间，现在要求计算每个人工作日晚上和双休日的加班时间。

公司的加班时间计算规则如下：

（1）工作日晚上和双休日晚上加班。从 18:30 开始算，但只有在 18:40 以后下班的才算加班。

（2）双休日上午加班。如果在 8:30 之前签到，就从 8:30 开始计算加班时间；如果在 8:30 以后签到，就从实际签到时间开始计算加班时间。如果在 12:00 之前签退，就按实际签退时间计算加班时间；如果在 12:00 以后签退的，就按 12:00 计算时间。

（3）周末下午加班。如果在 13:30 之前签到，就从 13:30 开始计算加班时间；如果在 13:30 以后签到，就从实际签到时间开始计算加班时间。如果在 17:30 之前签退，就按实际签退时间计算加班时间；如果在 17:30 以后签退，就按 17:30 计算加班时间。

	A	B	C	D	E	F	G	H
1	姓名	日期	上班时间	下班时间				
2	刘晓晨	2020-4-1	9:51:13	20:27:25		8:30-12:00，13:30-17:30		
3	刘晓晨	2020-4-2	9:22:33	18:31:27		18:30，超过18:40		
4	刘晓晨	2020-4-3	9:36:53	17:00:31				
5	刘晓晨	2020-4-4	7:41:57	20:24:43				
6	刘晓晨	2020-4-5	7:12:57	22:51:20				
7	刘晓晨	2020-4-6	9:16:06	17:53:31				
8	刘晓晨	2020-4-7	7:31:53	17:43:15				
9	刘晓晨	2020-4-8	7:11:48	17:14:30				
10	刘晓晨	2020-4-9	9:36:07	23:04:01				
11	刘晓晨	2020-4-10	7:20:41	23:53:47				
12	刘晓晨	2020-4-11	7:55:53	16:42:20				
13	刘晓晨	2020-4-12	7:20:42	17:21:51				
14	刘晓晨	2020-4-13	9:05:37	23:57:41				
15	刘晓晨	2020-4-14	8:10:58	22:42:03				
16	刘晓晨	2020-4-15	7:35:14	19:58:14				
17	刘晓晨	2020-4-16	8:55:30	19:30:16				
18	刘晓晨	2020-4-17	8:18:07	21:59:35				
19	刘晓晨	2020-4-18	7:21:32	23:07:06				

图 8-98　加班数据表

添加实际辅助列（见图 8-99）各个单元格中的公式如下：

	A	B	C	D	E	F	G	H	I	J
1	姓名	日期	上班时间	下班时间	星期几	工作日加班	双休日上午	双休日下午	双休日晚上	双休日加班
2	刘晓晨	2020-4-1	9:51:13	20:27:25	3	1:47:25				
3	刘晓晨	2020-4-2	9:22:33	18:31:27	4					
4	刘晓晨	2020-4-3	9:36:53	17:00:31	5					
5	刘晓晨	2020-4-4	7:41:57	20:24:43	6		3:30:00	4:00:00	1:44:43	9:14:43
6	刘晓晨	2020-4-5	7:12:57	22:51:20	7		3:30:00	4:00:00	4:11:20	11:41:20
7	刘晓晨	2020-4-6	9:16:06	17:53:31	1					
8	刘晓晨	2020-4-7	7:31:53	17:43:15	2					
9	刘晓晨	2020-4-8	7:11:48	17:14:30	3					
10	刘晓晨	2020-4-9	9:36:07	23:04:01	4	4:24:01				
11	刘晓晨	2020-4-10	7:20:41	23:53:47	5	5:13:47				
12	刘晓晨	2020-4-11	7:55:53	16:42:20	6		3:30:00	3:12:20		6:42:20
13	刘晓晨	2020-4-12	7:20:42	17:21:51	7		3:30:00	3:51:51		7:21:51
14	刘晓晨	2020-4-13	9:05:37	23:57:41	1	5:17:41				
15	刘晓晨	2020-4-14	8:10:58	22:42:03	2	4:02:03				
16	刘晓晨	2020-4-15	7:35:14	19:58:14	3	1:18:14				
17	刘晓晨	2020-4-16	8:55:30	19:30:16	4	0:50:16				
18	刘晓晨	2020-4-17	8:18:07	21:59:35	5	3:19:35				
19	刘晓晨	2020-4-18	7:21:32	23:07:06	6		3:30:00	4:00:00	4:27:06	11:57:06

图 8-99　计算加班时间

(1) 单元格 E2，星期几：

```
=WEEKDAY(B2,2)
```

(2) 单元格 F2，工作日加班：

```
=IF(E2>=6,"",IF(D2<TIMEVALUE("18:40"),"",D2-TIMEVALUE("18:40")))
```

(3) 单元格 G2，双休日上午：

```
=IF(E2<=5,"",MIN(D2,0.5)-MAX(C2,8.5/24))
```

(4) 单元格 H2，双休日下午：

```
=IF(E2<=5,"",MIN(D2,17.5/24)-MAX(C2,13.5/24))
```

(5) 单元格 I2，双休日晚上：

```
=IF(E2<=5,"",IF(D2<TIMEVALUE("18:40"),"",D2-TIMEVALUE("18:40")))
```

(6) 单元格 J2，双休日加班：

```
=IF(E2>=6,SUM(G2:I2),"")
```

如果公司有规定，加班不满半小时的不计，满半小时但不满 1 小时的按半小时计，那么上述相关单元格中的公式需要进行修改，具体如下（见图 8-100）：

(1) 单元格 F2，工作日加班：

```
=IF(E2>=6,"",IF(D2<TIMEVALUE("18:40"),"",
        FLOOR((D2-TIMEVALUE("18:40"))*24,0.5)))
```

(2) 单元格 G2，双休日上午：

```
=IF(E2<=5,"",FLOOR((MIN(D2,0.5)-MAX(C2,8.5/24))*24,0.5))
```

(3) 单元格 H2，双休日下午：

```
=IF(E2<=5,"",FLOOR((MIN(D2,17.5/24)-MAX(C2,13.5/24))*24,0.5))
```

(4) 单元格 I2，双休日晚上：

```
=IF(E2<=5,"",IF(D2<TIMEVALUE("18:40"),"",
        FLOOR((D2-TIMEVALUE("18:40"))*24,0.5)))
```

有了这个计算表，就可以创建一个数据透视表，计算每个人本周的工作日和双休日的总计加班时间，如图 8-101 所示。

	A	B	C	D	E	F	G	H	I	J
1	姓名	日期	上班时间	下班时间	星期几	工作日加班	双休日上午	双休日下午	双休日晚上	双休日加班
2	刘晓晨	2020-4-1	9:51:13	20:27:25	3	1.5				
3	刘晓晨	2020-4-2	9:22:33	18:31:27	4					
4	刘晓晨	2020-4-3	9:36:53	17:00:31	5					
5	刘晓晨	2020-4-4	7:41:57	20:24:43	6		3.5	4	1.5	9
6	刘晓晨	2020-4-5	7:12:57	22:51:20	7		3.5	4	4	11.5
7	刘晓晨	2020-4-6	9:16:06	17:53:31	1					
8	刘晓晨	2020-4-7	7:31:53	17:43:15	2					
9	刘晓晨	2020-4-8	7:11:48	17:14:30	3					
10	刘晓晨	2020-4-9	9:36:07	23:04:01	4	4				
11	刘晓晨	2020-4-10	7:20:41	23:53:47	5	5				
12	刘晓晨	2020-4-11	7:55:53	16:42:20	6		3.5	3		6.5
13	刘晓晨	2020-4-12	7:20:42	17:21:51	7		3.5	3.5		7
14	刘晓晨	2020-4-13	9:05:37	23:57:41	1	5				
15	刘晓晨	2020-4-14	8:10:58	22:42:03	2	4				
16	刘晓晨	2020-4-15	7:35:14	19:58:14	3	1				
17	刘晓晨	2020-4-16	8:55:30	19:30:16	4	0.5				
18	刘晓晨	2020-4-17	8:18:07	21:59:35	5	3				
19	刘晓晨	2020-4-18	7:21:32	23:07:06	6		3.5	4	4	11.5

图 8-100　按小时数计算加班时间

	A	B	C	D	E
1					
2					
3		姓名	工作日加班	双休日加班	
4		何欣	30.5	62.5	
5		李晓梦	36	75	
6		刘晓晨	34	76	
7		刘一伯	29	69.5	
8		彭然君	26.5	72.5	
9		王玉成	35.5	66	
10		张丽莉	50	74	
11		总计	241.5	495.5	
12					

图 8-101　总计加班时间